LA QUESTION
DE L'HABITABILITÉ
DES MONDES

ÉTUDIÉE

Au point de vue de l'Histoire, de la Science,
de la Raison et de la Foi.

PAR

R. M. JOUAN

ANCIEN PROFESSEUR DE PHILOSOPHIE, DE SCIENCES MATHÉMATIQUES,
PHYSIQUES, CHIMIQUES ET NATURELLES.

> Les cieux racontent la gloire de
> Dieu, et le firmament proclame les
> œuvres de ses mains. Ps. XVIII, 1.
> La loi du Progrès régit la créa-
> tion, selon la parole créatrice :
> Croissez, *Crescite*. Gen. I, 28.

CHEZ L'AUTEUR

A SAINT-ILAN, PAR YFFINIAC

(CÔTES-DU-NORD)

—

1900

Tous droits réservés.

HABITABILITÉ
DES MONDES

Permis d'imprimer.

Rouen, le 27 Septembre 1900.

E. Bonamy, *Vic. gén.*

LA QUESTION
DE L'HABITABILITÉ
DES MONDES

ÉTUDIÉE

Au point de vue de l'Histoire, de la Science,
de la Raison et de la Foi.

PAR

R. M. JOUAN

ANCIEN PROFESSEUR DE PHILOSOPHIE, DE SCIENCES MATHÉMATIQUES,
PHYSIQUES, CHIMIQUES ET NATURELLES.

> Les cieux racontent la gloire de
> Dieu, et le firmament proclame les
> œuvres de ses mains. Ps. XVIII, 1.
> La loi du Progrès régit la créa-
> tion, selon la parole créatrice :
> Croissez, *Crescite*. GEN. I, 28.

CHEZ L'AUTEUR
A SAINT-ILAN, PAR YFFINIAC
(CÔTES-DU-NORD)

—

1900

Tous droits réservés.

L'astronomie, aidée de toutes les autres sciences, est venue nous révéler une partie des mystères de la création et nous en dévoile encore chaque jour de nouveaux.

On sait, à ne pas en douter, que le Soleil, notre centre d'attraction, est un million et demi de fois plus grand que notre Terre qui, avec les autres planètes et leurs satellites, gravite autour de lui ; que ce système solaire fait partie d'un groupement d'étoiles qu'on nomme la *voie lactée*. Rien que sur cette zone lumineuse, on a déjà compté des centaines de millions d'étoiles, et, tous les jours, on en découvre de nouvelles.

Ce qui est plus merveilleux, c'est que, dans les endroits obscurs de la voûte céleste, le télescope montre une fine poussière d'or. Ce sont des étoiles qu'on ne peut nombrer. Et à mesure qu'augmente la puissance des instruments, toutes les régions du ciel se couvrent de cette fine poussière d'or.

La plaque photographique, plus sensible que l'œil humain, reçoit des impressions qui nous resteront probablement à jamais inconnues avec les plus fortes lunettes. Il y a quelques jours, sept ou huit cents nébuleuses, des profondeurs de l'espace, manifestaient ainsi leur existence. Où s'arrêtera-t-on? Qui le dira?

Par delà ces nébuleuses que le télescope atteint, que la photographie représente, qu'y a-t-il? Ah! d'autres nébuleuses d'autres *voies lactées*, d'autres groupements d'étoiles que les instruments d'aujourd'hui n'atteignent pas, que saisiront ceux de demain ; et, par delà, d'autres encore, et ainsi de suite à l'infini.

La science actuelle donne donc toute leur réalité aux paroles du Prophète royal : « Les cieux racontent la gloire de Dieu, et le firmament publie la beauté des œuvres de ses mains[1]. » Elle illumine celles du grand Apôtre : « Depuis la

---

1. Cœli enarrant gloriam Dei, et opera manuum ejus annuntiat firmamentum. Ps. XVIII, 1. — En publiant sa puissance, sa bonté et sa sagesse, dit Ménochius.

création du monde, ce qu'il y a d'invisible en Dieu, est devenu sensible pour l'homme[1]. » La création, bien comprise, est une manifestation des attributs de Dieu, et particulièrement de sa bonté, de sa sagesse et de sa puissance.

La science est allée plus loin. Après avoir compté et pesé les astres, elle a étudié les éléments qui les constituent et elle a constaté qu'ils sont tous exactement faits comme la Terre : mêmes éléments, mêmes métaux, même succession des saisons, même plan sous tous les rapports ; et, dès lors on a posé la question : « *pourquoi pas aussi des habitants ?* » Oui, pourquoi les mondes ne seraient-ils pas habités ?

Des articles ont paru dans différentes *Revues* sur ce sujet, et des auteurs lui ont consacré, en passant, quelques pages ; mais, à notre connaissance, aucun travail complet, à tous les points de vue, n'a paru jusqu'à présent.

D'un autre côté, nous osons le dire, on n'a pas suivi la méthode qui convient à ces sortes de questions. Au lieu d'un examen sérieux, d'une étude approfondie, d'une discussion serrée, on s'est borné à des affirmations ou à des négations. Parfois, on s'est contenté de dénaturer l'enseignement de la foi et de la science — ce qui est toujours facile —, et de bâtir un système à sa façon pour la commodité de sa thèse.

De plus, on a tout exagéré. Le matérialisme et parfois le rationalisme ont présenté les nouvelles découvertes astronomiques comme une arme infaillible contre la foi, et, chose curieuse, certains catholiques, non seulement les ont crus, mais même ont affirmé que c'était vrai. Un nouveau fusil, une nouvelle poudre, crie le matérialisme ; nous sommes infailliblement perdus, disent ces chrétiens affolés. La dynamite scientifique !

---

[1]. Invisibilia enim ipsius a creatura mundi per ea quæ facta sunt, intellecta, conspiciuntur. Rom. I, 20 — Est autem manifesta nobis, dit S. Thomas, per quasdam similitudines in creaturis repertas, quæ id quod in Deo unum est, multipliciter participant, et secundum hoc intellectus noster considerat unitatem divinæ essentiæ sub ratione bonitatis, sapientiæ et virtutis. — In Epist. ad Rom. I, 20.

En un mot, *l'habitabilité des mondes* « est une nouveauté dangereuse, contraire à la foi, une arme contre la religion révélée et même la religion naturelle. » Et ces affirmations ont produit une telle panique dans le camp catholique que plus d'un, effrayé, s'est mis à soutenir le système de Ptolémée, à maudire Copernic, Galilée.... et à écrire un volume pour démontrer que « la terre ne tourne pas, et qu'elle est le point fixe sur lequel repose l'univers. »

En présence de ces conflits peu scientifiques et surtout peu avantageux, nous avons pensé qu'il serait utile à la science, comme à la foi, de traiter sérieusement cette importante question, en la ramenant d'abord à son véritable point de vue.

Les adversaires sont d'accord sur un point, c'est, disent-ils, une nouveauté, mais tout ce qu'il y a de plus nouveau ; ce qui est absolument faux. Cette question est aussi vieille que l'humanité, elle date du jour où l'homme regarda pour la première fois la voûte céleste, et, comme nous le verrons, elle tient à la racine même de l'humanité. C'est ce qu'il faut prouver avant tout, pensons-nous, pour calmer l'ardeur indiscrète et prétentieuse des uns et la crainte exagérée des autres.

Avant donc d'envisager la question au point de vue de la science, de la raison et de la foi, il nous a paru convenable d'interroger les siècles passés, de recueillir le témoignage des hommes ou de faire l'historique de l'habitabilité des mondes, pour bien montrer que ce n'est pas d'aujourd'hui, ni d'hier, ni du dix-neuvième siècle, ni du dix-huitième siècle, avec Fontenelle, que l'esprit humain a commencé à scruter les différentes régions de l'univers et à leur demander leurs secrets. C'est le résultat, pour ainsi dire nécessaire, du premier moteur de l'esprit humain, la curiosité mère de toutes les sciences. Les plus grands penseurs de l'humanité se sont plu à répéter, avec les enfants, le sentiment exprimé dans ces lignes populaires.

Twinkle, twinkle, pretty star
How I wonder what you are!

Scintillez, scintillez, ô charmantes étoiles,
Que je voudrais vous voir de plus près et sans voiles!

Notre travail comprendra quatre parties :
Dans la première, nous traiterons le sujet au point de vue historique;
Dans la seconde, au point de vue de la science;
Dans la troisième, au point de vue de la raison;
Et dans la quatrième, au point de vue de la foi.

PREMIÈRE PARTIE

L'HABITABILITÉ DES MONDES CONSIDÉRÉE AU POINT DE VUE HISTORIQUE

La question de l'habitabilité des mondes, comme toutes les questions humaines, se trouve diversement appréciée par les différentes personnes qui s'en occupent. Les affirmations et les négations se croisent, comme les armes de deux adversaires qui se battent en champ clos. Mais, chose étrange, à quelques exceptions près, tous vous disent ces paroles qui semblent stéréotypées : « En ce temps-ci, la supposition de l'habitabilité des astres hante un certain nombre d'esprits. » — « De nos jours, l'impiété a soulevé la question de l'habitabilité des astres pour battre en brèche la foi et l'Église. » Nous pourrions faire un plus grand nombre de citations, car une foule d'articles, soit dans les journaux, soit dans les revues, soit même dans les ouvrages, commencent par ce refrain. Cela est faux, comme nous le verrons, et cela est mauvais, parce que c'est déplacer la question. Voyez-vous ce monstre, paraissant tout à coup à l'horizon et cherchant à dévorer la foi et la raison ! C'est pire que le dragon dont parle saint Jean dans l'Apocalypse[1].

---
1. Apoc. XII, 4-5.

Non, cette question n'est pas une nouveauté et on peut lui appliquer les paroles de l'Ecclésiaste : « Rien n'est nouveau sous le Soleil, et nul ne dira : voilà une chose nouvelle; car elle a déjà existé dans les siècles qui étaient avant nous[1]. »

Nous diviserons la partie historique en huit périodes : 1° Période antédiluvienne; 2° Période des peuples anciens; 3° Période des Grecs et des Latins; 4° Période de l'École d'Alexandrie jusqu'au moyen-âge; 5° Période du Moyen-âge; 6° Période de la Renaissance jusqu'aux temps modernes; 7° Période des temps modernes; 8° Période contemporaine.

PREMIÈRE PÉRIODE. — AVANT LE DÉLUGE.

Avant le déluge ! Vous nous demandez comment nous pouvons connaître l'opinion des hommes antédiluviens sur l'habitabilité des mondes ? Ne soyez pas si étonnés. Doute-t-on qu'avant les plantes et les animaux que l'on connaît aujourd'hui, plusieurs règnes, fort différents, ont existé jadis ?

Non, ce sont aujourd'hui des vérités scientifiques indéniables. Et pourquoi ? Parce qu'on rencontre dans le sol les traces, les vestiges, et même les débris de ces êtres. Mais, si dans l'humanité qui a suivi le déluge, vous rencontrez des connaissances que les hommes postdiluviens n'ont pu acquérir, ne possédant pas les moyens indispensables pour cela, que faut-il conclure ? C'est qu'ils ont appris ces vérités par la tradition. Mais c'est ce que nous voyons : l'histoire de l'astronomie nous offre une foule de faits, de connaissances incompréhensibles sans cela.

Chez les peuples dont l'origine remonte à la plus haute antiquité, on trouve des traces d'une astronomie non moins avancée, pour les faits fondamentaux, que celle de nos jours, et qui appartient indubitablement à la science antédiluvienne.

---

1. Nihil sub solo novum, nec valet quisquam dicere : Ecce hoc recens est : jam enim præcessit in sæculis quæ fuerunt ante nos. Eccl. I, 10.

En effet, « le système héliocentrique, dit de Copernic, qui place le Soleil au centre du monde, est le plus ancien de tous : c'est celui du peuple dont l'origine remonte aux temps les plus primitifs ; en sorte qu'il appartient nécessairement à la philosophie antédiluvienne. »

Que nous dit l'histoire à ce sujet ? Que le système de Ptolémée ou des Grecs d'Alexandrie, qui place la Terre au centre de notre monde et fait tourner le Soleil autour d'elle, appartient seulement aux premiers siècles de notre ère[1]. Nous l'avons emprunté à l'École d'Alexandrie par les Arabes. Nous verrons ce qu'en pensait Aristote. Il en est un autre plus antique que celui-là, c'est le système héliocentrique qui place le Soleil au centre du monde, et que l'on dit vulgairement le système de Copernic, attendu que ce savant a eu la gloire de le faire prévaloir sur celui des Grecs d'Égypte ou de Ptolémée ; car il ne l'a point inventé. Plutarque, dans la vie de Platon, lui en fournit la première idée, en lui apprenant que quelques disciples de Pythagore, entre autres Philolaüs de Crotone, avaient placé le Soleil au centre du monde et mis la Terre en mouvement autour de ce centre[2]. *L'histoire des mathématiques* ne donne ici qu'une partie de la vérité ; la voici toute entière. Copernic déclare dans la préface de son livre, *Des Révolutions des corps célestes,* dédié au Pape Paul III, que c'est un passage de Cicéron[3] et un autre analogue de Plutarque, qui lui ont donné la première idée de son système et de la fausseté du système des anciens : « Inde igitur occasionem nactus, cœpi et ego de terræ mobilitate cogitare. »

Pythagore, qui avait visité les peuples antiques de l'Asie, avait apporté ce système héliocentrique en Europe, où, d'après certains auteurs, les guerres perpétuelles des Romains, et ensuite celles des Barbares du Nord, le firent oublier avec

---

1. Ptolémée vivait au IIe siècle de l'ère chrétienne.
2. *Histoire des mathématiques,* Part. III, Liv. IV. art. 3.
3. Cicéron, 1res, *Académiques.* C. XXXIX. — Voir aussi Copernic, *loc. cit.*

la philosophie et la science de cette époque. Sans nier la part d'influence que les guerres romaines et les invasions des Barbares purent avoir dans ce changement, nous ferons voir que généralement les savants de Rome admirent le système héliocentrique et l'habitabilité des mondes, et nous pensons que le mal eut pour cause le système d'Aristote, connu par les Arabes, dont la science venait d'Alexandrie.

« On ignore jusqu'à quel point la science de Pythagore et de son disciple Philolaüs avait pénétré dans le système héliocentrique. Ce que nous savons certainement, c'est que la géométrie de leur époque, encore peu en progrès, n'était pas assez avancée pour qu'il fût possible de démontrer ce système, comme on le démontre aujourd'hui. Il est certain, par conséquent, que les Grecs d'Italie n'avaient pu l'inventer. Il venait donc d'un peuple plus savant qu'eux; et ce peuple, aujourd'hui que tout le monde sait à quoi s'en tenir sur la science des anciens Égyptiens, il faut absolument aller le chercher dans le monde antédiluvien, car nul autre, jusqu'à nos temps modernes, n'a possédé assez de science astronomique et géométrique pour bien comprendre et démontrer ce système héliocentrique.

Il est une autre remarque fort importante à faire ici : c'est que les disciples de Pythagore enseignaient que les étoiles fixes sont des soleils comme le nôtre, ayant pareillement leurs planètes. Or, la connaissance de cette vérité suppose qu'elle faisait partie de la science antédiluvienne; puisque c'est pour ainsi dire d'hier que le perfectionnement des grands télescopes est venu nous la démontrer, en dévoilant à nos yeux ces miliers de systèmes d'étoiles fixes et en résolvant les nébuleuses.

On rencontre encore chez des peuples dont l'existence remonte à l'origine des temps, une foule d'autres connaissances non moins extraordinaires.

Telle est la période de 600 ans, ou *grande année*, au bout de laquelle les nouvelles lunes reviennent au même jour du mois et à la même heure. Josèphe, parlant des Patriarches, dit que « Dieu leur prolongeait la vie, tant à cause de leur vertu que pour leur donner le moyen de perfectionner les sciences de la géométrie et de l'astronomie qu'ils avaient trouvées; ce qu'ils n'auraient pu faire, s'ils avaient vécu moins de 600 ans, parce que ce n'est qu'après la révolution de six siècles que se trouve accomplie la grande année[1]. »

Cette période fut aussi connue des Chaldéens, Bérose, en effet, leur historien et Abidène en font mention sous le nom de *Néros*[2] et ce qui est incontestable, c'est qu'elle ne fut jamais chez eux qu'une tradition, vu que leurs astronomes n'en ont jamais fait usage.

Cette période de 600 ans a été inconnue à Hipparque et à Ptolémée, et il ne pouvait en être autrement, puisque ces deux astronomes ne connaissaient pas la longueur exacte du jour solaire.

Ainsi, les peuples de l'antiquité la plus reculée avaient une connaissance non moins exacte que nous de la durée de l'année solaire et de la révolution de la Lune, ce qui force à admettre qu'ils l'avaient empruntée à une science astronomique très perfectionnée, que, d'ailleurs, les savants postérieurs ne possédaient pas.

Telle est encore *la période de 19 ans*, dite *nombre d'or*[3]; parce que, après une période de 19 ans, les nouvelles lunes reviennent au même jour du mois qu'elles avaient paru au commencement de la période. Au bout de 18 ans, s'il y avait 11 jours de moins, la correspondance aurait lieu; mais précisément 12 lunaisons ou 354 + 11 jours = 365; ce qui est le chiffre de l'année solaire.

Les peuples de l'Asie, dont l'origine remonte aux temps

---

1. Josèphe, *Histoire des Juifs*, Livre I. ch. III.
NB. Cassini a calculé que 721 révolutions de la Lune ou 29 jours 12 heures 44 minutes 3 secondes, faisaient 219 146 jours et demi, et que ce nombre de jours équivaut justement à 600 années solaires de 365 jours 5 heures 51 minutes 36 secondes, durée qui ne diffère pas de 3 minutes de celle déterminée par nos astronomes.

2. *Syncelle*, page 17 et 18.

3. Parce que les Athéniens gravaient ce nombre, en lettres d'or, sur une colonne du temple de Minerve.

primitifs, et particulièrement les Chinois, ont connu la période de 18 ans 11 jours, dont ils se servaient pour prévoir les éclipses de Lune, et la période de 19 ans, qui leur servait à fixer les jours de fêtes. Aujourd'hui, il est très facile de déterminer cette période ; mais comment les peuples antiques auraient-ils pu la découvrir, sans connaître avec l'exactitude nécessaire, la révolution annuelle du Soleil et la révolution mensuelle de la Lune? C'est évidemment impossible. Ces peuples ne l'avaient pas plus inventée que la période de 600 ans, dont il vient d'être question. Par conséquent, cette connaissance astronomique n'était chez eux qu'une simple tradition, appartenant à la science antédiluvienne qui, réfugiée dans l'arche avec la famille de Noé, avait échappé au déluge.

Enfin, telle est la *Révolution rétrograde de la ligne équinoxiale ou de 25 920 ans,* et ici nous cédons la parole à un savant.

« Un fait singulier, dit Bailly, c'est la tradition, conservée
« par les Indiens, de deux étoiles diamétralement opposées
« qui font leur révolution autour de la Terre en 144 ans. Il
« faut bien que cette tradition ait son origine. Quelle que soit
« l'ignorance de ces peuples, ils ne peuvent avoir eu en vue
« aucune révolution des planètes. Quant au mouvement a
« parent des étoiles le long de l'Écliptique, causé par la
« rétrogradation des points équinoxiaux, sa lenteur n'a
« permis de lui attribuer aucune révolution aussi prompte.
« D'ailleurs, les Indiens n'ont pu se tromper à ce mouve-
« ment apparent qu'ils connaissaient, et qui, selon eux,
« s'achèverait en 24 mille ans. Il faut donc croire que ces
« années n'étaient point des années solaires, et que par
« ce mot nous devons entendre une période plus longue,
« suivant l'usage des anciens chez qui le mot année était
« un nom générique, synonyme de notre mot cycle. »

« Cette période se retrouve, non chez les Indiens, mais bien
« chez les Tartares. Elle est de 180 ans, et nommée *l'an.* Et
« en effet, cette période de 180 ans, répétée 144 fois, donne
« 25 920 *ans,* qui est justement le chiffre de la révolution

« des fixes ou des points équinoxiaux, déduite des obser-
« vations modernes les plus exactes. » Le hasard ne produit
« point de pareilles ressemblances[1]. »

Ainsi, cette tradition, dont une partie se trouve chez les
Indiens, pendant que l'autre est chez les Tartares, chez les
Chaldéens, les Arabes et les Juifs, ne permet pas de douter
qu'il a existé antérieurement à ces peuples, c'est-à-dire avant
le déluge, une astronomie dans laquelle le mouvement rétrograde des points équinoxiaux, et par conséquent la différence entre l'année sidérale et l'année tropique, était connue
avec non moins d'exactitude qu'aujourd'hui.

Il y a encore une foule de faits scientifiques, qu'il serait
trop long d'énumérer ici, qui viennent à l'appui de la même
thèse. Contentons-nous de celui-ci.

L'évaluation de la circonférence de la terre, rapportée par
Aristote, qui ne peut avoir été exécutée par les Grecs, trop
ignorants en cette matière, ni par aucun peuple de l'antiquité, est d'une exactitude telle que le degré qui en résulte
diffère à peine de six toises de celui qui a été mesuré à
Paris, et qui répond au 49ᵉ degré de latitude.

Une mesure prise sur la circonférence du globe se trouve
chez les divers peuples de l'antiquité. C'est là un fait étonnant et inexplicable, autrement qu'en disant que ces peuples
n'avaient pu se procurer cette mesure par leur science, trop
peu avancée pour cela, mais qu'ils l'avaient nécessairement
empruntée à un peuple plus habile. Or, comme ce fait nous
ramène aux temps qui ont suivi le déluge universel, il n'y a
pas d'autre manière de l'entendre qu'en disant que cette mesure du globe appartient à la science antédiluvienne.

1. Bailly, *Lettres sur l'origine des sciences,* p. 146 et 147.
NB. Ce n'est pas tout. Outre le phénomène produit par la précession
des équinoxes, il y en a un autre qui provient de ce qu'on appelle
mouvements des absides. Sa valeur est de 11' 66" par an, et, comme
il agit dans le même sens que le premier, il faut les ajouter. Le premier étant de 50' 1" par an, on aura 50' 1" + 11' 66" = 61' 76", et par
conséquent $\frac{360°}{16' 76"} = 21\,000$ ans pour la *grande période* ou *grande
année.*

Il nous resterait encore à parler des comètes et des signes du Zodiaque; mais nous nous arrêtons pour conclure et nous disons : Si l'on se rappelle avec quelle exactitude la *révolution apparente du Soleil, la révolution réelle de la Lune et la révolution rétrograde des points équinoxiaux étaient connues dans le premier monde, on ne saurait voir rien de hasardé à poursuivre, au delà du déluge, ce Zodiaque dont parlent Eudoxe, Virgile et Job; puisqu'il ne peut remonter au déluge, sans appartenir à l'astronomie antédiluvienne.*

D'ailleurs, on ne peut sensément supposer que des hommes aussi instruits que ceux du monde antédiluvien, aient pu connaître les points équinoxiaux, ceux des solstices, et ne pas avoir su subdiviser les quatre quarts du cercle zodical, fixés par ces quatre points. Connaissant, en effet, avec autant d'exactitude que nous, le temps employé par le Soleil à parcourir chacun de ces quarts de cercle zodiacal, ils ont dû nécessairement être entraînés par la nécessité à les subdiviser, chacun en trois ou six parties, pour fixer les mois solaires, et avoir une mesure du temps indispensable pour eux, ne fût-ce que pour l'astronomie seulement. On ne s'aventure donc point dans le monde des conjectures, et l'on ne hasarde rien, en faisant remonter au delà du déluge la connaissance du Zodiaque et de ses signes.

Voilà des traces qui, on ne peut en disconvenir, ne permettent point de douter que les peuples d'avant le déluge ne possédassent une science astronomique non moins avancée que celle de nos jours.

Mais, nous objectera-t-on, vos citations sur toutes les connaissances antédiluviennes ne parlent nullement des mondes habités. Nous l'accordons, aussi comptons-nous faire voir que précisément les peuples les plus anciens admettaient la pluralité des mondes et regardaient cette opinion comme venant d'une tradition primitive. En attendant que l'étude des périodes suivantes mette cette vérité en évidence, nous allons donner immédiatement quelques preuves.

« Il y a là un mystère, lisons-nous dans le *Mémoire de Calcutta*, mais les Brahmes se prétendent en possession d'un traité scientifique d'astronomie *révélé* depuis vingt millions d'années¹. » Or, ces Brahmes admettaient la pluralité des mondes.

Burnet, après avoir prouvé par plusieurs citations qu'Orphée, Musée et Linus admettaient la pluralité des mondes, ajoute : « Il faut faire remonter cette doctrine non seulement au delà des Grecs, mais même au delà du déluge. Et tout ce qui, de quelque manière, a précédé le temps des Grecs et leurs écrits, et qui se trouve chez les peuples anciens barbares, je l'appelle dogme des Noachides². »

1. *Mémoire de Calcutta*. T. VI. p. 540. — Consulter Cuvier : *Discours sur les révolutions du globe*, p. 160 280.

2. Nous voulons donner au complet les paroles de Burnet :
Oportet referre hanc doctrinam non tantum ultra Græcos, sed ultra ipsum diluvium. Utcumque quæ ante Græcorum tempora aut litteras inter gentes antiquas et barbaras reperimus ea Noachidarum dogmata apello. — Ailleurs il dit encore : Altius inquam Mose aut Abrahamo, ad diluvium usque et communem Gentium et Judæorum Patrem, Noachum virum magnum, veræ Numinis cultorem et utriusque mundi scientem. Quid ni credamus, ab hoc fonte, ab hoc viro originario, descendisse ad suos posteros, ad homines nempe postdiluvium, ea theologiæ et philosophiæ capita, quæ apud gentes antique-barbaras reperiuntur ? Suis liberis et nepotibus fertur tradidisse Noachus præcepta moralia : quæ præcepta Noachidarum dici solent. Quid ni dogmata ; quæ eodem jure *dogmata Noachidarum* sunt appellanda ? Quemadmodum dici illa præcepta non versabantur circa res minutas aut momenti minoris officia : sed ea spectabant quæ respiciunt summos ordines et momenta maxima *mundi naturalis* : unde incipit qua forma et structura primum coaluit.

Æquum est credere Patres antediluvianos non fuisse stipites, insulsos et scientiarum expertes. Horum autem communis hæres erat Noachus plurimis coætaneus, et cæterorum litteraturæ, facili traditione, particeps. Quidquid igitur sapuerunt longævi Patriarchæ, id Noacho innotuisse, maximam partem probabile est. Cum per sexcentos annos eorum uti potuit commercio et studiis. Hic igitur, me judice, utriusque mundi incola scientiarum lampada ab illis ad nos tradidit et propagavit per terrarum orbem una cum sua sobole et primævis populis, quædam semina tam naturalis quam moralis doctrina. — Mais beaucoup d'erreurs se glissèrent à la suite des siècles.

Brucker, dans maints passages de son *Histoire générale de la philosophie*, émet la même pensée.

Enfin Bailly, après avoir cité Plutarque, conclut : « Le « principe de la pluralité des mondes est très ancien ; nous « pensons qu'il appartient à l'astronomie antédiluvienne. »

Sans attendre une preuve plus complète de notre mineure, nous pouvons conclure que les connaissances astronomiques des peuples primitifs et, entre autres, la croyance aux mondes habités, remontent au delà du déluge.

De cette première étude, il résulte, selon nous, une conclusion de la plus haute importance qui, nous n'en doutons pas, rendra certains catholiques plus favorables à l'opinion des mondes habités.

C'est un coup mortel donné au matérialisme sous toutes ses formes et dans toutes ses conséquences, à toutes les doctrines plus ou moins panthéistiques et même à la raison pure. Ce fait universel ne peut s'expliquer que par une révélation primitive, directe et immédiate de Dieu à l'homme ; révélation dont nous ne prétendons nullement déterminer la nature ou la forme. Admettez tant de siècles que vous voudrez depuis l'apparition de l'homme, il n'a pu acquérir ces connaissances, ni surtout pressentir la pluralité des mondes, sans d'autres connaissances qu'il n'a pu acquérir sans des instruments qu'il n'a pu fabriquer. Et, si ces instruments avaient existé, on en aurait rencontré quelques vestiges, malgré tous les cataclysmes qui ont pu dévaster notre globe. On connaît l'âge de pierre, l'âge de bronze et l'âge de fer ; mais on n'a rien trouvé qui indiquât l'âge du télescope ou des autres instruments d'astronomie. Tous les terrains, depuis le laurentien jusqu'à l'alluvion, nous disent l'histoire de tous les êtres qui les ont précédés ou ont été leurs contemporains, mais sont muets touchant les instruments fabriqués par les hommes primitifs ; et pourtant ils avaient des connaissances supérieures, et même ils affirmaient la *pluralité des mondes*. D'où leur venait tant de savoir ? une seule réponse est rationnelle : *de la tradition*.

Oui, catholiques, la question ne présente aucune difficulté. Si « Adam appela tous les animaux d'un nom qui leur convenait, tant les oiseaux du ciel que les bêtes de la terre[1], » nous ne voyons pas pourquoi il n'aurait pas eu quelques connaissances des astres du firmament. Père de l'humanité, il était l'instituteur né de ses enfants et il était plus que convenable qu'il pût leur apprendre la vérité sur ces êtres mystérieux du firmament, aussi bien que sur ceux de la terre. C'est ce qui a eu lieu, et aucun des descendants immédiats d'Adam ne prit ces lumières scintillantes pour des lampions : cela était réservé à quelques habitants de la terre au xix⁰ siècle.

Pour nous donc la difficulté n'existe pas. Quant aux ennemis du Christianisme, à quelque catégorie qu'ils appartiennent, nous les mettons au défi de donner une raison tant soit peu plausible de ce fait ; aussi, quand on suit de près leurs systèmes, ce qui frappe avant tout, ce sont les contradictions qui se heurtent de toutes parts.

Nous pouvons aussi conclure que l'habitabilité des mondes n'est point une génération spontanée du xix⁰ siècle ; mais que son germe, comme tous les autres, avait été déposé, dès le principe, dans l'humanité. Nous ne nous étonnerons donc pas si, à tous les siècles, nous le voyons se manifester.

Les raisons que nous avons données en faveur de l'opinion qui prétend que certaines connaissances astronomiques des anciens supposaient des traditions primitives, demeurées dans l'humanité, ne manquent pas de valeur et découlent des faits mêmes que nous avons cités. Quelques savants contemporains ont été conduits à la même conclusion.

Ce n'est pas seulement d'aujourd'hui que cette opinion a cours, comme nous allons le prouver, en citant quelques auteurs anciens.

Ammien Marcellin rapporte une tradition sur le déluge

---

1. Formatis igitur, Dominus Deus, de humo cunctis animantibus terræ, et universis volatilibus cœli, adduxit ea ad Adam, ut videret quid vocaret ea ; omne enim quod vocavit Adam animæ viventis, ipsum est nomen ejus. Gen. II, 19-20.

qui est conforme à celle de Josèphe et des Égyptiens. On appelle Syringes certains réduits souterrains et tortueux, que les hommes chargés de conserver les rites sacrés, sachant que le déluge devait arriver et redoutant la perte des anciennes cérémonies, firent creuser en divers lieux avec de grands travaux. Sur les parois des rochers qu'ils avaient taillés, ils gravèrent différentes espèces d'oiseaux et de bêtes féroces, et une semblable quantité d'autres animaux que l'on appelle lettres hiéroglyphiques, lettres totalement inconnues aux latins[1].

Voici quelques traditions orientales sur les patriarches antédiluviens et sur le déluge[2].

Cassien, après avoir dit que Seth avait reçu d'Adam la connaissance de toutes les sciences naturelles, accuse la race de Caïn de les avoir corrompues. Sophronyme et Moïse de Gaza parlent aussi des traditions que Seth avait reçues de son père et qu'il livra à ses enfants[3]. Saint Épiphane[4] nous parle même de sept livres que les hérétiques de son temps attribuaient à Seth, et dont ils paraissaient avoir emprunté les principales notions aux écrivains orientaux.

Enfin, Josèphe résume toutes ces traditions dans ces paroles remarquables[5] :

« Je serais trop long, si j'entreprenais de parler de tous les enfants d'Adam, et je me contenterai de dire quelque chose sur l'un d'eux nommé Seth. Il fut élevé auprès de son père et se porta avec affection à la vertu. Il laissa des enfants semblables à lui, qui demeurèrent en leur pays où ils vécurent très heureusement et en parfaite union. On doit à leur esprit et à leur travail la science des choses célestes et de leurs ornements ; et, parce qu'ils avaient appris d'Adam que le monde périrait par l'eau et par le feu, la crainte qu'ils eurent que cette science ne se perdît, avant que les hommes en fussent instruits, les porta à élever deux colonnes, l'une

---

1. Hist. Liv. XXII, c. xxxix — 2. *Annales de philosophie*, T. XXVIII, p. 443. — 3. Euseb. Pamph. p. 6. — 4. *Hæreses*, contra Setheanos, n° 5. — 5. Ant. I, c. II.

de briques, l'autre de pierres, sur lesquelles ils gravèrent les connaissances qu'ils avaient acquises, afin que, s'il arrivait qu'un déluge ruinât la colonne de briques, celle de pierres demeurât pour conserver à la postérité la mémoire de ce qu'ils avaient écrit. Leur prévoyance réussit, et on assure que cette colonne de pierres se voit encore aujourd'hui dans la terre sériadique. »

Après Seth, les auteurs orientaux nous citent son fils Enos, comme ayant continué l'enseignement de son père. La Bible nous dit qu'Enos commença à invoquer le nom de Dieu. Cela ne saurait s'entendre à la lettre, car on sait que Dieu avait été invoqué auparavant. Aussi R. Onkelos dit qu'il s'agit du nom de Dieu figuré par les quatre lettres, et un auteur syriaque assure plus positivement encore que, par ce texte, il faut entendre que les hommes commencèrent à écrire et à lire le nom de Dieu; en sorte que ce serait là le commencement de cette inscription du nom de Dieu mise sur des tablettes, qui étaient ensuite placées dans les temples et dans les familles et dont l'usage est immémorial en Chine.

A la suite d'Enos, les auteurs orientaux nous parlent d'Hénoch, septième patriarche après Adam. Or, qu'un livre ayant Hénoch pour auteur existât encore au temps du Christ, nous en avons le témoignage irrécusable de saint Jude, qui en cite une prophétie ayant rapport à la fin des temps : *Voilà le Seigneur qui vient avec des milliers de ses saints pour entrer en jugement contre les hommes*[1].

Tertullien nous dit que ce livre fut conservé dans l'arche de Noé. Saint Augustin, Athénagore, Clément d'Alexandrie, Lactance l'ont cité; mais il paraît qu'il fut corrompu de bonne heure. Aussi, ni la synagogue, ni l'Église ne l'ont mis dans leurs canons.

---

1. Prophetavit autem et de his septimus ab Adam Henoch, dicens : Ecce venit Dominus in sanctis millibus suis facere judicium contra omnes, et arguere omnes impios de omnibus operibus impietatis eorum, quibus impie egerunt, et de omnibus duris quæ locuti sunt contra Deum peccatores impii. Jud. 14. 15.

Les Arabes donnent à Hénoch le nom d'Édris, et disent qu'il fut le premier qui, après Seth, écrivit des livres. « Dieu le fit prophète ; il composa trente livres et hérita de ceux qui avaient été composés par Seth, et des autres connaissances d'Adam[1]. »

Cassien avait vécu longtemps en Égypte et en Palestine ; il nous explique ainsi la transmission des livres après le déluge : « Selon que les anciennes traditions le portent, Cham, fils de Noé, qui avait été infecté des livres de la race de Caïn, qui traitaient des superstitions et des autres sacrilèges, sachant qu'il ne pourrait conserver aucun de ces livres dans l'arche, grava ces sciences scélérates et ces inventions profanes sur des lames de divers métaux et sur des pierres très dures, qui ne pouvaient être détruites par les eaux. Après le déluge, les ayant découvertes aux endroits où il les avait cachées, il transmit ainsi aux hommes les sciences de sacrilèges et de forfaits perpétuels. C'est ainsi que s'explique l'opinion du vulgaire qui croit que ce sont les anges qui ont appris les maléfices aux hommes. »

Saint Clément de Rome parle aussi de livres attribués aux patriarches, et Clément d'Alexandrie assurait que c'était aux livres des prophéties de Cham que Phérécyde avait emprunté sa théologie[2]. Saint Augustin parle aussi de colonnes sur lesquelles Cham avait écrit[3]. Pierre Comestor fait mention de quatorze colonnes, sept en bronze et sept en briques, érigées par le même Cham, et contenant les éléments et les règles de tous les arts et de toutes les sciences[4]. Plusieurs de ces autorités, sur l'état de la science dans les premiers siècles du monde, semblent avoir puisé dans les sources talmudiques, mais nous ne les avons pas produites toutes ; il en existe un grand nombre qui sont exclusive-

---

1. *Chronique d'Abul-Hassen*, dans Kircher, et *Edris et Maousa chron.*, dans Herbelot.
2. *Stromates*, 6.
3. *Civitas Dei*, Liv. XVIII.
4. *Annales*, T. XXVIII, p. 445.

ment profanes, et qui donnent le souvenir des mêmes faits en Égypte, en Chine et chez les Indiens.

Le Syncelle[1] offre le témoignage suivant : « Manéthon emprunta son histoire aux stèles ou colonnes placées dans la terre sériadique, sur lesquelles anciennement Thot, le premier Mercure, l'avait écrite en caractères hiéroglyphiques. Ce sont ces caractères qu'après le déluge, Agathodémon, fils du deuxième Mercure, traduisit du dialecte sacré exprimé en lettres sacerdotales, en langue grecque; et, les ayant rédigés en volumes, il les déposa dans les parties secrètes des temples. »

C'est ce Thot que Platon assure avoir inventé les lettres, les nombres, la géométrie l'astronomie, etc..... Tous les auteurs disent la même chose. On avait donc la pensée que l'origine de l'écriture remontait à la naissance du monde.

On a entendu ci-devant Ammien Marcellin parlant des colonnes écrites avant le déluge. N'y a-t-il pas quelque chose de bien digne de remarque dans l'étendue et la persévérance de ces traditions.

Cédrenus[2] nous dit à son tour : « Avant le déluge, le genre humain n'était pas séparé par nations, ni par royaumes. On connaissait la révolution de l'année. Il est écrit, dans le livre des choses occultes d'Hénoch, que l'ange Uriel apprit à Hénoch ce qu'est le mois, le solstice et l'année, et que l'année est composée de cinquante-deux semaines. »

Nous produisons ce passage de Cédrenus, car il prouve que cet auteur a eu sous les yeux tous les textes tirés des historiens babyloniens cités ailleurs, et différentes traditions écrites qui n'existent plus. C'est là qu'il a trouvé que la coudée dont se servit Noé, était la grande coudée égyptienne, que le déluge commença et finit un premier jour de la semaine et le vingt-sixième jour du mois de Mai. A ce titre, Cédrenus corrobore la tradition.

Et nous dirons que la tradition corrobore ce que l'histoire

1. Platon, dans *Phèdre*.
2. Cédrenus, p. 8.

nous affirme sur la science primitive des peuples ; c'est-à-dire que leurs connaissances astronomiques étaient au-dessus des moyens qu'ils avaient pour constater les faits qu'ils proclament.

DEUXIÈME PÉRIODE. — LES PEUPLES PRIMITIFS.

On admet généralement aujourd'hui l'antériorité historique des Chinois sur les Indous ; mais il n'est pas moins vrai que, dans un temps plus récent, la Chine a pris à l'Inde sa religion et, par conséquent, sa cosmogonie et sa cosmologie, qui s'identifient presque toujours chez les peuples primitifs. C'est donc par l'Inde que nous devons commencer l'étude historique de cette période.

I. De l'Inde. — Une lecture attentive des « *Livres sacrés des Indous* » met hors de doute leur croyance à l'habitabilité des mondes ; c'était pour eux plus qu'une opinion, c'était un dogme. De peur qu'on nous accuse de n'avoir pas eu l'intelligence des textes, nous voulons nous appuyer sur quelques autorités.

Anquetil du Perron qui a traduit plusieurs des *Upanishads* qu'il écrit *Oupnekhats*, a mis en tête de sa version une dissertation où il expose la doctrine en quatre points, dont le troisième a pour titre : « *l'existence d'un monde naturel et intellectuel* de beaucoup supérieur au nôtre [1]. »

Eugène Pelletan et Alfred Maury qui, sous la direction de Buchan, ont fait un travail spécial sur les religions de l'Inde, nous conduisent à la même conclusion, comme on peut le constater en lisant leurs ouvrages [2].

Pour se former une idée du système complet contenu dans

---

1. *Livres sacrés de toutes les religions.* — T. I, p. 402. — *Les Upanishads*, Avant-propos. — Anquetil du Perron : *Oupnekhats* (id est secretum legendum) opus continens antiquam et arcanam seu theologicam et philosophicam doctrinam ex IV sacris Indorum Libris excerptam. Strasbourg 1805, V vol. in-4°. — Il a publié les autres en français.
2. *Histoire universelle des religions.* T. II, Paris 1855.

les Livres sacrés des Indous, il y a, selon nous, trois choses qu'il ne faut pas séparer : la théogonie, la cosmogonie et la cosmologie, et nous y ajouterons volontiers la cosmographie. Peut-être même, chez nous, sépare-t-on trop ces sciences qui sont essentiellement unies.

Procédons en vertu de ce principe de non-séparation.

« Brahm[1] est l'Éternel, disent les *Védas*, l'Être par excellence, l'être existant par lui-même, l'être pur esprit. »

Il sort de son éternel repos, il crée ; alors il s'appelle Brâhmâ, c'est le Dieu cause universelle, le Dieu créateur universel.

Pour développer, pour faire évoluer cette création primitive, Brahm a choisi la génération ; alors il s'appelle Siva, créateur particulier. Mais qui dit génération, dit destruction ; qui dit croissance, dit mort ; ces deux choses sont corrélatives, connexes ; voilà comment Siva devient aussi le Dieu de la destruction.

Mais c'est un fait que le monde, par une série de vicissitudes, passe continuellement, constamment de la mort à la vie et, malgré ces destructions perpétuelles, il ne continue pas moins d'exister. Il faut donc qu'il se conserve, qu'il y ait un Dieu préposé à sa conservation, qui n'est ni l'impulsion primitive donnée à l'Être ou Brâhmâ, ni la génération d'action de tous les êtres ou Siva. Ce nouveau Dieu a reçu le nom de Vichnou.

Il y a donc, dans l'univers vivant, trois grandes forces qui produisent les trois phénomènes entièrement distincts de la vie ; la force de création, la force de génération et de destruction, et la force de conservation[2].

1. Brahm, Brahme ou Brahma est l'Être suprême, le Dieu unique, éternel principe du monde. Il y a cette différence entre Brahma et Brâhmâ que Brahma (nom neutre) est l'Éternel, l'Être suprême, et que Brâhmâ (nom masculin) est le même Dieu se manifestant comme créateur.

2. Marava-Dharma-Sâstra, *Lois de Manou*, traduites par A. Loiseleur Deslonchamps, — voir particulièrement le I" Livre — *Les Védas*. — NB. Parfois au lieu de Brahm, on écrit Brahme ou Brahma alors Brahma s'écrit Brahmâ.

Où est Brahm? Il est partout, comme principe universel; mais où sont Brahma, Siva et Vichnou ? Ils ont un lieu qui est le trône de leur gloire, et ce lieu se nomme le mont *Mérou*. Le mont Mérou est le roi des grandes montagnes. Il est, en effet, d'une grandeur extraordinaire, puisque sa hauteur est égale à l'étendue du continent où il est situé ; son sommet a trente-deux mille Yodjanas de circonférence et sa base soixante mille, ce qui est la mesure de sa racine sous terre[1].

Le Mérou n'est aucune des montagnes connues, c'est un mont symbolique, mythologique, pour indiquer la hauteur et la grandeur des résidences des différentes divinités.

Sur le sommet du Mérou, au centre, on place la ville du bienheureux Brahma qui a dix mille Yodjanas.

Siva et Vichnou habitent aussi sur la même montagne, mais à des hauteurs différentes.

Les Indous, en effet, partagent le monde en trois régions, placées dans le sens vertical. A chacune d'elles correspond une divinité. La région supérieure est gouvernée par Brahma ; la région centrale ou moyenne par Rhoudra ou Siva; la région inférieure par Vichnou, qui a pour

---

1. *Bhagavata Pourana*, Livre V. — Le continent où est situé le Mérou est le continent le plus central des fruits du lotus : Il a une étendue de cent mille Yodjanas. Or, c'est aussi la hauteur du mont Mérou. Le Yodjanas = 5 milles anglais ou 1609, 315 $\times$ 5 = 8046^m, 575. La hauteur du Mérou = 8046^m, 575 $\times$ 100 000 = 804 657 500^m ou 804 657 k^m, 500^m. Sa racine sous terre = 8046^m, 575 $\times$ 60 000 = 482 794 k^m, 500^m.

NB. *Le Cosmos*, du 23 septembre 1893, dit que « le Yodjanas est une mesure indienne égale à environ 8 de nos kilomètres. Les auteurs disent que c'est un mille anglais, par conséquent 1609^m,315.

Les différents auteurs ne sont pas toujours d'accord sur la forme du célèbre mont Mérou, ni sur ses proportions ; on peut consulter surtout le *Vischnou Pourana*, Liv. IIe, du chap. IIe jusqu'au chap. XIIe inclusivement ; c'est ce qu'il y a de plus clair. Lire aussi le *Pourana* et le *Mahabharata*, les *Védas* et surtout le *Rig-Véda*, traduction de Pauthier et O. Brunet, K. Migne 1858.

symbole le grand serpent Anauté, qui est aussi Vasouchi et Sesha ; le grand Nâga est également le symbole ordinaire de Vichnou.

Brahma habite dans le sommet du Mérou. Tout autour, sont placées les villes des huit gardiens du monde supérieur, qui (chacun occupe un point de l'espace distinct) ont une forme particulière, et c'est le quart de l'étendue de la ville de Brahma[1].

Au premier rang, figurent immédiatement après Brahma, les huit Vasous, protecteurs et régulateurs des huit régions du monde. Ils ont pour chef Indra, le roi du firmament, le Dieu de l'éther et du jour céleste, que l'on représente monté sur l'éléphant Airasvasta, sorti de la mer de lait[2]. L'orient est plus particulièrement son empire, mais il se plaît sur le mont Mérou, au pôle nord. Rien n'égale la beauté de sa ville aérienne, de son palais, de ses jardins. C'est là qu'il réside avec Indrani ou Poulamoya, son épouse, environné d'une cour choisie, qu'embellissent de leur présence, que ravissent de leurs danses et de leurs chants des groupes nombreux d'Apsaras et de Gandharbas, à la tête desquels on distingue Rombha. L'architecte divin, auteur des merveilleuses constructions des swargas ou cieux visibles, et auquel Vichnou et d'autres divinités doivent aussi leurs somptueuses demeures, s'appelle Viswakarma, c'est une sorte de créateur d'un monde secondaire.

Ce palais d'Indra, dont le Mahabharata nous a laissé une pompeuse description, a huit cent mille Yodjanas de circonférence et quarante mille de haut ; les colonnes sont formées de diamants ; ses murs sont d'or et parsemés de perles et de pierreries ; il resplendit de l'éclat de douze soleils réunis ; des fleurs d'un parfum délicieux embaument ses salles.

Plusieurs radjahs de l'Inde prétendent descendre de ce

1. *Bhagavata-Pourana*, Livre V.
2. Cette mer de lait ne serait-elle pas la *voie lactée*, et cet éléphant une constellation *résolue*.

Dieu puissant; tels sont les princes de Kingtl, les rois d'Assom et d'autres radjahs des provinces orientales de l'Inde.

On voit qu'Indra est une divinité stellaire dont l'origine remonte au sabéisme, à ce sabéisme primitif dont on retrouve l'empreinte dans le Rig-Véda.

Nous ne parlerons ni des royaumes, ni des demeures des sept autres Vasous[1], ni non plus des possessions de Siva; mais nous croyons devoir mentionner la troisième partie du monde dont Vichnou est le chef.

Nous avons dit que la racine du mont Mérou s'étendait à 60 000 Yodjanas ou 482 794 kilomètres sous terre; aussi lisons-nous dans le Bhagavata-Pourana : « Au-dessous de la terre, se trouvent sept cavités, qui ont chacune dix mille Yodjanas de profondeur et qui s'étendent jusqu'à l'enveloppe du monde; ce sont Atala, Vitala, Soutala, Talâtala, Mahatala, Rasâtala et Patâla. »

« Ces lieux souterrains sont peuplés de palais, de jardins, et de lieux où l'on joue, qu'embellissent des plaisirs, des jouissances, une grandeur, une béatitude, une prospérité et une puissance surnaturelles, supérieures même aux biens du ciel; c'est le séjour des Daïtyas, des Donovas et des fils de Kadsou, qui, au milieu de la joie et de l'affection de leurs femmes, de leurs enfants, de leurs parents, de leurs amis et de leurs serviteurs, se livrent aux jeux de la magie, sans que le Seigneur lui-même interrompe leurs plaisirs. »

« Là, Maya, le magicien, a créé des villes où les palais, les enceintes, les portes, les salles, les arbres consacrés, les cours et les autels sont formés et ornés d'un choix des plus belles pierreries, et où les maisons des princes de l'abîme reposent sur un sol factice, que décorent des couples de

---

1. Comme nous, les Hindous ont assigné une Divinité pour gardienne à chacun des points de la rose des vents. Tout en étant roi du firmament, Indra est plus particulièrement le régent de l'Orient; Agni l'est du sud-est; Yoma du sud; Mriti du sud-ouest; Varouna de l'est; Vogon du nord-ouest; Couvera du nord; Nisoni du nord-est.

Nâgas, d'Asouras et des images de colombes, de perroquets et de sâritas. »

« Là, sont des jardins parés de beaux arbres dont les branches, que les lianes serrent de leurs étreintes, plient sous le poids des fleurs, des fruits et des rameaux fleurissants et dont l'éclat ravit le cœur et les sens. Des lacs, aux ondes pures, sont peuplés de couples d'oiseaux variés ; leur surface est couverte de nymphœas et de lotus blancs, bleus et rouges. »

On peut lire dans le Bhagavata-Pourana ce qui concerne les six autres cavités. Et qu'on veuille bien le remarquer, il ne s'agit pas ici des enfers, ce serait trop agréable et l'on se contenterait de moins pendant l'éternité ; car le Bhagavata-Pourana nous donne plus loin une description de l'enfer qui n'est guère attrayante, où sont énumérées les peines infligées aux différents criminels. Le Dante, malgré sa puissante imagination et malgré son génie, ne peut atteindre les horreurs de l'enfer des Hindous.

Il est évident que ce sont là des mondes matériels, d'après les descriptions que nous en donnent tous les écrivains indiens.

Tout le monde sait que le dogme fondamental de toutes les religions de l'Inde, c'est la transmigration des âmes et cette transmigration s'accomplit non seulement dans des corps terrestres, mais d'un monde à l'autre. Plusieurs fois nous avons eu occasion d'interroger des Indiens de différentes castes sur ce sujet, et tous étaient persuadés de l'existence d'autres mondes physiquement habités.

D'ailleurs, dans le Mahabharata, Nyasa a chanté les guerres héroïques des Kourous et des Pandous, deux familles appartenant à la race des enfants de la lune.

D'après le Sankhia de Kapila Kupita, la création corporelle est divisée en trois mondes.

« En haut est le monde de la bonté, où la vertu prévaut ; il est habité par des êtres supérieurs à l'homme. »

« En bas est le monde de l'obscurité ou d'illusion où prévaut l'ignorance; il est habité par des êtres inférieurs à l'homme.

« Entre l'un et l'autre se trouve le monde humain, où les passions dominent. »

Nous avons lu et relu les différentes traductions françaises qui existent des *Livres sacrés* des Hindous et nous croyons les avoir compris, cependant recourons encore à une autorité.

Brucker, après avoir exposé la doctrine des Malabares, *philosophiam gentis Malabaricæ*, conclut :

« Que si l'on pèse consciencieusement ce qu'il a dit, il en résulte que les premiers fondateurs de l'astronomie parmi les Malabares avaient présenté aux Indiens les planètes comme des terres habitées. Tous ces mondes étaient infiniment grands et larges et chacun possède ses habitants[1]. »

II. La Chine. — La Chine n'a pris à l'Inde qu'une partie de sa religion, le Bouddhisme, et de là sa cosmogonie deviendra moins fantastique que celle de l'Inde, tout en conservant un caractère fort merveilleux. Nous allons résumer, en moins de mots qu'il sera possible, le concept des Chinois sur la constitution de l'univers[2]. Le Mérou devient pour eux le *Sous-Mérou*, montagne céleste, sur les degrés de laquelle s'appuient les différents mondes qui remplissent l'espace, depuis les profondeurs des enfers jusqu'aux régions les plus épurées de l'éther.

---

1. Quæ si probe ponderentur, conjectura inde enascitur, primos astronomiæ inter Malabares conditores, planetarum orbes velut terras habitatas Indiis commendavisse; quam hypothesim inter Pythagoreos Ægyptum incolentes, non peregrinam et ignotam fuisse suo loco annotavimus. Omnes hi mundi infinite magni latique sunt, et a suis quique habitantur incolis. Brucker, *Historia critica philosophiæ*, vol. IV, 2ᵉ partie. — Cf. Lacroye, p. 586-600 et seq. — qui hæc testimoniis Fr. Xaverii Bernierii Vincentii Manæ et Borchelli etiam roborat. — Cf. etiam Roger, p. 249.

2. Voir les travaux laissés par Abel Rémusat. Nous ne faisons que résumer l'ouvrage de Charles Casson, *Religion de la Chine*.

Le Sous-Mérou n'est ni l'Himalaya, ni aucune autre des montagnes connues et réelles ; tout est mythologique dans la cosmogonie saméenne. Dans sa partie inférieure et à la hauteur de notre globe terrestre, cette montagne est entourée de quatre continents, dans la direction des quatre points cardinaux.

Toutes les richesses, toutes les merveilles que l'imagination la plus féconde peut se figurer dispersées sur l'immense surface de l'Univers, se trouvent rassemblées sur les étages de cette montagne céleste ; elle est au nord couleur d'or, à l'orient couleur d'argent, au midi de saphir, à l'ouest de cristal de roche. Tous les êtres, végétaux, animaux, poissons et quadrupèdes reçoivent de cette montagne leur couleur, suivant le côté dont ils s'en approchent et ils la gardent à jamais. Elle est inébranlable au milieu des cataclysmes du monde ; la première formée à l'origine des choses, c'est la dernière qui s'écroulera à la consommation des temps. Autour d'elle, tournent le Soleil et la Lune ; sur les divers degrés de sa hauteur, se superposent les cieux et les demeures de plus en plus élevées des dieux du panthéon bouddhique.

En s'élevant au-dessus de notre globe terrestre, le premier monde qu'on rencontre est le *monde des désirs* ; c'est le quatrième des étages du Sous-Mérou, et il est situé à la moitié de sa hauteur.

Six cieux superposés le composent. Les *êtres qui les habitent*, bien que haut placés dans l'échelle des êtres intelligents, sont néanmoins encore soumis aux séductions des sens, aux affections et aux passions humaines, et c'est pour cela que leur univers prend le nom de monde des désirs. Tous, en effet, ressentent plus ou moins violemment les effets de la concupiscence, quelques-uns même dans les régions inférieures s'unissent à la manière du siècle..... Dans le premier des cieux du monde des désirs, sont quatre Dieux, qui président aux quatre points cardinaux ; au second ciel est Indra, dont nous avons déjà parlé.

Du monde des désirs, on s'élève au monde des formes et des couleurs. Ici, plus de désirs, plus de ces agitations internes des sens, qui sont une excitation à l'action et au mouvement; dix-huit degrés d'étages superposés y mesurent autant de degrés de perfection morale et servent de séjour à ceux qui les ont obtenus.

En quittant le monde des formes on s'élève enfin dans le monde sans formes; c'est-à-dire que les êtres ne conservent même plus ces contours de la forme, qui marquent les limites des existences individuelles.

Tout cela ne laisse pas de paraître ingénieux et grandiose; ce n'est cependant qu'une charpente, une base sur laquelle on a échafaudé des systèmes de mondes à l'infini. Chaque ciel est devenu le centre d'un nouvel univers, en tout semblable à celui que nous venons de décrire, reproduisant le même nombre de cieux; ceux-ci donnent, à leur tour, naissance à de nouveaux univers, et ainsi à l'infini. Ces millions de mondes, et de Soleils, ces milliards de Sous-Mérou secondaires et de continents forment le grand chiliocosme, qui tourne avec ses milliards d'annexes autour du Sous-Mérou primordial. Telle est l'image grandiose que les Bouddhistes, dans leur préoccupation de vouloir représenter l'immensité de la création, ont livrée à la méditation des hommes.

Comme il ressort du contexte et de toute doctrine, tous ces mondes sont habités; impossible de nier cette conclusion. Ce n'est pas ce qui étonne; mais on se demande comment ces peuples ont eu de la création l'idée que nous en avons aujourd'hui, d'après les progrès des sciences?

Voici comment un auteur distingué, dont nous n'avons aucune raison de suspecter la bonne foi et qui s'est beaucoup occupé de la question, apprécie la doctrine cosmogonique de la Chine sur ce point. « Les Chinois ont conservé jusqu'à nos jours des traditions théogoniques où l'on reconnaît, parmi les dogmes anciens, celui de la pluralité des habitations humaines dans les mondes qui rayonnent au-dessus de nos têtes; et, en remontant aux premières pages des annales historiques de l'humanité, on retrouve cette même idée, soit religieuse pour la transmigration des âmes et leur état futur, soit astronomique simplement pour l'habitabilité des astres. »

On pourra trouver que nous nous sommes trop étendu sur la cosmogonie de l'Inde et de la Chine ; il le fallait, puisque c'est chez ces peuples que nous trouvons le mieux exposées les doctrines qu'ont embrassées les différents peuples de la terre.

III. — Les doctrines cosmogoniques de l'Inde et de la Chine se sont répandues partout où le Brahmanisme et le Bouddhisme ont pris racine ; par conséquent, en Mandchourie, au Thibet, au Japon, au Tonkin, en Birmanie, au Siam, en Annam, au Cambodje, à Sumatra, à Java, à Bali, à Borneo, à Ceylan...[1]

Il serait superflu d'insister sur l'opinion de ces différents peuples concernant la multiplicité des mondes habités : ils pensent tous comme l'Inde et la Chine ; quelques mots seulement.

La cosmographie Siamoise est toute fantastique. La Terre est supportée sur les eaux, et, à chaque point de l'horizon, sont dix millions de millions de mondes. Chaque monde a un Soleil et une Lune, qui tournent autour du Roi des monts, situé au milieu.

Les Javanais ont deux Livres sacrés qui exposent leur cosmogonie : le *Kanda*, poème Kawi, où l'on retrouve toutes les choses merveilleuses du Bouddhisme ; le *Manek-Moya*, où il y a moins d'exagérations[2].

IV. Les Parsis ou **Parses.** — Pour abréger, nous entendons par ce mot cette immense contrée qui s'étend depuis l'Himalaya jusqu'au lac Aral, la Mer caspienne, la

[1]. Voir dans les *Livres sacrés de toutes les Religions*: Le Bouddhisme thibétain ; — L'enfant égaré, parabole, vol. II ; — Des Siamois, des Japonais, des Javanais, vol. II. — Le Bouddhisme singalais ou chingalais de Ceylan ; — Le Mahawensee et Raja Batnacari.

[2]. *Livres Sacrés de toutes les religions*, vol. I.

partie supérieure de la Mer noire pour arriver à Aden, comprenant le Bélouchistan, l'Afganistan, le Turkestan occidental, la Perse, c'est-à-dire tout le grand plateau de l'Iran et toute l'Arabie d'aujourd'hui, et autrefois la Bactriane, la Zodiane, la Chaldée qui devint plus tard la Babylonie, la Perse proprement dite, l'Arménie et toute l'Arabie.

On peut affirmer que le Sabéisme était la religion dominante de toutes ces contrées. Aucuns prétendent que l'Inde, la Chine et le Thibet, surtout avant d'avoir adopté le Bouddhisme, suivaient aussi le Sabéisme ; nous n'avons pas à examiner cette question [1].

Quoiqu'il en soit, tous ces pays que nous avons nommés plus haut, suivaient autrefois et suivent encore, plus ou moins, aujourd'hui la religion des Parsis ou anciens Persans.

Chez les Parsis, la théogonie et la cosmogonie se trouvent si intimement liées, qu'il n'est guère possible de les séparer. La doctrine se trouve exposée dans le Zend-Avesta, qu'on nommerait mieux Avesta seulement ; Zoroastre en est considéré comme l'auteur. Outre les livres Zends, il y a encore deux autres écrits en pehli, le Boundehesch — qui a été créé dès le principe — et l'Arda-Virafname : ces deux derniers ouvrages renferment particulièrement la partie cosmogonique. Voici la doctrine.

Un Dieu suprême, l'auteur de deux principes : un principe bon, Ormuzd ou Ahura ou Arera ; un principe mauvais, Ahriman.

Chacun de ces principes supérieurs a son royaume : le royaume d'Ahura-Madza renferme une *multitude d'êtres célestes ou terrestres*, partagés en différentes classes : l'une d'elles, celle des Izeds, a été créée pour verser des bénédictions sur le monde et pour veiller sur le peuple des purs. Dans le royaume d'Ahriman se trouve une multitude de Duevas ou démons, ennemis de l'homme ; plusieurs de ceux-ci possèdent aussi des corps.

---

1. *Les livres sacrés des religions.*

D'après l'Arda-Virafname, il y a sept cieux pleins de merveilles dont il donne quelques noms. Telle était la doctrine primitive; tandis que les Parsis plus récents n'admettaient que trois mondes, au-dessus desquels est le Gorothman, le séjour d'Ahura-Mazda [1].

En dehors des croyances musulmanes, aujourd'hui dominantes en Perse et dans toutes ces régions, il existe quelques ouvrages qui se rattachent à d'anciennes religions, se rapprochant sur divers points, des doctrines attribuées à Zoroastre. Le plus remarquable de ces ouvrages est le *Desatir*, c'est-à-dire la *Parole du Seigneur* ou le *Livre céleste*.

La cosmogonie du *Desatir* est tout aussi extraordinaire que celle des livres bouddhiques et brahmaniques. Tout, du reste, prouve que la doctrine qu'elle contient a subi l'influence de l'Inde et de la Chine, à moins d'admettre, ce qui est plus rationnel, qu'elles viennent d'une même source.

Il y a neuf cieux, et chacun de ces neuf cieux a son intelligence, son âme et son corps.

De même que les sphères des planètes, chacune des étoiles fixes a une intelligence, une âme et un corps ; chacune de ces parties de l'univers possède ainsi la vie et la connaissance, et se dirige elle-même dans sa marche.

Les êtres émigrent d'une sphère dans l'autre, et ces êtres ne sont pas seulement des esprits ou des âmes, mais des êtres corporels, accomplissant toutes les fonctions de la vie animale; il leur faut nécessairement un lieu physique ou terrestre.

La Chaldée, la Mésopotamie, ce que nous appelons aujourd'hui la Palestine, la Phénicie, le Liban, le pays des Druses sont compris dans les limites que nous avons fixées plus haut, en déterminant le pays des Parsis; par conséquent, ces peuples devaient avoir les mêmes doctrines cosmogo-

---

1. Cf. *Les Livres sacrés des religions*. T. II. — *Livres religieux des Parsis*. Avant-propos et le texte qui suit, p. 714 et seq.

niques. Comme cependant on pourrait penser que nous éludons la difficulté qui existe, en vérité, par rapport à ces peuples, nous voulons en dire un mot. L'antiquité nous a transmis peu de chose sur l'histoire des Chaldéens ou Babyloniens et par conséquent sur leur cosmogonie. Il n'existe qu'un fragment du Chaldéen Bérose, qui renferme quelques traits d'une cosmogonie, qui se rapproche de celle de l'Inde et de la Perse; ce qui nous permet de supposer qu'elle admet la pluralité des mondes. Mais, si nous croyons les écrivains étrangers, comme Strabon et Pline, ils se livrèrent particulièrement à l'étude du côté matériel de la création, et surtout des phénomènes du ciel; ils admettaient la métempsycose, et toutes leurs idées présentent un ensemble, dont le fond appartient évidemment à la tradition primitive.

Il nous reste aussi quelques fragments d'un ouvrage attribué à Sanchoniaton, traduit du phénicien en grec par Philon de Biblos. D'après les citations d'Eusèbe[1], c'est un essai d'explication de l'Univers par des causes matérielles. Bien compris, ce passage ne signifie autre chose que ce que l'on admet aujourd'hui sur la création. Et de fait, Possidonius, philosophe stoïcien, cite le phénicien Moschus, comme le premier auteur de la théorie des atomes. C'est la doctrine de Pythagore et de Platon.

Quelques lignes que nous allons citer, jetteront une lumière suffisante sur la Cosmogonie des Druses.

« Des idées panthéistiques et la croyance à la migration des âmes, ainsi qu'à des incarnations de la divinité, jouent un grand rôle dans cette religion. On y trouve aussi des vestiges de l'ancien culte oriental de la nature. C'est, on le voit, la conception de l'Inde et des Parsis. »

Nous croyons devoir anticiper un peu sur notre étude et faire une mention spéciale des Arabes, avant de passer en Égypte.

---

1. Cf. Eusèbe, *Préparat. Évangélique.* Liv. I, cap. x. édit. Migne. p. 71-77.

Les Arabes, qui existent aujourd'hui, viennent de deux souches principales, suivant leurs historiens : l'une est Kahtân qui est le même que Djaktan[1], fils de Héber, et l'autre, Adnân, descendant en ligne directe d'Ismaël. Plus tard vinrent dans le pays les Cushites (Chusites), descendants de Cham par Cush (Chus). Il serait assez difficile de dire quelle fut leur religion primitive et leur cosmogonie, sinon qu'avant la venue de Mahomet, le sabéisme avait gagné toute la nation. Les Arabes Sabéens rendaient un culte aux étoiles fixes et aux planètes, et les honoraient comme des divinités inférieures. Ils adoptèrent les mêmes idées que les Parsis et les Indiens.

Pour peindre son enfer et surtout son paradis, Mahomet n'a eu rien à ajouter aux idées régnantes, et peut-être a-t-il laissé ce paradis seulement par ce que c'eut été compromettant pour sa doctrine de représenter autrement la félicité. Mais ce paradis ne peut exister que dans un monde matériel quelconque, même un peu plus grand que le nôtre, puisque « *l'arbre Tuba* est si grand que le cheval le plus léger mettrait plus de cent ans à sortir de son ombre, quand il irait au galop[2]. »

Cette affirmation et certaines autres du Coran, au sujet de l'autre vie, peuvent soutenir la comparaison avec toutes les descriptions du Bhagavata-Pourana.

D'ailleurs, à toutes les époques, les Mages de Perse se sont fait une idée du bonheur des justes dans la vie à venir, qui est peu différente de celle qu'en donne Mahomet[3].

1. Djathan, Jectan, — Arabes Jecthanides.
2. On peut admettre que ce coursier, puisqu'il va au galop, fera un kilomètre à la minute, et ce n'est qu'un minimum. Dans ce cas, on aurait pour l'envergure de l'arbre : $100 \times 365 = 36500$ jours; 36500×24 heures $= 876000$ h.; 876000 h. $\times 60 = 52560000$ minutes ou kilom. Mais ce n'est là que le rayon ou la longueur des branches ; pour avoir le diamètre, il faut multiplier par 2. Donc $52560000 \times 2 = 105120000$ kilom. ou 105 millions 120000 kilomètres.
3. Voir sur cette question : *Observations historiques et critiques sur le Mahométisme*, traduite de l'anglais par G. Sale. — *Livres sacrés*, 1 vol., p. 500-504.

V. Les Égyptiens. — Les livres religieux et philosophiques des Égyptiens sont en grande partie perdus. On ne possède même rien en orginal des célèbres *Livres* d'Hermès, souvent cités dans les textes égyptiens et mentionnés par les auteurs grecs et, en particulier, par Hérodote, Diodore de Sicile, Plutarque et les philosophes alexandrins, Porphire et Jamblique : encore n'est-on pas sûr qu'ils se rapportent à la philosophie primordiale. Manéthon, prêtre égyptien, qui vivait environ 300 ans avant J.-C., avait écrit en grec une histoire d'Égypte, qu'il disait avoir tirée des ouvrages d'Hermès ou Mercure Trismégiste, célèbre législateur égyptien, et d'anciens mémoires. Cet ouvrage est perdu : il n'en reste que quelques fragments peu authentiques. Tout n'est cependant pas perdu. Les découvertes récentes des tombes égyptiennes et l'admirable science qui permet de lire soit les papyrus qu'elles renfermaient, soit les inscriptions qui y sont gravées, nous ont donné le *Rituel funéraire* ou le *Livre des morts*.

Les diverses péripéties des migrations des défunts dans l'hémisphère inférieure, supposent des *mondes matériels habités*, puisque le mort y rencontre une foule de monstres effroyables qui veulent le dévorer ; du haut de *l'arbre de vie*, la déesse *Néphé* lui verse une eau salutaire qui le rafraîchit.

Le mort entre alors dans une série de transformations où il s'élève peu à peu, revêtant la forme de chaque transformation et s'identifiant avec les symboles divins les plus élevés. Il se change successivement en épervier, en lotus, en héron, en oiseau à tête humaine, en hirondelle, en serpent, en crocodile. Et tout cela, après avoir franchi la porte du ciel.

Il résulte, en général, de ce que nous possédons de l'Égypte, que ce pays a suivi le courant ordinaire des autres peuples[1], et nous pouvons conclure avec Bailly : « On peut

---

1. Cf. *Livres Sacrés*, — Livres des Égyptiens.

croire que les Égyptiens eurent l'idée de la pluralité des mondes, que M. de Fontenelle a ingénieusement rajeunie [1]. »

VI. Les Scandinaves. — Les livres Sacrés des Scandinaves ne laissent pas le moindre doute sur l'opinion de ces peuples. Voici le début de la Voluspa :

« J'invite à l'attention tous les êtres sacrés, les enfants de Heimdall grands et petits. Je veux raconter les mystères du Père Suprême ; je me rappelle les choses antiques. »

« Je me souviens des Yotes, les premiers-nés. Ce sont eux qui m'ont donné des leçons. Je connais *neuf mondes*, neuf cieux et l'arbre magnifique planté sur la terre [2]. »

VII. Les Celtes et les Germains — des temps primitifs ne tiennent pas un langage différent, et, si nous traversons l'Atlantique, pour interroger les anciennes civilisations de l'Amérique ou ses forêts vierges, nous entendons la même voix : « il y a d'autres mondes que la terre. »

TROISIÈME PÉRIODE — LES GRECS ET LES LATINS.

Nous avons glané quelques épis chez les peuples appelés barbares, pour faire voir que leurs voix ne sont nullement en discordance avec celles des peuples civilisés anciens, nous réservant de venir interroger la Grèce et l'Italie, Athènes et Rome.

Quoiqu'il y ait une certaine différence de temps entre ces deux peuples, nous n'en faisons pas deux époques séparées, parce que le théâtre de leur activité fut en partie le même, la grande Grèce appartenant à l'Italie, et parce que les dernières années de la Grèce scientifique coïncident avec les premières années de l'Italie romaine. Nous donnerons cependant la priorité à la Grèce et nous chercherons ensuite l'opinion de Rome sur l'habitabilité des mondes. La Grèce a évidemment la priorité sur l'Italie.

1. Bailly, *Histoire de l'astronomie*, p. 168, Paris 1775.
2. *Livres Sacrés*, II° vol. à la fin. L'Edda traduction de M' Marmier.

Article I. — La Grèce.

Comme le dit Rohrbacher, dans son *Histoire universelle de l'Église*, si les Juifs reçurent le dépôt de la révélation, les Grecs eurent en partage les sciences et la philosophie, et cela à un degré que l'on comprend difficilement. Peut-être aurions-nous dû mettre les temps primitifs de la Grèce dans la période précédente ; mais, en observant ainsi plus exactement l'ordre chronologique, nous aurions séparé ce qui doit rester uni pour plus de clarté.

Chose remarquable, ce furent les poètes qui furent les initiateurs et les propagateurs du véritable système de l'univers chez ces peuples divers, qui devaient former la nationalité grecque ; car Orphée, Musée, Linus et Homère furent des savants et des philosophes, mais aussi des poètes. Il en fut de même chez les autres peuples. La doctrine de l'Inde, de la Chine, de la Perse sont des poèmes, poèmes épiques de l'humanité.

I. Philosophes et Poètes primitifs. — Orphée n'est peut-être pas grec, à proprement parler, mais il est considéré comme le Père de la philosophie, des arts, des sciences et de la poésie chez les occidentaux. C'est jusqu'à lui que remontent toutes les traditions ; c'est de son autorité que réclament toutes les connaissances. C'est le Moïse de la Grèce et le Confucius de la Chine. Qu'est cet Orphée ? Nous n'en savons trop rien. Ce que nous savons, c'est que les auteurs anciens et même les Pères de l'Église, saint Justin, saint Clément d'Alexandrie, Eusèbe et plusieurs autres, en parlent avec éloge et se servent de son autorité pour combattre différentes erreurs.

La pensée d'Orphée sur la question qui nous occupe, n'est point douteuse. Il faut cependant avouer que nous possédons à peine quelques fragments de ses écrits sur les astres. Mais les anciens nous ont conservé, sur ce sujet, deux dogmes d'Orphée tout à fait remarquables et que Plutarque nous fait connaître d'après les Pythagoriciens[1] : « que chaque étoile est un monde et que cela se trouve dans les dogmes orphiques qui déclarent que tout astre est un monde. » Plus tard, on s'est demandé s'il fallait étendre la doctrine d'Orphée seulement aux planètes et non aux étoiles fixes. Quelques-uns ont rejeté l'application aux étoiles, parce que, d'après les Pythagoriciens, elles étaient de feu : πύρινα τὰ ἄστρα. Aujourd'hui, ce n'est plus une difficulté et Orphée avait vu plus clair que ses successeurs.

Quoiqu'il en soit, d'après Orphée, toutes les étoiles étaient animées et les planètes étaient des mondes terrestres, suspendus dans l'immensité infinie de l'éther. Ce que soute-

---

1. *De Sideribus* § XVIII, p. 393 — Astronomiæ non tantum gnarum fuisse Orpheum, sed tradidisse quoque Græcis, supra in Luciano notavimus, refertque Suidas — loc. c. — fuisse carmen inter orphica, quod de astronomia cecinerit. Nihil tamen ejus superest. Servaverunt tamen veteres nobis memoriam duorum dogmatum orphicorum maxime memorabilium, quæ Orpheum non ex trivio philosophum fuisse, testibus recentiorum astronomorum, virorun magnorum observationibus, docent. Narrat scilicet Plutarchus, (*De placitis philosophorum.* Lib. II, cap. 13) ex mente Pythagoreorum, *quamlibet stellam esse mundum, et esse hoc inter dogmata orphica, quæ quodlibet sidus mundum faciunt.* Quod utrum ad omnes stellas ex mente Orphei referendum sit, an ad stellas errantes, dubium est ; et Burnetio (Lib. c. p. 412) quidem posteris placet, nec, siquid judicamus immerito. πύρινα τὰ ἄστρα enim cum Pythagorei statuerint, qui doctrinas has astronomicas ex orphicis acceperunt, fieri non potuit, ut totum ex qualibet stella fixa mundum facerent, quem Solis instar igneum dixere. Animatas tamen stellas omnes esse ex systemate orphico necessario sequitur, et commune eo tempore dogma fuit. Placuisse vero orphicæ astronomiæ conditori : istum errantium stellarum mundum terram in se continere, cum aere in infinito æthere suspensam, quod Heraclides et Pythagorei alii quoque tenuerunt, tum Plutarchus(1) atque Stobæus (2) testantur, tum dogma orphica receptum de luna habitabili et instructa supellectile tam naturali quam artificiali evincit.

(1). Loc. cit. — (2). Eclog. physic. L. I., p. 54. Ed. Cant.

naient aussi Héraclides et les autres disciples de Pythagore, nous assurent Plutarque et Stobée.

De plus, c'était une vérité des dogmes orphiques que la Lune était habitable, et possédait tout ce qui était nécessaire pour y résider. Proclus nous a conservé quelques vers d'Orphée, qui mettent hors de doute sa doctrine.

« Il établit une autre terre non encore explorée, que les immortels ont appelée Séléné et que les mortels nomment Lune. Celle-ci a beaucoup de montagnes, beaucoup de villes et beaucoup d'habitations magnifiques[1]. »

« Et, nous dit un auteur du commencement du dix-huitième siècle, cette doctrine remarquable d'Orphée se répandit dans les Ecoles pythagoricienne, ionique, éléatique, platonique et fut adoptée par tous les autres grands philosophes. Et de notre temps, ajoute-t-il, elle est adoptée par un grand nombre d'hommes fort instruits dans la science astronomique[2]. »

Linus et Musée enseignaient la même doctrine. Sans violenter Homère, on peut affirmer qu'il admettait l'habitabilité des Planètes; car les divinités qui y résidaient, n'y demeurèrent pas seules. On nous dira que c'est de la mythologie ; oui, mais cette mythologie faisait partie de la foi des peuples, et c'est pourquoi chez les Grecs, comme chez les Indous, on pouvait les proclamer des dogmes.

---

1. Ita enim carmen orphicum, quod nobis servavit Proclus : In Tim. Lib IV, p. 383.

Μήσατο δ'ἄλλην γαιαν ἀπείρετον, ἥν τε σελήνην.
Ἀθάνατοι κλήζουσιν ἐπιχθόνιοι δὲ τε μήνην.
Ἡ πολλ' οὔρεα ἔχει, πολλ' ἄστεα, πολλὰ μέλαθρα.

Altera terra vaga est quam struxit, quamque Selenem
Dii vocitant, nobis nota sub nomine Lunæ ;
Hæc montes habet, ac urbes, ædesque superbas.

2. Et ex hac Orphei Schola celeberrima doctrina ad Pythagoreos et Ionicos, Eleaticos, Platonicos, aliosque magnos philosophos dimanavit, donec hæreseos stigmati notaretur, quod tamen non obstitit, quominus nostra ætate a magnis in scientia siderali viris renovaretur, qua de re dicendum est alibi. Cf. Fabricius, Bibl. Græc. Vol. I p. 238.

II. École d'Ionie. — Nous passons sous silence ce que l'on peut appeler la philosophie politique de la Grèce, où il est question des premiers législateurs des cités grecques : Triptolème, Dracon, Solon, Lycurgue, Rhadamantes, Minos et les Sept Sages, qui ne s'occupèrent guère, ni de théogonie, ni de cosmogonie, et nous arrivons à l'École d'Ionie, dite aussi naturaliste.

Elle eut pour fondateur Thalès de Milet (640 avant J.-C.) et pour principaux représentants : Anaximandre (590), Anaximène (530), Diogène d'Apolonie, Anaxagore et Archélaüs.

Ces philosophes semblent différer sur plus d'une question, mais ils sont d'accord sur les points suivants :

« 1° Les étoiles sont d'une substance terrestre[1] ;

« 2° La Lune est de nature terrestre[2] ;

« 3° Il y a une infinité de mondes[3] ;

« 4° La Lune est un corps opaque, igné, éclairé par le Soleil, par conséquent semblable à la terre, habitable, possédant des collines, des vallées et des eaux[4]. »

La pluralité des mondes fut donc au fond de la doctrine de l'École naturaliste, nous allons la retrouver dans les disciples de Thalès.

III. École atomiste. — Comme l'École naturaliste d'Ionie se prolonge dans celle d'Abdère, nous allons anticiper un peu sur les dates, pour donner plus de suite à ce que nous avons à dire. Cette École est représentée par Leucipe et par son disciple Démocrite, et peut-être par Hippocrate.

Leucipe affirmait que les atomes formaient une infinité de *mondes*[5].

---

1. Terrestris substantiæ esse stellas. Plutarq. l. c., L. II. c. 23.
2. Lunam terrestris esse naturæ.
3. Esse infinitos mundos. Theodoret, De Cur. Græc. off., L. I, p. 17.
4. Lunam esse corpus opacum, ignitum, a Sole illustratum, adeoque terræ simile, habitabile, collibus, vallibus atque aquis distinctum. Plutarchus, *Placitis philosophorum*, L. II. c. 25.
5. Sic enim fieri mundos infinitos ex his elementis oriundos. Theodoret Therapeus. *Serm. IV.* — Menag. ad Laert. L. IX. f. 31.

Démocrite est plus formel encore. Il dit qu'il y a une infinité de mondes dont plusieurs sont, non seulement semblables, mais égaux et très parfaits, de telle sorte qu'il n'y a pas entre eux la moindre différence. Quelques-uns sont dépourvus de soleil et de lune; dans d'autres le soleil et la lune sont plus grands que les nôtres et plus nombreux dans d'autres. Il y a des distances inégales entre ces mondes, tantôt plus grandes, tantôt plus petites. Les uns se forment, les autres sont en pleine vigueur et quelques-uns dépérissent, les uns naissent ici, les autres finissent là. C'est en se choquant, qu'ils s'entre-détruisent. Parmi eux, quelques-uns manquent *d'êtres animés, de plantes et de toute humidité*. C'est ainsi que le faux Origène[1] raconte la théorie du monde par Démocrite, théorie qui d'ailleurs découle nécessairement du concours des atomes.

Nous nous contentons d'attirer l'attention du lecteur sur ces paroles : « Parmi ces mondes quelques-uns manquent d'êtres vivants, de plantes et d'humidité; *suntque inter cæteros qui carent animantibus et plantis et omni humore.* » Nous n'avons pas rendu ce texte dans toute son exactitude, on le comprendra bien; mais il dit suffisamment que des mondes ont des *êtres vivants, des plantes et de l'humidité;* et ce qui est admirable, c'est cette exactitude scientifique

---

Mundi in infinito dantur infiniti secundum omnes circumstantias. — Laert. Liv. IX, 8. et 34. — Plutarch. *De Placitis Philos.* — Liv. II, c. 1. — Origen. *Philos.* cap. 13. p. 91 et seq.

1. Horum mundorum nonnulli inter se non solum sunt similes, sed undique perfecti et pares, ut inter eos ne minimum quidem intersit. (Cicero, *Acad.* Q. q. Liv. IV, c. 17.) Nonnulli vero inæquales sunt, sole lunaque distincti, in quibusdam utrumque lumen majus nostris et in aliis plura — Inæqualia inter se mundorum sunt intervalla, et plus alicubi, alibi pauciora.

Hi augescunt, illi in vigore sunt, vergunt quidam ad interitum, et hic quidam nascuntur, illic deficiunt. Interitus vero alteri ab altero affertur impingendo. Suntque inter cæteros, qui carent animantibus et plantis et omni humore. Ita theoriam mundi Democriticam enarrat Pseudo-Origenes. — *Philosophum.* loc. cit. — Quæ etiam ex fortuito atomorum incursu necessario sequitur.

dans les expressions. Comment ces hommes avaient-ils cette notion exacte des choses que nous apprenons difficilement aujourd'hui?

Mais, pourrait-on nous objecter, est-ce bien là la doctrine de Démocrite? Nous répondrons : lisez Cicéron. Le philosophe romain, plus près des sources que nous, vous donnera l'opinion du philosophe d'Abdère, qu'il raille agréablement, parce que Démocrite n'admettait pas, comme les Stoïciens, que les mondes fussent des dieux; ce en quoi il avait raison.

Cette différence d'opinion entre les deux philosophes ne peut affaiblir l'autorité de Cicéron pour ce qui nous concerne. Voici ses paroles[1] : « Vous dites que, selon Démocrite, il y a une infinité de mondes, parmi lesquels certains sont non seulement semblables, mais de tous points et parfaitement pareils, ne présentant absolument aucune différence..... Pourquoi, dites-vous, tandis que ces atomes, qui, selon Démocrite, donnent naissance à tout, peuvent produire et produisent, en effet, dans les autres mondes, dont le nombre est infini, un nombre infini de Q. Lutatius Catulus; pourquoi dans le monde si vaste que nous habitons, un autre Catulus ne pourrait-il pas se rencontrer? »

IV. École Italique. — Phérécyde eut la gloire d'être le maître de Pythagore, un des plus vastes génies qu'ait produit l'humanité. Celui-ci surpassa son maître, mais c'est de lui qu'il reçut le fond de sa doctrine. « C'est étonnant, s'écrie Burnet, que dans une si grande enfance des choses naturelles, les Pythagoriciens aient apprécié avec tant de sagesse

---

1. Dum confugis ad physicos... et ais Democritum dicere innumerabiles esse mundos, et quidem sic quosdam inter sese non solum similes, sed undique perfecte et absolute ita pares, ut inter eos nihil prorsus intersit et eos quoque innumerabiles. Cur enim, inquis, quum ex illis individuis, inde omnia Democritus gigni affirmat, in reliquis mundis, et in iis quidem innumerabilibus innumerabiles Q. Lutatii Catuli non modo possunt esse, sed etiam sunt; in hoc tanto mundo Catulus alter non posse effici. Cicéron, I^r Acad., Liv.II, XVII.

les corps célestes[1]. » En réalité, on reste dans l'admiration devant la science de cet homme dont on n'a pas étudié assez la vaste conception qu'il s'était formée des choses.

Pour ce qui nous concerne, nous ne trouvons à son sujet que ces paroles, mais qui nous suffisent. Ses disciples nous compléteront ses idées : « La Lune et les autres globes des planètes sont habitables[2]. — Chaque étoile est un monde dans l'éther infini, et qui contient (possède) de la terre, de l'air, de l'éther, une atmosphère[3]. »

Les disciples de Pythagore furent très nombreux; on venait suivre ses cours de toutes les parties de l'Italie et d'ailleurs, et l'histoire parle de plusieurs Pythagoriciens célèbres, entre autres d'Empédocle, d'Épicharme, d'Ocellus, de Timée de Locres, d'Archytas[4], d'Hipparque, de Philolaüs, etc. Ce qui démontre combien sa doctrine était répandue dans le monde.

V. École d'Élée. — A l'École pythagoricienne se rattache l'École d'Élée, qui en est une extension et dont le fondateur fut Xénophane, né vers l'an 620 avant J.-C. D'après Xénophane[5], il y a beaucoup de mondes, et, par conséquent, beaucoup de soleils et beaucoup de lunes. Il soutenait aussi que

---

1. Mirum in tanta rerum naturalium infantia Pythagoreos de corporibus cœlestibus tantum sapuisse. Burnet, *loc. cit.*, p. 221. - Ex Orphicis vel a barbaris potius hæc didicisse Pythagoras, supra jam observavimus.

Il passa une ou deux années en Égypte, eut des rapports avec les mages de Babylone et de Perse et les philosophes de l'Inde.

2. Lunam cæterosque globos planetarum habitabiles esse. Cf. Fabricium, Bibiloth. græc., vol. II, p. 132.

Terrestris videtur luna et habitari ab animalibus majoribus nobis et pulchrioribus. Plut. *ibid.*

3. Quævis stella est mundus in æthere infinito, qui terram, aerem, ætheremque continet. Plut. *loc. cit.*, Liv. II c. 23.

Cometa est stella, quæ non semper apparet, sed stato tempore sua revolutione exoritur. Plut., *loc. cit.*, Liv. III c. 2

4. Cf. Fabric., *ibid.*, Luc., Laert., Jamblich.

5. Potuit tamen ex eo quoque multos soles asserere Xenophanes, quod multos dari mundos putaret. Plutarque, *loc. cit.*, c. 25.

la lune était habitée et que c'était une terre possédant beaucoup de villes et de contrées.

Après Plutarque, Cicéron nous fait aussi savoir que telle était l'opinion de Xénophane. Voici les paroles de Cicéron : « Xénophane dit que la lune est habitée et que c'est une autre terre couverte de villes et de montagnes[1]. »

Copernic déclare, dans la préface de son livre *des Révolutions des corps célestes*, que c'est ce passage de l'orateur romain et un autre analogue de Plutarque qui lui ont donné la première idée de son système. Nous avons cité les deux passages. Et ce n'est pas seulement Cicéron qui a ainsi compris Xénophane, mais aussi Lactance. Il le dit en paroles qui ne sont pas flatteuses pour le philosophe : « Au dire des mathématiciens, Xénophane a très sottement cru que l'orbe de la Lune est vingt-deux fois plus grand que la terre, et, ce qui est en rapport avec cette légèreté, il a dit que dans la partie concave de la Lune (les vallées), il y avait une autre race d'hommes qui avaient la même manière de vivre que nous avons sur la terre. »

Mais de ces paroles, il ne faut pas conclure, comme le fait un savant de nos jours, que c'était l'opinion de Lactance, bien au contraire; car, d'après le contexte, Lactance se moque de Xénophane, et c'est pourquoi il ajoute, bien à tort, nous le voulons bien : « Ces hommes lunatiques ont, par conséquent, une autre lune pour leur distribuer la lumière durant la nuit, comme leur lune nous la distribue. Et peut-être notre terre est une lune pour quelques terres inférieures. »

Aujourd'hui tout le monde sait que notre terre remplit le rôle de lune pour la lune elle-même; cependant on peut excuser Lactance de sa raillerie à l'égard de Xénophane.

Cette rectification faite, nous pouvons appliquer la judicieuse remarque de ce savant à Xénophane, qu'il ne faut

---

1. Habitari, ait Xenophanes, in luna eamque esse terram multarum urbium et montium. Cicéron 1re *Acad.* Liv. II, n° xxxix.

point priver de sa gloire. Il dit donc : « Les observations modernes montrent que cette idée, quelque avancée qu'elle paraisse pour l'époque de Xénophane, n'est pas complètement dénuée de fondement, puisque l'atmosphère de la lune, si elle existe, ne couvre que les vallées du satellite et ne peut permettre qu'en ces lieux, l'existence telle que nous la comprenons. »

Parménide, Zénon et plusieurs autres philosophes remarquables suivirent la même doctrine. Ils admettaient la pluralité des mondes, parce que leurs prédécesseurs avaient laissé ce dogme à l'École d'Élée.

VI. École Épicurienne.

— Cette École, si différente sur plusieurs points de l'École précédente (stoïcienne), s'accorde parfaitement avec elle sur la question qui nous occupe. Épicure et Zénon se donnent la main et, sous ce rapport, ils ont tous les deux suivi Démocrite. On peut dire que le dogme fondamental de l'École épicurienne, pour la cosmologie, est l'habitabilité des astres. Cette vérité ressortira, quand nous parlerons de Lucrèce, interprète fidèle de cette doctrine. Pour le moment, il nous suffira de donner ce résumé de la doctrine d'Épicure.

« Il existe un nombre infini de mondes ; car des atomes infinis sont en mouvement dans l'infinité des espaces; comme différents atomes concourent en différents endroits, loin les uns des autres, ils peuvent s'unir pour fabriquer des mondes infinis. »

« Rien d'ailleurs ne s'oppose à ce que ces autres mondes soient en partie semblables et en partie dissemblables au nôtre; car ils peuvent être et plus grands, et plus petits, et égaux, et avoir les mêmes parties ou situées (placées) dans un ordre différent ou, enfin, posséder la même forme.[1] »

---

1. Dantur mundi numero infiniti : atomi enim infinitæ per infinitatem spatiorum feruntur, cum alibi aliæ procul a se invicem concurrunt, coalescere in fabricationem mundorum infinitorum possunt.

Nihil vero repugnat, mundos alios partim similes, partim dissimiles

Il faut bien remarquer que par le mot *mondes*, on doit toujours entendre, chez les anciens philosophes, des mondes comme la terre, possédant, comme elle, le pouvoir de répandre la vie, et quiconque douterait de cette interprétation, n'a qu'à lire Lucrèce et les autres auteurs, Cicéron, Laërte.... C'est une conséquence nécessaire de la doctrine. Les disciples d'Épicure, Métrodore, Diogène, Hermochus, Timocrate pensèrent comme leur maître.

Avant de parler de Platon et d'Aristote, il est nécessaire de déterminer la valeur d'une expression qui vient souvent dans leurs écrits. Ils admettaient que le soleil, la lune, les astres étaient des êtres *animés*.

Voici un passage de Cicéron qui met hors de doute l'interprétation de ce mot *animé* et *l'habitation* des mondes.

« Selon Cléanthe, nous sommes assurés par deux de nos sens, le toucher et la vue, que les astres sont des corps ignés. Car le soleil jette une lumière qui passe de beaucoup celle de tout autre feu, puisqu'elle brille dans tout l'univers; et nous sentons que non seulement il échauffe; mais que souvent il échauffe même jusqu'à brûler. Il ne ferait ni l'un ni l'autre, s'il n'était de feu. Puis donc que le soleil est un corps igné..., il ressemble, dit Cléanthe, ou à ce feu dont nous usons pour nous chauffer et pour cuire nos viandes, ou à celui qui est renfermé dans le corps des animaux. Le premier est un feu dévorant, qui consume tout ce qu'il rencontre ; mais le second est ami du corps, il est salutaire, il vivifie tous les animaux, les fait croître, les conserve, les rend sensitifs. Ainsi, le feu du soleil, ajoute Cléanthe, est indubitablement de cette dernière espèce, puisqu'il en a toutes les propriétés. Ce qui prouve que le soleil est animé;

---

isti nostro esse : nam et possunt esse majores, et minores, et æquales, et easdem vel alio ordine sitas habere partes, aliave prædita esse figura. Laert. Liv. X. f. 45. — Plutarq. *Placit. Philos.* Liv. I, c. 5 — Lucr. Liv. II, vers 1021. — Gass.. philosoph. Epi. P. II f. 1., cap. 2, p. 93 et seqq.

et non seulement le soleil, mais encore tous les astres qui naissent dans ce que nous appelons l'éther ou le ciel. La terre produit des animaux, l'eau et l'air en produisent ; il serait ridicule, selon Aristote, de s'imaginer qu'il ne s'en forme pas dans la région la plus capable d'en produire, qui est celle où sont les astres. C'est là que réside l'élément le plus subtil, dont le mouvement est continuel et dont la force ne dépérit point, où, par conséquent, l'animal doit avoir le sentiment très vif et une activité très grande. »

VII. Socrate, Platon et Aristote. — Autour de ces trois noms se groupe ce qu'on a appelé l'École socratique, cyrénaïque, mégarique, académique, péripatéticienne et même cynique.

1. *Socrate.* — Laërte nous dit que jusqu'à Archélaüs, la physique fut en vigueur et qu'à Socrate commença l'étude de la morale[1].

D'après Cicéron[2], Clément d'Alexandrie[3], Aulu Gelle[4]..., Socrate ne voulait pas qu'on perdît son temps à l'étude des questions cosmogoniques. Xénophane[5] affirme que jamais il ne s'occupa des astres du ciel, ni de la nature. Cette abstention de Socrate était-elle une conviction ? Nous penserions plutôt que ce fut de la prudence ; ce qui cependant ne l'empêcha pas de périr par le poison. C'est donc en vain qu'on essayerait de l'interroger.

2. *Platon.* — Nous devons distinguer Platon et les différentes académies.

a) Platon — était disciple de Socrate ; mais ce puissant et vaste génie ne put heureusement supporter les entraves que lui avait imposées son maître ; et, malgré tous les senti-

---

1. Sola usque ad Archelaum physica viguit; a Socrate vero ethica initium sumpsit. Laert. in Proœm. § 18.
2. Cicer. *Tuscul.* Liv. V, n° v. — *Acad.*, Lib. I. quæst. p. 4, 5.
3. Voir sur cette quest. Clém. d'Alex., *Stromat.*, Liv. II et V, et les Diss. de Le Nourry sur les *Stromat.*
4. Gellius, *Noc. attic.*, L. 14, c. 3.
5. Xénoph., Liv. IV, p. 814 et seq. — Liv. I. p. 710 et seq.

ments qui l'attachaient à Socrate, dont la mort généreuse avait encore agrandi la personnalité, il devint un enfant prodigue, comme il le confesse lui-même, d'une manière charmante : « O Dieux immortels, que de mensonges l'adolescence a dit sur mon compte[1] »; ce que nous dirions en français courant : « que mon adolescence a trompé de monde. » Malgré les promesses de sa jeunesse, en effet, la nature ou le génie l'emporta, heureusement pour la philosophie. Il fut comme Ovide qui, sous le fouet paternel, disait :

Parce mihi, Genitor, non jam versificabo;

Père, pardonnez-moi, car je renonce aux vers;

tout en faisant un excellent vers.

Platon aussi, malgré le joug socratique, était né philosophe, comme Ovide était né poète, et, après la mort du maître, dont il conserva seulement la méthode, il s'éloigna de ses prescriptions et de ses successeurs, et s'attacha aux Pythagoriciens. On dit même qu'ayant reçu de Denys de Syracuse quatre-vingts talents, il dépensa cette somme considérable à acheter quatre livres des Pythagoriciens[2]. Il se rendit en Égypte où il interrogea les sages, particulièrement sur l'univers : *Quid de universo statuunt?* Il passa ensuite en Perse, dans la Babylonie, et eut même, probablement, des rapports avec les philosophes de l'Inde[3]. Pour

---

1. Proh Dii immortales, quam multa de me mentitus adolescens. Cf. Albinus et Laert II, C.

2. Veterum testimonium accepimus, xxc talenta a Dyonisio eum accepisse, magnamque auri summam in quatuor libros pythagoricos impendere potuisse. Vid. Clem. Alex. *Stromat.* Liv. I, p. 303 — Pausanias in messaniac. p. 360.

3. Fastidiens Plato sobriam philosophandi rationem, quam Socrates introduxerat, neglecto magistro, ad alios præceptores divertit, et imprimis tum naturalis ingenii propensione tractus, tum magna Scolæ italicæ ejusque conditoris Pythagoræ fama excitatus, ad Pythagoreos accessit, nec siquidem contentus, tandem ad hierophanta Ægyptios accessit et eorum philosophandi rationem didicit, inque suam vertit et Academiæ intulit. Cf. Mich. Lilienthal.

parcourir plus librement ces régions, il se déguisa, dit-on, en marchand d'huile.

Platon est obscur, comme il l'avoue lui-même ; il voulait échapper au sort de Socrate ; mais il est suffisamment clair, pour que sa pensée sur l'univers soit compréhensible. C'est dans le *Timée* ou de l'*Univers* que se trouve sa doctrine, et le texte latin est de Cicéron.

Pour Platon, comme pour Cicéron, l'*univers*, le *ciel* et le *monde* sont une seule et même chose. Il n'y a donc pas à faire de distinction, quand ces expressions se présentent[1].

La doctrine de Platon sur la création est simplement admirable et plus complète que celle de Moïse, qui se contente d'énoncer simplement le fait de la création, sans donner la raison de rien, tandis que Platon nous donne la raison de tout. Ceux qui ne veulent pas se donner la peine de le suivre et de le comprendre, ou dont l'esprit est trop terre à terre, n'ayant pas cet instinct philosophique, qui permet de pénétrer dans l'essence des choses, lui font dire toutes sortes d'absurdités, et sont offusqués par des expressions comme *l'âme* du monde, *l'âme* de l'univers... C'est vrai, la lettre tue, tandis que l'esprit vivifie.

Essayons de suivre le grand philosophe dans son exposition de la création et pour cela donnons lui la parole :

« Avant la génération du temps, le monde tout entier était fait à l'imitation de son modèle[2], et la seule dissemblance qui restait entre eux, c'était que le monde ne contenait pas encore tous les animaux[3]. Dieu ajouta donc ce qui manquait,

---

1. Omne igitur cœlum, sive mundus, sive quovis alio vocabulo gaudet.

2. Dieu est l'archétype et le modèle de tous les êtres, qui sont plus parfaits dans l'essence divine que dans leur propre être, et c'est pourquoi Platon nous dit que « le monde a été fait sur le modèle de la nature éternelle, afin qu'il lui ressemblât le plus possible. »

3. *Animaux*, — ce mot est pris ici dans son acception la plus rigoureuse et signifie tout ce qui est animé et se meut. On ne peut

conformément à la nature du modèle. Il jugea qu'il fallait mettre dans ce monde des espèces d'animaux de même nombre et de la même nature que celles que son esprit aperçoit dans l'animal réellement existant. Or, il y en a quatre : la première est la race céleste des Dieux, la seconde comprend les animaux ailés et qui vivent dans l'air, la troisième, ceux qui habitent les eaux, et la quatrième, ceux qui marchent sur la terre. Il composa l'espèce divine presque tout entière de feu, afin qu'elle fût la plus resplendissante et la plus belle à voir. C'est de cette façon que furent formés les astres, qui ne sont pas errants, les étoiles fixes, animaux divins et immortels, qui persévèrent toujours dans un même mouvement, autour d'un même point. Quant aux astres errants et soumis à des conversions, ils ont été faits, comme les astres, sur le modèle et la nature éternelle. — Ce que nous avons dit jusqu'ici, nous doit suffire, et nous n'ajouterons plus rien sur la nature des Dieux visibles et qui ont pris naissance. »

« Quand tous ces Dieux [1], et ceux qui brillent dans le ciel, et ceux qui ne nous apparaissent [2] qu'autant qu'il leur plaît, eurent reçu la naissance, l'auteur de cet univers leur parla

---

nier que les astres n'aient un principe d'activité et de mouvement. Ils se transforment, ils s'évoluent, ils changent de place, en vertu de leur activité propre. Sont-ils organisés ? Évidemment, puisqu'ils ont une forme déterminée. On a trouvé à critiquer, parce que Platon a appelé les mondes des animaux ; c'est marquer peu d'intelligence. Ils ont une âme, c'est-à-dire une participation de l'activité créatrice. Ézéchiel (chap. I, v. 4, 5, 6) et S. Jean dans l'Apocalypse, ch. IV, v. 6, 7, 8) emploient bien la même expression pour désigner des êtres d'un ordre supérieur. Parce qu'il a plu à quelques-uns de décréter, contre l'évidence, l'inertie de la matière, peut-on blâmer Platon d'avoir mieux compris la création ?

1. Si, d'un côté, il appelle les astres des animaux ; d'un autre, il les nomme des Dieux, parce que créés immédiatement par Dieu, ils sont ses enfants e̊ 's participent d'une certaine façon de sa puissance génératrice.

2. Ceux qui n'apparaissent qu'autant qu'il leur plaît, ce sont évidemment les comètes.

ainsi : « Dieux, issus d'un Dieu, vous dont je suis l'auteur et le père, mes ouvrages sont indissolubles, parce que je le veux. Tout ce qui est composé de parties liées ensemble doit se dissoudre ; mais il est d'un méchant de vouloir détruire ce qui est beau et forme une belle harmonie. Ainsi, puisque vous êtes nés, vous n'êtes pas immortels, ni absolument indissolubles ; mais vous ne serez point dissous et vous ne connaîtrez pas la mort, parce que ma volonté est pour vous un lien plus fort et plus puissant que ceux dont vous fûtes unis, au moment de votre naissance. Maintenant, écoutez mes ordres. Il reste encore à naître trois races mortelles; sans elles, le monde serait imparfait : car il ne contiendrait pas en soi toutes les races d'animaux, et il doit les contenir pour être parfait. Si je leur donnais moi-même la naissance et la vie, ils seraient semblables aux Dieux. Afin donc qu'ils soient mortels et que cet univers soit réellement un tout achevé, appliquez-vous, selon votre nature, à former ces animaux, en imitant la puissance que j'ai déployée moi-même dans votre formation. »

« Quant à l'espèce[1] qui doit partager le nom des immortels, être appelée divine et servir de guide à ceux des autres animaux, qui voudront suivre la justice et vous, je vous en donnerai la semence et le principe. Vous ensuite, ajoutant au principe immortel une partie périssable, formez-en des animaux ; faites-les croître, en leur donnant des aliments et, après leur mort, recevez-les dans votre sein. »

« Il dit, et, dans le même vase où il avait composé l'âme du monde, il met les restes de ce premier mélange et le mêla, à peu près, de la même manière. L'essence de vie, au lieu d'être aussi pure qu'auparavant, l'était deux et trois fois moins. Ayant achevé le tout, Dieu le partagea en autant d'âmes qu'il y a d'astres, en donna une à chacun d'eux, et, faisant

---

1. Cette espèce n'est autre chose que l'espèce humaine qui doit parvenir à l'immortalité, c'est là sa fin, et elle doit servir de guide aux autres animaux, qui sont mis à sa disposition.

monter ces âmes, comme dans un char, il leur fit voir la
nature de l'univers et leur expliqua ses décrets irrévocables.
La première naissance sera la même pour tous, afin que nul
ne puisse se plaindre de Dieu; chaque âme placée dans celui
des organes du temps, — la terre, le soleil, la lune, les planètes, — qui convient le mieux à sa nature, deviendra nécessairement un animal religieux. »

« Quand Dieu eut donné ces lois aux âmes, pour ne pas
être à l'avenir responsable de leurs actes, il répandit les unes
sur la terre, les autres dans la lune et le reste dans les astres, organes du temps. Après cette distribution, il laissa
aux jeunes Dieux le soin de façonner les corps mortels, d'ajouter à l'âme humaine tout ce qui lui manquait, et de diriger, autant que possible, cet animal mortel dans la voie la
meilleure et la plus sage, à moins qu'il ne devienne lui-même l'auteur de son malheur. »

« Celui qui avait ainsi disposé toutes choses, demeura
dans son repos. Cependant ses enfants, comprenant l'ordre
établi par leur Père, s'y conformèrent; ils prirent le principe immortel de l'animal mortel, et, imitant l'auteur de leur
être, ils empruntèrent au monde des parties de feu, de terre,
d'eau et d'air, qui devaient lui être rendues un jour, et les
assemblèrent en un tout, non plus par des liens indissolubles, comme ceux qui unissaient les parties de leurs propres corps, mais au moyen d'un grand nombre de ligatures
invisibles à cause de leur petitesse; ils composèrent de ces
divers éléments chaque corps particulier, et dans ce corps,
dont les parties s'écoulent et se renouvellent sans cesse, ils
placèrent les cercles de l'âme immortelle. »

Quand on connaît l'histoire de Platon : son schisme avec
son maître, après la mort de celui-ci, ses rapports avec
les Pythagoriciens, sa résidence en Égypte, ses voyages en
Perse et dans les autres contrées plus méridionales, ses paroles deviennent claires et nous pouvons conclure avec lui
que pour que le monde fût parfait, « Dieu jugea qu'il fallait
y mettre toutes les espèces d'animaux que son esprit voit

dans l'exemplaire éternel. » Et cet exemplaire éternel renferme non seulement les bêtes, mais l'homme et même des êtres d'un ordre supérieur.

D'ailleurs, la doctrine de Platon est parfaitement d'accord avec celle de Moïse, sauf qu'elle a plus d'extension et plus de précision. Elle ne s'arrête pas à la terre pour les détails, elle embrasse le monde, déclarant que les mêmes lois ont présidé à la création entière.

Moïse, après avoir dit que Dieu créa le ciel et la terre, fait apparaître les astres ; l'âme de l'homme est immédiatement créée de Dieu, mais il ne dit rien des autres principes de vie. Platon est plus complet : d'après lui, toutes les âmes sont l'œuvre divine, et Dieu les sème non seulement sur la terre, mais dans la lune et dans tous les astres. Pour les corps, ils sont l'œuvre des jeunes Dieux, c'est-à-dire de la terre et des astres. C'est la doctrine du législateur des Hébreux ; rappelons ses paroles : « Dieu dit aussi : que les eaux produisent des reptiles ayant une âme vivante, et des volatiles sur la terre, sous le firmament du ciel[1]. »

« Dieu dit aussi : que la terre produise une âme vivante dans son genre, des bêtes de somme, des reptiles, des bêtes de la terre, selon leurs espèces. Et il fut fait ainsi[2]. »

b) *Les Académies.* — Platon mourut l'an 347 avant J.-C., mais son enseignement ne disparut pas avec lui. Comme il tenait son école dans les jardins d'Académus, ses successeurs y fixèrent leur école, et de là, le nom d'*Académies*.

Première Académie ou *Académie ancienne.* Speusippe, neveu de Platon, occupa sa chaire après la mort de celui-ci.

Il avait accompagné son oncle dans ses voyages et embrassé, comme lui, la doctrine de Pythagore. Pour juger de

---

[1]. Dixit autem Deus : producant aquæ reptile animæ viventis et volatile super terram sub firmamento cœli. Gen. I, 20.

[2]. Dixit quoque Deus : producat terra animam viventem in genere suo, jumenta, et reptilia, et bestias terræ secundum species suas. Factumque est ita. Gen. I, 24.

la doctrine de Speusippe, il suffit de se rappeler la philosophie de son maître ; il ne la quitta jamais[1].

Son successeur fut Xénocrate. Il avait voyagé avec Platon en Sicile et en Italie ; sous lui, il avait étudié la doctrine de Pythagore et suivi en tout les opinions du maître[2]. Plutarque a soin de nous faire remarquer que tout ce que dit Xénocrate des Dieux, qui habitent les diverses parties du monde, est conforme à l'esprit de Platon[3].

L'Académie ancienne compte encore Polémon, Cratès, Crontor, comme chefs de l'École.

L'Académie intermédiaire, représentée par Arcésilas et Lacyde, suivit les Pythagoriciens et les Égyptiens.

Autant que nous avons pu en juger, la *nouvelle Académie*, c'est-à-dire la troisième, la quatrième et la cinquième, représentée par Carnéade, Clitomaque et Philon, resta dans la même voie et nous arrivons ainsi à l'École d'Alexandrie.

3. *Aristote.* — Aristote fut le disciple de Platon, mais, selon nous, un disciple jaloux de la gloire de son maître. Aristote a bien fait un traité sur le monde, Περὶ κοσμου *De mundo;* mais il ne s'élève pas au-dessus de quelques questions de physique et de physiologie. Si Platon n'est pas trop clair, Aristote est toujours obscur. Personne, dans ces

---

1. Philosophicorum dogmatum rationem qualem Speusippus tenuerit, ex præceptoris philosophia judicandum est : ab eo enim illum discessisse nusquam legitur; — mansisse in Platonis dogmate, disserte ait Laert. Liv. IV, f. 1.

2. In philosophiæ vero placitis eamdem quam Plato viam tenuit Xenocrates, nec magnopere abest philosophandi ratione, quæ in Academia prima obtinebat, recessit, id quod ex reliquiis philosophomatum ejus, quæ passim apud veteres memorantur, patet. Quia vero cum Platone in Italia et Sicilia fuit, et scolas pythagoreorum frequentavit, mirum non est, eum etiam in eo Platonis vestigio ambulasse ut Pythagoreum philosophandi modum sequeretur, ut ex iis constat, quæ illi tribuuntur. Cf. Fabric., Quintill., Laert., Plutarch., *De facie in orbe Lunæ*. T. III, p. 384.

3. Quæ vero de Diis partes mundi inhabitantibus dixit, Platonis menti conformia esse. Plutarch. *De Isid. et Osir.* T. II. p. m. 157.

derniers temps, n'a osé traduire son traité Περὶ κόσμου, *du Monde*, et, après avoir examiné toutes les bibliothèques de Paris, nous n'avons trouvé (à la bibliothèque Ste. Geneviève) que « *Le Livre du Monde, faict par Aristote*, traduit en françoys par Loys Meigret. Paris, Jehan André, 1541, petit in-8°. »

Cette traduction n'est qu'un abrégé, et est sans valeur. Nous nous sommes efforcé de comprendre ce qui revenait à notre sujet, dans le texte grec, et nous avons trouvé peu de chose. Il nous a semblé, pourtant, qu'Aristote ne refuse pas plus la vie au ciel qu'à la terre, puisqu'il y met des plantes et des animaux[1].

On nous objectera qu'Aristote affirme que le ciel est incorruptible. Oui, mais par le ciel dont il s'agit, il entend simplement la Divinité, comme il est facile de le constater; et il dit formellement ailleurs que le soleil, la lune et les planètes, qu'il nomme, sont composés des quatre éléments ordinaires[2]. Le texte de Cicéron, que nous avons déjà cité, nous tire d'embarras. Voici ce que dit Cléanthe : « La terre produit des animaux, l'eau et l'air en produisent; il serait ridicule, *selon Aristote*, de s'imaginer qu'il ne s'en forme pas dans la région la plus capable d'en produire, qui est celle où sont les astres. C'est là que réside l'élément le plus subtil, dont le mouvement est continuel et dont la force ne dépérit point, où, par conséquent, l'animal doit avoir le sentiment très vif et une activité très grande. »

---

1. Κοσμος μεν οὖν ἐστι συστημα ἐξ οὐρανοῦ και γης και των ἐν ἑουτοις περιεχομενων. Mundus itaque est compages e cœlo terraque coagmentata atque ex iis naturis quæ intra ea continentur. *De mundo* Cap. II. — Il y a donc des natures au ciel comme sur la terre.

2. Sic itaque universam coagmentationem, cœli inquam et terræ et universi mundi mixtione principiorum per quam contrariorum una eademque digessit harmonia. — Arist. *De mundo*, Liv. V.

Article II. — Les Romains.

Comme nous l'avons constaté plus haut, la cosmogonie des peuples qui occupaient autrefois l'Italie et particulièrement la contrée où plus tard devait s'élever Rome, ne différait pas de celle des autres peuples primitifs, qui tous admettaient, comme un dogme, l'émigration des âmes dans les autres mondes où elles revêtaient de nouveau des corps; et de là, nous avons conclu à l'habitation de ces mondes.

Quant aux Romains, on sait qu'ils étaient plus dévoués à Mars et à Cérès qu'à Apollon et à Minerve. L'histoire nous apprend que Caton l'Ancien (234-145 av. J.-C.) bannit de Rome l'étude de la philosophie grecque et même de la littérature. Plus tard encore, nous dit Aulu-Gelle[1], sous le consulat de Firmius Strabon, on porta un édit qui prohibait ces Écoles. A la fin cependant, mais beaucoup plus tard, on leva l'interdit, et la philosophie grecque franchit les barrières romaines, tandis que Rome se soumettait le monde. Du reste, elle n'avait pas longue route à faire, puisqu'il y avait des Écoles florissantes dans toute la grande Grèce, c'est-à-dire au sud de l'Italie et en Sicile.

Quatre Écoles dominèrent à Rome : l'École stoïcienne semble y avoir pénétré la première, ensuite celle de Pythagore, puis celle d'Épicure, et enfin celle de Platon.

Nous avons longuement exposé les doctrines de ces philosophes sur la cosmogonie; tous ils étaient d'accord pour admettre l'habitabilité des mondes; il en fut de même pour les Romains.

---

1. Gellius, Liv. XV, cap. 2. — Suétone.

I. Lucrèce. — Commençons par Lucrèce, le doyen d'âge, (95-51 av. J.-C., l'an de Rome 657). Il professait l'épicurisme et va nous exposer en beaux vers, la doctrine de cette École sur l'habitabilité des mondes. Il parle de la question dans son poème : « *De la nature des choses* », œuvre extraordinaire, où il se rencontre sans doute des erreurs, mais où l'on est étonné de trouver tant de vérités scientifiques et un système parfaitement coordonné. Mettez-y l'idée créatrice, et il y aura peu de choses à en retrancher. Voici ses paroles, il s'adresse à Memmius :

« Or, si la masse des éléments est telle que toute la vie des hommes ne suffise point à les compter, et si tous ont part à cet élan, à cette nature capable de les amonceler en tous lieux, comme nos atomes sont amoncelés ici bas, il faut avouer que les autres régions contiennent aussi des mondes, des peuples divers et des animaux de toute sorte [1]. »

Il donne la raison de son assertion, pour l'affirmer de nouveau [2].

[1]. Nunc, et seminibus si tanta est copia, quantam
   Enumerare ætas animantum non queat omnis;
   Visque eadem et natura manet, quæ semina rerum
   Conjicere in loca quæque queat, simili ratione
   Atque huc sunt congesta ; necesse est confiteare
   Esse alias aliis terrarum in partibus orbeis
   Et variis hominum genteis, et secla ferarum.

[2]. Huc accedit uti in summa res nulla sit una,
   Unica quæ gignatur, et unica solaque crescat;
   Quin aliquo ju'siet secli, permultoque eodem
   Sint genere : in primis animalibus indice mente
   Invenies sic montivagum genus esse ferarum,
   Sic hominum geminam prolem, sic denique mutas
   Squamigerum pecudes, et corpora cuncta volantum.
   Quapropter cœlum simili ratione fatendum est,
   Terramque et solem, lunam, mare, cætera quæ sunt
   Non esse unica, sed numero magis innumerabili;
   Quod equidem vitæ depactus terminus alte
   Tam manet hæc, et tam nativo corpore constant,
   Quam genus omne, quod his generatum rebus abundant.

« Ajoutons que la nature ne produit pas de corps uniques
« dans leur espèce, qui naissent isolés, qui croissent solitai-
« res ; tous appartiennent à quelque famille, tous ont mille
« semblables. Les animaux le prouvent et tu le remarque-
« ras surtout chez les bêtes errantes des montagnes, chez
« la race des hommes un double sexe, chez les peuples
« muets des ondes et chez les êtres qui volent. Aussi, pour la
« même raison, es-tu forcé de reconnaître que la terre, le
« ciel, le soleil, la lune, la mer, tous les corps enfin ne sont
« pas uniques, mais plutôt infinis en nombre ; car leur
« existence doit avoir aussi des bornes infranchissables, et
« ils se composent de substance qui naît et meurt, aussi bien
« que les espèces les plus fécondes. »

« Si tu pénètres bien ces vérités, aussitôt la nature te pa-
« raît libre : plus de maîtres superbes ; elle seule fait tout et
« de son propre fond, sans que les Dieux y mettent la main.
« Car je vous atteste, divinités saintes, âmes tranquilles, et
« qui passez dans un calme sans fin une vie sans orage, qui
« de vous est capable de gouverner le tout immense, de
« tenir avec mesure les fortes rênes du vaste univers? Qui
« peut faire que *mille cieux* tournent ensemble, que leurs
« feux *échauffent et fécondent* mille terres? »

Concluons donc « *qu'il faut avouer que les autres régions
contiennent aussi des mondes, des peuples divers et des
animaux de toute sorte*. Qui peut faire que *mille cieux*
tournent ensemble, que leurs feux *échauffent et fécondent*
mille terres? »

> Quæ bene cognita si teneas, natura videtur
> Libera continuo, Dominis privata superbis,
> Ista sua per se sponte omnia Dis agere expers.
> Nam pro sancta Deum tranquilla pectora pace
> Quæ placidum degunt ævum, vitamque serenam !
> Quis regere immensi summum, quis habere profundi
> Indu manu validas potis est moderanter habenas?
> Quis pariter cœlos omneis convertere, et omneis
> Ignibus ætheriis terra sufflre feraces...?
>   Lucrèt. *De natura Rerum*, Liv. II, vers 1070-1098.

II. Virgile.

— Virgile admettait-il la pluralité des mondes? Le grand poète ne tire pas cette conclusion, il est vrai, mais elle jaillit d'elle-même des prémisses qu'il pose, surtout si l'on se rappelle que, d'abord instruit dans la discipline d'Épicure par Syron ou Siron, son maître, il se forma ensuite une espèce d'éclectisme de la doctrine de Pythagore, de Platon et de Zénon, dont il est facile de trouver des traces dans ses écrits.

La lecture de la sixième Églogue, Silène, où il fait un tableau superbe de la formation du monde, nous conduit à cette conclusion. C'est ce que nous a déjà dit Lucrèce.

Nous trouvons la même pensée dans les Géorgiques[1] :
« Quelques-uns, frappés de ces grands traits et de ces exemples extraordinaires, ont pensé qu'il y avait dans les abeilles une partie de l'esprit divin, et comme une émanation éthérée de l'âme universelle. Un dieu, disent-ils, est répandu par toute la terre, et la mer, et dans les profondeurs des cieux. C'est de lui que les animaux et les hommes, et toute la race des bêtes fauves tirent en naissant des souffles légers de vie. Ces âmes, rappelées à leur principe éternel, s'y réunissent, après que les corps sont dissous ; elles ne meurent pas, mais, toujours vivantes, elles s'envolent vers les célestes espaces, et reprennent leur rang parmi les astres. »

La doctrine Stoïcienne apparaîtra mieux encore dans le passage suivant de l'Énéide[2] :

1. His quidam signis, atque hæc exempla secuti,
   Esse apibus partem divinæ mentis et haustus
   Æthereos dixere : deum namque ire per omnes
   Terrasque, tractusque maris, cœlumque profondum ;
   Hinc pecudes, armenta, viros, genus omne ferarum,
   Quemque sibi tenues nascentem arcessere vitas ;
   Scilicet huc reddi deinde ac resoluta referri
   Omnia ; nec morti esse locum, sed viva volare
   Sideris in numerum, atque alto succedere cœlo.
   Georg. Liv. IV, v. 219-227.

2. O pater ! anne aliquas ad cœlum hinc ire putandum est.

« O mon père, interrompit Énée, est-il croyable que quel-
« ques-unes de ces âmes prennent d'ici leur vol vers les
« hautes régions de la lumière, et qu'elles retournent une
« seconde fois dans des corps grossiers? Quel amour in-
« sensé ont-elles de cette misérable vie? »
« Je vais te le dire, ô mon fils, reprit Anchyse. »

III. Cicéron. — Cicéron, qui n'était pas moins profond philosophe que grand orateur, admettait *l'habitabilité des mondes*, quoiqu'il appartînt à l'École stoïcienne. Il se base sur l'autorité d'Aristote. Nous avons déjà cité ce passage, nous le reproduisons cependant de nouveau, pour qu'il n'échappe à personne.

« La terre, dit-il, produit des animaux, l'eau et l'air en
« produisent; il serait ridicule, selon Aristote, de s'imaginer
« qu'il ne s'en forme point dans la région la plus capable
« d'en produire, qui est celle où sont les astres. C'est là que
« réside l'élément le plus subtil, dont le mouvement est
« continuel, et dont la force ne dépérit point; où, par con-
« séquent, l'animal doit avoir le sentiment très vif et une
« activité très grande[1]. »

Quoique Cicéron ne soit pas aussi explicite dans le *Songe de Scipion*, on ne peut douter, après l'avoir lu, que telle est sa pensée[2]. Nous donnerons plus loin ce magnifique passage, qui est une preuve péremptoire et de l'immortalité de l'âme et des mondes habités.

IV. Sénèque, le philosophe. — Sénèque, comme tous les Stoïciens, admettait la pluralité des mondes habités. Voici quelques paroles de Lactance qui confirment ce que nous avançons. « Sénèque, dit-il, affirme que parmi les

Sublimes animas, iterumque in tarda reverti
Corpora? quæ lucis miseris tam dira cupido?
Dicam equidem; nec te suspensum, nate, tenebo.
Énéide, Liv. VI vers. 719-751.

1. Cicéron, *De la nature de Dieu*, Liv. II, 15.
2. Cicéron, *Traité de la République*, Liv. VI, n° 9, 10, 11 12.

Stoïciens, il s'en trouvait qui délibéraient s'ils devaient donner des habitants au Soleil : *et il n'y avait que les gens sans intelligence qui pouvaient en douter*. Pour moi, ajoute Lactance, je crois que la chaleur les épouvantait, de peur qu'une si grande multitude ne fût en danger de périr; et de peur que, s'ils périssaient par cette chaleur excessive, on ne leur imputât une si grande calamité[1]. »

Inutile d'insister d'avantage : les mêmes doctrines continuèrent en Italie et en Grèce, et nous arrivons à Alexandrie, qui devint le foyer philosophique et intellectuel du monde nouveau.

QUATRIÈME PÉRIODE — DE L'ÉCOLE D'ALEXANDRIE JUSQU'AU MOYEN-AGE

Nous sommes au moment le plus mémorable de l'histoire de l'humanité : le Sauveur est né, a vécu et est mort; le christianisme naissant commence la lutte contre le paganisme, et celui-ci, sans s'en douter, viendra en aide à celui-là. Non seulement à Rome et en Italie, mais un peu partout, il se tente un suprême effort pour ressusciter la doctrine de Pythagore et de Platon, beaucoup plus spiritualiste que celle d'Épicure et d'Aristote. Le centre de l'activité intellectuelle se fixa particulièrement en Égypte, à Alexandrie.

Nous pouvons conclure déjà que, dans ce milieu, l'opinion *des mondes habités* ne manquera pas de défenseurs.

I. Appolonius de Tyane. — Avant de parler des différentes Écoles d'Alexandrie, nous devons dire un mot d'un philosophe dont le nom a jeté plus d'éclat que tous les autres

---

1. Fuisse Seneca inter Stoicos, ait, qui deliberaret utrumne Soli quoque suos populos daret : inepte scilicet qui dubitaverit? Quid enim perderet si dedisset? Sed, credo, calor deterrebat ne tantam multitudinem periculo committeret, ne, si æstu nimio perissent, ipsius culpa evenisse, tanta calamitas diceretur. Lact. *Divin. Ins tit. Lib. II. De Falsa Sapientia philosophorum.*

personnages marquants de cette époque de transition, c'est Appolonius de Tyane[1], mort sous Nerva, l'an 97 de notre ère. Il naquit dans une ville de la Cappadoce, trois ou quatre ans avant Jésus-Christ[2].

Il fut nourri par son père, pythagoricien déterminé, dans la doctrine du Maître, il étudia en Égypte, voyagea en Éthiopie, en Perse, dans l'Inde où, nous dit Philostrate, il apprit tant de mystères qu'aucun des mortels jusqu'à lui ne connut[3].

Voici, en peu de mots, ce que nous savons de sa doctrine sur la cosmogonie : le monde est un être animé, car il engendre des êtres animés...; nécessairement avec les Indiens, il admet toutes les séries des divinités qui régissent le monde et qui en habitent les diverses parties[4]; il admet aussi les émigrations dans d'autres mondes semblables.

Ayant tout étudié, tout visité depuis le détroit de Gadix, jusqu'aux extrémités de l'Inde, intelligent, supérieur d'ailleurs, il a commencé l'éclectisme qui va s'épanouir en Égypte. Nous ne parlerons pas de ses disciples immédiats, ce serait trop long.

II. École d'Égypte. — Comme nous l'avons dit, vers le commencement du christianisme, le mouvement scientifique

---

1. Nemo tamen, non inter omnes tantum hujus ætatis Pythagorecos, sed inter omnes quoque, quotquot in orbe romano eminebant et magna quoque fama inclarescebant, philosophos, majori hominis celebritate gavisus est, et post fata quoque honorem magis insolitum atque divinum accepit quam Appolonius Thyaneus. Brucker. Tom II. p. 98.

2. Cf. Tillemont. loc. cit. p. 196.

3. Appolonius tot mysteria apud Indos didicisse, quot ante eum mortalium nemo plus. Philostrat. Liv. III. cap. ultim.

Statuit porro.... esse mundum animal; progignere enim animantia, esse item hermaphroditum, sibi enim mistum, patris matrisque vicem in producendis animantibus supplex.

4. Mundum a variis numinibus regi, primum enim et perfectissimum locum Deo tribuendum hujus animalis genitori, et proximos Deorum esse, qui ejus partes gubernant.

et philosophique se fit vers l'Égypte, probablement parce que c'était un pays libre, tandis que Athènes et Rome ne l'étaient pas autant, et aussi parce que là se trouvaient des esprits neufs et des énergies nouvelles. Alexandrie eut la gloire de devenir le grand centre scientifique du monde.

Dès le principe, trois courants philosophiques se manifestent et forment trois Écoles : 1° l'École éclectique d'Alexandrie ou néoplatonicienne, c'est le courant grec et romain; 2° l'..., dite orientale, c'est le courant syrien et arabe; 3° l'École cabalistique, c'est le courant juif.

Ces trois Écoles comptèrent des hommes éminents.

À la première, appartiennent Philon, Potamon, Ammonius Saccas, Longin, Heremius, Origène (non le grand Origène), Plotin, Amelus, Porphyre, Jamblique, Julien l'Apostat, Hiéroclès, Plutarque, Proclus, et plusieurs autres, qui embrassèrent spécialement la doctrine platonicienne.

La seconde, nommée orientale, parce qu'elle vient de Zoroastre, est aussi une espèce d'éclectisme, formé des doctrines de la Chaldée, de la Perse, de la Syrie, de la Phénicie, de la Palestine, de l'Égypte où se mêlera quelque chose de Pythagore et de Platon; elle deviendra le gnosticisme et sera la mère du manichéisme. Ses principaux représentants sont : Appelles, Valentin, Carpocrate, Épiphane, Saturnin, Bardesanes, Basilides, Manès, Arius, Nestorius, Eutichès.

La troisième, que des auteurs appellent École juive, devint la *Cabale*. D'après eux, cette doctrine viendrait d'Adam, par Abraham, par Moïse et Esdras. Les tenants de cette École sont nombreux, surtout si l'on remonte dans les Écoles juives primitives [1]. Nous nommerons seulement quelques-uns des plus connus et des plus remarquables, tels que Simon le Magicien, Ménandre, Aristobule, Josèphe, R. Akibha et R. Schiméon Ben Jechaï, qui furent les auteurs du Jezirah et du Sohar, Saadiasm Gaon Ben Joseph... En Espagne, un peu plus tard, un grand nombre s'illustrè-

1. Les pharisiens, les Saducéens, et les Esséniens appartenaient à cette École primitive.

rent dans les études talmudiques. Nous comptons une quarantaine, dont Maimonides est le plus illustre.

Il y a des divergences notables entre les doctrines de ces trois Écoles; mais il y a accord sur le sujet qui nous occupe. Toutes les trois posent en dogme la migration des âmes, et il faut remarquer que ces migrations se font d'une manière sensible, d'un monde sensible dans un monde sensible, *in mundo visibili*[1], et, pour arriver à la sphère divine, il faut auparavant habiter les autres. C'est la doctrine de l'Inde.

Pourqu'on ne puisse nous suspecter en rien, nous donnons ici le résumé que fait Brucker des écrits de Porphyre, de Jamblique, de Proclus, etc., sur la question.

Le monde est donc parfait, constitué de tous les animaux, se suffisant à lui-même, n'ayant besoin de rien, parce qu'en lui sont tous les animaux et toutes les plantes que la nature peut engendrer (de leur nature engendrables), des Dieux très nombreux, un peuple de démons, une armée de bons esprits, des hommes que la vertu rend heureux. Car, et dans l'air, et dans l'éther, et dans le ciel tout entier, il y a des âmes, qui sont toutes bonnes, qui donnent la vie x étoiles et qui perpétuellement maintiennent dans un ordre parfait les révolutions célestes[2]....

1. *École éclectique.*	*École orientale.*	*École cabalistique.*
Fiet hoc per varios gradus et purgationes et revolutiones, ascendendo ex una mundi regione ad aliam, usque sedeat anima ad Deum originem suum.	Animæ vinculis solutæ ad Deum per migrationes varias iterum ascendunt.	Post mortem, anima, *Nephesch*, migrat in mundo visibili. Buachabit in hortum Eden, Neschama, in hortum superiorem et ad Deum redit.

Brucker, T. II p. 103.

2. Mundus itaque perfectus est, ex cunctis animalibus constitutus, sibi ipsi sufficiens, nulli indigens, quoniam omnia ex eo sunt animalia atque plantæ cunctorum natura generabilium, Dii quam plurimi, dæmonum populi, bonorum exercitus animorum, homines virtute felices. Nam *et in aere, et in æthere, et in cœlo toto* sunt animæ omnes bonæ, vitam stellis suppeditantes, revolutionique cœlesti ordinatissimæ simul atque sempiternæ. Brucker, T. II, p. 103.

Au ciel, tout vit toujours et les choses principales demeurent toujours; mais les âmes tour à tour changent de corps, et une espèce passe à une autre espèce [1].

III. L'École chrétienne. — Nous l'avons dit, le mouvement scientifique s'était fixé en Égypte, à Alexandrie, probablement parce que c'était alors un pays libre et parce que c'était un trait d'union entre les deux mondes anciens, l'Orient et l'Occident.

Athènes et Rome, tombées dans la mollesse, ne vivant que de jeux et de plaisirs, ne présentaient plus une atmosphère convenable à la philosophie.

L'ancien paganisme et le judaïsme, s'étant cantonnés à l'embouchure du Nil, c'est là que devait se fixer le christianisme naissant, et nous voyons, de fait, les Écoles chrétiennes se dresser en face des Écoles païennes et juives.

Nous trouvons là une pléiade d'intelligences supérieures. Ce sont, parmi les Grecs : Justin, Tatien, Athénagore, Théophile, Hermias, Athanase, Clément d'Alexandrie, Irénée, Hyppolite, Origène, Eusèbe, Basile, Grégoire de Nazianze, Grégoire de Nysse, Cyrille d'Alexandrie, Chrysostome, et une foule d'autres.

Parmi les latins : Tertullien, Minutius Félix, Cyprien, Arnobe, Lactance, Julius Firminus, Ambroise, Jérôme, Augustin, Épiphane, et plusieurs autres. Ce sont de grands noms; mais, qu'on veuille bien le remarquer, nous ne recherchons nullement leur autorité, nous ne cherchons que leur pensée.

Quelle était-elle? Presque tous étaient les ennemis d'Aristote, entre autres : S. Justin, Clément d'Alexandrie, Irénée, Tertullien, Athénagore, Origène, Lactance, Eusèbe, Athanase, Hermias, Basile, Grégoire de Nysse, Épiphane, Jérôme, Ambroise, Simplicien, Augustin, Cyrille d'Alexandrie,

---

1. In cœlo totum quidem vivit semper... animæ vero vicissim corpora permutantes, alia quidem in alia fiunt specie.

Socrate, Théodoret, Némésius, et beaucoup d'autres d'un âge postérieur[1].

Tous ceux-ci rejetaient la doctrine d'Aristote, et appartenaient, pour la plupart, à l'École d'Alexandrie; ceux qui n'y avaient point étudié, étaient de l'École Pythagorico-platonico-orientale. Nous pouvons donc présumer quelle était leur opinion sur le *monde*, bien que nous ne puissions les interroger tous.

S. Justin était un parfait disciple de Platon, et admettait que des esprits président aux corps célestes et terrestres; mais il ne s'occupa pas d'une manière particulière de la cosmogonie.

Son disciple Tatien nous fait plus clairement connaître sa pensée; car, dans toute sa doctrine, nous trouvons une expression parfaite de l'éclectisme alexandrin, de la gnose et de la cabale. Pour lui, « le ciel et les étoiles célestes sont matériels; la terre et toutes les parties du monde jouissent de la même constitution, en sorte qu'il n'y a qu'une génération commune pour tous les êtres. Il y a cependant des genres différents pour les êtres matériels[2]... Comme il y a un esprit dans le monde universel, il s'ensuit qu'il y a aussi un esprit dans les étoiles, les anges, les plantes, les hommes et les animaux[3]. »

Les démons possédaient des corps matériels et pouvaient, par conséquent, avoir des relations charnelles avec les hommes. C'est la doctrine des Valentiniens.

1. Cf. Launoius (De Launay), *De Fortuna Aristot.* cap. II, p. 131 et seq.

2. Cœlum quoque et stellæ cœlestes in mundo materia participant; similem etiam terra et quævis alia mundi pars constitutionem constituitur, ita ut una sit omnium communis generatio. Diversa tamen genera sunt eorum quæ in materia constant, et aliud quidem pulchrius est, aliud licet pulchrum vincitur, vincitur tamen ab aliquo præstantiore. Brucker, T. III, p. 386.

3. Cum spiritus mundo in universo 'nsit, sequitur inde spiritus quoque inesse stellis, angelis, stirpibus atque hominibus, animalibus. *Apol.* pro V. R., C. p. 152.

Théophile d'Antioche, Athénagore, Hermias suivirent les mêmes opinions, et Saint Irénée lui-même accepta, sur beaucoup de points, la doctrine de l'École d'Alexandrie; comme elle, il donne aux anges des corps, et leur assigne aussi des rôles particuliers dans les différentes parties de l'univers.

1. *Origène.* — Nous devons consacrer quelques lignes à Origène, qui occupe le premier rang parmi tous ses contemporains.

Nous n'avons pas à prendre fait et cause pour ou contre Origène, nous ne voulons en aucune façon le justifier ou le blâmer, ce n'est pas ici notre affaire. Nous avons seulement à déterminer sa pensée sur l'habitabilité des mondes. Pour nous, cette pensée n'est pas douteuse, et pour arriver à cette conviction, il nous a suffi de lire son *Périarchon* ou *Des Principes*. Ceux à qui cette lecture paraîtrait trop pénible, peuvent lire les appréciations de Brücker, de Huet et de Mgr Freppel.

Voici les paroles que Brucker prête à Origène dans son *Périarchon* : « Les astres sont animés, parce qu'ils sont informés par des esprits, *mentibus*, qui existaient précédemment et qui, ne s'étant pas si mal conduits que les mauvais esprits, méritaient une demeure corporelle meilleure[1]. »

Les âmes humaines, elles aussi, devaient subir des transmigrations successives, dans différentes parties du monde, pour arriver à mériter l'union avec Dieu.

Écoutons maintenant Mgr Freppel, professeur de la Sorbonne :

1. Astra animata sunt (quia scilicet a præexistentibus mentibus informantur) ex animabus quæ non ita male se gessissent : hinc ratione pollent, Deum laudant. Esse hoc dogma vetustissimum et barbaricum, nec inter Alexandrinas et Cabalistas ignotum, qui sideribus mentes rationales præsides vel incolas, præeunte ipso Platone, tribuunt. Brucker, vol. III — *Origène*.

Quâ de re, cum nihil Origenis tempore in Ecclesia esset definitum, mirum non est eum hanc quoque mentium sedem retinuisse. Ita quod eo magis leviûs peccavissent, melioris quoque conditionis sedes corporea erat tribuenda, si dogmata omnia rite inter se cohærere debebant.

« Au-dessous d'eux (des anges), vient se placer une deuxième catégorie d'intelligences, qui, sans être positivement détachées de Dieu, n'ont pourtant pas mérité une situation égale à celle des anges. Le Créateur les fait servir à l'ornement du monde visible, en leur confiant un ministère de secours à l'égard des esprits inférieurs. Par suite de cette disposition, elles animent le soleil, la lune, les étoiles, corps brillants, éthérés, qu'elles conserveront jusqu'à la transformation du monde actuel. »

« Arrêtons-nous un instant devant cette échelle des êtres intelligents, qu'Origène vient de construire sous nos yeux. Il est clair que, dans cette vaste conception, le vrai se mêle au faux, et les opinions libres à des erreurs justement condamnées par l'Église. Quand le chef du *Didascalé* prétend que les astres sont animés, il adopte une hypothèse qui a séduit beaucoup de philosophes et d'astronomes, depuis Platon jusqu'à Ticho-Brahé et à Képler. Il a raison d'ajouter que l'enseignement de la foi ne fournit sur ce point aucune donnée précise[1]. »

C'est ainsi que le P. Gratry comprit également Origène. « Et quand même, dit-il, nous verrions détruire sur un point l'ignorante opinion de quelques théologiens, serait-ce une défaite pour le dogme ? Il s'agit de l'immensité, peuplée d'un nombre infini de mondes. Je vois, dès le premier siècle, Origène accablé d'anathèmes, parce qu'il croit découvrir la pluralité des mondes dans l'Évangile. Mais la science ayant démontré que les étoiles sont des soleils, inévitablement entourés de planètes comme la nôtre, il se trouve que le commentaire d'Origène était bon. »

Pour bien fixer les idées sur l'opinion d'Origène, nous ferons ici deux remarques :

---

1. Mgr Freppel, *Origène.* — *Periarchon*, Préf. n° 10 - T. I, 17° Leçon. Conf. *Périarchon ou Livre des Principes*. — S. Thomas déclare également que la question de savoir si les astres sont animés ou non, ne rentre pas dans le domaine de la foi. S. Th. cont. Gent. Liv. II, c. 70.

C'est qu'Origène attribue aux esprits sidéraux des corps :
« cette classe d'intelligences se sert d'un corps aérien et très
pur, mais d'un corps[1]. »

Ce n'est pas à cause de cela que la doctrine d'Origène fut
réprouvée, mais parce qu'il n'admettait pas l'éternité des
peines de l'enfer[2].

L'admiration qu'Origène excitait chez ses nombreux disciples, ne permet pas de douter que plusieurs d'entre eux embrassèrent ses opinions[3].

2. *S. Jean Chrysostome (347-407).* — Ce grand Docteur a
un remarquable passage qui manifeste clairement sa pensée, « Les Anges, les Archanges, les Trônes, les Principautés, les Dominations et les Puissances ne sont pas les seuls
habitants des cieux ; il y a, en outre, des nations en nombre incalculable, leur nom même nous est inconnu[4]. »

Il enseigne la même doctrine dans différents autres endroits.

3. *S. Basile (329-379)* — Dans l'ordre des dates, l'évêque de
Césarée précède S. Jean Chrysostome. Il appartenait à l'École d'Alexandrie où il étudiait en même temps que Julien;
aussi il tranche la question. Énumérant les êtres qui ont pu
exister avant la formation de ce monde, dans lequel nous
vivons, il parle non seulement des anges et de toute l'armée

1. Τὰ τῶν ἀγγέλων σώματα αἰθέρια, καὶ αὐγοειδὲς φῶς.
Commentaire sur S. Mathieu. XVII, 30.

NB. — On sait que ces jours derniers nos savants viennent de
soulever la question des corps aériformes, qui seraient le trait d'union des âmes et des corps.

2. Quia perpetuæ rerum omnium periodi sunt, ideo nulla æternitas
animarum damnatarum, sed possunt animæ ascendere et relabi.
De principiis ou *Periarchon*, cap. 12.

3. *Panégyrique d'Origène*, par S. Grégoire Thaumaturge.

4. Οὐ οὐδὲ τὰ ὀνόματα ἴσμεν.
Ἀλλ' οὐχ' οὗτοι μόνοι οἱ δῆμοι ἐν τοῖς οὐρανοῖς. Ἀλλ' ἄπειρα
ἔθνη, καὶ φῦλα ἀμύθητα, ὕπερ λόγος οὐδεὶς παραστῆσαι δυνήσεται.
Hom. IV. *De incompr.* Cf. orat. 3 *contra anomœos.* Hom. 3 ad Ephes.

céleste, mais encore d'autres créatures raisonnables, ayant peut-être vécu dans la lumière et dans la félicité[1].

4. *Théodoret*, dans ses commentaires sur l'Épître aux Éphésiens, et *Théophilacte* sont du même avis. Certaines paroles de Saint Denys l'Aréopagite paraissent avoir aussi le même sens.

Les Pères latins se montrent plus réservés que les Pères grecs. Cependant leur pensée se dégage suffisamment, malgré leur grande prudence.

1. Ainsi, *Saint Ambroise (330-397)* nous dit que le nombre des habitants des cieux est incalculable. « Auprès de leurs légions innombrables, ajoute-t-il, les nations de la Terre, toutes réunies, ne sont comparables qu'à une goutte d'eau, tombée d'un vase rempli jusqu'au bord. En effet, de même que le ciel est tellement grand que la Terre, auprès de lui, n'est qu'un point imperceptible dans l'immensité, ainsi en est-il des créatures qui le remplissent, par rapport à celles qui peuplent ce bas monde[2]. » Il enseigne très nettement ailleurs qu'elle est une minime partie du monde : *Terra minima mundi portio est.*

2. *Saint Augustin (354-430)* nous parle plusieurs fois des créatures qui peuplent les cieux supérieurs. « Quant aux cieux supérieurs, dit-il, dans ses commentaires sur les Psaumes, ils nous sont inconnus à nous, qui travaillons sur la Terre. Nous en sommes réduits à de pures conjectures ; notre science est toute hypothétique ; nos recherches et nos efforts n'aboutissent qu'à de pures probabilités. Quel est le nombre des cieux ; comment s'élèvent-ils les uns au-dessus des autres ; en quoi se distinguent-ils ; quels sont *les habitants*

---

1. Οὔτε γὰρ αἱ τ'Ἀγγελῶν ἀξίαι, οὔτε πᾶσαι αἱ ἐπουράνιοι στρατίαι οὔτε ὅλως εἴ τι ἐστίν.... τῶν λογικῶν φύσεων. — Hom. II *In Exam.* cap. 5.

2. In Psalm. I. *Enarratio*, n° 49. — Isaïe, XL, 15, nous avait déjà donné la même doctrine : Ecce gentes quasi stilla situlæ, et quasi momentum stateræ reputatæ sunt ; ecce insulæ quasi pulvis exiguus.

qui les peuplent et les lois qui les gouvernent ; comment, enfin, s'unissent-ils dans une admirable harmonie pour chanter un hymne ininterrompu à la gloire du Tout-Puissant ? voilà ce qu'il nous est difficile de savoir. Efforçons-nous cependant d'arriver, un jour, à ce ciel ; là est notre patrie, cette patrie que notre long exil nous a fait peut-être oublier[1]. »

Ce qui indique le sens de ce passage, c'est que dans le psaume 101, le saint Docteur, parlant des cieux physiques et des sphères célestes, les appelle, en plusieurs endroits, les cieux supérieurs, ou le ciel des cieux[2].

CINQUIÈME PÉRIODE — LE MOYEN-AGE

Le Moyen-âge, comme on le sait, c'est le temps écoulé depuis la chute de l'empire romain jusqu'à la prise de Constantinople par Mahomet II (475-1453).

Avant d'interroger la scolastique, qui probablement ne s'occupera guère de la question que nous traitons, nous devons faire un retour en Orient, pour revenir en Occident par l'Espagne, en suivant le mouvement philosophique et scientifique.

I. Les Arabes. — Nous avons déjà fait connaître l'opinion des Arabes sur le monde. Leur doctrine était une espèce d'éclectisme, composé des opinions de l'Égypte, de la Perse et de l'Inde, en sorte que Mahomet n'eut rien à ajouter, pour former son paradis et tous les éléments qui le constituent. Tous les règnes de la nature y existent dans leur perfection.

Avant le Prophète, les Arabes ne restèrent pas indifférents au mouvement philosophique, qui avait établi son centre à Alexandrie. Tous ceux qui y étudièrent, vers cette époque, c'est-à-dire aux quatre premiers siècles de notre ère, embrassèrent le néo-platonisme gnostique, qui admettait les *diverses transmigrations, dans les diverses parties de l'univers*. Après la venue de Mahomet, il faut, pensons-nous,

---

1. In Psalm. 32. v. 6.
2. In Psalm. 101, v. 13.

distinguer les orthodoxes et le peuple, des savants que leurs coréligionnaires considéraient comme des hérétiques. Le peuple et les orthodoxes gardèrent le Coran dans sa pureté et admettaient, par conséquent, des mondes habitables et habités par toutes espèces de créatures. Il suffit de lire le Coran pour s'en convaincre.

Quant aux savants, ils ne différèrent pas essentiellement des orthodoxes sur ce point, ainsi qu'il est facile de le constater.

Leur point de départ, comme on le sait, fut l'École d'Alexandrie, et l'on peut considérer deux embranchements : l'un qui se dirigea vers l'Orient ; Bagdad et Basora deviennent des centres scientifiques, sous les Califes qui se succédèrent d'Al-Mamoun, Haroun-Al-Rachid... Nous ne parlerons que d'un de ces savants, Al-Hazen, qui, d'après Abul-Faraige, composa un ouvrage sur les *Demeures de la Lune*[1].

L'autre branche arriva en Espagne, en passant par l'Afrique. Elle fournit un grand nombre de savants illustres, dont les ouvrages sont souvent cités par S. Thomas et par d'autres théologiens. En voici quelques-uns : Al-Kindi ou Al-Kende, Al-Arabi, Ibn-Badja ou Avempace, Ibn-Sina ou Avicenne, Ibn-Thophail ou Abubacer, Al-Gazel ou Gazali, Ibn-Roscha ou Averroès, Abn-Gebiral ou Avicebron et, enfin, le grand Maïmonides ou le second Moïse ; ces deux derniers étaient juifs.

C'est Thophail qui explique le mieux la doctrine de l'École arabe ; mais sur la question qui nous occupe, il ne diffère nullement d'Averroès, d'Avicenne et des autres.

Pour Thophail, le ciel et toutes les étoiles qu'il renferme, sont des corps qui possèdent les trois dimensions : longueur, largeur et profondeur[2].

---

1. Produxere ejus (Al-Mamoun) Al-Hasanum celebrem astronomum, cujus librum de *Mansionibus Lunæ* memorat Abul Faraius, p. 253. — Pour tous ces philosophes, il faut voir Abul-Faraige, Brucker, Tom. II, 4.

2. Cœlum omnesque in illo stellæ sunt corpora, quæ extenduntur secundum tres dimensiones : longitudinis, latitudinis, profunditatis Thophail, *In philosoph. autodid.* p 99.

« Le monde céleste, dans son universalité et dans tout ce qu'il renferme, forme comme un seul tout, composé de parties liées les unes aux autres. Tous les corps, comme la terre, l'eau, l'air, les plantes, les animaux et toutes choses semblables, y sont contenus et ne sauraient exister en dehors des limites qu'il circonscrit. Son ensemble indivisible représente, aussi complétement que possible, un être vivant : les étoiles, qu'on y voit briller, correspondent à ses organes et les diverses sphères, dépendantes les unes des autres, répondent à ses différentes parties. Et ce qui, dans cet animal, appartient au monde de la génération et de la corruption, se rapporte à ce qu'on trouve dans les entrailles d'un animal, comme les divers excréments et les humeurs, qui souvent même engendrent des êtres, comme ils sont engendrés, par la force, dans le monde supérieur [1].

II. Écrivains chrétiens. — A partir de la dissolution de l'Empire romain, la partie nord de l'Europe, comme un enfant qui se développe, absorba sa vie pour sa formation; la partie sud, l'Italie et la Grèce, est tout absorbée par la décrépitude, comme un vieillard par les infirmités de l'âge. De vie intellectuelle, il n'y en a pas; elle a passé aux Arabes.

Tandis que Constantinople et ses hommes vont de schisme en schisme, d'hérésie en hérésie, de querelle en querelle, et constituent ridiculement, ce que l'on a appelé, avec raison, le Bas-Empire, pour devenir plus aisément la proie des Maho-

---

[1]. Orbis cœlestis universim, et quidquid continet, est tanquam una res ex partibus invicem conjunctis composita, omniaque corpora veluti terra, aqua, aer, plantæ, animalia cæteraque ejus modi, omnia in ea sunt contenta, nec extra illius limites egrediuntur, totumque illius individuum aliquod animal quam proxime refert, et stellæ in eo micantes sensibus animalis respondent, et diversæ in eo sphæræ invicem contiguæ animalis membra referunt, et quod in eo est de mundo generationis et corruptionis, refert illa, quæ sunt in ventro animalis, uti varia excrementa atque humores, ex quibus sæpe etiam in eo generantur animalia, veluti in majori mundo generantur..
Thophail, *in philosoph. autod.* p. 101.

métans, l'Occident ou mieux le Nord, travaille péniblement à sortir de la barbarie. Charlemagne, génie vaste, s'efforce de réunir autour de lui quelques intelligences supérieures. Il dut s'adresser aux Iles Britanniques, l'Angleterre et l'Irlande, où quelques descendants des Bretons cultivaient la philosophie et les sciences.

1. Cependant, l'Espagne eut quelques évêques remarquables, entre autres, *S. Isidore*, évêque de Séville (570-636). — Le grand Évêque, faisant un travail sur la « Nature des choses, » *De Natura rerum*, devait nécessairement se poser la question de l'animation des astres, et penche vers une réponse affirmative. Il prouve même, d'après un texte de Salomon, que le soleil possède la vie; puis, il se demande ce qu'il en sera de ces âmes au jour de la résurrection[1]. Il s'inquiète aussi de savoir quelle place occupe, dans le plan divin, les êtres intelligents que les astres peuvent porter à leur surface.

2. *Virgile.* — Le VIIIᵉ siècle vit encore surgir la question de l'habitabilité des mondes. Virgile, né en Irlande, passa quelque temps en France, auprès du roi Pépin, qui l'avait en grande estime. Il se rendit ensuite en Bavière, fut élevé à la prêtrise et se fixa à Saltzbourg. Saint Boniface, apôtre de l'Allemagne, le déféra au pape Zacharie, comme enseignant des erreurs, entre autres : « Qu'il y avait un autre monde, d'autres hommes, un autre soleil, une autre lune. » Et ici, comme le dit fort bien Feller, pour répondre à d'Alembert, il ne s'agit nullement d'antipodes; mais bien d'hommes et d'autres mondes. Il est probable que le prêtre Virgile se justifia pleinement aux yeux du Souverain Pontife, puisque, selon l'opinion la plus accréditée, il fut élevé, peu de de temps après, sur le siège de Saltzbourg[2].

1. Utrum sidera animas habeant, et ab eis *vitaliter* inspirentur? Quapropter si corpora stellarum animas habent, quærendum quid futuræ sint in Resurrectione? — *De natura rerum*, cap. 23. etc.
2. Bibliothèque des Pères, *Lettres* de S. Boniface, et lettre Xᵉ du T. VI, des *Conciles*. — Cf. Feller, mot *Virgile*; — les *Mémoires* de Trévoux, janvier 1708; — Baronius, sous l'an 784, et Dom Cellier,

La conduite de S. Boniface prouve qu'il y avait un certain inconvénient à s'occuper de ces questions; c'est pourquoi on les laissa de côté. Quoiqu'il en soit, l'opinion de Virgile, sur l'habitabilité des mondes, n'est pas douteuse.

3. *Les Mystiques.* — Les mystiques des xiie, xiiie et xive siècles avaient souvent de grandes vues sur Dieu et sur la création, et ils ne restaient pas toujours dans les limites du catéchisme, ni d'Aristote, alors dominant dans l'École. Croyaient-ils à l'habitabilité des mondes? Nous n'oserions pas le dire; nous faisons le lecteur juge de ce fait raconté dans la vie du Bienheureux Suso.

« Une fois, le Bienheureux Henri Suso fut ravi en extase, lorsqu'il chantait dans la préface de la messe: *Sursum corda.... Gratias agamus Domino Deo nostro.* Il prononça les paroles de sa préface avec tant d'ardeur que les assistants s'aperçurent de son état, et lui demandèrent quelles pensées l'occupaient alors. Le Saint leur répondit : trois pensées surtout agitent et enflamment mon cœur...; D'abord, je contemple en esprit tout mon être, mon âme, mon corps, mes forces et mes puissances, et, autour de moi, *toutes les créatures dont le Tout-Puissant a peuplé le ciel, la terre et les éléments, les anges du ciel, les bêtes des forêts, les habitants des eaux, les plantes de la terre, le sable de la mer, les atomes qui volent dans l'air aux rayons du soleil, les flocons de la neige, les gouttes de la pluie et les perles de la rosée; je pense que jusqu'aux extrémités les plus reculées du monde,* toutes les créatures obéissent à Dieu et contribuent, autant qu'elles peuvent, à cette mystérieuse harmonie qui s'élève sans cesse pour louer et bénir le Créateur; je me figure être au milieu de ce concert, comme un maître de

---

Histoire générale des auteurs. T. XII, p. 32. Il fait une note sur ce sujet : « Cette doctrine ne consistait point à dire qu'il y a simplement des antipodes, mais qu'il y a, dans un autre monde, d'autres hommes, un autre soleil, une autre lune. — Rohrbacher traite aussi la question dans son *Histoire Universelle*, continuée par Chantrel, Gaume, Paris, Tom. VI, de 741 à 755, p. 25.

chapelle ; j'applique toutes mes facultés à marquer la mesure ; j'invite, j'excite par les mouvements les plus vifs de mon cœur, les plus intimes de mon âme, tous les hommes à chanter joyeusement avec moi : *Sursum corda ! Habemus ad Dominum : Gratias agamus Domino Deo nostro ;* Élevez vos cœurs ! — Nous les avons vers le Seigneur ! — Rendons mille actions de grâces au Seigneur, notre Dieu ! [1] »

Plus d'un autre mystique pourrait, par ses paroles, venir confirmer notre thèse ; mais, comme leurs expressions restent toujours plus ou moins voilées, nous ne nous arrêtons pas à les citer. Ce qu'on ne peut nier, c'est que le langage de la nature était, chez eux, d'une vivacité extraordinaire.

SIXIÈME PÉRIODE — DE LA RENAISSANCE

Nous ne dirons pas, d'une manière absolue, avec Cousin, qu'au xv° siècle « la scolastique a fait son temps » ; non, tout dans la création a une enfance, un âge parfait et la décrépitude de la vieillesse ; les autres cas sont des exceptions. Il faudra encore quelques années pour être délivré du joug néfaste d'Aristote, qui s'est appesanti sur tout le moyen-âge, et a empêché tout progrès. Charles-Martel, dans les plaines de Tours, nous avait délivrés des sectateurs de Mahomet ; mais ils nous lièrent, un peu plus tard, avec Aristote, et encore avec un Aristote falsifié et travesti.

Les Pères de l'Église avaient des vues plus larges et voyaient plus loin, parce qu'ils avaient suivi Pythagore et Platon. Mais à partir du viii° et du ix° siècles, les esprits furent emprisonnés, par le péripatétisme et l'on croit voir les plus nobles intelligences aller et venir dans cette cage, comme les fauves au jardin des Plantes.

---

1. *Vie du Bienheureux Henri Suso*, par Émile Chavin, chap. viii, p. 24-44. — Giry, *Vie des Saints*, 2 mars.

La philosophie péripatéticienne domina durant tout le moyen-âge et dégénéra, bien des fois, en disputes stériles et en interminables controverses, et les combattants avaient plutôt pour but de faire parade de leur habileté que d'éclairer quelques points obscurs de doctrine.

La théologie, faut-il le dire? consistait souvent à accommoder les mystères de notre religion à la philosophie d'Aristote.

Ceux qui attaquaient les doctrines péripatéticiennes, étaient soupçonnés, et quelquefois accusés ouvertement, de vouloir introduire des nouveautés dans le dogme. Les raisonnements les mieux établis s'évanouissaient en fumée, lorsqu'il était démontré, avec texte à l'appui, que le Stagyrite était d'une opinion contraire.

« C'était là un véritable abus ; mais il ne fut pas le seul. Cette méthode a priori et cette manie d'opposer, comme argument irréfutable, l'autorité du maître, fut également introduite dans l'étude des phénomènes naturels. La physique devint aussi une science abstraite, un composé d'hypothèses mal fondées et mal défendues. »

« Là encore des questions étrangères à la Foi sont considérées comme faisant presque partie du dépôt sacré de la Révélation. »

« Ces préjugés, enracinés dans les esprits, persistèrent jusqu'au xvie siècle, apportèrent un obstacle au mouvement scientifique, et furent, en majeure partie, la cause de l'opposition rencontrée par Galilée, du procès qu'il eut à subir et de la condamnation regrettable qui en fut le dénouement[1]. »

---

1. De nos jours encore, une certaine École, à la suite de Sanseverino, de Liberatore... s'est efforcée de ressusciter la doctrine d'Aristote et le péripatétisme du moyen-âge. C'était le même autoritarisme, qui en appelait toujours à Rome et mettait constamment la foi en danger. On alla jusqu'à faire signer à Pie IX un bref ou une lettre à l'Evêque de Paderborn; mais comme on en abusait, le même Souverain Pontife dût écrire une lettre en 1873, pour faire comprendre à ces zélés défenseurs de la Foi, qu'ils outrepassaient sa pensée. Léon XIII, a mis ordre à tout cela.

Heureusement, dans la dernière moitié du xv° siècle, vint ce qu'on est convenu d'appeler la *Renaissance*, et Platon va détrôner Aristote et son ciel incorruptible de cristal.

On sait qu'après la prise de Constantinople par Mahomet II, en 1453, plusieurs savants de l'ancien empire grec se réfugièrent en Italie, particulièrement à la cour des Médicis, protecteurs des arts et des lettres. Des traductions plus exactes d'Aristote furent la cause de sa chute, tandis que Platon, mieux connu, vint en faveur. Ce fut un *sursum corda* pour les intelligences, car le divin Platon ne pouvait qu'attirer vers le ciel.

Comme les savants venus de la Grèce, appartenaient, pour la plupart, à l'École d'Alexandrie, plusieurs auteurs, tel que Brucker, donnent à la philosophie de cette époque le nom de Pythagoreo-platonico-cabalistique, dont nous avons déjà parlé. Elle va dominer un siècle et demi ou deux siècles.

Les idées de Pythagore, de Platon et des Alexandrins vont reparaître, et les questions cosmologiques vont reprendre la place qu'elles méritent dans les connaissances humaines. Presque tous les savants de cette époque sont pour la *pluralité des mondes habités*. Nous n'en citerons que quelques-uns, et encore ne pouvons-nous citer leurs paroles.

1. Dès le milieu du xv° siècle, *Nicolas de Cusa*, (1401-1466) d'abord archidiacre de Liége et ensuite cardinal, croyait à la pluralité des mondes habités; ce qui ne l'empêcha pas d'être comblé d'honneur par le Souverain-Pontife.

Marsile Ficin (1433-1489); Jean Reuchlin (1455); Pic de la Mirandole (1463-1494).

2. *Henri Corneille Agrippa* (1486-1535). Pour lui, la « lumière est l'image de l'esprit de Dieu et se répand en toutes choses; elle descend dans les choses célestes, les astres, où elle est une abondance de vie et un principe efficace de propagation[1]. » D'ailleurs, il admettait sur tous les points, la doctrine néo-platonicienne d'Alexandrie.

---

1. Lumen est imago primo a divina mente in omnia diffusa... descendit in cœlestia ubi sit copia vitæ et efficax propagatio. Bruck. T. IV, p. 413.

3. *François Georges Venetus* ou de Venise, des Frères mineurs. — On ne sait pas au juste l'année de sa naissance, mais il vivait certainement en 1532 et même en 1536, puisque, à la première date, il dédiait au pape Paul III son livre des *Problèmes sur l'Écriture sainte* et, à la seconde, il faisait paraître à Venise un autre ouvrage : L'harmonie du monde, *De harmonia mundi*[1]. C'est dans cet ouvrage qu'il expose la doctrine de Platon, selon l'École d'Alexandrie. Ces paroles nous suffiront pour fixer notre opinion sur lui. « Or, il remplit les intervalles des nombres impairs, de cinq en cinq, quand il considère les genres divins; de quatre en quatre, pour les genres des démons; et, de un à un, pour les âmes dont, assure-t-on, les sphères sont pleines[2]. »

4. *Théophraste Paracelse (1493-1541)*. — « L'astronomie céleste, dit-il, est comme la mère et la maîtresse de l'astronomie inférieure, puisque l'une comme l'autre possède son ciel, son soleil, sa lune, ses autres planètes et ses étoiles. [3] »

5. *Jordano Bruno*. — Avant Képler, Fabricius et Galilée, il connut la rotation du soleil, en observant ses taches. Il fut, dit-on, brûlé vif à Rome, en 1600, pour ses opinions astronomiques et religieuses, et surtout pour son affirmation convaincue de la doctrine de la *pluralité des mondes*. Voici, en peu de mots, ses affirmations astronomiques : « Les astres resplendissants sont de véritables mondes[4] ». — Il existe dans le soleil certaines créatures vivantes, dont cependant nous ignorons la nature[5]. » Le soleil est formé de parties ignées,

---

1. Cet ouvrage fut traduit par Gui Le Fèvre de la Boderie, Paris, 1578. — Biblioth. Sainte-Geneviève, pour le français R. 62, pour le texte latin, R. 6.

2. Replet autem intervalla (numerorum imparium) diapente, ad divina genera respiciens, diatessaro, ad dæmonum genera et particula res animas, quibus sphæros plenos esse dicunt. Bruck. Tom. IV, p. 379.

3. Cœlestis astronomia inferioris est quasi parens et magistra, quando quidem utrisque est suum cœlum, suus sol, sua luna, sui alii planetæ et suæ stellæ. Brucker, Tom. IV, p. 379.

4. Splendentia sidera veri mundi sunt. *De Existent, numinis* cap. I.

5. Vivunt in sole certæ creaturæ viventes, quarum tamen natu-

lumineuses, terrestres, aqueuses qui se succèdent dans ce corps globuleux.

6. *Patricius (Franciscus)* 1529. — *Talesius Bernard* (1508-1588).

7. *Montaigne (1533-1592).* — Notre grand moraliste nous donne son témoignage personnel et nous assure qu'il n'innove rien et qu'il est d'accord avec « les plus fameux esprits de l'antiquité. » « Du vray, dit-il avec beaucoup de justesse, pourquoi Dieu, tout puissant comme il est, aurait-il restreinct ses forces à certaines mesures? En faveur de qui aurait-il renoncé à son privilège? Ta raison n'a en aulcune autre chose plus de vérésimilitude et de fondement qu'en ce qu'elle te persuade la pluralité des mondes :

Terramque et solem, lunam, mare, cætera quæ sunt,
Non esse unica, sed numero magis innumerali.

« Les plus fameux esprits du temps passé l'ont creue, et aulcuns des nostres mêmes, forcez par l'apparence de la raison humaine; d'autant qu'en ce bastiment que nous voyons, il n'y a rien seul et un, et que toutes les espèces sont multipliées en quelque nombre, par où il semble n'estre pas vraysemblable que Dieu ait faict ce seul ouvrage sans comparaison et que la matière de celte forme ayt esté toute expulsée en ce seul individu[1]. »

8. *Christophe Clavius de Bamberg (1537-1612).* — Cet écrivain, dans un ouvrage de philosophie théologique, a un passage assez curieux, dont voici la traduction. « Au delà de ce monde, c'est-à-dire au delà du ciel empyrée, aucun corps n'existe ; mais dans cet espace infini (s'il est permis de parler ainsi) où nous sommes, Dieu existe dans son essence et a pu former des mondes infinis, plus parfaits que le nôtre, comme les *théologiens l'affirment*[2]. »

---

ram ignoramus. Bruck. IV, secunda pars, p. 42 — 51. Solem constituunt et partes et igneæ, lucidæque et terrestres atque aquosæ, sibi in corpore globoso succedentes. Id. *ibid.*, p. 51.

1. Essais, Liv. II, chap. XII.
2. Christophori Clavii Bambergensis *in Sphæram Joannis de Sacro Bosco Commentarius*, p. 72.

SEPTIÈME PÉRIODE — TEMPS MODERNES

Avec le xvii° siècle, commence ce que certains auteurs appellent la philosophie moderne, mosaïque, chrétienne ; on la nommerait mieux peut-être judaïco-chrétienne. Généralement, elle est pour *l'habitabilité des mondes*. Comme elle veut faire concorder la philosophie cabalistique avec le christianisme, on comprend aisément quelle devait être son opinion.

On rencontre d'abord un certain nombre de platoniciens purs, comme Jean Marc de Marc; plusieurs en Angleterre : Théophile Galeus (Devoniensis), Morus (ce n'est point Guillaume le Chancelier), Cudworth (1617-1688), Whiston, Thomas Burnet, Guillaume Bigot, Robert Burnet, Godwinus, Nicolas Hill, Jacques Howell, Patterus. Comme le dit justement Brucker, ils se glorifiaient, avant tout, d'être les disciples de Zoroastre, d'Hermès, d'Orphée, de Pythagore et de Platon.

D'autres s'efforcèrent de ressusciter l'École d'Ionie, et marchèrent sur les traces de leurs pères : Talès, Anaximène, Anaximandre, Anaxagore, défenseurs de l'habitabilité des mondes. Parmi eux, brille, par son érudition, Claude Bérigard (1592-1663), homme d'un vaste savoir.

David Fabricius qui prétendait avoir vu de ses yeux des habitants de la Lune; Hévélius, Otto de Guérike (1602-1686). Antonio Reita, Dominique Gonzalès et Maëslines; Pascal (1623-1662) dans les *Pensées*, le fameux Bergerac, (1620-1655).

Démocrite et Épicure eurent aussi leurs disciples. Nous citerons Chrysostome Magnenus et surtout Gassendi (1592-1655), esprit tout à fait supérieur.

Il pose catégoriquement la question : « Est-ce que ce monde doit être considéré comme unique dans l'univers? *Annon mundus hic unicus pro universo sit habendus?* » Et il répond négativement, ainsi que le démontre la position de la question. On mentionne plusieurs philosophes qui suivirent l'opinion de Gassendi, comme François Bernier, un autre écrivain Besnier et Michel Neuracus. Peut-être devrions-nous placer ici Sébastien Basson et le Chancelier Bacon ou de Verulam (1560-1626).

Ici se présentent d'autres savants que nous ne pouvons passer sous silence. C'est d'abord Keppler Jean, (1571-1630), Il publia un ouvrage, *Songe de Keppler*, dans lequel il expose les phénomènes astronomiques tels qu'ils doivent apparaître aux *habitants* de la Lune. Le P. Kircher Athanase (1602-1680), qui, en 1657, mit au jour son *Iter extaticum* où il parle de la question.

Wilkins Jean, évêque anglican (1614-1772), fit paraître, à Londres 1638, *La Lune habitable*, avec un discours préliminaire, où il cherche à prouver la possibilité d'établir un commerce entre nous et la Lune.

La Hollande fournissait le célèbre Huyghens (1629-1695), qui, dans son *Cosmothéoros*, prétendait prouver, d'une manière irréfutable, l'existence des habitants des planètes.

Newton (1642-1727); Cardon Jérôme, né en 1608.

Huet (1630-1721) professe la même doctrine, dans son grand ouvrage, *Démonstrations évangéliques*. Comme il loue Derham de ses opinions, nous ne pouvons nous faire illusion sur sa pensée.

Bayle (1647-1706); Locke (1632-1704).

Nous sommes dans la dernière moitié du xvii° siècle; les découvertes de Galilée et sa condamnation ont eu du retentissement. L'opinion héliocentrique commence à dominer; Copernic a vaincu Ptolémée; aussi l'opinion de l'habitabilité des mondes, va trouver de nombreux défenseurs, des savants et des poètes. Commençons par les premiers.

La même année 1657 voyait naître deux enfants: l'un à Rome, de parents français, Fontenelle; l'autre en Angleterre, Derham, qui tous les deux contribuèrent à mettre en vogue cette opinion.

Bernard Le Bouyer de Fontenelle naquit à Rome, le 11 Février 1657, et mourut à Paris, le 9 Janvier 1757. Il ne lui manquait qu'un mois pour avoir cent ans. Il était neveu de Corneille. On connaît son livre : *Entretiens sur la pluralité des mondes*. Nous ne nous arrêterons pas à résumer cet ouvrage que tout le monde peut se procurer partout pour 25 cent.[1].

Nous citons quelques lignes de sa préface, pour montrer avec quelle modération il a traité son sujet. « Comme je n'ai pas prétendu, dit-il, faire un système en l'air, et qui n'eut aucun fondement, j'ai employé de vrais raisonnements de physique, et j'en ai employé autant qu'il a été nécessaire. »

« Il ne me reste plus, dans cette préface, qu'à parler à une sorte de personnes ; mais ce seront peut-être les plus difficiles à contenter, non qu'on n'ait à leur donner de fort bonnes raisons, mais parce qu'ils ont le privilège de ne se payer pas, s'ils ne veulent, de toutes les raisons qui sont bonnes. Ce sont les gens scrupuleux qui pourront s'imaginer qu'il y a du danger, par rapport à la religion, à mettre des habitants ailleurs que sur la terre. Je respecte jusqu'aux délicatesses excessives que l'on a sur le fait de la religion ; et celle-là même, je l'aurais respectée au point de ne la vouloir pas choquer dans cet ouvrage, si elle était contraire à mon sentiment. Mais, ce qui va peut-être vous paraître surprenant, elle ne regarde pas seulement ce système, où je remplis d'habitants une infinité de mondes. Il ne faut que démêler une petite erreur d'imagination. Quand on vous dit que la Lune est habitée, vous vous y représentez aussitôt des hommes faits comme nous ; et puis, si vous êtes un peu théologien, vous voilà pleins de difficultés ; la postérité d'Adam n'a pu s'étendre jusque dans la Lune, ni envoyer des colons dans ce pays-là ; les hommes qui sont dans la Lune ne sont donc pas les fils d'Adam. Or, il serait embarrassant dans la théologie, qu'il y eût des hommes qui ne descendis-

---

1. *Entretiens sur la pluralité des mondes*, par Fontenelle. Paris, Librairie de la Bibliothèque nationale. Passage Montesquieu, près le Palais Royal 1892. On trouve l'ouvrage chez tous les marchands de livres de Paris.

sent pas de lui. Il n'est pas besoin d'en dire davantage ; toutes les difficultés imaginables se réduisent à cela, et les termes qu'il faudrait employer dans une plus longue explication sont trop dignes de respect pour être mis dans un livre aussi peu grave que celui-ci. L'objection roule donc tout entière sur les hommes de la Lune ; mais ce sont ceux qui la font, à qui il plaît de venir mettre des hommes dans la Lune. Moi, je n'y en mets point ; j'y mets des habitants qui ne sont point du tout des hommes. Que sont-ils donc ? Je ne les ai point vus, ce n'est pas pour les avoir vus que je parle ; et ne soupçonnez pas que ce soit une défaite dont je me serve pour éluder votre objection, que de dire qu'il n'y a point d'hommes dans la Lune : vous verrez qu'il est impossible qu'il y en ait, selon l'idée que j'ai de la diversité infinie que la nature doit avoir mise dans ses ouvrages. Cette idée règne dans tout le livre, et elle ne peut être contestée d'aucun philosophe. Ainsi, je crois que je n'entendrai faire cette objection qu'à ceux qui parleront de ces *Entretiens* sans les avoir lus. Mais est-ce un sujet de me rassurer ? non ; c'en est un, au contraire, très légitime de craindre que l'objection ne me soit faite de bien des endroits[1]. »

Wolff (1679-1754) alla plus loin : il hasarda des conjectures sur la taille des hommes planétaires, et fixa à quatorze pieds trois cinquièmes celle des habitants de Jupiter. C'était tomber dans des puérilités, aussi indignes de la science que contraires au simple bon sens ; mais on ne peut nier qu'il n'admit la pluralité des mondes habités.

Derham (Guillaume), recteur d'Upminster[2], dans le comté d'Essex. Né en 1657, il mourut en 1735, à l'âge de 78 ans.

---

1. Préface p. XII, XIV et XV.
2. M. Amédée Guillemin, dans son livre, *Les Étoiles*, page 7, fait de Derham un chanoine ; mais c'est d'après Voltaire, qui dans son *Micromégas*, croyant avoir à faire à un prêtre, travestit les pensées de Derham, afin de se moquer de lui. M. Camille Flammarion, dans ses « *Pluralités des mondes habités*, transforme l'infortuné *Derham* en *Jésuite*. Même quand on s'occupe d'astronomie, il est bon de savoir un peu

En 1711 et 1712, il publia deux ouvrages remarquables : *La Théologie physique* et la *Théologie astronomique*, traduites en français, l'une en 1730, et l'autre en 1729.

Derham a traité la question *des mondes habités* avec une science et une lucidité qui étonnent.

Voici ses paroles : « Après avoir ainsi représenté l'état et la disposition de toutes les parties de l'univers, suivant le nouveau système[1], la question que l'on fait ordinairement, est de savoir quel peut-être l'usage d'un aussi grand nombre de planètes que nous en voyons autour du Soleil, et à quoi peut servir cette multitude infinie d'autres planètes dont on croit que les étoiles fixes sont environnées. On répond que ce sont des mondes ou des lieux destinés pour l'habitation de quelques créatures : on le conclut de ce que tous ces globes nous paraissent habitables et bien fournis de toutes les choses qui leur sont nécessaires pour être habités. Ce que je dis de tous ces globes, en général, est assez manifeste à l'égard de nos planètes du tourbillon solaire. Car ce sont des corps opaques, de même que notre terre; ce sont des globes qui, à en juger par les apparences, consistent probablement en terres et en eaux, en montagnes et en vallées; ils ont des atmosphères autour d'eux, ils ont des lunes qui servent à leur usage, ils sont éclairés, ils sont échauffés par les influences du soleil dont ils reçoivent les visites annuelles; ces visites annuelles y font les différences de saisons, et ses fréquents retours ou ses révolutions y font la distinction des jours et des nuits[2]. »

« Mais j'ai traité pleinement de toutes ces particularités dans le livre suivant. »

De fait, il a exposé le système avec une grande précision,

---

d'histoire, pour ne pas avancer de pareilles bourdes. Lorsque, en 1711 et 1712, Derham publia ses deux ouvrages, il n'y avait ni chanoines, ni Jésuites en Angleterre.

1. C'est-à-dire que les étoiles fixes sont des soleils ayant leurs planètes qui ont leurs satellites, comme dans le système solaire.
2. *Théologie astronomique*, Discours préliminaire.

et nous nous contentons de citer les derniers mots de la conclusion.

« Dans notre hypothèse, nous avons non seulement un tourbillon composé du soleil et de ses planètes, nous y avons non seulement un monde habitable; mais il renferme des milliasses (*sic*) de tourbillons et encore un plus grand nombre de globes habitables, tant dans notre tourbillon du soleil que dans ceux des étoiles fixes[1]. »

« Enfin, la dernière question que l'on fait communément après cela, est de savoir par quelles sortes de créatures ces planètes sont habitées? C'est ici une difficulté qu'on ne peut résoudre sans une révélation particulière, ou sans le secours d'instruments beaucoup plus parfaits que ceux dont on s'est servi jusqu'à présent. Mais si le lecteur curieux a envie de s'amuser à des conjectures et à des possibilités sur les habitants des planètes de notre tourbillon solaire; s'ils *(sic)* veulent examiner quelles sont probablement leurs différentes contrées, quels végétaux elles produisent, quelles sortes de métaux et de minéraux elles fournissent, de quelle nature peuvent être les animaux qui y vivent, quelles sont leurs différentes parties, leurs facultés, leurs propriétés, quels dons ils ont reçus de la nature, et plusieurs autres particularités sur le même sujet, ils trouveront une agréable dissertation là-dessus dans le *Cosmothéoros* du célèbre M. Huyghens et d'autres auteurs qui ont écrit sur la même matière. Je crois qu'il est plus à propos de les renvoyer à ces auteurs[2]. »

Nous n'insistons pas davantage; mais nous disons avec l'auteur, que rien ne fait sentir plus fortement la présence d'un Dieu infiniment sage et puissant.

Quant à l'appui que la doctrine de Derham apporte à la thèse des mondes habités, nous dirons simplement que la *Théologie astronomique* est le précis des sermons que l'émi-

---

1. *Théologie astronomique*, Liv. I, ch. II.
2. Ibid. Discours préliminaire. — Ces dernières paroles prouvent que plusieurs auteurs s'occupèrent de la question.

nent Recteur d'Upminster, prêcha en 1701 dans son église, ce qui suppose qu'une partie de son auditoire pensait comme lui; que Huet ne l'a pas jugé indigne d'entrer dans sa *Démonstration évangélique* où nous en avons pris connaissance; que cet ouvrage fut universellement loué lors de son apparition; enfin, que les *Mémorialistes* de Trévoux, généralement sévères pour les œuvres d'outre-Manche, approuvèrent la *Théologie astronomique*, en Février 1728.

Le cardinal de Polignac (1661-1740). — Tout le monde a entendu parler de l'*Anti-Lucrèce*. Cette œuvre remarquable, vu surtout le temps où elle parut, est due au cardinal de Polignac (*Melchior*). Comme l'indique le titre de l'ouvrage, écrit en beaux vers latins, l'auteur s'efforce d'anéantir le poème de Lucrèce, *De Natura rerum*. Les deux antagonistes ne sont d'accord que sur un point, sur celui qui nous occupe. Le cardinal, si rude pour Lucrèce, s'unit complètement à lui pour affirmer la *pluralité des mondes*. Nous le citons d'après la traduction de M. J.P. de Bougainville.

Pour le cardinal, le système de Ptolémée est un chaos, qui, à bon droit, excita l'impatience du roi de Castille. « La nature, dit-il, est plus simple : constante, uniforme, elle suit un ordre invariable. Cette simplicité, je la retrouve dans le système de Copernic. »

« Toutes les étoiles sont autant de soleils semblables au *nôtre*; immobiles comme lui; environnées, comme lui, de corps opaques auxquels ils communiquent la chaleur et le jour. »

« La nuit nous découvre, dans un ciel pur et sans nuage, une foule innombrable de soleils. »

« Les planètes qui les accompagnent, se refusent à la faiblesse de nos yeux et la distance de ces étoiles nous dérobe l'énormité de leur grandeur. Mais, si l'on considère que la forme du ciel est la même dans toute son étendue, que les rayons de ces astres sont semblables à ceux du Soleil, et que le Soleil lui-même, vu dans une distance égale, nous paraîtrait tel

1. On sait aujourd'hui que les étoiles, pas plus que notre soleil, ne sont pas immobiles.

que nous voyons les étoiles, pourra-t-on se persuader que le Soleil et les étoiles soient d'une espèce différente, et que tant de merveilleux flambeaux brillent inutilement ? *La Divinité ne se borne pas à créer un seul être de même espèce, elle verse à la fois, de ses inépuisables trésors, une moisson d'êtres pareils. Des causes semblables doivent produire de semblables effets.*[1] »

Campanella (1608-1739). — Campanella, en s'occupant de la fameuse question de Galilée, nous fournit le moyen de connaître et la pensée de ce savant qui ne put se manifester et celle de quelques autres philosophes de cette époque.

Voici comment parle Campanella, dans un mémoire à la défense de Galilée[2] :

« Dans ses conséquences donc, dit Campanella, la doctrine de Galilée, suivant ses adversaires, n'est pas moins contraire aux enseignements de l'Église et de l'École ; car, si elle était vraie, il en résulterait qu'il existe plusieurs mondes habitables et par conséquent habités (puisque Dieu et la nature ne font rien en vain), tandis que dans l'Écriture, il n'est question que d'un seul monde et que d'une seule race d'hommes. »

Dans une lettre que Campanella adressait à Galilée, il s'exprime ainsi : « Ces rénovations des vérités touchant de nouveaux mondes, de nouveaux astres, de nouveaux systèmes, c'est le commencement d'une nouvelle ère et d'un âge nouveau. »

Nous rencontrons, dans le xviii° siècle, une foule de noms qui méritent encore de fixer notre attention.

Nous commençons par Hervey (1714-1758), comme méritant une mention spéciale. Voici comment il parle dans ses *Méditations* :

« A nous, faibles atomes répandus sur cette surface, la terre nous paraît un globe immense tapissé d'une molle ver-

---

1. *Anti-Lucrèce*, traduction de M. J. P. de Bougainville, Liv. VIII°.
2. *Galilée, sa mission scientifique, sa vie et son procès*, par I. Troussard, professeur à la faculté des sciences de Poitiers — Conférences faites à Angoulême en Mars 1865, p. 48.

dure, couvert de toutes les espèces de fruits et embelli des plus superbes décorations, tandis qu'elle ne paraît qu'un point lumineux au spectateur placé sur les différentes planètes, et qu'elle est inconnue et ignorée de l'habitant des régions plus éloignées. Ces astres qui roulent sur nos têtes, qui tour à tour brillent à nos yeux, et font l'ornement de la tendre nuit, composent le monde planétaire, ce ne sont que des corps opaques brillants par réflexions; ils renferment de vastes champs, des mers et des montagnes; ils se font, comme nous, honneur d'un firmament; toutes ces commodités ravissantes que la nature nous prodigue, ces grâces qui nous charment, cette liaison admirable et incompréhensible entre la substance animale et l'intellectuelle, le don de vivre et le don plus précieux de sentir et de jouir, tout leur est accordé ; ils se perdent avec nous dans l'espace : ignorant nos plaisirs, nous ne faisons que soupçonner les leurs; le Soleil brillant, ce père de la vie et de l'abondance, nous éclaire tous ; il voit d'un regard de bonté ce tas immense de matière rouler à ses pieds, s'imbiber et se pénétrer de ses rayons. »

« Lui seul immuable et fixe au centre du firmament, tourne majestueusement sur son axe, et communique sa lumière à tous les globes. »

« Ce Soleil et toutes les planètes qui l'environnent, ne font qu'une faible partie du vaste système de l'univers.... Cette étoile qui paraît à nos yeux aussi petite que ce diamant qui pare la coiffure d'une jeune lady, est un globe aussi étendu, aussi resplendissant que le Soleil; chaque étoile est le centre d'un système magnifique, et éclaire une foule de mondes qui l'environnent. »

« Quoi de plus merveilleux, de plus grand et de plus vrai que ces observations! La grandeur de Dieu étant infinie, notre imagination pourrait-elle mettre des bornes à ses ouvrages? Qui peut mesurer cette voûte séduisante et terrible? Les mains éternelles en ont reculé les bords jusque dans l'infini. Élance-toi du sein de la terre, traverse les vastes plaines de l'air, passe de bien loin toutes les planètes, va te reposer, dans ton vol rapide, au centre de l'étoile la plus élevée : tu verras s'élever un autre firmament, un nouveau soleil répandre ses rayons inépuisables, de nouveaux astres former des nuits aussi belles et aussi délicieuses que celles qui couvrent notre hémisphère : un système plus noble frappera peut-être tes regards étonnés et perdus dans l'immensité. Si, rempli de nouvelles forces, tu pouvais t'élever au-dessus de ce nouveau firmament, aussi peu avancé que dans ton premier vol, il ne te resterait que l'admiration et une surprise terrible[1]. »

Tels sont encore Wiston Guillaume (1607-1754), dans ses *Lettres astronomiques*, qui parurent en 1701; Georges Cheyne dans ses *Principes de philosophie naturelle*; Eimmart, dans son *Iconographie des nouvelles observations du Soleil*; Néhémie Grew, dans sa *Cosmologie*; Voltaire (1694-1778), dans le roman, connu sous le nom de *Micromégas*; Thomas Reid (1710-1796); Marmontel (1723-1799), dans les *Incas*; les principaux auteurs de l'Encyclopédie; Buffon (1707-1788); Condillac (1715-1780); Bernardin de Saint-Pierre (1737-1814); Nicholson (1753-1815); Swedenborg (1688-1772) et les spiritualistes de son École; Lavater (1741-1801) et ses physionomistes; Kant (1724-1800). « Je suis d'opinion, disait le célèbre philosophe de Kœnigsberg, qu'il n'est pas même besoin de soutenir que toutes les planètes sont habitées, car le nier serait une absurdité aux yeux de tous ou au moins aux yeux du plus grand nombre. Dans l'empire de la nature, les mondes et les systèmes ne sont que de la poussière de soleils vis-à-vis de la création entière. Une planète est beaucoup moins par rapport à l'univers qu'une île par rapport au globe terrestre. Au milieu de tant de sphères, il n'y a de parages déserts et inhabités que ceux qui sont impropres à porter les êtres raisonnables qui sont dans le but de la nature. Notre Terre elle-même a peut-être existée mille ou un plus grand nombre

---

1. *Les Méditations* d'Hervey, traduites de l'Anglais par M. Tourneur p. 156, 157, 158. Avignon, 1818.

d'années avant que sa constitution lui ait permis de se garnir de plantes, d'animaux et d'hommes [1]. »

Herschel (1738-1822). — Dans quel but, s'écrie le grand astronome[2], dans quel but devons-nous supposer que des corps aussi magnifiques aient été dispersés dans l'immensité de l'espace? Ce n'a pas été sans doute pour éclairer nos nuits, objet que pourrait mieux remplir une lune de plus, qui n'aurait que la millième partie du volume de la nôtre, ni pour briller comme un spectacle vide de sens et de réalité, et nous égarer dans de vaines conjectures. Ils sont, il est vrai, utiles à l'homme comme des points permanents auxquels il peut tout rapporter avec exactitude; mais il faudrait avoir retiré bien peu de fruits de l'étude de l'astronomie, pour pouvoir supposer que l'homme soit le seul objet des soins du Créateur et pour ne pas voir, dans le vaste et étonnant appareil qui nous entoure, des séjours destinés à d'autres races d'êtres vivants. »

Cousin-Despréaux (1743-1818). — Doué d'une âme bonne et d'une intelligence pénétrante, il ne pouvait refuser des habitants aux autres mondes. « Est-il possible de croire, écrit-il, que l'Être infiniment sage n'aurait orné la voûte céleste de tant de corps d'une si prodigieuse grandeur que pour la satisfaction de nos yeux, que pour nous procurer une scène magnifique? Aurait-il créé ces soleils innombrables uniquement afin que les habitants de notre petit globe pussent contempler au firmament ces points lumineux, dont la plus grande partie est si peu remarquée ou nous est tout à fait insensible? On ne saurait se faire une telle idée si l'on considère qu'il y a partout dans la nature une admirable harmonie entre les œuvres de Dieu et les fins qu'il se propose, et que dans tout ce qu'il fait, il a pour but non seulement sa gloire, mais encore l'utilité et le plaisir de ses créatures. Aurait-il donc créé les astres, qui peuvent darder

---

1. Allgemeine Naturgeschichte und Theorie des Himmels, part. III.
2. *Traité d'Astronomie.* ch. XII. p 592.

leurs rayons jusque sur la Terre, sans avoir aussi produit des mondes qui puissent jouir de leur bénigne influence? Non : ces millions de soleils ont chacun, comme notre Soleil, leurs planètes particulières, et nous entrevoyons autour de nous une multitude inconcevable de mondes, servant de demeures à différents ordres de créatures et peuplés, comme notre Terre, d'habitants qui peuvent admirer et célébrer la magnificence des œuvres de Dieu[1]. »

Laplace (1749-1827). — « L'action bienfaisante du soleil, dit Laplace[2], fait éclore les animaux et les plantes qui couvrent la Terre, et l'analogie nous porte à croire qu'elle produit de semblables effets sur les autres planètes ; car il n'est pas naturel de penser que la matière, dont nous voyons la fécondité se développer de tant de façons, soit stérile sur une aussi grosse planète que Jupiter qui, comme le globe terrestre, a ses jours, ses nuits et ses années, et sur lequel les observations indiquent des changements qui supposent des forces très actives... L'homme, fait pour la température dont il jouit sur la Terre, ne pourrait pas, selon toute apparence, vivre dans les autres planètes. Mais ne doit-il pas y avoir une infinité d'organisations relatives aux diverses températures des globes et des univers? Si la seule différence des éléments et des climats met tant de variétés dans les productions terrestres, combien plus doivent différer celles des planètes et des satellites! »

Nous avons commencé par les poètes, c'est par eux que nous allons terminer. Ils sont les interprètes fidèles des choses de leur temps. Rarement aussi ils vont contre les idées reçues ; ce serait se poser en adversaires des lecteurs auxquels ils doivent plaire.

Nous aurions pu interroger Le Dante et Le Tasse, le premier surtout ; mais ils ne sont pas assez explicites dans leurs expressions. Suivant le système de Ptolémée, Le Dante aurait

---

1. *Leçons de la Nature*, Liv. VIII, Considérations 321ᵉ-325ᵉ.
2. *Exposition du système du monde*. Chap. VI.

dû nous mettre quelque chose de physique dans la Lune et les planètes; il se contente de mettre des âmes; car, pour lui, le ciel n'existe pas dans un lieu unique. Les âmes chastes sont dans la Lune; celles qui ont mené une vie active, dans Mercure: celles qui ont dompté leur tendance mauvaise, dans Vénus; le Soleil est la demeure des personnes qui ont cultivé leur intelligence; Mars appartient aux guerriers; Jupiter est le séjour des magistrats, des princes et des rois; Saturne possède une échelle mystérieuse pour monter jusqu'au premier mobile. On voit que le génie de Dante s'est égaré dans le système de Ptolémée. Que d'autres esprits vigoureux ce système n'a-t-il pas entravés?

Beaucoup plus tard, Young (1681-1765), dans ses *Nuits*[1] et Herwey (1714-1758)[2]; Saint Lambert (1710-1803), dans ses *Saisons;* Fontanes (1757-1821), chantèrent la grandeur de l'univers et la magnificence des mondes habités.

Milton (1604-1674). — Le grand poète de l'Angleterre admettait certainement la pluralité des mondes habités. Pour s'en convaincre, il suffit de lire certains passages du *Paradis perdu.*

Milton met en scène l'archange Raphaël et Adam, qui interroge le représentant du Très-Haut sur les mouvements célestes. « Quand je considère la structure du monde, dit Adam, et que je tente de calculer la grandeur du ciel, je m'aperçois que la terre tout entière n'est qu'un grain de sable, un atome, si je la compare aux autres astres qui paraissent circuler autour d'elle, à d'incommensurables distances. Je suis dans l'étonnement le plus profond en constatant l'incompréhensible vitesse dont ils doivent être animés[3] !

---

1. *Nuits*, Tom. II, p. 178 — Voir le 4ᵉ et le 5ᵉ *entretiens* des observations philosophiques.

2. Nous l'avons cité plus haut.

3. When I behold the goodly frame this world,
   Of heaven and earth consisting, and compute
   Their magnituder; this earth a spot, egrain
   An atom, with the firmament compar'd...
   Paradis lost, Book. VIII, v. 15.

« La nature, sage en toutes choses, n'aurait-elle pas ici proportionné les moyens à la fin ? Pourquoi multiplier ainsi au delà de toute mesure les corps les plus grands, les plus magnifiques, et les plus lumineux, en leur imposant de parcourir chaque jour et sans aucun arrêt des orbes immenses, tandis que le moindre d'entre eux, la Terre, à l'usage de laquelle ils sont, pourrait se mouvoir plus facilement dans un cercle d'une moins vaste étendue ? »

Il est évident que Milton ne fait que reproduire l'objection qu'à bon droit, de son temps déjà, on adressait au système géocentrique. Il n'est pas rationnel, même pour l'esprit neuf du premier homme, créé pour comprendre la nature. Ce n'est donc point l'ignorance du système véritable du monde, qui fait au poète mettre cette interrogation sur les lèvres du père de l'humanité.

L'archange répond à Adam, en lui développant, sous une forme dubitative, le vrai système du monde. De ces explications nous ne citerons que l'alinéa suivant, qui a pour nous une importance spéciale.

« Peut-être la lune et les planètes ont aussi des mers et des montagnes, des arbres et des habitants ! peut-être découvrira-t-on, plus tard, que chaque étoile est un soleil, autour duquel circulent des terres semblables à celle-ci ! Mais, une aussi vaste étendue est-elle peuplée d'êtres vivants, ou est-elle déserte ? C'est ce que les hommes, à moins que le Créateur ne daigne les instruire, ne sauront peut-être jamais ! [1] »

Ces *peut-être* sont-ils l'expression d'un doute ? Nous ne le pensons pas ; car, lorsque Milton décrit le voyage de Satan vers la terre, il nous parle de *jardins fertiles*. Il nous décrit le vol de l'ange prévaricateur, et nous le représente, s'élançant à travers d'innombrables étoiles qui, de loin, paraissent des astres, mais, en réalité, sont des mondes couverts de bocages, de vallées fleuries et de jardins fertiles.

Ces *bocages* et ces *jardins fertiles* ne peuvent être que

1. Cf. Milton.

pour l'homme, qui cherche l'ombre et qui mange des fruits et des légumes.

Klopstock (1728-1803). — Klopstock est l'auteur de cette épopée grandiose qu'on nomme *La Messiade*[1]. C'est de l'hypothèse de la pluralité des *mondes habités*, que cette œuvre magnifique tire ses plus grandes beautés. Klopstock suppose « que, dans les profondeurs sidérales, circulent des terres semblables à la nôtre, et qu'à la surface de ces globes, vivent des hommes égaux ou supérieurs à nous. »

L'heure suprême arrive, le Christ est cloué à la croix ! « En ce moment, les mondes qui sillonnent l'immensité et sur lesquels respirent des êtres semblables à nous, interrompent leur course; tout mouvement cesse; toute vie semble suspendue dans l'Univers; un calme terrifiant s'étend sur la nature entière; on dirait le prélude d'un effondrement général. » Citons quelques passages pour mettre notre affirmation hors de doute. L'Éternel descend du ciel sur la terre, pour juger le Messie. Le plus sublime des Séraphins l'accompagne.

« Jéhovah vient d'arriver à l'océan d'étoiles que nous appelons la voie lactée, et que les cieux désignent sous le nom de Champ-du-Repos, car là s'arrêta le Tout-Puissant, lorsqu'il accorda à la création nouvelle son premier sabbat. Il effleure en ce moment une de ces myriades de sphères paisibles *qu'habitent des êtres revêtus* d'un corps semblable à celui des enfants de la Terre, mais immortel comme l'âme qu'il enveloppe, car cette âme est restée digne de son origine céleste. »

La même pensée a inspiré Klopstock, dans le chant qu'il a consacré à célébrer l'Ascension glorieuse du Sauveur.

Les habitants des divers mondes, voyant passer au-dessus de leurs têtes le cortège triomphal, unissent leurs voix à celles qui déjà célèbrent les œuvres du Messie.

---

1. *La Messiade,* traduction de Mᵐᵉ la Baronne de Carlowitz. (Chant V.).

« Chantez sa gloire, s'écrièrent-elles, soleils et mondes! Et vous, étoiles silencieuses, qui traversez la route étincelante qu'il a choisie pour retourner vers son père, que l'écho de vos rives répète les psaumes que la nature jette sur son passage. »

« Qu'elle est imposante et superbe votre marche, légions d'astres, dont Dieu seul connaît le nombre. Pour annoncer la gloire du Sauveur, vos rayons éblouissants se confondent avec les faisceaux de la lumière divine, gardienne du Sanctuaire des cieux! »

Et les populations astrales, s'adressant à ceux qui, ayant lavé leur robe dans le sang de l'agneau, sont régénérés par la vertu de ce sang divin, continuent : « Chrétiens! comme vous, nous chantons les louanges du Christ. Là où l'arbre du salut étendra pour vous son ombrage bienfaisant, là, nous aussi, nous serons abrités; mais jamais nous n'avons frémi sur le bord du précipice, où gisent la mort et la damnation, et où déborde le calice de la colère divine. Nous ne les avons jamais éprouvées, les terribles émotions du naufragé que la vague en courroux, au lieu de briser contre les rochers du rivage, dépose sur une terre fleurie[1]. »

Chateaubriand (1768-1848). — Dans les *Natchez* déjà Chateaubriand touche à la question de la pluralité des mondes; nous ne nous y arrêterons pas. Dans les *Martyrs*, il y fait constamment allusion. Pour lui, le nombre des astres est incalculable. Il en parle particulièrement dans la description qu'il fait du bonheur des élus. « Leurs âmes volent jusqu'à ces mondes dont nos étoiles sont les soleils, et elles entendent les concerts inconnus de la Lyre et du Cygne célestes. Dieu, de qui s'écoule une création non interrompue, ne laisse point reposer leur curiosité sainte, soit qu'aux bords les plus reculés de l'espace, il brise un antique univers, soit que, suivi de l'armée des anges, il porte l'ordre et la beauté jusque dans le sein du chaos[2]. »

1. *La Messiade,* Chants XI et XII.
2. *Les Martyrs,* Livre III.

Voici un autre passage beaucoup plus formel :

« Le Fils de l'Éternel, accompagné des chœurs célestes, revenait dans ce moment, des bornes les plus reculées de la création. Il était sorti des demeures incorruptibles, pour rendre la vie et la jeunesse à des mondes vieillis. De globe en globe, de soleil en soleil, ses pas majestueux avaient parcouru toutes ces sphères qu'habitent des intelligences divines, et peut-être des hommes inconnus des hommes. Rentré dans le sanctuaire impénétrable, il s'assied à la droite de Dieu; ses regards pacifiques tombent bientôt sur la Terre[1]. »

L'Assomption de l'auguste Vierge lui fournit l'occasion d'exprimer la même pensée. « Le cortège remonte lentement vers les sacrés tabernacles. Les mondes divers, ceux qui frappent nos regards pendant la nuit, ceux qui échappent à notre vue dans les profondeurs de l'espace, les soleils, la création entière, les chœurs des puissances, qui président à cette création, chantent l'hymne à la mère du Sauveur : « Ouvrez-vous, portes éternelles, laissez passer la Souveraine des cieux[2]. »

HUITIÈME PÉRIODE — PÉRIODE CONTEMPORAINE

Malgré notre désir d'être complet, aussi complet que possible, nous ne pouvons songer à nommer les défenseurs de l'hypothèse polycosmique au XIXe siècle. Leur nombre est trop considérable; ce sont presque tous les hommes sérieusement instruits. Je le sais, il y en a encore par là, particulièrement en France, qui demeurent en extase devant les sphères de Ptolémée et le ciel incorruptible d'Aristote; mais que faire? Je sais ce qui les arrête, c'est un sophisme; ils aiment le passé, et ils ont horreur du présent. Tout ce qui est contemporain est nécessairement détestable et pernicieux... Laissons-les à

1. *Les Martyrs*, Livre XIX.
2. *Item*, Livre XXI.

leurs regrets. On peut dire qu'ils sont peu nombreux et le grand nombre accepte la pluralité des mondes habités, ou du moins n'y est pas hostile. Plusieurs, quoique nés dans le xviii° siècle, appartiennent à celui-ci, du moins par leurs œuvres. D'ailleurs, beaucoup d'entre eux sont suffisamment connus. L'occasion se présentera de nommer quelques-uns comme autorités, et de réfuter quelques autres, parce qu'ils tirent des conclusions qui ne découlent nullement de la pluralité des mondes habités.

Les adhérents à cette opinion sont donc fort nombreux et déjà, en 1825, Feller se posait cette question : « Ne peut-on croire que les planètes sont autant de mondes habités ? *Cette opinion si accréditée aujourd'hui.* »

Nous ferons ici seulement trois citations, à cause des nobles sentiments quelles expriment, et aussi à cause de la position particulière de leurs auteurs.

La première est de M. Bonneau, dans l'Encyclopédie du xix° siècle, qui fut faite sous une influence chrétienne.

Pluralité des mondes. — « L'homme prend volontiers les astres pour des ornements destinés à embellir la voûte des cieux. On a vu des peuples les regarder comme des clous dorés[1] plantés par une main divine dans les lambris du palais céleste; mais pour l'homme qui réfléchit, l'univers n'est pas un vain spectacle, et l'on a pu croire que les étoiles, qui scintillent sur nos têtes, doivent jouer un rôle important dans l'œuvre de la création. On dut nécessairement se méprendre d'abord sur l'utilité de ces corps lumineux..., rapportant tout à la terre... On voit pourtant, dans l'antiquité, quelques philosophes[2], s'élevant au-dessus de ces ridicules croyances, déclarer que les planètes sont des *mondes habités*, comme le nôtre. L'astronomie, se perfectionnant sans cesse, nous fit

---

1. En 1891 ou 1892, un *Savant* d'une Revue que nous ne voulons pas nommer, *soutenait que les étoiles étaient des lampions suspendus à la voûte de cristal d'Aristote...* Passe pour des bougies, mais des lampions !!!

2. Non pas *quelques*, mais la majeure partie, comme nous l'avons vu.

voir enfin dans la Terre un humble satellite du Soleil, et démontra qu'elle est des milliers de fois plus petite qu'une foule d'autres astres, qui sont à peine visibles à nos yeux. L'hypothèse de la pluralité des mondes acquit alors un haut degré de probabilité. Huyghens, dans son *Cosmothéoros*, prétendit prouver, d'une manière irréfutable, l'existence des habitants des planètes. Fontenelle, dans un livre étincelant de verve et d'esprit, soutint la même opinion. Wolff alla plus loin : il hasarda des conjectures sur la taille des hommes planétaires, et fixa à 14 pieds 3/5 celle des habitants de Jupiter. C'était tomber dans des puérilités aussi indignes de la science que contraires au simple bon sens. Mais la théorie de la pluralité des mondes, quelque impossible qu'il soit de l'étayer de preuves positives, n'en est pas moins une grande et splendide conception, digne, autant que nous puissions en juger, de l'Être tout-puissant qui répand la vie dans toutes les parties de la création, et qui abrite un monde entier sous le brin de mousse perdu dans les interstices du rocher[1]. »

L. P. Jehan (de Saint-Clavien), dont le témoignage ne peut être suspect aux catholiques, après avoir exposé avec sa netteté ordinaire le système du monde, conclut à l'habitabilité des planètes, des étoiles, etc. « Des mondes roulent dans ces régions lointaines, et ces mondes doivent être *les demeures de la vie et de l'intelligence*. Dans ce pavillon du ciel, parsemé d'or et d'azur, se déploie à nos regards l'immense perspective de l'univers, où chaque point lumineux nous présente un soleil, et chaque soleil un système de mondes, où la divinité règne dans toute la magnificence de ces hauts attributs, remplit l'immensité de ses merveilles, et voyage dans la grandeur de sa force (Isaïe, LXIII, 15) sur tous les points d'une monarchie vaste et illimitée[2]. »

Mgr Bougaud nous dit, en termes exprès, « qu'il n'a jamais pu se faire à l'idée que les astres sont inhabités; qu'il

1. Au mot *Monde*.
2. Jehan (de Saint Clavien), *Dictionnaire d'astronomie*, mot *Astronomie*. Collection Migne, T. 42.

n'a jamais cru à ces mondes vides, à ces lanternes vénitiennes, allumées en des lieux où personne ne passe et qu'aucun œil humain ne verra jamais. Il aime, au contraire, dans les soirs d'été, quand l'immensité resplendit de mille feux, à lever les yeux vers la voûte céleste. Chaque astre lui apparaît, comme un encensoir fumant, et il lui semble entendre, comme un bruit de prières, et voir échapper de chaque globe l'adoration, la louange, la reconnaissance[1]. »

CONCLUSION DE LA PREMIÈRE PARTIE

Nous voilà à la fin de la partie historique : nous avons interrogé tous les siècles et tous les pays, et un immense concert s'est fait entendre, proclamant en tout lieu l'activité et la vie; les cieux comme la terre, plus que la terre, racontent la gloire du Créateur. Quelle conclusion devons-nous en tirer?

1° Que ce n'est point avec les savants de nos jours, qu'ils soient matérialistes ou spiritualistes, qu'ils soient impies ou non; que ce n'est point avec les savants et les philosophes d'hier; que ce n'est point avec Fontenelle,... mais avec l'humanité qu'a commencé l'hypothèse de la *pluralité des mondes habités*. L'homme, qui a reçu en partage un visage sublime, regarda le ciel et reçut une réponse. Comment? Peu importe.

L'opinion contraire a commencé seulement avec Aristote, comme nous l'avons fait voir, en parlant de ce célèbre passage qui ressemble beaucoup à la pensée de Platon. Aristote s'est rendu à peu près incompréhensible, en ne voulant pas parler comme son maître, qu'il cherche, en toutes circonstances, à diminuer. Ceux qui ont marché sur les traces du stagyrite, ne l'ont probablement pas compris.

1. *Le christianisme et les temps présents*, Tom. III, Les dogmes du Credo, chap. II, p. 151. — Id. *Ibid.*, Épilogue, p. 559.

Que l'on cesse donc de dire : *De nos jours... dans ces derniers temps... la science rationaliste, la science matérialiste...* C'est donner à ces Messieurs de la négation une importance qu'ils n'ont pas ; mais que Messieurs les matérialistes cessent de se persuader qu'ils sont des foudres de guerre, qu'ils ont découvert quelque chose : ceux qui ont fait des découvertes en astronomie, comme Copernic, ont été très modestes. Oui, que ces savants cessent, de leur côté, de chanter une victoire qu'ils n'ont pas remportée et qu'ils ne pouvaient remporter. C'est se décerner le triomphe sans avoir combattu. On peut leur répondre : tout cela était déjà connu depuis des siècles.

2º Que cette opinion universellement reçue par l'élite de l'humanité des temps anciens, ne pouvait venir des connaissances astronomiques des peuples primitifs ; car vous la trouvez chez les plus barbares du monde ancien, et ne peut par conséquent venir que d'une tradition primitive. C'est la conclusion de plusieurs savants qui ne brillent pas précisément par leur foi, et qui, par conséquent, sont une autorité de premier ordre. Ils ont assez de bon sens pour comprendre, et assez de bonne foi pour avouer que ce sentiment universel, n'ayant pas sa source dans la science, ne peut venir que de la Tradition ; cette croyance est sortie de l'arche avec Noé. « Il y a un mystère, dit Cuvier, mais les Brahmes se prétendent en possession d'un traité scientifique d'astronomie, révélé depuis plus de vingt millions d'années [1]. »

3º Que, par conséquent, cette unanimité doit jouir de tous les privilèges attachés au consentement de tous les peuples. On peut dire que cette autorité marche parallèlement avec celle du consentement de tous les peuples, comme preuve rationnelle de l'existence de Dieu, de la création, de la spiritualité de l'âme, et que, par conséquent, même « l'orateur

---

1. *Mémoires de Calcutta*, Tom. VI, p. 540.
Cf. Cuvier, *Discours sur les révolutions du globe*, p. 160-250 — On sait aujourd'hui que penser de ces vingt millions.

des *Conférences sur le progrès par le Christianisme,* s'est avancé peut-être trop, lorsqu'il a dit : « Longtemps encore on travaillera pour démontrer que le Soleil, la Lune, les étoiles, comme notre planète, portent l'intelligence et la vie; vous chercherez un axiome, un principe, un point de départ d'où puisse sortir, dans l'éclat de l'évidence, une conclusion rigoureuse. »

Nous demandons simplement si, en dehors de la révélation, les conclusions pour l'existence du Dieu personnel, de la spiritualité de l'âme, de la non-éternité de la matière, ont une base plus solide? Les arguments sont les mêmes de part et d'autre, et, selon nous, ont la même valeur.

A plus forte raison, c'est à tort qu'un adversaire de l'habitabilité des mondes écrit : « Savants mortels, gardez vos télescopes pour vos nébuleuses où vous n'apprendrez jamais rien de certain, sinon la profondeur de l'ignorance cosmogonique, quand elle déserte la révélation. »

Pardon, le télescope apprend que cette révélation primitive est conforme à la nature des êtres, comme les preuves physiques de l'existence de Dieu viennent confirmer la tradition et les preuves métaphysiques.

Tel est, d'après les savants catholiques, la valeur de cet argument.

4° Qu'il n'est pas raisonnablement permis de taxer personne de nouveauté pour soutenir cette opinion des mondes habités; c'est faire un abus criant de la religion.

En résumé donc, l'habitabilité des mondes est la doctrine de tous les peuples, de tous les temps et de tous les lieux : Chinois, Indiens, Japonais, Siamois, Perses, Chaldéens, Égyptiens, Grecs, Étrusques, Liguriens, Latins, Scandinaves, Gaulois, Germains, Celtes, Bretons, Mexicains, Péruviens et les sauvages de l'Amérique du Nord : tous y ont cru, comme ils croyaient à l'existence d'un Être suprême.

Nous allons voir que cette opinion est parfaitement conforme à la science, ce sera l'objet de la seconde partie.

DEUXIÈME PARTIE

L'HABITABILITÉ DES MONDES AU POINT DE VUE DE LA SCIENCE

Il est certain que depuis la plaine de Sennaar, et peut-être depuis l'Éden, une voix mystérieuse s'est fait entendre sur la surface de notre globe, disant à tous les siècles : « Terre, tu n'es qu'une minime portion de l'univers ; d'autres sphères, plus importantes que toi, et dont les étoiles visibles te donnent une idée, remplissent les espaces infinis, et sur lesquelles, comme sur toi, se manifeste l'activité créatrice. »

L'homme crut ce que disait cette voix, et cette croyance domina l'humanité. Cependant, de tout temps, il y eut des voix discordantes dans cet harmonieux concert ; aujourd'hui encore, on rencontre quelques rares individus qui réclament contre cette affirmation ; les uns, au nom de la science, les autres, au nom de la raison, et les troisièmes, au nom de la foi. Comme l'habitabilité des mondes n'est pas un dogme, ils ont le droit de nier, jusqu'à ce qu'on leur ait montré combien est peu fondée leur négation.

Dans cette seconde partie, nous ferons voir aux premiers que la science, loin de s'opposer à l'habitabilité des mondes, la demande d'une manière absolue.

Avant de nous occuper de l'étude de chaque astre séparément, il nous paraît indispensable de mettre en avant une autorité scientifique, de rappeler certaines vérités scientifiques et certains faits astronomiques, qui doivent nous servir de base pour cette étude.

Nous aurons donc trois questions à traiter :
1° Une autorité scientifique de premier ordre ;
2° Certaines vérités scientifiques et certains faits astronomiques qui doivent nous servir de base ;
3° Étude de chaque astre, en particulier.

CHAPITRE I — UNE AUTORITÉ SCIENTIFIQUE

En nous livrant à l'étude des auteurs qui se sont occupés de la question que nous traitons, une chose nous a frappé : c'est que les catholiques qui nient ou à peu près l'habitabilité des mondes, s'appuient surtout sur l'autorité de M. Faye qui, en réalité, s'il ne nie pas absolument la possibilité de cette habitabilité, arrive, cependant, par de prétendues difficultés à une négation équivalente. A peine admet-il qu'une autre planète que la Terre remplisse les conditions voulues pour recevoir des habitants.

Certes, nous ne sommes pas seul à soutenir notre opinion, comme le prouvent les autorités que nous avons citées dans la partie historique et nous pourrions nous en contenter. Cependant, nous croyons, dès en commençant cette partie, opposer à M. Faye un savant comtemporain qui ne jouit pas d'une moindre autorité que lui et qui n'est pas moins compétent sur la question astronomique. De cette façon, on ne pourra pas nous dire à chaque pas : que faites-vous de M. Faye? oui encore, M. Faye est d'une opinion contraire.

Il s'agit d'une conférence de M. Janssen à la société industrielle de Mulhouse. Le *Cosmos* l'intitule : *Les dernières découvertes sur les planètes et l'observatoire du mont Blanc.*

Quoique le morceau soit long, nous n'hésitons pas à le mettre tout entier sous les yeux du lecteur.

« Le problème de la vie extra-terrestre et de l'existence, en dehors de la terre, de mondes plus ou moins semblables au nôtre, a préoccupé les hommes dès les temps les plus reculés. On peut même affirmer que ces interrogations et ces pensées sur la nature des astres qui peuplent les cieux, datent du moment où l'homme a commencé à arrêter ses regards sur la voûte étoilée. Si nous suivons l'histoire de l'astronomie depuis ces temps-là jusqu'à nos jours, nous pouvons distinguer quatres périodes :

» Dans la première, qui va de l'antiquité jusqu'à la Renaissance, l'objet principal de l'astronomie est l'étude des mouvements des planètes, des courbes décrites, de la nature des astres et du rôle de la terre, qu'on considérait comme le centre de cet ensemble.

» La seconde époque est celle où l'on a établi scientifiquement, sans idées préconçues, les lois mathématiques et géométriques de l'astronomie. Avec Copernic et Képler, tout ce qui concerne les rapports et les mouvements des astres de la grande famille solaire nous est connu, et nous pouvons tirer toutes les conséquences qui résultent de la similitude des orbes décrits, de la place occupée dans cet ensemble par la terre, qui en est un membre au même titre que les autres.

» La troisième période est inaugurée par l'invention de la lunette. Elle se personnifie dans le grand nom de Galilée, qui constata d'abord que les points lumineux offerts par les planètes se résolvent dans son instrument en disques sensibles et bien définis ; que ces disques présentent des indices de continents, de nuages, d'atmosphères, c'est-à-dire toutes les apparences que présenterait le globe terrestre lui-même vu dans un instrument analogue par un observateur placé aux distances qui nous séparent de ces astres. La question de la similitude d'origine et de constitution des planètes et de la terre a fait un grand pas.

» La quatrième période doit ses merveilleuses découvertes à l'invention de l'analyse spectrale par Bunsen et Kirchhoff, invention qui nous a donné la composition chimique du soleil et des astres lumineux en général. Les planètes, n'étant pas lumineuses par elles-mêmes, semblaient devoir échapper à la nouvelle méthode, quand M. Janssen découvrit l'analyse spectrale des gaz froids et montra que l'atmosphère terrestre fait naître dans le spectre solaire tout un système de raies aussi importantes que celles qui sont produites par l'atmosphère incandescente du soleil.

» D'après lui, le spectre de la lumière planétaire que nous observons à la surface de la terre se divise en deux parties : 1° les raies invariables ou raies solaires; 2° les raies variables ou raies telluriques. Ces dernières varient d'après l'épaisseur et la composition de l'atmosphère terrestre au moment de l'observation. C'est pour s'affranchir des actions troublantes de ces raies telluriques que M. Janssen a entrepris d'abord une série d'observations au sommet de l'Etna, et conçu ensuite l'idée d'un Observatoire à ériger au sommet du Mont Blanc. Les essais préliminaires ont été commencés en 1891 à Meudon, et l'Observatoire, établi sur la neige au sommet de la montagne, fut terminé en 1893.

» L'observation du spectre des atmosphères planétaires à des points très élevés a porté des fruits abondants. M. Janssen à l'aide de l'analyse spectrale des gaz froids, a pu constater la présence de la vapeur d'eau dans les atmosphères de Mars et de Saturne.

» Ainsi, l'analyse spectrale nous faisait faire un nouveau et dernier pas touchant la connaissance du système solaire.

» Tout cet ensemble, dit l'orateur, forme une seule famille dont les membres ont une genèse commune et sont formés en vue de devenir des mondes comme le nôtre. Leurs mouvements autour de l'astre central qui les enchaîne par sa puissante attraction sont soumis aux mêmes lois, et cet astre leur dispense, en raison de sa haute température et des réserves immenses de force qu'il recèle, ces effluves et ces rayonnements qui vont porter à leurs surfaces les éléments générateurs du mouvement et de la vie. Cependant, si ces astres présentent de si étroites analogies de formation et de nature, ils sont loin d'indiquer un même degré d'avancement dans ce qu'on peut appeler l'évolution géologique, ou plus exactement planétaire, c'est-à-dire celle qui vise l'apparition et le développement de la vie à leur surface. Ici, les conditions de masses, de distance au soleil, et sans doute d'autres conditions encore inconnues, viennent régler l'époque et la grandeur de ces développements.

» Mais ce que nous pouvons affirmer sans dépasser les inductions permises par l'état de la science, c'est que si la vie n'a pas encore été constatée directement à la surface d'aucune planète, les raisons les plus décisives nous conduisent à admettre *son existence pour plusieurs d'entre elles.*

» C'est là un résultat que nous pouvons considérer comme acquis et donné par les longs travaux de l'antiquité et les admirables découvertes modernes.

» Disons donc que si le problème n'est pas résolu directement par les yeux, il l'est par un ensemble de faits, d'analogies et de déductions rigoureuses qui ne laissent place à aucun doute. C'est le fruit mûr et parfait de la science. C'est la vue de l'intelligence, aussi certaine et d'un ordre plus élevé et plus noble que celle des sens.

» Maintenant, je dirai que ce que nous savons sur l'unité de la composition chimique de la matière du soleil, des étoiles, des nébuleuses, nous permet des inductions nouvelles sur le rôle des corps qui, à la surface de la terre, sont les agents les plus importants des phénomènes de la vie.

» Ainsi, il est infiniment probable que l'hydrogène, l'oxygène, l'azote, le carbone, l'eau surtout qui, pour la terre, sont les agents indispensables à la vie végétale et animale, ont un rôle analogue, non seulement dans les autres planètes de notre système, *mais encore dans tout l'univers.*

» L'eau, en particulier, en raison de ses fonctions chimiques, des propriétés dont elle est douée à l'état solide, liquide, gazeux, et qui sont si admirablement appropriées à l'accomplissement des phénomènes physiologiques, l'eau, dis-je, est un corps unique, et dans toute la série de composés que la chimie nous présente, on en chercherait vainement un autre pouvant le remplacer.

» Or, la découverte du spectre de la vapeur d'eau nous a permis d'en rechercher et d'en constater la présence, non seulement dans les atmosphères des planètes, mais *encore dans toute une classe d'étoiles.*

» En rapprochant de ces résultats le fait de la présence de l'hydrogène, un des gaz générateurs de l'eau dans la presque *totalité des étoiles,* on est en droit de conclure à une diffusion extrême de cet élément capital au point de vue de l'unité des phénomènes qui y président à la production et à l'entretien de la vie.

» C'est ainsi, Messieurs, que, plus la science avance, plus cette grande loi d'unité dans les éléments matériels, dans les composés fonctionnels formés de ces éléments, dont la constitution des astres et les rôles qu'ils jouent dans l'immense ensemble, se constate et se confirme de plus en plus.

» Sommes-nous en droit, cependant, d'en conclure l'unité des formes que la vie peut revêtir, non seulement dans les planètes, nos sœurs, mais encore dans les autres systèmes de mondes répandus dans les cieux? Sommes-nous en droit, surtout, de pousser nos inductions plus loin et plus haut encore, et de conclure de cette unité matérielle à l'unité intellectuelle et morale, et de dire que, de même qu'il n'y a qu'une physique, qu'une chimie dans l'univers, il ne doit y avoir qu'une logique, qu'une géométrie, qu'une morale et que le beau, le bien, le vrai, sont partout identiques et d'ordre universel?

» La science, si nous ne considérons dans ses résultats que les faits immédiats et démontrés, ne nous autorise pas à aller jusque-là, mais par les vérités qu'elle nous dévoile, elle semble nous y convier.

» Il y a eu dans l'antiquité de beaux génies qui, sur des bases autrement étroites, ont pressenti et annoncé sur le système du monde et sur l'univers des vérités que la science la plus moderne n'a pu que confirmer.

» Laissons-nous donc emporter, Messieurs, vers ces belles spéculations. Si elles ne sont encore aujourd'hui que du domaine des choses pressenties, qui peut affirmer que demain la science ne nous en ouvrira pas l'accès? C'est en établissant sur des bases solides les lois et les harmonies du monde matériel que l'astronome nous prépare la conquête de vérités d'un ordre plus élevé encore.

» Disons-le donc hautement, Messieurs :

» La soumission des forces matérielles et le règne de l'homme sur la nature ne sont que les premiers fruits de la science. Elle lui en prépare d'autres d'un ordre plus élevé et plus précieux. Par la beauté des études auxquelles elle le convie, par la grandeur des horizons qu'elle lui ouvre et la sublimité du spectacle qu'elle lui donne des lois et des harmonies de l'univers, elle l'arrachera à ses préoccupations actuelles, peut-être trop exclusivement positives, et lui rendra, sous une forme nouvelle et d'une incomparable grandeur, ce goût pour la haute poésie, cet enthousiasme pour le beau, ce culte, enfin, de l'idéal qui est un des plus impérieux besoin de l'âme humaine et qu'elle n'a jamais délaissé sans dangers et sans périls. »

Voilà de grandes et nobles paroles et l'on se sent réconforté en les lisant. Elles sont dignes d'un prince de la science, mais d'un prince laborieux et non d'un roi fainéant. Ses travaux lui donnent le droit de tenir ce langage; il a exposé sa vie pour la vérité; il a souffert pour la science; il a soutenu le du poids jour et de la nuit, du chaud et du froid.

M. Janssen a porté la même question devant tous les membres réunis de l'Institut de France.

Nous lisons, en effet, dans la *Revue Thomiste* :

On a fort remarqué à la dernière séance de l'Institut de

France, le mémoire de M. Janssen, chargé de parler au nom de l'Académie des Sciences.

La réponse à la vieille question de l'habitation des astres tend de plus en plus vers l'affirmative. Les analogies et ressemblances entre notre globe et ceux qui l'avoisinent, progressivement constatées et confirmées, autoriseraient cette tendance.

Les voici : Des lois générales, d'abord, assurent un même développement cosmique. La Terre, depuis Copernic et Képler, n'est plus un monde isolé, c'est un membre de la famille solaire. Les lunettes, depuis Galilée, ont fait découvrir dans les astres, des disques semblables au disque terrestre, des montagnes, des mers peut-être.

L'analyse spectrale, surtout, a fait conclure à l'unité de composition chimique de l'univers. Par le même moyen s'est révélée la vapeur d'eau dans les planètes et les étoiles.

L'atmosphère, l'air et l'eau, conditions de la vie, ne permettent-ils pas, si l'on tient compte des autres analogies, de penser qu'il y a dans les astres une matière organique et des êtres vivants ?

Sans doute, cela n'a pas été constaté directement : mais les progrès de la science, et ses confirmations successives, résultat d'une méthode plus sévère que celle des entretiens de Fontenelle avec la marquise, élèvent à la dignité de quasi-certitude une hypothèse longtemps caressée, jamais résolue.

Uni à lui par la conviction, nous continuerons plus courageusement le petit travail que nous avons entrepris, sans crainte des négateurs; car personne ne pourra nous dire: Vous êtes seul et sans autorité!

CHAPITRE II. — CONSIDÉRATIONS SCIENTIFIQUES ET ASTRONOMIQUES

La Bible nous dit, au sujet de la création, que la terre était *vaine* et *vide*, ou, d'après les Septante, *informe* et *invisible*; cette matière était sans limite. L'esprit de Dieu, qui est puissance et amour, dispersion et attraction, était sur l'abîme ou sur cette matière sans limite; il l'attira, et elle prit des formes, les corps apparurent, et, à leur tour, produisirent des êtres, selon l'ordre du Créateur : « Que la terre produise... que les eaux produisent[1]..... »

S. Thomas avait bien compris l'œuvre créatrice, et c'est pourquoi il lui donne trois phases : l'œuvre de création, *opus creationis*; l'œuvre de distinction, *opus distinctionis*, et l'œuvre d'ornementation ou d'embellissement, *opus ornatus*.

Les anciens n'entendirent pas autrement la création : l'Inde, la Chine, la Perse, l'Égypte, les Barbares, comme Orphée, Musée, Linée, les Grecs : Pythagore, Démocrite, Épicure, Platon nous ont dépeint d'une manière admirable la création primitive, les Latins : Lucrèce, Ovide, Cicéron.,. comprirent bien le chaos.

Dans ces derniers temps, Descartes et, plus tard, Laplace, puis une foule d'autres, nous ont dit que ce chaos ou cette matière informe, était un état nébuleux de la matière, d'une ténuité extrême, un gaz étendu jusqu'à des limites incompréhensibles. Depuis Faraday et surtout Krookes, on a donné, à cette forme primitive de la matière, le nom de *matière ra-*

---

1. In principio creavit Deus Cœlum et Terram. — Terra autem erat inanis et vacua et tenebræ erant super faciem abyssi, et Spiritus Domini ferebatur super aquas. Gén. I, 1-2.

diante; c'est la matière réduite à sa plus simple expression, unifiée, en quelque sorte, dégagée de tout lien et de toute entrave, et rayonnant librement. C'est le point où l'activité se revêt d'une forme extérieure. Telle est la conception généralement acceptée aujourd'hui de l'univers primitif.

Détachées, comme la Terre, de la nébuleuse, dont le reste a formé le Soleil, les autres planètes, doivent nécessairement avoir la même composition, et ont dû passer ou passeront par les mêmes phases d'évolution. Voilà ce qu'on peut conclure par analogie, avec une certitude presque absolue. L'étude de ces corps, au moyen du télescope et du spectroscope, est venue confirmer ce que l'analogie permettait de conjecturer.

D'après la conception que nous avons donnée de la création primitive, il n'y avait qu'une matière unique dont se détacha la nébuleuse solaire et successivement une foule d'autres, pour former d'autres groupes; par analogie, nous pouvons donc conclure à l'unité de composition. Cette induction est-elle fausse?

Les observations spectrales nous répondent que non. Elles apprennent, en effet, que les étoiles ressemblent au Soleil, quant au point de vue général de leurs constitutions.

Dès 1864, Huyghens appliqua l'analyse spectrale à l'étude des nébuleuses et examina les spectres de plus de soixante nébuleuses ou amas stellaires, et parvint à déterminer leur constitution et leur état. L'accord entre les résultats des observations spectrales et des observations télescopiques, dans ce qui leur est commun, est une preuve de leur exactitude.

Il a de même appliqué ce procédé si fécond d'analyse, à l'observation des comètes, où il a été conduit à des résultats analogues.

Il résulte donc des études spectrales que les étoiles ne diffèrent entre elles, et ne diffèrent du Soleil, que par des modifications spéciales et d'un ordre inférieur, et qu'il n'y a pas de différences importantes et essentielles dans leur constitution. « Ainsi, dit M. Faye, généralement peu favorable à l'habitabilité, est trouvée étendue à tous les astres de l'univers, l'unité de composition chimique de notre monde solaire et des étoiles, uniformité qui comporte pourtant des variétés aussi singulières qu'inattendues[1]. »

Depuis Huyghens, une foule d'observateurs, avec des instruments plus perfectionnés, profitant de circonstances plus favorables, ont constaté les mêmes faits.

Ces résultats apportent une grande probabilité à ce qui n'a été jusqu'à présent qu'une pure supposition, savoir que les étoiles ont une destination analogue à celle de notre Soleil, et qu'elles sont, comme lui, entourées de planètes, qu'elles retiennent par leur attraction et qu'elles éclairent et vivifient de leur chaleur et de leur lumière.

Pour notre système solaire, il n'y a pas seulement unité de constitution chimique et physique, mais aussi unité de formation. Ces *deux faits*, pour notre planète, pour ses sœurs et les satellites qui les entourent, sont, on peut le dire, sortis du domaine de l'hypothèse et passés à l'état de vérité scientifique. Les phénomènes qui ont eu lieu sur notre globe, se produiront donc nécessairement dans les autres mondes, s'ils n'ont pas déjà eu lieu.

Le Soleil dont ces planètes se sont, dans le temps, séparées, ne peut avoir une constitution différente et l'étude de sa formation indique les mêmes phénomènes qui ont dû se passer sur notre planète.

Ce que le télescope et le spectroscope nous révèlent des étoiles, nous permet de conclure à la même uniformité[2].

Tout donc se ramène à l'unité : unité de création, unité de

1. M. Faye, Académie des Sciences, 25 novembre 1872.
2. Huggnis et Miller en Angleterre, Secchi à Rome, Janssen, Wolff et Rayet à Paris, Vogel en Allemagne, d'Arrest en Danemarck, Rutherfurd, Langley en Amérique, sont les noms des savants à qui l'on doit, dans cet ordre de recherches, les découvertes les plus intéressantes. Une foule d'autres noms, dans ces dernières années, mériteraient encore d'être mentionnés.

composition, unité de formation et c'est là le caractère de la vraie science; car la *simplicité est le signe du vrai*.

Que l'ensemble de la création est bien nommé *l'Univers!* Tout y est tourné vers *l'unité*, et la chose n'est pas douteuse, cette unité existe; le travail de l'homme est de la découvrir et d'y faire tout converger. Un système où l'unité manque est certainement faux et condamné d'avance.

Les hommes qui veulent sortir de cette unité scientifique, sont des hérétiques par rapport au dogme créateur; ils peuvent appartenir aux deux opinions extrêmes, au *matérialisme* et au *spiritualisme*.

Partout la réalisation de l'idée créatrice dans l'unité la plus absolue ; peu de lois, mais toujours et partout les mêmes ; une multiplicité infinie demeurant dans l'unité, ce qui constitue la véritable beauté ; voilà ce qu'il ne faut jamais perdre de vue, lorsqu'on s'occupe du monde ; c'est l'étoile lumineuse qui doit guider tout savant dans ses recherches ; les idées préconçues et personnelles ne produisent que des œuvres stériles. Cette remarque était nécessaire avant d'aller plus loin.

Notre planète, la Terre, possède des êtres vivants ; d'où par induction, nous concluons à la possibilité d'êtres vivants, sur les autres planètes, sur le Soleil et sur les étoiles. Nous ne déterminons pas le moment; il s'agit de la possibilité seulement. Il est probable, pour nous, que certains de ces mondes ne sont plus habitables ; car tout vieillit, les mondes comme les habits; d'autres sont en pleine fécondité, et d'autres le seront dans la suite des siècles.

Et qu'on veuille bien remarquer que nous ne nous appuyons point sur le fameux argument : « la Toute-Puissance divine », dont on ne devrait jamais se servir en pareille matière; mais uniquement sur la nature des choses créées par Dieu.

Par êtres vivants, nous entendons des plantes, des animaux et des hommes, qui ne sont pas essentiellement différents de ceux que nous voyons sur notre Terre; et non des êtres fantastiques, que le Créateur pourrait produire. Il s'agit d'êtres qui respirent, qui se nourrissent, qui sentent et qui, s'il le faut, marchent; et qu'on ne vienne pas opposer des accidents à l'habitabilité; la taille, la longévité, la couleur, même les sens ne sont que des accidents et n'empêchent pas la vie.

Par conséquent, les conditions indispensables à un astre, pour qu'il puisse être habité, c'est une atmosphère, de l'humidité, de la chaleur et une certaine quantité de lumière.

Mais sur ces points, il faut se prononcer avec discernement et non, comme certains théologiens qui, n'osant nier aujourd'hui l'habitabilité des astres, font un tel tableau des planètes que, de fait, ils arrivent à nier que la vie soit possible sur aucun de ces globes. C'est ce qu'a fait naguère un Docteur en théologie et en droit canonique, mais probablement de la Sapience.

La moindre réflexion sur la biologie, nous fait comprendre que la vie est d'une élasticité extraordinaire. Quelques personnes, parce qu'un froid de 9 ou de 10 degrés au-dessous de zéro les a un peu fait souffrir, ne font pas attention aux écarts de température que les *êtres* peuvent supporter. Je ne dis pas le même être, bien que, sous ce rapport, les êtres possèdent une grande puissance; mais des êtres de même espèce.

La température moyenne de l'Abyssinie est de 31°; de Calcutta, 28°,5; de l'île Melvil, —18°,7, ce qui donne 50° d'écart. A Esné, en Égypte, la température est montée jusqu'à 47°,4, à Fort-Reliance, en Amérique, elle est descendue à —56°,7; ce qui donne 104°,4 d'écart[1]. Ces températures étaient prises à

---

1. *Le froid et le chaud.* — D'après des constatations récentes, la région la plus chaude de la Terre est la *vallée de la mort*, (Californie). Cette vallée longue de 120 kilomètres et large de 10 à 24 kilomètres, est entourée de hautes montagnes. Le sol est situé à 50 mètres au-dessous du niveau du grand océan à San-Francisco, et la vallée elle-même n'est autre chose que le lit d'un ancien lac desséché.

En juillet, la température moyenne y est de 39°, mais le thermomètre monte fréquemment à 50°. D'autre part, dans le désert du Colorado, on a constaté une chaleur de 53°; en Australie, le thermol'ombre; mais nous avons vu des Indiens et des Noirs s'exposer au Soleil et même travailler sous ces feux torrides. Les mucosités que secrète leur peau, détruisent les funestes effets de la chaleur, comme, dans les pays froids, un peu d'huile ou de graisse tempère la rigueur du froid.

La même capacité se p oduit par rapport à l'air atmosphérique. Pensez-vous donc que ces hommes qui naissent, vivent et meurent dans les mines, en Angleterre, soient aussi bien partagés que ceux qui vivent au grand air? Non, et pourtant ils vivent, malgré cette situation anormale. A ce sujet, voici les paroles de M. l'abbé Pioger : « Si j'étais naturaliste, je dirais, après beaucoup de savants illustres, que la nature nous fournit sur la terre des exemples d'animaux vivants dans des conditions bien diverses d'habitabilité ; que les poissons respirent dans un milieu mortel aux autres animaux; que les amphibies ont une double existence assez difficile à expliquer; que certains habitants des mers se maintiennent dans des couches d'une grande profondeur et y supportent sans être écrasés des pressions de 50 à 60 atmosphères ; que divers insectes aquatiques, insensibles à la température, se rencontrent à la fois dans les sources d'eau bouillante et dans les plaines glacées de l'océan polaire; enfin, il faut reconnaître

---

mètre a même atteint 55°, et la chaleur était telle, qu'une allumette jetée à terre s'y enflammait aussitôt; mais il est certain que la température moyenne des deux dernières contrées est inférieure à celle de la *l'allée de la mort*.

La triste gloire d'être le point le plus froid de la Terre revient à la petite ville de Werchojansk, en Sibérie, où il gèle toute l'année, excepté pendant quelques jours de juillet. La température moyenne de Janvier est de — 51°; il arrive même que le mercure descend à — 60°. Et, fait curieux, en juillet, il n'est pas rare de voir la température monter à + 31°; ce qui équivaut à nos fortes chaleurs d'été.

Si l'on compare la chaleur de la *l'allée de la mort* au froid de Werchojansk, on constate que notre planète est soumise à des variations de température allant jusqu'à 120°.

Le *Cosmos* du 8 avril 1899 donne des écarts plus forts : + 67°,7 chez les Touareg, et — 71° dans la Terre de Grinnel; écart 67°,7 + 71° = 138°,7.

à la nature une diversité dans ses moyens d'action souvent incompréhensible, mais non moins réelle, et qui va jusqu'à la toute-puissance.[1] »

Le docteur en théologie dont nous avons parlé, est dans une grande perplexité pour les habitants des astres. « Ces habitants sourds et muets, n'auraient pas, en outre, l'odorat ; les parfums et les odeurs ne pouvant se répandre sans une atmosphère ambiante capable de les transporter au loin. » Et pour comble de malheur, c'est qu'il n'y a pas de lumière sur la plupart de ces planètes.

Ne faisons pas de pessimisme, et, sans appeler la Toute-Puissance divine à notre secours, examinons un peu ce qu'il en est.

Et d'abord *l'Odorat*. — Supposons que l'atmosphère soit beaucoup moins dense que la nôtre. Est-ce que la bonne nature ne pourrait pas développer un peu la grandeur de nos cornets olfactifs et augmenter la délicatesse de nos muqueuses nasales, pour leur donner un peu plus de capacité olfactive, comme nous le voyons chez le chien, chez le porc et chez certains autres animaux et surtout chez certains oiseaux? D'ailleurs, est-ce nécessaire d'avoir une atmosphère très dense pour sentir certaines émanations? A-t-on fait l'expérience que le musc dans le vide ne se fait pas sentir? Comme un grand nez n'a jamais défiguré une belle personne, on pourrait augmenter un peu cet appendice.

L'ouïe. — Si c'était sérieux, je demanderais : mais savez-vous si les habitants de ces pays ne possèdent pas de microphones? Instrument qui possède la puissance de faire entendre les sauts d'une puce comme le galop d'un cheval. Je veux dire qu'une petite modification de l'oreille suffirait pour rendre perceptibles les sons les plus légers ; ce que les animaux nous présentent encore.

La Vue. — Pour ce sens, je dirai avec Huyghens, en parlant de Saturne : « Les habitants de Saturne n'ont pas plus à se

---

1. Pioger.

plaindre que les hiboux et les chauves-souris du peu de lumière qu'ils reçoivent du soleil, car il leur est plus avantageux et plus agréable de jouir de la lumière du crépuscule ou de celle qui reste pendant la nuit que de celle qui nous éclaire pendant le jour. »

Voici comment un autre auteur traite la question qui nous occupe. Selon nous, c'est très raisonnable et très scientifique. Pour les astres lointains, qui ne reçoivent du soleil qu'une lumière excessivement faible, il suffit pour que des êtres vivants y puissent voir :

1° Que leur rétine soit plus excitable que la nôtre, afin d'être également impressionnée par la lumière;

2° Que la dilatation de leur pupille soit plus considérable, afin de donner passage à un plus grand nombre de rayons lumineux.

« Or, qu'on veuille bien remarquer que la vraisemblance d'une sensibilité exquise de la rétine et d'une extrême dilatation de l'ouverture pupillaire pourrait bien ne pas être tout à fait une hypothèse en l'air, dénuée de tout fondement et sans analogie. Car, sur le globe que nous habitons, nous observons des dispositions de cette nature dans nos chats domestiques et dans toute la famille des félins, dans les hiboux, les chouettes, les effraies, les chats-huants, les ducs, les chevêches et autres animaux nocturnes, dont la pupille est si largement ouverte, que la lumière du jour les offusque et les empêche de bien voir. Cachés dans de sombres réduits tant que le soleil est sur l'horizon, ils n'en sortent que le soir pour poursuivre leur proie à la faveur de l'obscurité et du silence de la nuit, et ils se trouvent parfaitement heureux. »

Nous trouvons un autre exemple encore plus frappant peut-être de la prodigieuse sensibilité de la vue, tiré des circonstances biologiques dans lesquelles se trouvent certains poissons de mer. On sait qu'Arago et Biot furent envoyés (1807-1808) en Espagne, pour prolonger l'arc du méridien qui avait été mesuré en France. Ils durent se rendre jusqu'à Formentera et ils profitèrent de ce voyage, pour faire certaines expériences sur la liquéfaction des gaz. Dans ce but, ils avaient descendu au fond de la mer qui, dans ces parages, peut avoir un kilomètre de profondeur, des boîtes de compression, auxquelles nos jeunes savants avaient attaché des hameçons. Plusieurs poissons s'y laissèrent prendre. « C'étaient, au rapport de Biot, des espèces de raies, ayant des yeux d'une énorme grosseur. Avec le secours d'organes oculaires aussi monstrueux, ces poissons peuvent trouver à vivre dans les ténèbres les plus épaisses, et telles que n'en présente jamais la plus profonde nuit à la surface de la terre. »

« Si donc ces animaux peuvent ainsi exister sur notre planète avec aussi peu de lumière, quelle difficulté verrait-on à ce qu'il pût en être de même de l'organisation générale des habitants possibles de nos planètes les plus éloignées du soleil ? »

Mais pourquoi nous arrêter à ces minuties ? L'expédition du Chalendre, nous a apporté des fonds de l'océan des êtres bien plus étonnants et que l'on a pu voir à l'exposition qui en a été faite à la rue Buffon, dépendance du jardin des plantes, à Paris.

Plaçons à la fin de ces considérations générales, les aperçus de quelques savants qui nous serviront aussi de base pour l'étude de chaque astre en particulier.

M. Janssen a constaté que plusieurs des raies atmosphériques sont produites par la vapeur d'eau, et il est vraisemblable que cette vapeur aqueuse existe dans les atmosphères de Jupiter, de Mars et de Saturne[1]. « J'ai, dit-il, observé à cet égard plusieurs planètes dans le cours de ma dernière mission en Italie et en Grèce, j'ai observé sur le sommet de l'Etna, c'est-à-dire dans des conditions où l'influence de l'atmosphère se trouvait sensiblement annulée. Ces observations et celles que j'ai faites ensuite, avec les plus puissants ins-

1. Mémoire à l'Académie des Sciences.

truments, indiquent déjà la présence de la vapeur d'eau dans les atmosphères de Mars et de Saturne.

« Aux analogies déjà si étroites qui unissent les planètes de notre système, vient s'ajouter encore un caractère nouveau et important. Toutes ces planètes forment donc comme une même famille, elles circulent autour du même foyer central qui leur distribue la chaleur et la lumière. Elles ont chacune une année, des saisons, une atmosphère, et dans cette atmosphère même des nuages remarqués sur plusieurs d'entre elles.

« Enfin l'eau, qui joue un rôle si grand dans l'économie de toute organisation, l'eau est encore un élément qui leur est commun. Que de puissantes raisons pour penser que la vie n'est pas le privilège exclusif de notre petite Terre, sœur cadette de notre grande famille planétaire.

Nous n'hésitons pas à rappeler ici les paroles de M. Janssen, sur l'habitabilité des mondes. Nous lisons, en effet, dans la *Revue Thomiste* :

« On a fort remarqué dans la dernière[1] séance de l'Institut de France, le Mémoire de M. Janssen, chargé de parler au nom de l'Académie des sciences.

« La réponse à la vieille question de l'habitation des astres tend de plus en plus vers l'affirmative. Les analogies et ressemblances entre notre globe et ceux qui l'avoisinent progressivement constatées et confirmées, autorisent cette tendance.

« Les voici : des lois générales d'abord, assurent un même développement cosmique. La Terre, depuis Copernic et Képler, n'est plus un monde isolé, c'est un membre de la famille Solaire. Les lunettes, depuis Galilée, ont fait découvrir dans les astres, des disques semblables au disque terrestre, des montagnes, des mers peut-être.

« L'analyse spectrale, surtout, a fait conclure à l'unité de composition chimique de l'univers. Par le même moyen s'est révélée la vapeur d'eau dans les planètes et les étoiles.

---

[1]. C'est la séance de 1896 ou 1897.

« L'atmosphère, l'air et l'eau, condition de la vie, ne permettent-ils pas, si l'on tient compte des autres analogies, de penser qu'il y a dans les astres une matière organique et des êtres vivants?

« Sans doute, cela n'a pas été constaté directement : mais les progrès de la science et ses confirmations successives, résultat d'une méthode plus sévère que celle des entretiens de Fontenelle avec la marquise, élèvent à la dignité de quasi-certitude une hypothèse longuement caressée, jamais résolue. »

CHAPITRE III. — ÉTUDES DES DIFFÉRENTS ASTRES

Après ces considérations générales, nous allons passer en revue les différents astres ; commençant par notre satellite, nous étudierons successivement les planètes avec leurs satellites, le soleil, les comètes et les étoiles et nous finirons par les nébuleuses.

§. I — La Lune[1].

Aujourd'hui on n'ose guère placer l'Enfer au centre de la terre. Il y a certaines difficultés, comme la fin du monde. Swinden, docteur en théologie, et plusieurs autres théologiens le plaçaient dans le Soleil.

La place de l'Enfer est toute trouvée, si l'on croit la description horrible que nous fait un Docteur en théologie et en droit canonique, c'est la Lune. Ecoutez :

1. Dans le courant de 1898, on a dit qu'on avait découvert un nouveau satellite de la Terre, ou que celle-ci a deux Lunes; mais que la nouvelle n'est pas visible à l'œil nu. Qu'en est-il?

« Nous croyons inutile d'exposer ici tout au long la suite du manque absolu ou presque absolu d'atmosphère. L'effet le plus important et le plus sensible est le brusque passage d'un froid extrême à une excessive chaleur.

« Tout ce que les rayons du Soleil atteignent est *brûlé et torrifié* par eux; partout où l'ombre s'étend, la température descend à *plusieurs centaines de degrés* au-dessous de zéro, et se met au niveau de celle de l'espace interplanétaire. En effet, l'absence d'air détruit toute chaleur rayonnante, comme elle empêche toute lumière diffuse; par suite, les ombres y sont d'un noir intense, et elles viennent heurter sans transition aucune l'éblouissant éclat des parties illuminées. En plein jour les étoiles y brillent dans un ciel très noir.

« Mais quelles conditions d'existence pour un être organisé! Il ne pourrait se mouvoir sur le sol lunaire, sans ressentir les tourments d'une chaleur brûlante du côté du soleil, tandis que tout le reste du corps, n'étant point préservé par l'air ambiant, serait directement exposé au froid de l'espace, bien plus rigoureux, on le sait, que celui de nos régions polaires. »

De fait, le froid de nos régions polaires ne descend pas à *plusieurs centaines* de degrés au-dessous de zéro.

« Être, en même temps, *affreusement calciné et glacé horriblement*, voilà certes un insupportable supplice; dans le cas même où la respiration ne serait pas indispensable, les autres fonctions vitales, du moins, ne pourraient pas s'accomplir dans un tel milieu.

« On ne doit pas oublier aussi l'énorme différence de la température entre le jour et la nuit...

« Les habitants de la Lune seraient donc tous nécessairement sourds! Ajoutons qu'ils seraient aussi muets...; sous le feuillage des arbres toujours immobiles, car aucun vent ne l'agiterait, jamais l'oiseau ne lancerait sa note joyeuse... Ces habitants sourds et muets, n'auraient pas, en outre, l'odorat, les parfums et les odeurs ne pouvant se répandre sans une atmosphère ambiante capable de les transporter au loin. »

Notre docteur consent cependant à admettre des Troglodytes dans les cavernes profondes de la Lune; mais « ils doivent être aveugles comme des taupes... »

Puis vient une théorie sur notre planète qui est digne de ce qui précède; une théorie sur la démonstration qui est du même acabit. Nous pourrions demander? quand donc avez-vous rencontré des âmes dans le corps humain? Vous raisonnez comme les matérialistes. Vous oubliez qu'il y a les preuves directes et les preuves indirectes, comme le dit S. Thomas. Avez-vous vu Dieu? Non. Il est pourtant au Ciel! Prenez votre télescope et, quand vous le verrez, faites-le nous savoir, afin que nous allions constater son existence.

N'avions-nous pas raison de dire que la Lune était une place toute faite pour l'enfer et un enfer tel que jamais janséniste n'a imaginé de plus épouvantable : « *être, en même temps, affreusement calciné et glacé horriblement*. Ce n'est pas facile à comprendre, mais que voulez-vous ? On est aussi « *nécessairement sourd, muet, sans odorat et aveugle comme des taupes.* » Cependant, il y a là des *arbres au feuillage toujours immobile, des fleurs dont on ne pourrait sentir le parfum; des oiseaux, mais dont la voix harmonieuse resterait glacée dans le gosier! Nous croirions volontiers que ces êtres pourraient bien être affreusement calcinés et glacés horriblement.* Évidemment les taupes lunaires doivent être aveugles, puisque les hommes le sont; mais nous affirmons que les taupes de notre planète ne le sont nullement. Sans doute, mère Nature, qui sait ce qu'elle fait, ne leur a pas donné des yeux de bœuf, puisqu'elles doivent fouir la terre; mais des yeux, elles en ont.

Quand on s'occupe de questions scientifiques, il ne suffit pas d'avoir un double doctorat théologique et canonique, il est bon de connaître un peu son histoire naturelle.

Il serait aussi utile d'avoir quelques notions de physique, pour ne point avancer des erreurs comme celle-ci : « l'absence d'air détruit toute chaleur rayonnante, comme elle empêche toute lumière diffuse...» Depuis quand donc l'atmosphère est-elle le *milieu*[1] de la lumière et de la chaleur? C'est le milieu du son, mais pas des deux autres. Aussi la chaleur et la lumière se propagent dans le vide, et la preuve, c'est qu'elles viennent du soleil jusqu'à nous. Quel que soit le système que l'on admette, leur milieu, c'est l'*éther*, d'après tout le monde généralement; nous, nous dirions volontiers que c'est la *matière radiante*, car personne n'a vu l'éther.

Voici les paroles de Ganot : « Les ondulations de l'éther, qui propagent la lumière, ne diffèrent que par leur vitesse des ondulations qui propagent la chaleur. Ces dernières sont trop lentes pour ébranler la rétine; c'est pourquoi la chaleur est invisible. Ce n'est qu'au-delà d'une certaine vitesse des vibrations que les ondulations de l'éther deviennent lumineuses, et c'est la différence de ces vitesses qui fait naître la sensation des différentes couleurs[2].

Les lois du rayonnement de la chaleur sont connues :
1° *Le rayonnement a lieu* dans toutes les directions autour des corps. La même loi peut s'appliquer à la lumière.

2° *La chaleur rayonnante se propage dans le vide*. Il en est de même de la lumière[3].

Les neufs grandes pages que notre Docteur consacre à notre satellite sont de la même force scientifique, c'est-à-dire que c'est un tissu d'erreurs. On peut dire la même chose de ce qui concerne chaque planète et les autres astres, puisque partout il fait l'application de ces erreurs scientifiques. On peut même ajouter que tout le chapitre « *La pluralité des mondes habités et la science actuelle* », de la page 205 à 233, c'est-à-dire 70 pages, est de la même facture.

---

1. Un milieu est l'espace plein ou vide dans lequel se produit un phénomène. Ganot, *Physique*, p. 571.
2. Ganot, *Physique*, Lumière, p. 570.
3. Ganot, *Physique*, Chaleur, p. 512.
NB. — Les ondes électriques ont probablement le même milieu; c'est du moins ce qui semble ressortir du télégraphe sans fil.

On ne sait lesquelles admirer le plus ou les affirmations sans fondement et souvent sans bon sens de notre Docteur, ou les admonestations inconvenantes qu'il adresse à ceux qui ne sont pas de son opinion. Il les traite de *Romanciers des mondes célestes qui affirment sans preuve des énormités.* Citons :

« La science ne connaît pas l'engouement et le lyrisme des poètes et des romanciers; elle est plus austère, mais aussi sa marche est plus sûre. On ne peut donc ranger parmi les dépositaires du savoir les hommes trop enthousiastes qui mêlent aux démonstrations scientifiques les utopies conçues par une imagination extravagante et présentent leurs rêveries comme d'incontestables vérités[1]. »

Voilà qui est parfait, mais encore faudrait-il le mettre en pratique soi-même et ne pas surtout écraser les autres sous le poids de ses ignorances scientifiques et de ses déclamations ridicules, comme le fait notre Docteur en droit canonique.

Si Fontenelle, Bernardin-de-Saint-Pierre, M.C. Flammarion sont un peu enthousiastes, lui est un *pessimiste* des plus purs; si ces « Romanciers », en écrivant, se servent des teintes bleues et roses, on pourrait appeler notre Docteur, le romancier noir; c'est quelque peu un Zola scientifique quant au genre; il noircit tout, il calcine tout, tantôt par le chaud, tantôt par le froid; il peint les astres, à désespérer, comme Zola peint l'humanité, dans *Nana*, dans *Pot-Bouille*; le christianisme, dans *N. D. de Lourdes*, et la cour pontificale, dans *Rome*. Tout est noir et noirci. Pourquoi cela? parce que, au lieu de chercher la vérité, il a cherché des arguments contre l'habitabilité des mondes et, comme il n'avait pas d'argument absolu contre les défenseurs de cette opinion, il les brutalise ou les peint en noir[2].

1. Page 238.
2. Ce qui étonnerait, si l'on ne connaissait pas la manière dont les thèses des concours sont examinées à *l'Institut catholique*, c'est qu'un pareil travail ait obtenu le prix Hugues, et l'éloge qui est censé en être fait par Mgr d'Hulst. Nous avons eu l'honneur de connaître le

Bossuet toujours profond, nous dit : « Le plus grand dérèglement de l'esprit est de croire les choses, parce qu'on veut qu'elles soient; » Mais il n'est pas moins vrai de dire que le plus grand dérèglement de l'esprit est de nier les choses, parce qu'on veut qu'elles ne soient pas.

« Ce dérèglement commun presqu'à tous les hommes est si naturel en eux qu'il faut une peine infinie et des efforts longuement poursuivis pour y échapper, ce dérèglement dont les conséquences, faites-y bien attention, sont aussi périlleuses à la moralité qu'au jugement, la critique scientifique seule est en état de le corriger. »

Dans son travail, notre Docteur ne cite qu'une autorité, M. Faye. C'est étrange! Nullement, il ne peut en citer d'autres, parce que tous les savants, non seulement de France, mais de tous les pays, à quelques rares exceptions, sont pour les mondes habités. Il ne cite que M. Faye, parce qu'il n'y a que M. Faye, qui, pour je ne sais quelle raison, probablement dans la crainte de se compromettre, s'efforce de diminuer autant qu'il le peut, la valeur des autres opinions. Que voulez-vous? Si l'on dit comme tout le monde, on croirait qu'on n'a aucun mérite.

D'après ce que j'ai pu lire de M. Faye, c'est un peu son caractère. Il a soutenu aussi que la Lune ne produit aucun effet sur la terre. Peut-être a-t-il trouvé une autre explication de la marée? Il prétendait dans cette étude, qui a paru dans l'Annuaire du Bureau des longitudes pour 1878, que c'était là des opinions populaires, comme de croire que les piverts percent les arbres. Nous n'avons pas à soutenir ici l'action de la Lune sur notre planète; mais ce que nous avons vu avec des yeux, pas de taupe, c'est que les piverts percent les arbres, pour y chercher des insectes et des vers, ou pour y faire leurs nids; nous les avons vus travailler,

Recteur de l'Institut et même de le voir, et il nous a déclaré qu'il ne connaissait pas les questions scientifiques. Il est fâcheux que des factums aussi vides, sinon des criailleries, soient couronnés.

nous avons ramassé une espèce de sciure qu'ils avaient laissé tomber au pied de l'arbre. Sans doute, ils choisissent un endroit vis-à-vis d'un creux intérieur; mais ce sont eux qui creusent une ouverture. Nous les avons vus recommencer l'ouvrage, parce qu'ils avaient percé trop haut ou trop bas, et nous avons vu, dans un sapin, dit de Normandie, trois ouvertures sur la même ligne dans la direction de la tige. Après expérience, ils constataient qu'ils avaient travaillé trop haut ou trop bas.

Si M. Faye n'observe pas mieux les étoiles que les piverts, nous ne sommes pas étonné qu'il ne puisse trouver quelque chose qui rende possible l'habitabilité de quelques mondes. On pourrait lui opposer, comme autorité, M. Janssen qui naguère encore, dans son dernier mémoire à l'Institut, faisait voir que tout tendait à confirmer l'hypothèse de l'habitabilité des mondes.

Ces quatre ou cinq pages que nous venons d'écrire semblent loin de notre sujet; cependant, elles étaient absolument nécessaires, autrement on nous aurait accusé d'éviter les difficultés, ce que nous n'aimons pas. Nos affirmations ne peuvent avoir de valeur que quand elles s'élèvent sur les ruines des affirmations contraires. Comme ces assertions, évidemment fausses, se sont produites au sujet de notre satellite, nous les avons attaquées et renversées, le croyons-nous.

Essayons maintenant de dire, sans couleurs roses, ni couleurs noires, c'est-à-dire sans parti pris, ce que l'on sait sur notre satellite.

1° La Lune a-t-elle une atmosphère? La chose a été tantôt niée, tantôt affirmée. Du temps d'Arago, il vint une nouvelle, disons le mot, un canard, non plus d'Amérique, mais du Cap de Bonne-Espérance, disant qu'on avait vu des habitants de la Lune. Tout cela était dit si naturellement et eut tant de succès qu'Arago se crut obligé de démentir le fait, en plein Institut, à l'aide de ce seul argument : « la Lune, n'ayant pas d'atmosphère, ne peut avoir d'habitants. »

Il faut aujourd'hui chercher une autre poudre, car celle-là ne tuerait même pas les moineaux qui peuvent exister dans la Lune.

Quoique l'homme n'aime pas à renoncer à ses opinions, on ne peut se refuser à accepter l'atmosphère lunaire, par conséquent notre satellite peut posséder des êtres vivants.

Lors de l'occultation de Jupiter par la Lune, le 12 août 1892, M. W. H. Pickering a pris, du plateau d'Arequipa[1], au Pérou, une série de photographies, sur lesquelles on remarque un léger aplatissement de la planète au bord du limbe lunaire. L'aplatissement ne surpasse pas 1", et n'est sans doute même que d'une demie seconde, de sorte que la densité de l'atmosphère lunaire à laquelle cette réfraction est due, ne surpasse pas $\frac{1}{4000}$ et même $\frac{1}{8000}$ de celle de l'air que nous respirons. Mais cette valeur n'est pas insignifiante et pourrait expliquer l'allongement parfois observé des pointes du croissant lunaire. »

« La pression atmosphérique serait encore de plus de cent mille kilogrammes par hectare. »

L'éclipse totale de Soleil du 16 Avril 1893, observée au Sénégal, où elle était visible, a conduit au même résultat.

La négation absolue d'atmosphère dans la Lune, n'est donc plus admissible.

Chose remarquable, c'est que la raison que l'on donne aujourd'hui est précisément celle qui fut si bien exposée autrefois par Derham, qui soutenait contre Huyghens l'existence de l'atmosphère lunaire. Voici les paroles de ce judicieux observateur. « M. Huyghens, dans son *Cosmothéoros*, p. 115,
« prétend que la Lune n'a ni air, ni atmosphère, parce que
« nous voyons son disque si clairement borné, si exacte-
« ment limité, et il croit qu'il n'y a ni mers, ni rivières
« dans la Lune ; mais il se trompe, tant dans sa conclusion
« que dans une partie de ses prémisses : car dans l'éclipse

---

1. L'altitude de ce plateau est telle que le résultat ne peut être attribué à l'atmosphère terrestre.

« de Soleil du premier de Mai 1706, qui fut totale ensuite,
« on apercevait manifestement l'atmosphère de la Lune,
« comme on le peut voir dans la relation qu'on en a donnée
« dans les *Trans. philosoph.*, n° 306. Et depuis ce temps-
« là, dans la dernière éclipse totale du Soleil du 22 Avril
« 1715, il était très facile de distinguer l'atmosphère de la
« Lune, laquelle paraissait en forme d'un beau cercle de va-
« peurs qui environnait la Lune, pendant tout le temps
« que dura l'obscurité totale. Voyez-en la relation dans les
« *Trans. philosoph.*, et dans Wikston[1]. »

C'est ce que viennent de confirmer les dernières observations. N'oublions pas que Derham avait fait ses observations avec le grand télescope de Huyghens.

Képler et plusieurs autres savants de l'époque soutenaient également que la Lune possédait une atmosphère, ainsi que l'affirme Huyghens lui-même dans son *Cosmothéoros*.

Donc rien n'est moins prouvé que le manque d'atmosphère dans la Lune. Mais, s'il y a un peu d'atmosphère, il y a par le fait même des vents ; l'état hygrométrique ne peut être nul, c'est-à-dire qu'il y a de l'humidité.

2° La Lune a des montagnes, donc elle a des vallées. Il est nécessaire de rappeler cette vérité à certains savants, qui ne veulent pas y penser et qui raisonnent sans en tenir compte. Ces montagnes sont très nombreuses et excessivement hautes proportionnellement. Elles ont, en effet, de 6 000 à 7 000^m ; le mont Everest (Himalaya), la plus haute montagne de notre globe, a 8 840^m ; le Chimborazo (Andes), 5 955^m[2] et le mont Blanc a seulement 4 810^m.

Nous avons dit que ces hauteurs étaient excessives. En effet, si l'on réfléchit, d'ailleurs, que le rayon de la sphère lunaire est environ 1/4 du rayon terrestre, on conclut immédiatement que les inégalités de notre satellite sont bien plus saillantes que celles de notre terre.

---

1. Derham, *Théologie astronomique*. Liv. vii. ch. 3. — Il a aussi traité la question dans le discours préliminaire.
2. Des auteurs lui donnent 6 530^m.

Mais, quand vous observez la Lune avec un télescope, que se passe-t-il? Vous voyez les crêtes s'éclairer à mesure que la Lune se tourne vers le Soleil, absolument comme pour la terre ; il reste des parties non éclairées très noires, ce sont dit-on, aujourd'hui, des vallées. Mais citons une autorité plutôt que de parler nous-même; c'est plus sûr. Voici ce qu'en dit Focillon :

« La constance même qui caractérise les taches de la Lune a permis de les étudier avec le plus grand soin. Rien n'est plus varié que leurs formes et leurs colorations, bien que leur configuration soit invariable. Il en est qui apparaissent très foncées avec une ombre prolongée ; à mesure que la pleine lune approche, l'ombre se raccourcit, la tache persiste. A la pleine lune, quand le Soleil éclaire perpendiculairement le globe lunaire, toutes les ombres ont disparu, beaucoup de taches se sont aussi effacées. On regarde donc les ombres comme produites par des montagnes, et les taches par des cavités plus ou moins profondes. Enfin on voit aussi de grandes étendues plus sombres, considérées comme des mers par les anciens, et nommées *Mare Crisium, Mare Imbrium, Mare Serenitatis*, etc... Ce sont de vastes plaines grisâtres, moins brillantes que les sommets des montagnes, mais où l'on reconnaît des saillies, des fentes, tous les accidents de surface que n'offrirait pas une mer[1]. »

« L'existence des montagnes de la Lune n'est pas une simple hypothèse, et nous avons pu étudier ces saillies de notre satellite presque aussi bien que celles de notre globe. Quand on examine avec de fortes lunettes les croissants ou les ovales de la lune, on voit son bord circulaire uni et bien tranché. Mais le bord opposé au soleil, le grand cercle qui sépare l'ombre de la lumière, au lieu de montrer un contour elliptique simple et bien arrêté, est marqué de dentelures profondes qui indiquent une surface inégale dont l'obliquité des rayons

---

[1]. A moins qu'il n'y ait des îles ; ce qui pourrait bien être, vu la diminution des mers.

solaires exagère les ombres de manière à rendre très sensibles les différences de niveau. On distingue même dans la partie obscure, quelques points brillants qui sont les sommets des montagnes éclairés par le soleil; de même, sur la partie lumineuse on aperçoit des ombres projetées par les montagnes de cette portion de la surface. En appliquant à ces observations la méthode géométrique des ombres portées, on a pu se faire une idée de la hauteur de la plupart des montagnes de la lune[1]. »

2° Puisque généralement tout le monde admet les montagnes de la lune et que ces montagnes sont très élevées, nous n'avons pas à nous en occuper, au point de vue de leur existence. Mais nous devons tirer une première conclusion qui en résulte : c'est qu'à mesure qu'on s'élève dans ces montagnes l'atmosphère devient moins dense. A 6 000 et 7 000 mètres d'altitude, l'air devient excessivement raréfié, comme le prouvent les différentes ascensions en ballon. Gay-Lussac, en 1804, atteignait la hauteur de 7010 mètres au-dessus du niveau des mers. A cette hauteur, le baromètre était descendu à 32 centimètres, c'est-à-dire que le baromètre avait baissé de 44 centimètres; ce qui prouve que la pression atmosphérique avait diminué de près des 3/5.

Mais au moment des éclipses, où l'on a constaté l'existence d'une atmosphère, que voyait-on de la lune? Seulement les bords du disque lunaire, puisque tout le centre de la lune était dans l'obscurité; c'est-à-dire que l'on voyait les sommets des montagnes, qui se trouvaient sur les bords du disque lunaire. On ne voyait donc qu'une atmosphère au 3/5 raréfiée. Il n'est donc pas étonnant que cette atmosphère ait été trouvée très peu dense et que même les observateurs n'aient pas pu l'apprécier. Le phénomène s'explique de la même façon pour les occultations proprement dites. Il n'y a que l'atmosphère des montagnes à se projeter sur l'astre occulté. A ces hauteurs, il n'y a non plus que très peu de vapeur d'eau; puis-

---

[1]. Focillon, *Cosmographie*, p. 107-108.

que, comme le remarqua Gay-Lussac, le papier, le parchemin, en un mot les substances hygroscopiques, se desséchaient et se tordaient comme si on les eût présentées au feu[1].

Gay-Lussac recueillit de l'air à cette hauteur, et démontra ensuite par l'analyse chimique que sa composition était la même qu'à la surface du sol.

Si, comme nous le croyons, nos considérations sont exactes, il faut accorder à l'atmosphère lunaire une densité plus grande que celle que l'on déduit des observations.

On comprend aisément qu'à une altitude de 6000 à 7000^m la vapeur d'eau ne doit guère être sensible ; mais cela ne prouve nullement l'absence d'eau dans les vallées, ni même à une altitude moins grande ; et peut-être « les grandes étendues plus sombres, considérées comme des mers par les anciens » sont des réalités. On avait nié l'atmosphère et l'on vous dit qu'il y en a une ; donc l'eau peut exister. Personne ne peut donner la moindre raison de sa négation.

4° Quant aux infirmités sans nombre que l'on veut imposer aux sélénites, comme la surdité, le mutisme ou l'aphonie, l'impuissance de sentir le parfum des fleurs, ce sont des rêves qui n'existent que dans quelques cervelles noires.

5° Restent cette chaleur qui vous calcine d'un côté et ce froid qui vous glace de l'autre. La raison que l'on donne particulièrement, c'est le manque d'atmosphère ; mais comme il est plus probable que la Lune possède une atmosphère, l'objection tombe par le fait même. Examinons cependant ce que nos connaissances de notre satellite, nous permettent de conclure, sans poésie rose ou noire, sur sa température.

Nous le disons de nouveau : La Lune possède une atmosphère. Comme sa distance moyenne de la terre est de 60 rayons terrestres 311, elle est, de ce chef, tantôt plus près tantôt plus loin du soleil que la Terre de 383 984 kilomètres[2].

1. Ganot, *Physique*, p. 229.
2. Rayon terrestre moyen = 6366 k^m 739, et 6366 k^m 739 × 60 R 311 = 383 984 k^m 395. — Il y a des auteurs qui ne donnent que 56 rayons terrestres.

Ce rapprochement et cet éloignement doivent se compenser, en sorte que la Lune ne peut être ni plus chaude, ni plus froide que notre terre. Comme elle suit notre planète dans son orbite autour du soleil, elle doit en subir les variations.

On sait que ce n'est pas tant la distance d'une source de chaleur que la perpendicularité des rayons caloriques sur un objet qui produit une chaleur intense. Pour s'en convaincre, il suffit de mettre sa main à côté d'une bougie et ensuite au-dessus.

Or, le plan de l'orbite lunaire est incliné sur l'écliptique d'une quantité fixe : 5° 9', et son axe de rotation de 2°, sur le plan de l'orbite; c'est peu de chose et, par conséquent, la chaleur solaire tombe presque perpendiculairement sur sa surface; cette disposition donne une température plus forte : elle fait aussi qu'elle est plus uniforme, ce qui est un avantage et, en tout cas, la chaleur ne peut jamais dépasser celle des pays tropicaux terrestres, puisque les rayons solaires sont aussi presque perpendiculaires à ces régions.

Mais cette grande chaleur ne peut pas exister sur notre satellite, ainsi que nous allons le voir.

Tout le monde sait que la Lune décrit une ellipse autour de la terre, comme la terre autour du soleil. On l'appelle *révolution sidérale* de la Lune, parce que c'est le temps qu'elle emploie, dans son mouvement de translation autour de la terre, à revenir à une même position par rapport aux étoiles. Elle est de 27 j. 7 h. 43′ 11″.

La rotation de la Lune s'exécute précisément dans le même temps que sa révolution sidérale. Mais comme la terre a avancé sur son orbite, il faut qu'à son tour, elle avance encore et qu'elle tourne, par conséquent, sur elle-même, pour revenir à une même position par rapport au Soleil. Or ce temps est de 2 j. 5 h. 52″; ce qui donne 29 j. 12 h. 44′ 3″. C'est la révolution synodique. Ces 29 j. 12 h. 44′ constituent à la fois et le jour lunaire et l'année lunaire. Durant la moitié ou 14 j. 18 h. 22′ 1″, la Lune est constamment éclairée et reçoit la chaleur du Soleil. Ce sont de longs jours et de longues nuits.

Mais il faut bien remarquer que la chaleur solaire doit dissiper le froid produit pendant la nuit, avant de se faire sentir et le froid ne se produit pas instantanément sur le sol de la Lune ; il y a, par conséquent, une compensation et la température doit être fort modérée. On sait que sur notre planète, la chaleur ne devient accablante qu'après quelques jours, quand la terre a été échauffée, et ceux qui ont habité les pays tropicaux, entre le 15° et le 20° degré de latitude, n'ignorent pas que la chaleur est très supportable au premier passage du soleil au zénith ; mais, à son retour, trois semaines après, la situation est bien changée. Sur notre satellite, ni le chaud, ni le froid ne durent pas assez longtemps pour produire des résultats excessifs, et je comprends ces paroles d'un astronome de mérite :

« Sous le point de vue que nous envisageons ici, notre satellite est l'un des mieux favorisés, de tous les mondes connus de notre système (planétaire), car son axe de rotation n'est incliné que de 2° sur le plan de l'orbite. L'été et l'hiver se confondent là-haut en une seule et même saison, uniforme et permanente, égale à la durée de l'année. Il n'y a en fait de saison, que le jour et la nuit, qui durent chacun une demi-année lunaire. Aussi les Sélénites, (si Sélénites il y a) sont-ils les habitants les plus favorablement placés sous ce rapport pour la plus longue durée de l'existence. »

Mais, va-t-on s'écrier : 14 j, 18 h. 22' de nuit de suite ! C'est un peu long. Oui, si l'on était sans lumière ; mais il n'en est rien : les Sélénites ont une lumière plus que suffisante ; la terre leur sert de lune. Or, la surface de la terre est 14 fois plus grande que celle de sa planète ; cependant, comme il n'y a que la moitié de son disque tourné en même temps vers la Lune, elle lui donne seulement 7 fois plus de lumière qu'elle n'en reçoit. Une telle quantité de lumière est plus que suffisante pour les fonctions ordinaires que l'homme peut avoir à remplir. Elle permettrait aisément de lire et d'écrire.

Jusqu'à preuve du contraire, nous croyons donc que notre satellite est parfaitement habitable.

6° Si, par hasard, la Lune n'est plus habitée aujourd'hui, l'a-t-elle été autrefois? C'est la dernière question qu'il nous reste à examiner.

Malgré nous, nous sommes obligé de nous occuper de nouveau du Docteur en droit canonique, dont nous avons admiré les assertions, mais ici il se surpasse. Nous devons le citer.

« Les partisans de la pluralité des Mondes, écrit-il, se consolent, du moins, en pensant que si la Lune est aujourd'hui glacée et sans vie, — il a dit plus haut qu'on y était calciné — elle a cependant porté en grand nombre des générations de vivants, disparus peu à peu, à mesure que l'atmosphère devenant de moins en moins dense, les préservait moins (sic) contre les froids mortels de l'espace interplanétaire.

« La cosmogonie de Laplace semblait prêter un certain fondement à cette conjecture, mais des savants très sérieux repoussent aujourd'hui cette conséquence. D'après eux, non seulement notre satellite serait maintenant un monde mort, mais il n'aurait jamais été habité. » « L'éminent M. Faye donne pour raison que les montagnes de la Lune ne sont pas d'origine éruptive. »

C'était le cas ou jamais de citer ces « savants très sérieux » ou du moins de donner leurs noms, pour qu'on pût juger si ce sont des savants, et surtout très sérieux. Tout le monde sait qu'il n'y a guère de savants très sérieux à soutenir aujourd'hui cette opinion.

C'est de M. Faye surtout qu'il aurait fallu donner les paroles, au lieu de bâtir un système plus ou moins absurde et de l'appuyer sur son nom. Nous voudrions bien voir comment notre Docteur en droit canonique prouverait qu'une atmosphère, de l'eau et des vapeurs doivent intervenir dans les phénomènes éruptives et sont une cause *sine qua non* de leur existence.

On va voir que nous avons raison de demander des citations. — D'après notre Docteur, M Faye soutient que les montagnes de la Lune ne sont pas d'origine éruptive, écoutons M. Faye. Le passage est pris de ses *Leçons de Cosmo-*

graphie, où il expose très nettement ce que nous pouvons présumer de la constitution de la Lune :

« Quelle que soit, dit-il, l'origine des montagnes de notre globe, qu'elles soient dues à des fractures du sol dont les lambeaux se seraient affaissés en laissant des saillies vers les lignes de rupture, ou qu'elles proviennent de soulèvements effectifs déterminés par l'action des forces intérieures, telles que le ressort de vapeurs élastiques, toujours est-il que ces phénomènes, si grandioses pour nous, sont subordonnés à la pesanteur. » — Voilà pour notre globe terrestre, et voici pour la Lune. — « A la surface de la Lune, la pesanteur est 6 fois moindre. Une même force de ressort aura donc du produire des effets de soulèvement beaucoup plus considérables. — C'est la raison de la hauteur des montagnes de la Lune. — Le fait est que la surface de notre satellite présente, au plus haut degré, l'aspect d'une *contrée volcanique*, assez semblable à certaines régions de la Bohême et de l'Auvergne. Sauf quelques grands espaces nivelés, qu'on a nommé improprement des mers, le reste de la surface est couvert de montagnes, formant des enceintes ou vallées circulaires (des cirques), beaucoup plus grandes que les cratères des volcans terrestres, et dont le centre est occupé d'ordinaire par un piton élevé. Cette forme se reproduit partout; la Lune n'a point de ces grandes chaînes de montagnes qui sillonnent nos continents dans des directions presques droites. Mais il y a entre la terre et son satellite une différence encore plus profonde. Notre globe a été façonné extérieurement par le jeu alternatif des forces volcaniques et l'action des eaux, jointe à celle plus lente de l'atmosphère. Les premières ont produit les brusques dénivellations de la surface; l'eau et l'atmosphère, au contraire, ont dégradé peu à peu les saillies, et, avec leurs détritus, ont comblé les vallées. Mais la Lune nous offre l'aspect d'un globe où l'action des *forces volcaniques a régné sans partage.* »

On le voit, M Faye est formel et, à moins qu'il n'ait changé depuis, ce qui est possible, on se demande comment on a pu lui faire dire tout le contraire. Quoiqu'il en soit, nous pensons que toute théorie bâtie sur de telles autorités ne tient pas debout.

Ce qui nous étonne, c'est la manière de procéder de notre Docteur, et c'est le même parti pris pour les planètes et pour les étoiles. Si c'est ainsi qu'il prétend mettre d'accord la Foi et la science, c'est expéditif.

Jusqu'à nouvel ordre nous persistons à croire que, si notre satellite n'est plus habitable, il l'a été un jour[1].

On fait en ce moment de nouvelles études sur la Lune, espérons qu'on arrivera à en avoir une connaissance plus exacte. Le nouveau télescope que l'on construit pour 1900, permettra de la considérer de plus près.

---

[1]. Au moment de mettre sous presse, nous trouvons dans l'Annuaire de 1898, une étude sur la Lune par MM. Lœwy et Puiseux, qui arrive aux mêmes conclusions que nous.
De l'existence de l'eau et de l'atmosphère sur la Lune. « L'absence complète de l'air et de l'eau sur la Lune devrait être considérée, à première vue, comme un fait anormal. Il est difficile, en effet, quelque théorie cosmogonique que l'on adopte, de ne pas regarder la Lune comme une dépendance ou une colonie de la terre. Si pour préciser davantage on se range à la manière de voir de Laplace, les satellites doivent être envisagés comme des fragments empruntés aux couches équatoriales et superficielles de la planète qu'ils accompagnent. Les matériaux qui prédominent dans le corps principal doivent être représentés dans le nouveau, et tout particulièrement les substances fluides et légères que la pesanteur tend à ramener sans cesse vers la surface. Voilà le principe, voici le fait d'après les connaissances actuelles.

« L'illustre Bessel s'est cru en droit d'affirmer que la densité de l'atmosphère à la surface de la Lune ne pouvait atteindre $\frac{1}{900}$ de sa valeur à la surface de la Terre. Mais, d'après les discussions récentes, on serait amené à croire que la Lune possède effectivement une atmosphère, et que sa densité a pour valeur probable un chiffre un peu supérieur à celui que Bessel indiquait comme limite extrême.

« On est autorisé à regarder la faible densité de l'atmosphère lunaire actuelle, attestée par l'observation, comme parfaitement en harmonie avec l'hypothèse de Laplace.

§ II — Les Planètes et leurs Satellites.

Nous étudierons nos planètes en commençant par la plus rapprochée du Soleil, et, comme l'existence de Vulcain est plus que problématique, c'est Mercure qui le premier doit subir l'examen.

I. Mercure. — Mercure est la planète connue la plus voisine du Soleil. Sa distance la plus rapprochée ou son périhélie est de 11 375 000 lieues, et il s'en éloigne, à son aphélie, jusqu'à 17 250 000 lieues. Sa distance moyenne est donc 14 312 500 lieues.

C'est un globe de matière obscure, parfaitement sphérique, du moins aux meilleurs instruments; par conséquent, son aplatissement est insensible. Son volume est 1/17 de celui de la Terre; sa densité est un peu plus forte que celle de notre planète, dans le rapport de 1 000 à 1 370; sa pesanteur est presque la moitié moins faible : elle égale 0, 521.

« Doit-on conclure de là que notre satellite n'ait jamais possédé qu'une atmosphère extrêmement rare, incapable d'entretenir la vie, de servir de siège à des phénomènes météorologiques de quelque importance? En aucune façon. Il est à croire qu'à l'époque où s'est accomplie la division des atmosphères entre les deux globes, celle de la Terre était incomparablement plus étendue qu'aujourd'hui. Une élévation de température de quelques centaines de degrés y ferait, en effet, rentrer toute l'eau des mers à l'état de vapeurs et tout l'acide carbonique des terrains calcaires. La petite fraction de l'atmosphère commune départie à notre satellite devait donc avoir, dans le principe, une densité bien supérieure à sa valeur actuelle. »

« L'examen des photographies récentes nous fournit même, sur cette question importante, des témoignages nombreux et décisifs, et nous permet d'affirmer avec certitude que l'atmosphère lunaire a été autrefois beaucoup plus dense. Cette conclusion nous est en quelque sorte imposée par les phénomènes volcaniques. » Et cela coupe court à toutes les négations.

Cette planète paraît accidentée de reliefs énormes et ses montagnes n'auraient pas moins de 10 000 à 10 700 mètres d'élévation, ce qui est excessif, par rapport à son volume. Tout le monde admet aujourd'hui qu'elle possède une atmosphère beaucoup plus nuageuse et plus dense que la nôtre.

D'après les uns, Mercure tourne sur son axe en 24 h. 5′ 3″; d'autres, et particulièrement Schrœter, prétendent que sa rotation dure seulement 23 h. et 1/4. Quoiqu'il en soit, la durée de son jour est à peu près la même que celle de la Terre. Nous parlerons plus loin d'une troisième opinion.

Sa révolution autour du Soleil s'exécute en 87 jours moyens 069 ou 2 mois, 27 jours, 23 heures, 14′ et 14″. Son année est donc moindre que trois de nos mois.

Sa vitesse de translation est de 18 000 myriamètres par heure ou environ 40 000 lieues; elle surpasse en rapidité celle de toutes les autres planètes.

Son orbite, qui est elliptique, est aussi la plus allongée des orbites planétaires; cette ellipse est très excentrique, puisque la distance du centre est à 2 000 lieues d'un des foyers, et fait un angle de 7° avec le plan de l'écliptique. Son axe est incliné de 70 à 75 degrés sur l'équateur.

Les saisons ne sont que de 22 jours, et comme il tourne sur lui-même en 24 heures environ, autour d'un axe fortement incliné sur son orbite (70°), il doit y avoir de grandes variations dans les saisons.

L'atmosphère et les saisons ne s'opposent point à ce que Mercure soit habité; il n'en est pas tout à fait de même de la chaleur. D'après Newton, il reçoit sept fois plus de lumière du Soleil que nous, et sa température égale au moins celle de notre zone torride, peut-être même surpasse-t-elle celle de l'eau bouillante; d'autres ne donnent que 60 à 67 degrés. Mais ceci, comprenons-le bien, c'est la température au soleil. Ce serait une chaleur un peu forte, quoique les êtres vivants puissent subir des variations de température de plus de 60°, si elle n'était pas modifiée. Mais, c'est ce qui a lieu. La densité de l'atmosphère la diminue considérablement, ainsi que nous le voyons, quand il y a des nuages ou du brouillard. Comme les montagnes sont de 16 000 à 19 000 mètres l'ombre ne manque pas; et, sur ces montagnes, il y a nécessairement de la neige en abondance, sinon sur les sommets, qui sont au-dessus de la vapeur d'eau, du moins sur les flancs. De nombreux cours d'eau descendent de ces hauteurs et l'eau en se vaporisant répand partout une douce fraîcheur. Une végétation puissante doit régner dans les vallées et sur les pentes des montagnes. Une grande partie de la chaleur de l'été doit être employée à fondre ces neiges et à réchauffer le sol refroidi par l'hiver.

Comme nous l'avons déjà dit, en parlant de la Lune, pour la chaleur, il y a plus à tenir compte de la direction des rayons caloriques que de la distance; ainsi, en hiver, nous sommes 5 101 000 kilomètres plus près du Soleil qu'en été et pourtant la différence de température est bien grande. L'axe de Mercure est incliné de 70 à 75° sur l'équateur et, comme il ne met pas trois mois à décrire son ellipse, il s'ensuit que les rayons solaires ne sont pas longtemps perpendiculaires sur chaque zone. D'ailleurs, tout marche si rapidement qu'il ne peut se produire ni grande chaleur, ni grand froid. Aux pôles, les rayons solaires sont tangentiels à la surface du sol.

On doit encore tenir compte de sa vitesse de translation, qui est de 47 750 mètres par seconde, tandis que celle de la Terre n'est que 30 500 mètres. Étonnante rapidité qui a fait aux Grecs lui donner le nom de *Mercure*, messager des Dieux. Cette vitesse de mouvement, surtout à travers une atmosphère très dense, doit maintenir une forte brise à la surface de l'astre.

Il nous semble que, si scientifiquement on veut peser cet ensemble de circonstances, on arrivera à donner à Mercure une température très acceptable. Dans les questions scientifiques, il ne s'agit pas de s'enthousiasmer comme Bernardin de Saint-Pierre qui écrit sérieusement :

« Tout ce que les deux Indes produisent de plus précieux

sur notre globe n'approche point des richesses d'une planète, baignée de toutes les influences du Soleil. Les végétaux qui les reçoivent doivent parvenir à des développements et à des perfections qui ne sont comparables qu'à ceux mêmes des Terres solaires. La canne à sucre doit s'y élever à la hauteur des bambous du Gange, et la vanille, dont les siliques exhalent de si doux parfums, doit étendre ses sarments[1] dans les forêts aussi loin que les longues lianes de l'Amérique.

« Les habitants fortunés de Mercure n'ont pas besoin de soutenir leur vie par la mort des animaux ni de se livrer aux rudes travaux de l'agriculture. Des fruits, mille fois plus délicieux que ceux de nos vergers, croissent spontanément sur une planète dont les pôles par leur température, doivent produire les litchis[2] et les mangoustans.

« Si nous pouvons juger de leurs mœurs par celles des peuples qui ont vécu sous les plus belles latitudes de la Terre, elles ressemblent à celles de ces bons Éthiopiens sur lesquels Homère dit que Jupiter jetait les yeux pour se délasser des horribles combats des Grecs et des Troyens. Au sein de l'abondance et des plus riches productions de la nature, ils doivent être semblables à ces sages Indiens, livrés aux plus douces et aux plus sublimes méditations, chez lesquels les anciens philosophes de l'Europe allaient puiser des connaissances en tous genres. »

Il ne s'agit pas non plus de faire des narrations fantaisistes, comme Fontenelle, qui dit sérieusement à la marquise que « c'est dans Mercure que se trouve les Petites-Maisons de l'univers. »

Ni de fabriquer un nouvel enfer, si la Lune ne suffit pas, comme le fait notre Docteur, par une description de Mercure aussi fausse qu'exagérée.

Mais il y a un fait que nous devons mentionner, et dont notre Docteur en droit canonique se hâte de profiter. D'après

1. La vanille est une liane et n'a pas de sarments.
2. On écrit letchi et non litchi; en chinois, *li-chi*.

lui, « M. Schiaparelli, directeur de l'observatoire de Milan, annonçait, le 8 décembre 1889, à l'Académie royale italienne des Lincei, qu'il était en mesure d'affirmer que Mercure ne tournait pas sur son axe en 24 heures, mais que la durée de sa rotation était égale à celle de sa révolution autour du Soleil. Il dirigerait donc toujours la même face vers cet astre, comme la Lune vers la Terre, et comme on l'a constaté de la plupart des satellites par rapport à leurs planètes. »

Nous avouons que si le fait se confirmait, les conditions climatériques de la planète subiraient quelques modifications.

L'affirmation de M. Schiaparelli existe-t-elle? On a le droit d'en douter, après ce que l'on a fait dire à M. Faye pour les montagnes de la Lune[1]. On aurait dû citer la déclaration de l'astronome de Milan. Lorsqu'on veut changer une opinion, généralement reçue, parce que ce changement favorise une thèse donnée, c'est un devoir de citer ses autorités.

D'ailleurs, l'assertion de M. Schiaparelli a besoin d'être contrôlée par d'autres astronomes, avant de passer à l'état de vérité scientifique. Quand plusieurs observateurs sérieux vous disent : « c'est au moyen de la corne méridionale, qui est souvent tronquée dans les phases de Mercure, que nous sommes parvenus à déterminer sa rotation. Les retours périodiques de cette troncature font voir que Mercure tourne sur lui en 24 heures » : il ne suffit pas qu'on vienne dire le contraire, pour qu'on soit obligé de renoncer à la première opinion. S'il plaît à M. Schiaparelli de nous dire, que la Terre ne tourne pas, faudra-t-il le croire? Faut-il surtout bâtir une théorie sur cette affirmation? On est libre de le faire; mais encore faut-il rester dans la vérité et ne pas fausser les faits. — Mercure a son aphélie et son périhélie. Dans les auteurs, l'aphélie est 4 1/2 et non 5; et pourquoi raisonner ensuite comme si l'augmentation était 10? Pourquoi mettre la vitesse de translation comme une cause d'augmentation de chaleur,

[1]. C'est étonnant que M. l'abbé Ploger, qui donne si longuement l'opinion de Schiaparelli sur Mars, n'en dise pas un mot, quand il s'agit de Mercure.

sans parler du froid qui s'est produit dans l'intervalle? On a besoin de cela pour sa thèse, et on n'hésite pas à fausser tout, aveuglé par la passion. Nous allons citer l'auteur, pour qu'on ne nous accuse pas d'exagérer nous-même la critique.

« Conçoit-on la température de cette *fournaise*, quand un astre égal à plus de dix de nos soleils [1] *(sic)*, astre magnifique sans doute, mais terrible, lance du zénith sur ce sol calciné ses flèches de feu qu'aucune nuit ne vient éteindre et que nul printemps ne vient adoucir [2]?

« Dans l'hypothèse du mouvement de Mercure sur lui-même, la température des régions tropicales s'élevait déjà jusqu'à 280 degrés centigrades, puisqu'elle devait être dix fois supérieure à celle de notre équateur thermique, fixé à 28 ou 29 degrés sur les cartes. Depuis la découverte, due à M. Schiaparelli, ces chiffres ne suffisent plus; il faut presque les doubler; car on ne peut plus tenir compte du rafraîchissement qu'apportent les nuits [3], puisque le Soleil ne disparaît jamais sous l'horizon. Le calorique ne cesse de s'accumuler.

« Remarquons, en outre, que les chiffres donnés ci-dessus indiquent sur nos cartes la température du milieu ambiant prise à l'ombre, et non celle du sol recevant directement les rayons du soleil, température qui est de beaucoup plus élevée, comme on s'en assure facilement en touchant avec la main une pierre ou un objet métallique ainsi exposé aux rayons solaires.

« Nous ne sortirons donc pas de la vraisemblance en disant que cet hémisphère ensoleillé n'est peut-être pas éloigné de l'état d'incandescence... »

Non, Docteur, vous ne sortez pas de la vraisemblance; vous n'y arrivez même pas, si vos prémisses sont vraies. Et, pour être complet, vous auriez pu continuer la tirade de

---

1. Nous n'avons pas dix soleils; il fallait dire dix soleils, comme le nôtre.
2. Romancier noir, plus fort que Bernardin de St.Pierre, en rose.
3. On aurait pu en tenir compte dans l'hypothèse de la rotation en 24 heures.

Fontenelle qui a dû vous inspirer. « Apparemment notre fer, notre argent, notre or se fondraient chez eux (les Mercuriens), et on ne les y verrait qu'en liqueur, comme on ne voit ici ordinairement l'eau qu'en liqueur, quoiqu'en de certains temps ce soit un corps fort solide. Les gens de Mercure ne soupçonneraient pas que, dans un autre monde, ces liqueurs là, qui sont peut-être leurs rivières, sont des corps des plus durs que l'on connaisse. Leur année n'est que de trois mois. La durée de leur jour ne nous est pas connue, parce que Mercure est si petit et si proche du Soleil, dans les rayons duquel il est presque toujours perdu, qu'il échappe à toute l'adresse des astronomes[1], et qu'on n'a pu encore avoir assez de prise sur lui pour observer le mouvement qu'il doit avoir sur son centre : mais ses habitants ont besoin qu'il achève ce tour en peu de temps; car apparemment, brulés comme ils sont par un grand poêle ardent suspendu sur leurs têtes, ils soupirent après la nuit. Ils sont éclairés pendant ce temps-là de Vénus et de la Terre, qui leur doivent apparaître assez grandes.[2] »

J'ai dit, Docteur, que vous ne sortiez pas de vos prémisses, et je le prouve.

Et d'abord, au périhélie, la chaleur est dix fois et demie plus grande; il ne faut pas négliger les demies.

La température des régions tropicales n'est pas 28 ou 29°, comme vous voulez bien le dire; en Abyssinie, la moyenne est 31°9; mais, à ce taux, le maximum doit être de plus de 40°. Nous avons en ce moment devant les yeux l'annuaire de la Guadeloupe (1895), où les observations de M. Gaux ont constaté, pour la Basse-Terre, un maximum de 38°,38 avec un minimum de 19°,38; ce qui donne une moyenne de 28°,88. La moyenne de l'Abyssinie étant 31°, d'après Ganot[3], son maximum serait de 41°,32. Ce doit être plus, car; dans la

---

1. Il échappait encore en 1889, c'es-à-dire près de deux siècles après, à l'adresse de M. Schiaparelli.
2. Fontenelle, Édit. de Biblioth. nat. p. 102-103.
3. Ganot, *Physique* — Météorologie. p. 1013.

Guadeloupe, le thermomètre descend proportionnellement bas. Nous avons habité un pays où le minimum a été *une fois* 25°; jugez du maximum. D'après notre Docteur, depuis la découverte de M. Schiaparelli, il faut doubler ce nombre, ce qui donne 41°, 32 × 2 = 82°,04. Voilà quelle serait la température sur notre planète; sur Mercure, elle est 10 fois, 50 plus forte ou 82°, 04 × 10°,50 = 807°,72. Mais c'est « la température du milieu ambiant prise à l'ombre. » Au Soleil, il faut au moins doubler la température et l'on a 807°,72 × 2 = 1735°,44.

Tout est en fusion, excepté peut-être l'Irridium, et presque tout volatilisé. Fontenelle avait raison : « des ruisseaux de plomb, de cuivre, de fer, d'argent, d'or..... » et notre Docteur a réussi, au delà de toute espérance, à rendre Mercure inhabitable. Il est aussi dangereux d'écrire en noir qu'en rose, lorsqu'il s'agit de questions scientifiques; d'une façon comme de l'autre, on arrive à l'absurde.

Cependant notre auteur, après avoir mis la moitié de Mercure en fusion par une « *épouvantable chaleur* » et glacé l'autre moitié dix fois plus qu'en Sibérie, nous dit pourtant qu'une partie de la planète est habitable, même dans l'opinion de Schiaparelli, et, sous ce rapport, il a raison. Les contradictions ne comptent pas.

« Nous le savons, en effet, dit-il, Mercure se balance, lui aussi, comme la Lune, par un mouvement de libration en longitude[1]. De même que notre satellite ne tourne pas la même face précisément au centre de la Terre, mais au foyer de son orbite non occupé par notre planète (et cela nous permet de voir un peu plus de la moitié de sa surface), ainsi en est-il de Mercure par rapport au Soleil; et, comme l'excentricité de son orbite est assez considérable, la libration égale 47 degrés.

« Il y a donc de part et d'autre de chaque hémisphère, à

---

1. Comme aujourd'hui quelques-uns prétendent que Vénus se trouve dans le même cas que Mercure, nous nous occuperons de la question en parlant de Vénus et ce que nous dirons sera, du moins en partie, applicable à Mercure.

l'Orient et à l'Occident, une bande de 23° 30' sur laquelle la nuit n'est pas perpétuelle. Si l'on remarque cependant que Mercure est une planète minuscule, d'un volume dix-huit fois plus petit que celui de la terre, on conclut facilement que ces zones sont très étroites. Mais ces contrées sont, sans aucun doute, le théâtre d'épouvantables tempêtes, se déchaînant continuellement à cause de la violence inimaginable des courants atmosphériques, produits par l'énorme différence de température constatée entre les deux hémisphères. »

Laissons passer et les « *épouvantables tempêtes* et la *violence inimaginable* et *l'énorme différence* »; cela pourrait « donner les abondantes pluies de quatre mois que la charitable Marquise souhaitait de tout cœur aux Mercuriens. » Si, avec Fontenelle, notre Docteur pouvait mettre un peu de salpêtre sur Mercure, ce qui n'est pas impossible, le petit coin plus ou moins tempéré, qui y existe, serait assez supportable, même à des êtres comme nous.

Une chose que je ne permettrai pas à son pessimisme, c'est de faire plus minuscule que de raison, ces deux zones très étroites qu'il lui plaît d'accorder aux habitants de ces régions. Rien n'est plus vilain que de retirer d'une main ce qu'on donne de l'autre. Que voulez-vous? On n'est pas avare ou pessimiste pour rien.

Ces deux zones étroites sont plus vastes que toutes les terres de notre planète, et nous le prouvons.

Tous les auteurs, généralement, donnent à la surface de Mercure 779 250 850 myriamètres carrés ou 77 925 085 000 kilomètres carrés.

Les deux bandes de 23° 30' ou leur somme 47° sont des fuseaux, d'autant plus parfaits que la planète est à peu près sphérique; nous aurons par conséquent : $\frac{360}{77\,925\,085\,000} = \frac{47°}{x}$

d'où $x = \frac{77\,925\,085\,000 \times 47}{360}$; $77\,925\,085\,000 \times 47 = 3\,662\,478\,995\,000$;

$\frac{3\,662\,478\,995\,000}{360} = 10\,173\,552\,764$ km^2.

La superficie des terres de notre planète est :

Europe (¹)	=	9 308 000 km²
Afrique	=	30 000 000
Asie	=	45 000 000
Amérique	=	38 000 000
Océanie	=	11 000 000
		133 308 000 kilomètres carrés.

10 173 552 764 — 133 308 000 = 10 040 244 764 km².

Donc ces bandes étroites surpassent les terres de notre planète de 10 040 244 764 kilomètres carrés; c'est de la place pour les mers de Mercure.

Oh! qu'il faut, quand on écrit, peser ses adjectifs. Nous dirions volontiers de l'adjectif ce qu'on dit de la langue, c'est la pire des choses, c'est la mère de la fausseté et du mensonge.

Après ce que nous venons de dire, nous laissons le lecteur juger la phrase suivante, par laquelle notre Docteur en droit canonique termine l'étude sur Mercure.

« Les romanciers de l'Astronomie ne peuvent donc s'enthousiasmer à leur occasion (des Mercuriens). Ils ont bien tort d'entasser tant d'hypothèses hasardées pour aboutir à un si mince résultat. »

Pédanterie et ignorance! répondons-nous.

Hors de la vérité, les excentricités vont jusque bien loin au delà de l'absurde[2].

II. Vénus. — Vénus est la seconde planète, par ordre de distance du Soleil, et la plus voisine de la Terre, avec laquelle elle a le plus grand rapport. On la reconnaît à sa lumière beaucoup plus blanche et plus éclatante que celle de Sirius. On estime qu'elle répand autant de lumière que vingt étoiles de première grandeur. Ne s'éloignant jamais à plus de 48 ou 49 degrés du Soleil, on l'aperçoit, soit le matin vers l'orient, soit le soir à l'occident. De là on lui a donné diffé-

1. *Diction. d'Histoire et de Géographie.*
2. Ancillon.

rents noms : *Lucifer* ou l'*Étoile du matin*; *Vesper* ou l'*Étoile du soir* ou *du Berger*.

On ne discute plus aujourd'hui la question de savoir si Vénus est habitable, sinon habitée ; l'affirmative est admise par tout le monde. Je ne connais qu'une personne qui, sous l'influence de chauvinisme terrestre, fait un portrait assez déplaisant de la belle planète. Pure jalousie. Nous nous contenterons d'indiquer simplement les divers éléments de Vénus.

Sa distance moyenne du Soleil est de 11 070 000 myriamètres (27 500 000 lieues) ou environ 0,723, celle de la Terre étant 1. La chaleur et la lumière y sont deux fois plus grandes que sur notre globe.

Shroeter a trouvé que Vénus a un mouvement de rotation sur elle-même en 23 h. 21′ 7″ et que son axe est incliné de 75° sur le plan de son orbite.

Elle fait sa révolution autour du soleil en 224 j. 16 h. 41′, suivant un orbite elleptique, incliné de 3°,23 sur l'écliptique et dont l'excentricité est 0,0068.

Ses autres éléments sont à peu près les mêmes que ceux de notre globe. C'est notre sœur jumelle.

Comme elle est plus voisine du Soleil, elle reçoit plus de lumière et de chaleur; le nombre exact est 1,91. Cet excès est bien tempéré par ses montagnes et son atmosphère.

On sait qu'elle est couverte de montagnes dont quelques-unes, selon Shroeter, atteignent jusqu'à 44 kilomètres (11 lieues) de hauteur. La neige ne doit donc pas y faire défaut, ni par conséquent les fleuves.

Shroeter a découvert son atmosphère, qui est des mieux prouvée. En 1874, lors du passage de Vénus sur le Soleil, tous les observateurs constatèrent la présence d'une atmosphère. Et, comme cette atmosphère est très dense, la vapeur d'eau et les nuages paraissent fort bien appropriés pour tempérer l'ardeur du Soleil et pour donner au globe une température moyenne assez analogue à celle de la Terre. Cette étude a conduit M. C. Flammarion à calculer la réfraction de cette atmosphère, et par là sa densité. Cette réfraction horizontale est de 54'; et, comme celle de l'atmosphère terrestre est de 33', il en résulte que la densité de l'atmosphère de Vénus est supérieure à la nôtre dans le rapport de 100 à 189. Elle est donc presque deux fois plus dense que la nôtre. Cette densité 1,89 correspond parfaitement avec la chaleur 1,91.

Comme Vénus montre des taches grisâtres et fixes, on suppose que ce sont des mers; mais ce n'est pas absolument démontré.

La nouvelle Vénus. 1° Nous avons dit, en commençant notre article sur Vénus : « On ne discute plus aujourd'hui la question de savoir si Vénus est habitable, sinon habitée. C'était vrai hier, mais nullement aujourd'hui.

En 1841, de Vico, à Rome, avait trouvé que Vénus tournait sur elle-même, en 23 heures, 21 m. 24 s.; Bianchini, en 23 h. 22 m.; et Shroeter, en 23 h. 21 m. Plusieurs autres astronomes, de grande valeur, ont enseigné la même chose.

Il y a une dizaine ou une douzaine d'années, M. Schiaparelli annonça au monde que la planète Vénus ne tournait pas sur elle-même, comme la Terre, en décrivant son orbite; mais qu'elle présentait constamment le même côté au Soleil. Comme il a été démontré que cette astronome est plus ou moins sujet à caution, ainsi qu'il résulte de ses affirmations sur Mars, on pourrait passer outre, sans trop tenir compte de ses dires.

Mais voici que l'affaire se complique. Le *Cosmos* du 6 mai 1899 écrit : « Il y a à peine un an, un distingué professeur de l'observatoire d'Yerkes, le Dr Persival-Lowel a contrôlé, dans la claire et limpide atmosphère de l'Arizona, les assertions de l'astronome italien. Armé d'un puissant télescope, il a pu à loisir examiner et étudier les mouvements de Vénus. Bientôt il se convainquit, à son tour, que Schiaparelli avait entièrement raison et que la dite planète jouissait sur un de ses hémisphères, celui tourné vers le Soleil, d'un jour perpétuel, tandis que l'autre restait plongé dans une nuit éternelle. »

Pour nous, toutes ces prétendues découvertes auraient besoin d'une certaine confirmation. Nous savons, en effet, que beaucoup de canards viennent d'Amérique, aussi bien que d'Italie. Il nous semble qu'il serait facile de constater la rotation de Vénus ou sa non-rotation sur elle-même, et cela d'une manière absolue. Nous craignons que M. Lowel n'ait pas plus de preuves de ce fait, qu'il ne peut, quant à présent, expliquer les raies de cette planète. C'est encore quelque chose dans le genre des canaux de Mars. Les phénomènes observés sont sans doute réels, mais ceux qui les interprètent, se trompent assez souvent.

2° Quant à ceux qui s'aventurent à tirer des conclusions pratiques de ces hypothèses non vérifiées, ils font preuve d'une grande témérité. C'est ce qui arrive dans le *Cosmos* du 6 mai 1899, à un frère quelconque du Docteur en droit canonique, dont nous avons plus d'une fois parlé. Ils tiennent aussi peu compte des nuances l'un que l'autre, parce qu'ils manquent de notions exactes sur les questions scientifiques. Ils sautent de l'enfer au ciel, sans passer par le purgatoire. Ce sont des *outranciers*, et cela, probablement, parce qu'ils ne veulent point qu'il y ait des habitants ailleurs que sur la Terre; c'est là leur thème.

Nous citons mot à mot : « En s'appuyant sur les observations si importantes de l'astronome américain, qui confirment et complètent celles de Schiaparelli, on en arrive à se demander quel étrange spectacle doit offrir Vénus. Sur l'une de ses moitiés, le Soleil brille toujours; l'autre se trouve plongée dans une nuit éternelle. Comme nous l'avons fait remarquer plus haut, l'intensité de la radiation solaire sur cette planète étant double de celle de la Terre; il paraît évident, que sous l'action d'un Soleil qui ne se couche jamais, depuis des siècles et des siècles, les eaux des océans et des lacs se sont transformées en vapeur, de telle sorte qu'aucune créature vivante, à moins qu'elle ne diffère essentiellement de nous, ne saurait y exister. »

« Il n'est guère plus admissible, en ce qui concerne l'hémisphère sur lequel règne en souveraine et éternelle maîtresse la plus effroyable obscurité, que des habitants puissent vivre. Le Soleil, ne venant jamais de ses rayons bienfaisants réchauffer le sol de cette partie de la planète, on peut en déduire, qu'un froid comparable à celui existant dans l'immensité des intervalles planétaires, froid dont nous ne saurions nous faire une idée même approximative, transforme la vapeur d'eau en neige et en glace, recouvrant d'une épaisse couche les montagnes et les vallées sans que le moindre atome de chaleur, puisse le faire fondre. Là encore la vie est évidemment rendue impossible. »

Puis, l'auteur de l'article du *Cosmos* du 6 mai 1899, nous dit cette jolie chose :

« D'après Schiaparelli et Lowel, un certain nombre de planètes offrent les mêmes particularités que Vénus, en ne tournant vers le Soleil qu'un seul de leurs deux hémisphères. » Et quel est donc ce certain nombre ? Mercure. Voyez quel nombre ! Cela, avec un *atome* de chaleur, et Vénus décrivant son orbite en 24 heures, supposent un puits de science.

3° Nous allons d'abord laisser M. Audibert répondre — *Cosmos* du 20 mai 1899 — à ces assertions et rectifier ces idées plus que hasardées.

« La lecture de l'article du *Cosmos*, qui tend à démontrer l'inhabitabilité de la planète, suggère quelques objections à l'encontre de cette conclusion. »

« Si, comme la chose paraît admise, la planète tourne autour du Soleil d'un mouvement lunaire, c'est-à-dire en présentant toujours au rayonnement de ce foyer le même hémisphère, il est probable cependant que ce mouvement comporte aussi, comme pour notre satellite, des librations en latitude et en longitude, d'où résulte un déplacement périodique sur la planète du grand cercle limite d'ombre et de lumière. »

« De plus, la chaleur qui atteint son maximum au pôle de l'hémisphère éclairé, diminue graduellement vers ses bords,

Un être vivant, supposons-le bipède, placé à cheval sur cette limite, n'aurait pas un côté de son corps soumis à une chaleur torride et l'autre au froid des espaces stellaires. Il verrait le Soleil à peu près caché sous son horizon, et pourrait, en s'éloignant plus ou moins en deçà et au delà du cercle, limite idéale, choisir le climat qui lui conviendrait et qui, dans le cours de sa vie, demeurerait à peu près fixe.

La condition première pour l'habitabilité est, pour nous du moins l'existence d'une atmosphère.

Vénus a-t-elle une atmosphère? Le P. Secchi l'affirme formellement pour les planètes Vénus, Mars, Jupiter et Saturne. « De nombreuses observations, dit-il, accompagnées de dessins multipliés et correspondant à des soirées différentes, ont démontré que dans la lumière réfléchie par ces astres, existent non seulement les raies propres de la lumière solaire directe, mais que quelques-unes de ces raies sont énormément renforcées et dilatées en bandes par leurs atmosphères, agissant de la même manière que le fait sur le spectre solaire l'atmosphère terrestre. En un mot, les spectres de ces planètes sont de même espèce que le spectre atmosphérique terrestre, avec la différence cependant que certains rayons sont plus absorbés que par l'atmosphère terrestre elle-même..... »

« L'observation devient très concluante, si on choisit un moment où la Lune soit à peu près à la hauteur des planètes qu'on veut examiner. En dirigeant alternativement la lunette vers la Lune et vers les planètes, on voit la différence énorme des spectres; car celui de la Lune n'a que des raies solaires assez fines, et, au contraire, on voit sur les planètes de larges bandes dans les places indiquées, qui paraissent de véritables fils noirs, si l'atmosphère est tranquille. »

« Les dessins des spectres planétaires, faits avec beaucoup d'attention dans les soirées sombres, conduisent à la même conclusion. On déduit de là que les planètes ont *certainement* une atmosphère qui dans sa composition, ne s'éloigne pas beaucoup de la nôtre. »

« Ce dernier paragraphe est concluant. »

« Si l'atmosphère existe, il ne s'agit plus alors de limite géométrique, frontière absolue du chaud et du froid, tracée sur la planète, mais d'une large zone tempérée, crépusculaire, interposée entre la calotte torride et la calotte glacée, zone qui, par la graduation de ces climats et leur fixité conviendrait bien à la vie. »

Cet article est signé « Audibert ».

Ces réflexions si judicieuses de M. Audibert réduisent à peu de chose les assertions peu scientifiques de l'auteur de l'article du 6 Mai, et font sentir le peu d'à-propos des insinuations dirigées contre l'habitabilité de Vénus.

4° Mais quelle est, dans l'hypothèse de la non-rotation de Vénus sur son axe, la quantité de terrain qu'on peut supposer parfaitement habitable? Appliquons à cette planète les concessions faites à Mercure par un adversaire constant de l'habitabilité des mondes.

Il accorde à Mercure, à cause de la libration en longitude, une bande de 23° 30', à l'Orient et à l'Occident, ce qui donne pour les deux 47°. Vénus ayant un volume beaucoup plus considérable que celui de Mercure, doit par le fait même posséder une libration bien supérieure, et, en donnant à Vénus 50° en libration, nous sommes loin de tomber dans l'exagération. Quelle est la superficie de ce sol?

Calculons comme précédemment.

La surface réelle de Vénus est de 4 040 348 528 myriamètres carrés ou 404 034 852 800 kilomètres carrés. La surface habitable est un fuseau. Nous aurons donc :

$$\frac{360}{404\,034\,852\,800} = \frac{F.\,50}{x} ; \quad 360\,x = 404\,034\,852\,800 \times 50$$

$$x = \frac{404\,034\,852\,800 \times 50}{360} = 63\,615\,946\,222 \text{ kilomètres carrés.}$$

Retranchant de ce nombre la superficie des terres de notre planète qui est de 133 308 000 kilomètres carrés seulement ou 68 615 946 222 — 133 308 000 = 68 482 638 222 kilomètres carrés pour les mers. C'est plus qu'il n'en faut. Qu'on ne vienne donc pas nous soutenir que Vénus n'est pas habitable, même en admettant qu'elle n'ait pas la rotation diurne.

5° Nous n'avons pas parlé des librations en latitude de Vénus ; nous pourrions le faire et nous arriverions à des résultats qui ne manqueraient pas de causer de l'étonnement.

Comme Mercure se trouve en jeu, aussi bien que Vénus, nous allons traiter la question d'une manière plus générale, en établissant, aussi exactement que possible, la véritable position de ces planètes, dans le cas de leur non-rotation diurne. Cela ne veut pas dire que nous acceptions les assertions de MM. Schiaparelli et Lowel; il nous faut une confirmation. Peut-être même ce que nous allons dire rendra sensible ce qui a pu les induire en erreur.

Mercure, dit-on, est à peu près sphérique, tandis que Vénus a ses pôles un peu plus aplatis que ceux de la Terre. Ce fait aura plus tard son application.

L'inclinaison de l'axe sur l'orbite est pour Mercure et pour Vénus de 75°; mais l'inclinaison de l'orbite sur l'écliptique est pour Mercure 7°, et pour Vénus 3° 23'.

Pour la Terre, l'inclinaison de l'axe sur l'orbite n'était, le 1 Janvier 1899, que de 23° 27' 8",5. L'inclinaison de l'axe de Mars est de 30°; de Jupiter, de 3° 5'; de Saturne, de 31° 19'; d'Uranus, de 60°; de Neptune....

Nous pensons que, dans la question de l'habitabilité des mondes, on n'a pas, jusqu'à présent, tenu assez compte de l'obliquité des axes des planètes par rapport à leur orbite et à l'écliptique, et pourtant cela est de la plus haute importance, comme nous allons le voir ; tandis que la rotation d'une planète sur son axe est d'une conséquence minime; souvent même ce serait une qualité funeste pour la température et la lumière.

Pour avoir l'inclinaison de l'axe sur l'écliptique, il faut ajouter l'inclinaison de l'orbite sur l'écliptique à celle de l'axe sur l'orbite[1]. On aura donc pour l'inclinaison 75° + 3° 23' ou 78° 23'.

1. L'*Annuaire* pour 1899, publié par le Bureau des Longitudes, nous dit formellement que l'inclinaison de l'axe de *la lune* sur l'écliptique

Nous savons qu'en vertu de l'inclinaison de 23° 27' 8",5 de l'axe de la Terre sur son orbite, un de ses pôles est six mois sans lumière et sans chaleur, et six mois éclairé et réchauffé. Pourtant, il y a des habitants au Spitzberg, même plus au nord, et à la Terre-Victoria.

Puisque l'inclinaison de l'axe de la Terre sur son orbite produit des conséquences si considérables, que doit-il se passer sur Vénus, dont l'axe est incliné de 75° sur son orbite et de 78° 23' sur l'écliptique?

Nous pouvons répondre, en général, que cette planète se trouve éclairée et réchauffée à ses pôles, plutôt qu'à son équateur.

Essayons de mettre en évidence cette vérité.

Si l'on rabat ou si l'on projette l'orbite de Vénus sur le plan de l'écliptique, AA' sera à la fois le grand axe de l'orbite et de l'écliptique; BB' sera le petit axe, et B sera le *nœud ascendant*[1], et B', le *nœud descendant*; ces deux points appartiennent également à l'écliptique et à l'orbite. Si, comme nous l'avons dit, on rabat le plan de l'orbite sur le plan de l'écliptique, dans les cas particuliers, les autres points coïncideront, puisque l'écliptique n'est que le plan renfermant la trajectoire du Soleil autour d'un astre (système Ptolémée) ou mieux, un plan renfermant la trajectoire d'un astre autour du Soleil (système Copernic).

A', par conséquent, sera le périhélie, et A l'aphélie.

Vénus se trouvant au *nœud ascendant* B — au commencement de son printemps —, quelle sera la position de son axe P'P? C'est la question à résoudre.

Comme l'inclinaison de l'axe de la planète sur le plan de

est de 88° 23' 33", et que son inclinaison sur le plan de l'orbite varie entre 83° 11' et 83° 29'; or, 83° 11' + 5° 17' 33" = 88° 28' 33".

1. Le *nœud ascendant* est le point où, dans son mouvement, un corps céleste traverse l'écliptique en passant dans l'hémisphère renfermant le pôle boréal de l'écliptique; le point opposé est le *nœud descendant*.

l'écliptique est de 78° 23', on aura 90° — 78° 23' = 11° 37'[1].

Puisque l'axe de la planète fait un angle de 78° 23' avec le plan de l'écliptique, sa projection sur ce plan fera avec lui le même angle de 78° 23'. Donc en retranchant 11° 37' de l'angle BSA[2], soit ASb, et, en menant en B une parallèle à Sb, la ligne P'P représentera la direction de l'axe de Vénus dans sa position réelle par rapport à l'écliptique.

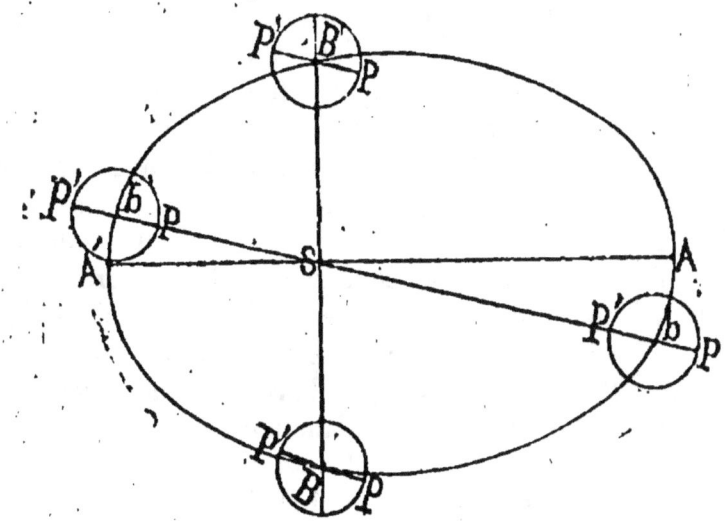

La planète doit se mouvoir parallèlement à elle-même, ainsi que son axe, c'est-à-dire que son axe avance en restant dans une ligne parallèle à celle de son point de départ.

1. D'après les anciens astronomes, l'angle d'inclinaison était plus petit que 90°; actuellement on le compte de 0° à 180°. Le résultat est le même.
2. Nous supposons l'angle BSA droit ou les deux axes perpendiculaires l'un sur l'autre, ce qui n'a pas probablement lieu. Pour la Terre le petit axe est incliné sur le grand axe, comme chacun le sait, les saisons n'étant pas égales. Mais, puisque, dans l'hypothèse, tout est douteux pour Vénus, nous prenons ce qui est *absolument possible*, c'est-à-dire la perpendicularité des axes. D'ailleurs, l'inégalité des quatre angles en S'est toujours peu de chose, en sorte que la démonstration reste toujours vraie, si l'angle BSA est plus grand ou plus petit que 90°, il sera toujours facile de diminuer ou d'augmenter de 11° 37'. Mais avec ces variantes, le principe est absolu.

Le pôle P' de l'axe P'P projeté sur l'écliptique, ira toujours en se dirigeant vers le Soleil S. De B à b, c'est le printemps. Quand la planète arrive en b, l'axe P'P se trouve à être la continuation du rayon vecteur Sb, c'est-à-dire que le pôle P' est perpendiculaire aux rayons solaires ou les rayons solaires sont perpendiculaires sur le pôle P'. Comme les pôles de Vénus sont plus aplatis que ceux de la Terre, il faut accepter qu'il y a au pôle P' une forte chaleur, en ce moment; mais elle ne dure pas longtemps, vu que les saisons sont courtes, que le Soleil a à dissiper le froid produit par l'hiver précédent et que le Soleil ne revient pas sur ses pas, comme autour de notre équateur terrestre. Sur la Terre, nous l'avons constaté expérimentalement, le premier passage du Soleil au zénith des zones tropicales est supportable; ce n'est qu'à son retour vers l'équateur que la température devient fatigante pour les étrangers des régions tempérées, quoique les indigènes ne s'en ressentent nullement.

De b en B', le pôle P' s'éloigne du Soleil, tandis que le pôle P s'en approche, et, quand la planète est en B', c'est l'équinoxe d'automne et les deux pôles sont à égale distance du Soleil. A partir de B' jusqu'à b', le pôle P se tourne vers le Soleil, et, quand la planète est en b', l'axe de la planète est la continuation du rayon vecteur Sb'. Par conséquent, les rayons solaires sont perpendiculaires au pôle P. L'automne, qui avait commencé en B', finit en b' et l'hiver y commence et continue jusqu'à l'arrivée de la planète en B. Les mêmes saisons et les mêmes phénomènes se reproduisent.

Notre explication, loin de contredire les raisons apportées par M. Audibert, ne fait que les confirmer et les raisons de M. Audibert viennent à l'appui de notre explication.

M. Audibert pense que, si l'on veut comparer le mouvement de Vénus à celui de notre satellite, il faut accorder aussi à la planète la double libration, en *longitude* et en *latitude*. Et, jusqu'à preuve du contraire, on est tenu d'accepter cette affirmation : analogie de mouvement, analogie des phénomènes et des conséquences.

Mais que deviennent les librations de Vénus? C'est ce que nous nous sommes efforcé de dire, sous une autre forme et en d'autres termes. Les librations de Vénus font que cette planète n'est ni trop longtemps privée de la présence du Soleil — ni ténèbres, ni froids —, ni trop longtemps sous son action — ni trop de chaleur —

Donc, en vertu de ce fait : lumière abondante et chaleur tempérée. Situation, par conséquent, préférable à celle de notre Terre, pourtant habitée.

Nous ferons remarquer, en terminant, que l'année de Vénus n'étant que de 224 jours, chaque saison n'est que de 56 jours, en supposant que les quatre saisons soient égales; ce qui n'est pas tout à fait vrai, puisque l'excentricité est de 0,0068. Il y aura près de trois jours de plus pour le printemps et l'été que pour l'automne et l'hiver.

Nous pouvons donc conclure que les parties les moins favorisées de Vénus ne sont pas longtemps sans lumière, ni, par conséquent, sans chaleur ; et que, d'un autre côté, elles n'ont que fort peu de temps à subir une chaleur excessive. Le climat de Vénus est donc essentiellement tempéré.

Et, après cette étude, nous répéterions volontiers les éloges que Bernardin de Saint-Pierre donne à la plus belle des planètes. Nous dirons simplement : *belle et bonne*.

Toute proportion gardée, on doit apprécier Mercure de la même manière, car son cas est le même.

Et nous comprenons que ces deux planètes sont bien ce qu'elles doivent être. Tourner sur elles-mêmes, en 23 ou 24 heures, serait un défaut et non une perfection. Mercure aurait certainement, dans ce cas, une température intolérable pour des êtres semblables à ceux de la Terre, et Vénus aurait des régions fort chaudes.

La sagesse divine, qui était dans le principe, avec le Créateur, harmonisant toutes choses, a heureusement plus d'intelligence que les hommes, qui arrivent à peine à comprendre ce qu'il y a de merveilleux et de simple dans les œuvres divines.

En inclinant l'axe de Mercure de 82° et celui de Vénus seulement de 78° 23' sur le plan de l'écliptique, Elle a su donner à ces deux planètes, malgré leur rapprochement du Soleil, des températures très tempérées. Mercure, étant plus près du Soleil, son axe aura une inclinaison de 82° et Vénus, étant un peu plus éloignée, son axe ne sera incliné que de 78° 23'.

Notre Terre, étant beaucoup plus éloignée, son axe n'aura que 23° 27' et tournera sur cet axe en 24 heures. Ce dernier système suffira à Mars, à Jupiter et à Saturne; mais pour Uranus, qui commence à s'éloigner trop du Soleil, son axe devra s'incliner de 76°, pour le préserver du froid.

Que les œuvres de Dieu sont admirables ! Heureux qui cherche à les comprendre.

Nous avons dit, au commencement de cette étude, que notre manière d'envisager Vénus pourrait peut-être donner quelque lumière sur « les curieuses épreuves photographiques » que M. Lowel a obtenues de la partie de cette planète constamment éclairée par le Soleil.

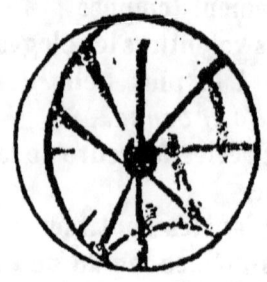

Aspect de Vénus et de ses lignes rayonnantes d'après Lowell.

Le point noir central, c'est évidemment un pôle; et ces lignes, rayonnant vers la périphérie, ne peuvent non plus que partir d'un pôle. Il n'y a, en effet, que les pôles qui soient complètement éclairés. Il est donc naturel que la planète présente cette forme et ces nuances. Que sont ces lignes ou ces raies obscures? Des mers, des canaux, des vallées, des forêts...

Que ceux qui ont de grands télescopes nous le disent; mais en n'affirmant que ce qu'ils ont vu.

Sans appliquer à Vénus le lyrisme de l'auteur des *Harmonies de la nature*, ni les originalités de Fontenelle, mais aussi, sans la représenter comme le lieu naturel des rhumes et des fluxions de poitrine, nous terminerons par ces paroles sensées de l'abbé Ploger :

« Oui, il est possible, nous dirons même, il est probable que les planètes, Vénus tout au moins, ont des habitants. Et, voyant comment, sur la Terre, la vie sait s'harmoniser avec tous les climats, toutes les conditions, il est difficile de supposer qu'elle n'ait pas trouvé à la surface des autres corps planétaires le moyen de s'établir. Mais en parlant des habitants des planètes, nous ne voulons nullement dire par là qu'ils doivent ressembler à ceux de notre globe. Des circonstances différentes ont dû amener des êtres différents, et la Terre elle-même, comme le montre la géologie, a eu, à ses divers âges, des faunes et des flores bien variées. Il n'y a pas longtemps qu'elle possède l'espèce humaine, du moins, si on compare la durée actuelle de cette dernière à celle du globe, et, pendant la plus grande partie de sa longue existence, notre planète n'a pas eu à sa surface d'êtres doués de raison.

« Qui sait si un jour la science n'arrivera pas à la certitude absolue de l'habitabilité des mondes? »

Jamais, dira quelque Docteur en droit canonique, comme le disait un jour un de ces savants canoniques, lorsque Adisson parla du Téléphone. — Allô? Allô? Messieurs du Canon, votre système est trop vieux pour la guerre actuelle. Vous serez infailliblement battus. Ouvrez les yeux et voyez toutes les négations des vieux temps anéanties. Les dogmes seuls et les lois morales restent, mais pas autre chose.

III. Mars. — Mercure et Vénus sont appelés planètes inférieures, parce qu'ils sont plus voisins du Soleil que la Terre; la planète Mars, au contraire, et les autres planètes sont dites supérieures, parce que leur distance du Soleil est plus grande que celle de la Terre.

Parmi les planètes supérieures, Mars est celle qui se rapproche le plus de nous. Quand son opposition arrive en même temps que son périhélie, il brille d'un éclat extraordinaire; alors, en effet, il n'est qu'à 14 millions de lieues de la Terre. Ce phénomène arriva en 1877 et, l'on en profita pour étudier sa nature physique; en 1892, ces études furent complétées, en sorte que cette planète est parfaitement connue.

La rotation de Mars s'effectue en 24 h. 39'51"; son axe est incliné de 30° 18' sur l'équateur.

Son mouvement de translation s'accomplit, sur un orbite excentrique (0,0932), incliné de 11° 51' sur l'écliptique, en 686 j. 22 h. 18' ou en 1 an et 321 j. 18 h.

Sa densité, comparée à celle de la Terre, est 0,051; son poids spécifique 5,20 et la pesanteur ne dépasse pas les 37 centièmes de la nôtre.

Mars possède une atmosphère et, dans ces derniers temps, on y a parfaitement distingué des nuages mobiles; les pôles sont couverts de neige, que l'on voit s'augmenter ou diminuer selon la saison; il y a des ruisseaux, des rivières et des mers qui semblent canalisées. La surface géographique de Mars est plus également partagée que la nôtre, en continents et en mers; il y a un peu plus de terres que de mers.

La météorologie de Mars est à peu près la même que celle de la Terre; l'eau y est dans le même état physique et chimique que sur notre propre globe.

Enfin, les raisons d'analogie nous montrent sur cette planète, *mieux que sur toute autre*, des conditions organiques, peu différentes de celles qui ont présidé aux manifestations de la vie à la surface de la Terre.

Il est vrai que Mars ne reçoit que les 4/9 ou 0,444 de la lumière et de la chaleur que notre Terre reçoit du Soleil; mais cette quantité est grandement suffisante pour son habitabilité; d'autant plus que son printemps et son été ont 380 jours, tandis que son automne et son hiver n'en ont que 307, par conséquent, 73 jours de plus de lumière et de chaleur. Joignez à cela l'inclinaison de l'axe et vous avez immédiatement une augmentation de lumière et de chaleur dans la direction des pôles; aussi s'aperçoit-on de la fonte des neiges, ce qui indique une augmentation sensible de chaleur.

Le 11 et le 17 août 1877, M. Asaph Hall, de l'observatoire de Washington, vit pour la première fois deux satellites de

Mars. Ces deux petites Lunes s'appellent, la plus éloignée *Deimos* (La Terreur) et la plus proche, *Phôbos* (la Fuite). Hall les a nommées ainsi, parce que Homère, dans l'Iliade, représente Mars ordonnant à la Terreur et à la Fuite d'atteler ses coursiers pour qu'il aille venger la mort de son fils Ascalophe. Deimos, le plus éloigné, fait le tour de Mars en 30 heures 14', sur un orbite incliné de 25° sur l'écliptique. Le plus proche, Phôbos, ne met que 7 heures 38' à parcourir son orbite. Ce sont les deux plus petits corps célestes que nous connaissions. Le premier peut avoir un diamètre de 12 km.; le second, un diamètre de 10. Cependant ils éclairent fort bien les nuits de Mars, car le satellite intérieur n'est qu'à 1500 lieues de Mars et l'extérieur à 5000 lieues à peine, tandis que la Lune est à 96000 lieues, en moyenne, de la Terre.

À l'œil nu, Mars apparaît comme une étoile d'une teinte rougeâtre; mais, si on l'examine avec une lunette astronomique d'une certaine puissance, on voit que cet astre se compose d'une série de taches : les unes d'apparence rougeâtre, les autres d'apparence verdâtre, taches permanentes et constituant, par conséquent, quelque chose d'essentiel.

Les astronomes ne sont pas d'accord sur la nature de ces taches. Ce qui semble le plus rationnel, jusqu'à preuve du contraire, c'est de considérer les taches rouges comme des continents et les taches vertes comme des mers.

Le Docteur en droit canonique, devait nécessairement profiter de cette circonstance, qui importe peu, pour attaquer l'habitabilité des mondes, montrer son grand savoir et faire de fausses citations. Après ces paroles, il est juste de donner ses expressions.

« La couleur rouge de ces continents est encore un mystère. On ne sait à quoi l'attribuer; les explications données par les savants et par les défenseurs de l'habitation des astres ne concordent pas. La plupart des astronomes disent que cette couleur particulière est celle du sol; elle proviendrait, selon Herschel, de l'abondance du minerai ou protoxyde de fer; cela témoignerait que la vie est absente, car une végétation quelconque changerait cet oxyde qui est rouge en deutoxyde qui est noir.

« Cette théorie, comme on le suppose bien, est peu goûtée de ceux qui veulent absolument peupler tous les astres, et qui voient ainsi leur échapper le seul monde donnant à leur hypothèse quelque apparence de raison. »

Au contraire, Docteur, cette théorie est fort goûtée de ceux qui veulent peupler les astres, vu qu'elle leur procure le plaisir de vous voir patauger en chimie, comme en physique, comme en astronomie. Vraiment, il n'y a rien de déplaisant de voir un homme de votre prétention, faire partout le plongeon, en voulant admonester les autres. Ce qui est mauvais, c'est de faire M. Armand Gautier l'auteur de vos fausses assertions. Ce savant professeur a pu fabriquer quelques oxydes, mais point le *deutoxyde de fer*[1].

Me défiant de ma mémoire, j'ai consulté quatre auteurs et aucun ne donne le deutoxyde ou bioxyde de fer. Je trouve seulement le protoxyde, FeO, le sesquioxyde Fe^2O^3, et l'oxyde magnétique Fe^3O^4, que les chimistes considèrent comme un oxyde salin, formé d'un équivalent de protoxyde constituant la base, et d'un équivalent de sesquioxyde jouant le rôle d'acide. Le sesquioxyde s'appelle parfois peroxyde de fer, ce qui suppose qu'il n'y a pas un autre oxyde plus oxygéné. C'est sur une pareille base que vous bâtissez votre négation de la vie sur Mars : « cela témoignerait, dites-vous, que la vie est absente. » Comment ce qui n'existe pas peut-il devenir noir? Et que signifie cette expression : « l'abondance du *minerai* ou *protoxyde* de fer? »

Notre Docteur ne se doute même pas quelles sont les couleurs véritables des oxydes de fer.

---

1. Langlebert dit formellement : « Les oxydes de fer sont au nombre de quatre, savoir : le protoxyde FeO, le sesquioxyde $Fe2O3$, l'oxyde magnétique $Fe3O4$, et l'acide ferrique $FeO3$. L'acide ferrique n'existe qu'à l'état de combinaison avec les bases. Lorsqu'on veut l'isoler, il se décompose en sesquioxyde de fer et en oxygène. S'il fallait lui donner un nom, on devrait l'appeler trioxyde de fer, puisqu'il est trois fois oxygéné.

« Le protoxyde de fer anhydre se trouve dans les battitures de fer que le marteau détache des pièces, pendant qu'on les forge. Leur couleur est gris de fer.

« Le sesquioxyde de fer fournit les ocres jaunes et rouges, le rouge de Mars, le brun rouge, la terre d'ombre, la terre de Sienne, la sanguine, le brun de Prusse. Ces composés sont jaunes, quand le sesquioxyde est hydraté, comme les ocres naturels du Cher et de la Nièvre. Ils sont rouges, s'ils sont anhydres, et bruns, s'ils contiennent en outre des traces de manganèse et de bitume[1]. »

Faites du droit canon, Docteur, faites du droit canon. Les romanciers mettent un peu de vraisemblable dans ce qu'ils écrivent, tandis que vous savez bien vous passer de tout cela.

Proctor, astronome anglais, qui jouit d'une célébrité bien méritée, a écrit, sur la manière dont on doit envisager la vie à la surface de Mars, de belles pages où apparaissent à la fois une bonne foi absolue et une science compétente. D'après lui, la planète Mars nous montre de la manière la plus évidente qu'elle a été faite pour être le séjour de la vie, telle que nous la connaissons. Il résume toutes les observations faites jusqu'à lui et s'appuie sur les astronomes les plus distingués et les observateurs les plus consciencieux, tels que Hooke, Maraldi, Herschel, Arago, Secchi, Kunowski, Beer, Madler, Nasmyth, Jacob, Delarue, Phillips, et, avec le plus grand succès, Lockyer et Dawes.

Nous ne pouvons le suivre dans cette étude, nécessairement très étendue; nous nous contentons de citer sa conclusion. « Qui pourrait révoquer en doute, dit-il, les enseignements que ces faits doivent nous offrir? Jusqu'ici, qu'on se le rappelle, nous n'avons pas été guidé dans notre étude par des chimères, mais simplement par un raisonnement sérieux. Mais pouvons-nous nous arrêter là? Reconnaîtrons-nous dans Mars tout ce qui rend notre monde si bien approprié à

---

1. *Manuel de Chimie.*

nos besoins, terre et eau, montagnes et vallées, nuages et
Soleil, pluie et glace, neige, rivières et lacs, courants de
mers et courants d'air, sans croire aussi à l'existence d'êtres
animés sans lesquels ces choses ne serviraient à rien? Assurément, si c'est une théorie téméraire de dire que cette
charmante planète est habitée et si nous devons nous borner
à l'examen de ce qui a été réellement vu, il est encore mille
fois plus téméraire d'affirmer, en présence de tant d'arguments qui prouvent le contraire, que Mars est un désert
aride, entièrement inhabité ou habité par des êtres tout à fait
inférieurs [1]. »

Concluons avec le brillant écrivain des *Terres célestes* :
« Si nous ne voyons pas encore les habitants de ce monde,
nous pouvons dire que nous sommes, relativement à Mars,
dans la situation d'un homme qui voit passer de loin un convoi de chemin de fer. Il voit les wagons, il distingue même
les voitures de différentes classes, et sans apercevoir le
mécanicien sur la locomotive, il voit par la pensée le héros
enfumé lançant dans le brasier l'aliment du cheval de feu,
et tenant dans sa vigilance la vie de mille passagers; il ne
reconnaît pas davantage les voyageurs, mais il les devine.
Ainsi nous voyons Mars courir sur son orbite avec une vitesse
bien plus rapide que celle d'un train express; nous distinguons son mouvement de rotation diurne, qui lui donne le
jour et la nuit; nous apercevons ses neiges, ses continents,
ses mers, ses nuages, son atmosphère, ses golfes, en un
mot, tout l'appareil de sa circulation vitale; et quoique nos
télescopes ne soient pas assez puissants pour nous montrer
les voyageurs du céleste convoi, nous suppléons par la logique à nos télescopes, exactement comme dans le cas du
train terrestre emporté par le cheval-vapeur, ou comme dans
le cas d'une ville dont nous apercevons de loin les édifices,
sans en distinguer les habitants. »

Voilà qui est raisonnable!

1. Proctor, *Other worlds than ours*. London 1870. Traduit par
l'auteur.

Nous pensions avoir fini avec Mars, et hélas! il n'en est rien. Tout le monde s'occupe de Mars, — le vent est à la guerre. — En 1897 et surtout en 1898, les astronomes, les savants et probablement quelques non-savants ont dépensé toute leur intelligence devant le Dieu de la guerre. Nous sommes aussi forcé de jeter un regard rétrospectif vers ce coin du ciel, autrement nous passerions pour être arriéré d'un siècle.

On a discuté sur les canaux de Mars, on a nié les mers de Mars, et les neiges de Mars ne sont pas tout à fait de la neige, etc.; cependant, ce quelque chose se fond, quand le printemps et l'été viennent réchauffer un des pôles, et augmente, quand le soleil sourit à l'autre pôle. Et ces savants s'appellent MM. Phillips, Schiaparelli, Pickering, Taylor, Flammarion, Antoniadi, Stanislas Meunier, l'abbé Moreux, Quénisset, Lowel, Fizeau et, enfin, M. le vicomte Du Ligondès, qui donne « une théorie absolument nouvelle sur la constitution physique de Mars. »

1° *Absence de mers sur Mars.* — MM. Phillips d'Oxford, Schiaparelli, Taylor d'York, Pickering et plusieurs autres disent que les eaux martiennes devraient réfléchir l'image du Soleil, comme un point lumineux qui serait visible de la terre; ces savants ont même déterminé la grandeur de l'image. Or, on ne voit rien. Donc conclut M. Flammarion, il n'y a point de mers sur la planète Mars. Il ne devrait pas même y avoir de canaux; mais, comme ces fameux canaux sont visibles et que même on en voit deux où il n'y en a qu'un, M. Flammarion adopte l'opinion émise par M. Ledger, que ces canaux ne sont pas pleins d'eau, ces lignes, qui représentent les canaux, indiquent des terrains cultivés par les habitants de Mars, principalement dans les districts qui avoisinent les grands centres de population, les oasis. En résumé, nous ne *verrions en aucun point* du globe de Mars l'eau qui pourtant le fertilise.

Il y a de l'humidité, de la terre cultivée par des habitants, cela nous suffit et nous n'avons pas besoin d'autre chose.

2° Quant au *dédoublement des canaux et des lacs*, c'est M. Schiaparelli qui crut s'en apercevoir le premier ; c'était en 1888. Donc en 1888, M. Schiaparelli vit deux canaux où d'autres et lui-même, auparavant, n'en voyaient qu'un ; deux lacs ou supposés tels au lieu d'un. Comme M. Schiaparelli est un grand astronome, il supposa que jusque-là les autres observateurs et lui-même s'étaient trompés et qu'il fallait tout changer, et cela fit beaucoup de bruit chez les astronomes et ailleurs. On en accusa l'atmosphère terrestre, l'atmosphère martienne, les verres de la lunette..... On a fait des expériences sur de petits ballons ou sphères..... Enfin, on a constaté que la *gémination apparente* dans les canaux de Mars tenait simplement à une diplopie de l'œil de M. Schiaparelli ou bien à une fatigue momentanée, c'est-à-dire que ce dédoublement apparent est un phénomène purement subjectif. Ce qui n'empêche en rien l'habitabilité de Mars.

Nous nous permettrons seulement d'avertir notre Docteur en droit canonique de ne pas oublier, quand il voudra bâtir une thèse sur l'autorité de M. Schiaparelli, comme cela lui est arrivé, de se rappeler que ce savant astronome voit parfois *double* et peut ainsi, involontairement, sans doute, l'induire en erreur.

3° Nous voudrions bien trouver bonne *la nouvelle théorie de M. Du Ligondès* sur la formation de Mars, vu surtout qu'il accorde à cette planète de la lumière, une chaleur suffisante, beaucoup d'humidité, des plantes et peut-être quelques animaux inférieurs ; mais nous ne le pouvons pas. Et, persuadé que M. Du Ligondès aime plus la vérité qu'une idée astronomique quelconque, nous nous permettons de lui faire quelques observations.

Comme nos intruments ne nous permettent pas de déterminer, d'une manière absolue, ce que nous pouvons entrevoir de nos planètes, que l'on est exposé, dans les observations, à une foule d'erreurs, il n'y a que l'analogie avec les faits terrestres, qui doive nous guider dans nos appréciations sur les phénomènes planétaires observés. Toutes les autres suppositions n'ont pas la moindre valeur, ni logique, ni scientifique. Avec des *si*, des *mais*, des *peut-être*...., il est facile de faire des hypothèses, mais qui ne tiennent pas devant le bon sens et la vérité. M. Du Ligondès nous semble ne pas tenir assez compte de cette méthode unique d'appréciation, ce qui lui fait se contredire, comme nous allons le faire voir. Vous prétendez :

1. « Que Mars est une planète à formation lente. » Mais c'est simplement une supposition, une hypothèse sans fondement. Pensez-vous que les planètes soient comme les fruits de nos champs et de nos vergers, dont les uns sont primes et les autres tardifs ? Et supposons que ce soit vrai, vous n'en savez rien et vous ne pouvez rien savoir.

2. Que Mars n'a eu son autonomie que beaucoup après la Terre. Nous savons que cette opinion a été émise pour quelques planètes, mais pas pour Mars, du moins à notre connaissance. Quoiqu'il en soit, c'est là une pure assertion, contraire à toutes les lois connues. Le triomphe de la force centrifuge sur la force centripète ou attractive se manifeste à l'extrémité du rayon vecteur où l'intensité de la première est plus grande et celle de la seconde moindre.

3. Que la planète Mars, « contrariée par les influences opposées de Jupiter et de la Terre, a subi des retards dans sa formation. » Les corps, libres dans l'espace ne subissent pas de contrariétés ; ils sont régis par des lois absolues qui les mettent toujours à leurs places. Mars est là, parce que c'est sa véritable position, qui résulte de sa quantité de matière et de celle de ses voisins, et, s'il se trouvait gêné dans ses mouvements et son évolution, il s'en irait ailleurs ; comme les étoiles filantes, il filerait. Les êtres vivants, plantes, animaux et hommes, empiètent les uns sur les autres, mais pas les corps célestes. De pareilles conceptions sont peu scientifiques.

4. Que « la réunion successive en un seul groupe des matériaux de Mars a été coupée par des intervalles de temps. » Mais vous ne pouvez absolument rien savoir à ce sujet. Sur

la Terre on peut connaître s'il y a eu cessation d'une formation et commencement d'une autre; les couches d'un arbre vous disent aussi, si un hiver rigoureux est venu interrompre la végétation; mais vos télescopes ne peuvent rien vous apprendre sur la structure interne de Mars.

Nous ne finirions pas, si nous voulions énumérer toutes les assertions gratuites de ce paragraphe.

Le paragraphe suivant n'est pas moins hypothétique, puisqu'on y trouve des hypothèses étayées par d'autres hypothèses.

Nous n'en citerons que cette assertion, qui nous semble sortir complètement des données scientifiques. C'est peut-être, parce que vous sentez bien la position fausse que vous prenez, que vous avez soin d'ajouter : « contrairement à ce qu'on pourrait croire » et vous avez raison; car ordinairement on n'aime pas à croire ce qui est peu croyable.

Donc vous dites : « les éléments de la surface de Mars doivent être plus denses que ceux de la couche superficielle du globe terrestre. »

Ce que vous énoncez-là déroge absolument à toutes les lois connues et aux opinions généralement admises. Nous comprenons bien que, vu la densité moyenne de Mars 2,8, vous ayez besoin de cette hypothèse pour soutenir votre théorie; un autre aimerait mieux y renoncer. Vous supposez que Mars a suivi dans sa formation une marche diamétralement opposée à celle qu'a suivie la Terre. Quelle preuve en avez-vous? Aucune. Et, sans aucun motif, vous vous mettez en contradiction avec les lois de la pesanteur, forces fondamentales, qui ont présidé à la formation des mondes, comme elles président à leur conservation; lois qui sont le point de départ de tout ordre et de toute harmonie. Ce que la Terre vous dit, c'est que les *mondes* se sont formés, comme l'exigent les lois de l'attraction, en laissant les substances les moins denses à l'extérieur. Ce serait facile à démontrer, mais c'est superflu.

Pour justifier cette assertion sans fondement et contraire aux lois qui gouvernent l'Univers, vous donnez des raisons qui n'ont aucune valeur scientifique. « Toutefois, dites-vous, il ne faudrait pas en conclure que ces matériaux forment des roches compactes comme nos granits et nos calcaires. Il paraît plus vraisemblable de leur attribuer une structure poreuse, à grain peu serré, qui les rend perméables à l'eau et facilement déformables. » — Mais en vertu de quelles lois supposez-vous une pareille formation? Et d'ailleurs, s'il en est ainsi, ces matériaux ne sont pas plus denses que la partie supérieure de notre planète. La densité de la ponce est de 2,37 à 2,53. Pourquoi encore « ces éléments qui, sur la terre, entrent dans la composition des lourds basaltes, donneraient-ils ailleurs des roches ayant la consistance de la pierre ponce? Dans ce cas, vous n'aurez pas la même densité : car la densité d'un corps est sa masse sous l'unité de volume. Partout entorse aux vérités scientifiques les plus élémentaires.

Mais voici qui est plus fort : « S'il existe, par exemple, dans Mars, beaucoup de matériaux provenant des combinaisons oxigénées ou sulfurées de fer, ces oxydes ou ces pyrites ont probablement une densité bien inférieure à 5, qui est environ celle des composés similaires de l'écorce terrestre. De telles substances peuvent parfaitement subsister dans une très forte proportion jusqu'à la surface du sol martien, sans que la densité moyenne du sol dépasse 2,80. »

Jusqu'à ce qu'on nous ait fourni une chimie martienne, ce qui n'est pas impossible, puisque, d'après M. Lowell, les canaux de Mars sont artificiels, jusqu'à ce qu'une chimie martienne nous prouve que les oxydes de fer, les sulfures de fer, les sulfures de plomb (galène) etc., etc., ont une moindre densité chez les martiens que chez les terriens, nous n'en croirons rien, tout en ne voulant point restreindre la liberté d'autrui. Et précisément, M. Du Ligondès nous fournit la raison de notre incrédulité. Il ajoute, en effet, « la communauté d'origine de toutes les planètes et le voisinage relatif de celles qui nous occupent font croire que les mêmes éléments qui abondent dans l'une d'entre elles, se trouvent avec une égale profusion dans l'autre. Il est donc probable que le fer qui prédomine à l'intérieur du noyau métallique en fusion sur lequel repose l'écorce solide du globe terrestre, a contribué pour une large part à la formation de Mars. »

Et, comme vous admettez l'unité de formation matérielle, nous nous demandons de quelle autorité vous changez la nature des substances? Les bolides ou météorites que les astres nous ont envoyés jusqu'à présent, avaient la même valeur chimique que la substance correspondante de la Terre. Quant « au sol à la fois poreux et dense », c'est simplement une contradiction.

Nous dirons volontiers avec l'auteur lui-même : « Sans doute, plus d'un géologue accueillera cette hypothèse avec incrédulité. Rien de semblable ne s'est vu dans la formation de l'écorce terrestre. » Les physiciens et les chimistes devront, pensons-nous, s'unir aux géologues, pour réclamer contre une théorie qui se met au-dessus de toutes les lois connues. M. Du Ligondès continue : « Ne semblera-t-elle pas un peu hasardée, la théorie orogénique qui fait intervenir sur Mars des forces diamétralement opposées à celles qui ont agi sur la terre, sa plus proche voisine? Si les planètes ont même origine et ont traversé les mêmes phases de condensation, on s'explique mal pourquoi, dans l'une d'elles, l'enveloppe deviendrait trop étroite pour contenir son noyau, puisque, dans l'autre, au contraire, c'est le noyau qui, diminuant de volume, fait rider son écorce. » Si l'auteur nous lit, son doute, nous l'espérons, se changera en certitude, et nous aimons à croire que le lecteur a déjà formé son jugement sur la question.

La conclusion de M. Du Ligondès est nécessairement du même genre que ses prémisses. Du reste, s'il a ainsi traité la question, c'est pour ne pas donner d'habitants à Mars.

Il y a beaucoup d'humidité, mais point de nuages, chose assez difficile à expliquer scientifiquement. Mais laissons lui la parole.

« En somme, dit-il, l'état actuel de Mars a quelque analogie avec celui de la Terre au début de l'ère primaire : même source de chaleur à la surface, même instabilité du sol. Mais, si pour la Terre, l'ère primaire peut-être considérée comme l'aurore d'un long jour dont l'apparition de l'homme marquerait le midi, la phase que traverse Mars ressemble plutôt à ce pâle crépuscule qui suit le déclin d'une courte journée d'hiver. »

« Quelles créatures peuvent vivre à l'ombre de ces forêts humides qui paraissent constituer toute la flore martienne ? On nous persuadera difficilement qu'elles soient placées bien haut dans l'échelle des êtres. Ces sombres marécages séparés par des déserts arides, s'ils ne sont pas eux-mêmes des déserts, semblent moins faits pour donner asile à des êtres pensants que pour servir de repaire à des représentants de ces races, aujourd'hui disparues, qui peuplaient la Terre pendant la période houillère et dont la réapparition, à l'heure actuelle, serait pour nous un objet de répulsion ou de terreur. Il faut donc accueillir avec défiance, ces trop séduisantes théories qui tendent à nous représenter les autres mondes comme autant de demeures privilégiées où la vie se développe largement dans un progrès sans fin. Plus nous étendons les limites de nos connaissances sur l'univers, plus nous voyons se rétrécir le cercle sous lequel peuvent se réaliser les conditions propres à entretenir la vie des êtres supérieurs, et plus nous devons croire que l'homme, sur la Terre, est la créature la plus parfaite du monde solaire. »

Telle est la conclusion de M. Du Ligondès.

Du moins, il ne fait pas les habitants de Mars glacer d'un côté et rôtir de l'autre; c'est beaucoup.

Nous ne comprenons cependant pas bien comment Mars soit en même temps enfant et vieillard, aurore et crépuscule. L'enfance des planètes comme des hommes est humide, mais la vieillesse est toujours desséchée. Nous ne comprenons pas non plus que des « sombres marécages » soient toujours séparés, sans la moindre transition, « par des déserts arides. »

Je trouve plus près de la vérité les conclusions de M. Flammarion. En montrant que la fusion des taches polaires pendant l'été est en contradiction manifeste avec l'hypothèse que les continents de Mars seraient des champs. M. Flammarion n'a pas eu de peine à réfuter cette conclusion. D'après lui, la douce température dont jouit la planète Mars est due à la présence, dans son atmosphère, d'une grande quantité de vapeur d'eau. C'est elle qui joue le plus grand rôle dans la conservation des rayons calorifiques reçus. Le pouvoir absorbant d'une molécule aqueuse est 16000 fois supérieur à celui d'une molécule d'air sec. Sans la vapeur d'eau ou quelque protection analogue, notre planète resterait constamment glacée[1].

Nous nous sommes arrêté bien longtemps; c'était une nécessité. Enfin, nous concluons que, M. Schiaparelli étant exposé à la diplopie, il ne faut recevoir ses observations astronomiques que sous bénéfice d'inventaire; que M. Meunier et MM. Antoniadi et Moreux ne sont pas d'accord sur le nombre et la nature des canaux de Mars; que MM. Fizeau et Flammarion se contredisent sur l'état chaud ou froid de la planète; que MM. Antoniadi et Lowel prétendent contre M. Flammarion qu'il n'y a presque pas de vapeur sur Mars; M. Du Ligondès admet une humidité extraordinaire, tout en voulant rester d'accord, en général, avec MM. Antoniadi et Lowel.

En face de ces contradictions, il ne reste qu'une conclusion raisonnable, c'est que Mars est parfaitement habitable.

IV. Les petites planètes. — La loi de Bode exigeait une planète entre Mars et Jupiter; on a découvert, dans un champ de plus de 100 millions de lieues, non une, mais un grand nombre. L'Annuaire du Bureau des Longitudes enregistre 458 pour 1899, et leur nombre va chaque année en augmentant. Où s'arrêtera-t-il?

1. *Flammarion.* La planète Mars, *page* 416.

D'après Le Verrier, ce nombre pourrait atteindre 150 mille et leur masse totale ne dépasserait pas le quart de la masse de la Terre.

La découverte de ces astéroïdes ne remonte pas plus loin que le XIX° siècle ; c'est le premier janvier 1801 que Piazzi, directeur de l'observatoire de Palerme, découvrit *Cérès ;* en 1802, Olbers découvrit *Pallas* et *Vesta,* en 1807 ; *Junon* fut aperçue par Harding, en 1804.

Toutes ces petites planètes sont depuis la 7° grandeur jusqu'à la 11° et au delà ; cependant, une bonne vue peut apercevoir Vesta, quand on sait où elle est ; c'est la plus brillante des planètes télescopiques. Le diamètre de Vesta, qui est la plus grosse des petites planètes, n'est guère que de 123 lieues (492 kilom. ; toutes les autres sont de moindre dimension[1].

Les orbites de ces planètes sont complètement entrelacés et, cependant, il n'y a pas de rencontres. Elles décrivent leurs orbites entre 992 et 3060 jours.

La lumière et la chaleur ne leur manquent pas. Leur constitution physique et chimique paraît ne s'éloigner guère de celle des grandes planètes ; elles sont entourées, en général, d'une atmosphère beaucoup plus étendue que celle de la terre et probablement moins dense ; cela tient à la pesanteur qui est peu considérable, si on leur applique les lois de notre planète. Schroeter donne jusqu'à 276 lieues à l'atmosphère de Cérès et 192 lieues à celle de Pallas[2].

Ces planètes minuscules sont-elles habitées ? Rien ne s'y oppose. Leur petitesse n'est pas un obstacle ; il y a moins de différence entre ces astéroïdes lilliputiens et nous, qu'entre nous et Jupiter.

En effet, en admettant avec Madler que le diamètre de Vesta soit de 123 lieues, son volume ne serait que $\frac{1}{6440}$ du vo-

[1]. C'est Madler qui a le mieux mesuré le diamètre de Vesta, et qui l'a fixé à 123 lieues (492 kilom.)

[2]. On a constaté, dans ces derniers temps, que l'atmosphère de ces petites planètes est moins étendue que celle que donne Schroeter.

lume de la Terre ; tandis que le volume de la Terre n'est que le $\frac{1}{1414350}$ du volume de Jupiter ; le $\frac{1}{734359}$ de celui de Saturne ; le $\frac{1}{81972}$ de celui d'Uranus et le $\frac{1}{105087}$ de celui de Neptune.[1]

Nier leur habitabilité, serait nous exposer à être traités de même par les habitants des grandes planètes.

Quant à partir de leur peu de grandeur, pour dire que ce sont « des blocs de rochers errants », ce n'est pas sérieux. Il serait même plus difficile de prouver cette assertion, que de démontrer leur habitabilité. Il faut une certaine dose d'ignorance des lois de la nature, pour avancer une pareille proposition.

Certes, loin de nous de prétendre que toutes les petites planètes soient habitées; nous ne faisons que constater la futilité des raisons que l'on met en avant pour nier cette possibilité, qui a pour elle l'analogie qui existe entre ces planètes et la Terre.

V. Jupiter. — Jupiter est la plus grande des planètes et la plus brillante, avec Vénus dont l'éclat est parfois inférieur au sien.

Jupiter tourne sur lui-même en 9 h. 55' 36". Son axe n'est incliné que de 3° sur l'équateur; ce qui fait qu'il s'écarte peu de la perpendicularité.

Son orbite est aussi très peu inclinée sur l'écliptique (1° 10' 52").

Par le fait, Jupiter n'a donc ni climats, ni saisons. Les jours ont toujours la même durée et la température décroît lentement de l'équateur aux pôles; c'est un printemps perpétuel.

---

1. M. Flammarion donne des nombres un peu différents : pour Jupiter $\frac{1}{1\,234\,000}$; pour Saturne $\frac{1}{864\,690}$; pour Uranus $\frac{1}{75\,250}$; pour Neptune $\frac{1}{85\,000}$

Il emploie 4332 jours, ou 11 ans 10 mois et 17 jours terrestres et 10 155 des siens, à parcourir son orbite autour du Soleil, avec une vitesse d'environ 278 750 lieues par jour ou 12 000 mètres par seconde, et gravite à une distance moyenne du Soleil de 192 500 000 lieues.

Sa densité est de 0,243 ou 2 fois 1/2 plus faible que celle de la Terre; cependant l'intensité de la pesanteur est 2 fois 1/2 plus forte que sur la Terre.

Son atmosphère est élevée, dense et saturée de vapeur d'eau; sa température est probablement plus élevée que sur la Terre.

Il est 1230 fois plus volumineux que notre planète. Pendant longtemps, on ne lui connaissait que quatre satellites ou lunes, d'une assez forte dimension; mais, en septembre 1892, M. Bernard a découvert un cinquième; en sorte que ses nuits ne sont pas ténébreuses; car ces satellites sont autrement considérables que le nôtre.

La vie existe-t-elle sur Jupiter? Nous n'oserions rien avancer, du moment que nous n'avons pu « scalper quelques Joviens » pour apporter, en preuve, la peau de la tête avec les cheveux, ou déterrer quelque mort, pour montrer son squelette, puisque certains Docteurs n'acceptent d'autres preuves que celles qui sont ainsi tangibles. Cependant, en vertu de l'axiome : *quod gratis negatur, gratis affirmatur* et réciproquement, nous nous permettons de croire qu'on pourrait se loger assez confortablement dans quelque coin de ce vaste pays.

Évidemment ceux qui sont pris de cette cruelle maladie, qu'on pourrait nommer la misanthropie des êtres exotiques, ne peuvent être de notre avis; c'est un besoin pour eux d'aboyer à tous les astres, comme certains animaux aboient à la Lune.

Examinons les trois objections principales que l'on peut faire à l'habitabilité de Jupiter.

1° *Sa densité.* — Sa densité est si minime que son sol « se déroberait sous les pas des habitants. » Ce serait évidemment très grave et l'on ferait un voyage fort déplaisant, que Jules Verne n'a osé conseiller à personne. Pour prouver leur thèse, les chauvins terrestres faussent encore les notions ordinairement reçues. Ainsi, cette densité « est cinq fois moindre que celle de la Terre et un peu supérieure à celle de l'eau. » C'est simplement prouver son assertion par deux faussetés. Quelques auteurs ne donnent que 5,40 à la densité moyenne de la Terre; dans ce cas la différence serait $5,40 - 1,35$ (densité généralement admise pour Jupiter) $= 4,05$; mais admettons $5,55 - 1,35 = 4,20$; cette différence est loin de 5. Sans doute, la densité 1,35 n'est supérieure à celle de l'eau que de 0,35; mais en pareille matière, on ne néglige pas de telles quantités, qui sont réellement considérables dans la question qui nous occupe. Quelle est donc, pensez-vous, la densité de la terre que vous foulez aux pieds, dans nos champs, dans nos prairies? L'Agenda du chimiste vous donne : « Terre arable argileuse $= 1,240$ » et si le sol n'est pas argileux, elle ne sera que 1,20. Ce sol cède-t-il sous vos pieds? Et les bois? Aucun d'eux, quand ils sont secs, n'atteint 1, excepté l'ébène qui a 1,239; le chêne n'a que 0,785. S'enfonce-t-on dans nos champs? dans nos prairies? dans nos planchers?

2° *L'aplatissement des pôles.*

Quant à prendre l'aplatissement des pôles de Jupiter comme preuve de son peu de densité, c'est tout bonnement se moquer du lecteur et lui supposer une bonne dose d'ignorance. Cet aplatissement, considérable, il est vrai, est parfaitement en rapport avec la masse de Jupiter et avec sa vitesse de rotation. Pense-t-on que cet aplatissement diminuera, lorsque la planète deviendra plus dense? Ce n'est pas sérieux!

Et faut-il le dire? *On ne connaît la densité d'aucun astre.* De fait, le point de départ pour cette connaissance, ou, si l'on aime mieux, la base, c'est la densité de la Terre. Mais, on ne connaît nullement la densité de la Terre, puisque entre des auteurs, tous compétents, il y a une fluctuation de

4,40 à 7 ou 7,50 et puis vous allez multiplier un nombre quelconque, compris entre ces deux extrêmes, par des cent mille kilomètres. Et encore, si l'on était sûr des distances? Mais on ne l'est pas. S'il s'agit du Soleil, qui est la première station importante, on vous dira bien que sa distance de la Terre est *d'environ* 148.250.000 kilomètres et l'on aura soin d'ajouter : « l'incertitude de cette distance est de + ou — 113 rayons terrestres, et il s'agit du rayon de l'équateur égal à 6 377 398 mètres, ou 720 040 kilomètres (100 164 lieues) »[1]. On ne connaît donc qu'approximativement le volume, la masse, la densité, le poids,... du Soleil et des autres astres.

Cette approximation suffit pour donner une idée générale du rapport qui existe entre les corps célestes, mais nullement pour tirer de ces données des conclusions comme celles dont abuse l'auteur dont nous parlons.

---

1. Nous avons dit qu'il n'y avait pas de certitude sur la densité des astres et que, par conséquent, c'était un abus de poser cette densité comme une impossibilité à leur habitation.

Nous trouvons, dans le *Cosmos* du 23 novembre 1895, un article sur la petite planète D.Q. par M. V. de Fonvielle qui va servir de preuve à ce que nous avons avancé. Voici ses paroles :

« En 1924, la planète D.Q. sera donc le but d'observations universelles, comme l'a été Vénus, lors de son passage, en 1874 et en 1882. C'est alors que les incertitudes sur la valeur pour laquelle on a conservé provisoirement la valeur de 8",86 indiquée par Leverrier pourra être fixée définitivement, car un grand nombre d'astronomes ont adopté la valeur de 8",80 qui leur paraît résulter de la discussion des passages de Vénus, que l'on n'a point encore eu le temps de terminer, ce qui laisse en discussion une différence de 0",06. Afin d'apprécier où l'on en est et l'importance du service que D.Q. vient rendre à la science, il est bon de savoir qu'une différence de 0",01 représente une variation de distance de 170.000 kilomètres, de sorte que l'incertitude officiellement admise sur la longueur fondamentale servant de base à toutes les déterminations astronomiques est de près d'un demi milliard de mètres!! »

Après les études sur la conjonction de D.Q. « La précision avec laquelle on connaîtra la distance du Soleil à la Terre au lieu d'être un demi milliard de mètres, sera réduite à une centaine de millions. »

Sans doute ces calculs approximatifs suffisent pour faire savoir

Sans doute, le dernier passage de Vénus sur le Soleil aura permis de rectifier la parallaxe solaire ; mais il reste toujours des sources d'erreur, qu'il serait trop long d'énumérer et l'on peut dire que les calculs resteront toujours approximatifs. D'un autre côté, a-t-on refait tous les calculs, depuis le dernier passage? Non, et, par conséquent, les résultats que l'on possède, sont loin d'être exacts.

Si l'on ne s'enfonce pas dans le sol, comme dans un bourbier, va-t-on du moins être écrasé par la pesanteur? La chose aurait pu arriver, si la Nature n'avait été guidée par la divine Sagesse qui était avec elle, disposant toutes choses, mettant chaque chose au point véritable[1]. Heureusement cette Sagesse a quelque chose de plus qu'un Docteur quelconque. Les auteurs nous disent que « cette immense planète tourne sur elle-même avec une telle impétuosité que ses jours et ses nuits ne sont pas même de 5 heures.

« A l'équateur, un point quelconque tourne avec une vitesse de 12 450 mètres par seconde, 26 fois plus vite qu'un point de l'équateur terrestre. L'aplatissement des pôles et les bandes que l'on remarque sur Jupiter paraissent dus à cette rapidité de rotation. »

Voilà, nous le croyons, tout arrangé pour le mieux, grâce à la Sagesse infinie qui a tout composé. Sans cette forte attraction, les Joviens, s'il y en a, seraient tous partis, malgré eux, faire des voyages dans leurs satellites, ce qui n'aurait pas agréé à tout le monde. On sait que si notre terre tour-

---

qu'il y a une différence entre les éloignements des astres; mais, quand il s'agit de leur densité, c'est un abus d'en tirer des conclusions rigoureuses. Puisque nous n'avons jusqu'à présent que des calculs basés sur la parallaxe = 8",86, il peut se faire qu'il y ait en réalité un milliard et non un demi milliard d'erreur. En effet, 0"01 donne une variation de distance de 170 000 kilomètres; 0" 06 donneront 170 000 × 6 = 1 020 000 kilom. ou un milliard de mètres et cela en chiffres ronds : car il nous semble que des millions ne sont pas à dédaigner. Faites ensuite entrer cette base fautive dans de grands calculs.

1. Cum eo eram cuncta componens. Prov. VIII, 30.

naît 17 fois plus vite, l'attraction serait nulle et nous ne pèserions pas un gramme chacun ; et avec 26 fois, nous irions tous voyager dans la Lune où nous serions fort mal, d'après notre Docteur en droit canonique. L'attraction de Jupiter, au lieu d'écraser les indigènes de cette planète, les empêche seulement de faire des voltiges désordonnées.

Par le fait même, le poids des hommes se trouve réduit à l'état normal, c'est-à-dire 80 à 90 kilos, même un peu moins, car la vitesse de rotation est de 12,50. Il y a, nous n'en doutons pas, les *hommes gras de l'Amérique*, et les phénomènes qu'on exhibe en France ; mais le commun peut assez facilement se traîner sur les chemins de la vie.

Quant à l'air et aux autres gaz, ils sont aussi dans l'état normal des êtres de cette espèce, c'est-à-dire gazeux et aériformes ; mais, si « l'air et les autres gaz doivent être au moins liquéfiés, et s'ils étaient solidifiés... », ce ne serait point une raison pour nier l'habitabilité de Jupiter, puisque les Joviens pourraient respirer comme les poissons, sans en avoir les appendices, être même amphibies, puisque la Terre produit des êtres de cette espèce. Et si, par hasard, l'atmosphère était solidifiée, il y aurait encore moyen de se tirer d'affaire, avec un peu d'ingéniosité. Comment? On couperait des tranches dans cette atmosphère solide que les gourmands mangeraient...et que les délicats suceraient, comme nous le faisions jadis, pour les bâtons de sucre d'orge mondé.

Plus tard, devenus grands, selon le caractère, les uns priseraient cette atmosphère réduite en poudre, les autres la fumeraient, les autres feraient ce que les marins font pour le tabac. Pouah ! dites-vous. Oh ! ne soyons pas si délicats ! Sans parler des Chinois qui mangent bien des nids d'hirondelles, les Arabes mangent le marc de café.

Et cette atmosphère solide serait à la fois respiratoire et nutritive. Respiratoire, puisqu'elle suffit sur la Terre ; nutritive, puisqu'elle contient de l'azote, de l'oxygène, de l'hydrogène, du carbone, du phosphore...

On voudra bien nous pardonner ce peu de fantaisie.

D'ailleurs, il y a des aberrations qui ne se réfutent que par le ridicule.

3° *La lumière et la chaleur sur Jupiter.* Sur ce point le Docteur en droit canonique, qui ne veut absolument d'êtres vivants nulle part que dans son village, commence par deux grosses faussetés.

Il commence par nous dire que « la température moyenne de nos régions tropicales ne dépasse point 25 degrés centigrades à l'équateur thermique. » Quand il s'agit de Mercure, notre Docteur fixe « la température de notre équateur thermique à 28 ou 29 degrés », parce qu'il avait besoin de calciner les habitants de cette planète ; sur Jupiter, parce qu'il faut les faire geler, cette chaleur n'est plus que de 25 degrés.

Mais, Docteur en droit canonique, c'est de la comédie. Et vous commettez cette énormité, de la page 253 à la page 263 inclusivement ; c'est-à-dire à 11 pages de distance. Qu'on oublie dans un ouvrage ce qu'on a écrit dans un autre, cela se comprend ; mais qu'on ne sache pas ce qu'on a dit quelques pages plus haut, c'est un peu raide.

Quoiqu'il en soit, d'après vos chiffres, quand il s'agit de Mercure, il reste sur Jupiter une augmentation de 4° de température, c'est quelque chose !

Mais, comme nous l'avons fait voir, en citant Ganot, la moyenne de l'Abyssinie est de 31 degrés, ce qui porterait son maximum à 41°,32, soit 2 degrés de plus pour Jupiter, rien que de ce chef ; ce qui fait monter sa température à une moyenne de 6 degrés.

Nous pourrions parler en connaissance de cause, ayant habité les pays tropicaux, mais ce serait du superflu.

La prétendue température de 25° que donne notre Docteur est la température moyenne à l'ombre et nullement au soleil et pourtant notre astronome n'en soufflera pas *un traître mot* ; cela nuirait à sa thèse. Pourtant il ne peut avoir la prétention de donner un parasol à ce colosse ! Quelle serait la quantité de chaleur qu'il reçoit alors du soleil ? Exposez votre thermomètre aux rayons de l'astre du jour et vous pourrez en juger; ou mieux, allez en Abyssinie et reposez-vous au soleil, vous en ferez l'expérience à vos dépens.

La même mauvaise foi existe pour déterminer la diminution de la chaleur et de la lumière sur Jupiter à cause de sa distance du Soleil. La distance moyenne de Jupiter au Soleil est d'environ 192 500 000 lieues et la distance moyenne de la Terre au Soleil 153 401 215 kilomètres (38 372 680 lieues); ce dernier nombre multiplié par 5 = 191 864 020 lieues, quantité sensiblement égale à 192 500 000. Par conséquent, Jupiter n'est guère que 5 fois plus éloigné du Soleil que la Terre. C'est le nombre que donne tout le monde.

L'intensité de la lumière et de la chaleur est en raison inverse du carré des distances; donc Jupiter reçoit seulement 25 fois moins de chaleur que la Terre, et nullement 27, comme le dit notre auteur. Mais, nous demandera-t-on, pourquoi tromper ainsi le lecteur? Parce qu'à toute force, il fallait « mettre des *neiges éternelles* » sur Jupiter, pour gâter ce printemps perpétuel que d'autres y ont cru exister. Pour obtenir ce résultat, il n'y avait qu'à diminuer la chaleur équatoriale de notre planète et augmenter le froid sur Jupiter, ce qui a été fait. Pour que la neige fut éternelle, il fallait 25 degrés d'un côté et 27 degrés de l'autre; ce qui fait constamment 2° au-dessous de zéro à l'équateur jovien, et l'on a pu chanter victoire : « la zone torride de Jupiter aurait en moyenne une température au-dessous de zéro : ce printemps perpétuel, chanté avec tant de ravissement, équivaut à un froid hiver, et les neiges éternelles n'y seront pas inconnues. »

« Le printemps perpétuel » que presque tous les auteurs donnent à Jupiter, déclanche la judiciaire de notre Docteur, et il part dans le vide, de manière à faire hurler tous les mots de la langue française, étonnés de se trouver dans ce mouvement désespéré. Écoutez : « la zone torride de Jupiter aurait en moyenne une température au-dessous de zéro. » Voilà, convenons-en, une drôle de zone *torride* qui est *au-dessous de zéro*. En s'emballant contre les romanciers roses, on devient romancier noir et défait, voici ce qu'il écrit :

« Telles sont les *zones torrides* de cette planète privilégiée ; les autres parties de la surface sont moins favorisées encore. Elles seront d'autant moins chaudes évidemment qu'elles s'approcheront d'avantage des pôles, car elles recevront les rayons solaires, moins directement[1], quoique à toutes les latitudes les jours et les nuits doivent avoir constamment la même durée, à cause du peu d'inclinaison de l'axe de rotation. Enfin, les régions polaires seront d'autant plus froides et plus obscures que l'aplatissement, résultant de son mouvement si rapide, est très considérable, comme nous l'avons dit. Dans cette disposition, elles échapperont presque complètement aux radiations vivifiantes du Soleil.

« Nous en convenons, toutes les contrées d'une même latitude recevront constamment à peu près la même somme de lumière et de chaleur, mais nous nous demandons quel est l'avantage de cette monotone et froide uniformité. Est-ce un privilège de ne point connaître les changements de saison, quand on est perpétuellement dans un hiver glacial ? Quel triste séjour ! quels paysages désolés ! Quels terrains stériles et nus ! »

Ce que nous avons dit répond suffisamment à ces jérémiades qui reposent sur des erreurs ; serrons cependant la question de plus près.

Nous avons vu qu'en vertu de la distance, la diminution de la chaleur sur Jupiter n'est nullement 27 fois, mais seulement 25 ; nous allons voir que ce n'est pas même 25.

En effet, la loi de l'intensité de la lumière et de la chaleur en raison inverse du carré des distances, n'est vraie absolument que quand les rayons soit lumineux, soit calorifiques sont divergents ; pour les rayons parallèles, l'intensité reste constante, du moins dans le vide[2]. Or, les rayons émis par

---

1. Moins *directement..* Est-ce que les rayons solaires vont en zigzag vers les pôles ?
2. Nous citons Ganot, p. 516, qui fait la remarque suivante, après la première loi de la chaleur : « Il importe d'observer que cette loi ne

le Soleil vers Jupiter ne partent pas d'un même point; mais d'une infinité de points de la surface et peuvent, par conséquent, être considérés comme parallèles; la loi ne leur est donc pas applicable dans toute sa rigueur[1].

La seconde loi pour l'intensité de la lumière et de la chaleur s'exprime ainsi : « La quantité de chaleur reçue obliquement est proportionnelle au cosinus de l'angle que font les rayons calorifiques et lumineux avec la normale à la surface chauffée ou éclairée. »

Ce qui veut dire en langage ordinaire, que l'échauffement et l'éclairage, toutes choses égales d'ailleurs, sont d'autant moins intenses que les rayons sont plus inclinés ou plus obliques, dans le rapport du cosinus, sur la surface qui les reçoit[2].

Cette loi est également vraie, pour les rayons émis obliquement. La seconde loi confirme la première dans le sens que nous lui avons donné. Si l'obliquité du rayon incident devient nulle, c'est-à-dire si ce rayon est perpendiculaire à la surface chauffée et éclairée, l'intensité ne diminue pas. Si le rayon incident devient tangent, son intensité devient nulle. Ces vérités scientifiques, vous pouvez les constater, comme nous l'avons dit plus haut, en mettant votre main au-dessus et à côté d'une bougie allumée.

Qu'est-ce qui fait, en définitif, la chaleur des pays inter-

---

s'applique qu'aux rayons calorifiques *divergents;* pour les rayons *parallèles, l'intensité est la même à toutes les distances*, abstraction faite de l'absorption par les milieux que la chaleur traverse. »

A la page 580, où il traite de la Lumière, il fait une remarque analogue : « C'est la divergence des rayons lumineux émis par la source, qui fait varier l'intensité de l'éclairement en raison inverse du carré de la distance. *Pour les rayons lumineux parallèles, l'intensité reste constante*, dans le vide du moins, car dans l'air et dans les autres milieux transparents, l'intensité de la lumière parallèle décroît elle-même par suite de l'absorption du milieu. »

1. La surface du Soleil est de 12 557,444 comparée à celle de la terre, tandis que celle de Jupiter n'est que 125.

2. On sait que sin. 90 = cosin. 0 et réciproquement.

tropicaux. Est-ce un plus grand rapprochement du Soleil? Nullement, mais la perpendicularité des rayons solaires sur la surface terrestre. Qu'est-ce qui fait le froid de la Suède, de la Norwège, de la Sibérie? Est-ce la distance de l'astre vivificateur? Non, elle ne compte pas, ce sont quelques kilomètres; c'est l'obliquité des rayons. Qu'est-ce qui nous donne l'été dans notre hémisphère? Est-ce notre rapprochement du soleil? Tous ceux qui ont quelques notions de cosmographie savent, au contraire, qu'en hiver, nous sommes au périhélie ou plus près du Soleil, et, en été, à l'aphélie ou au plus loin de l'astre du jour. Pour rendre cette vérité plus sensible, exprimons-la en chiffres. D'après Focillon, on estime qu'au périgée (périhélie) la distance au soleil est de 23.600 rayons terrestres, et 34.400 à l'apogée (aphélie), ce qui représente 150.497.000 et 155.598.000 kilomètres. C'est un peu plus de 13 fois la distance de la Lune à la Terre.

Voilà, il nous semble, une preuve évidente que la distance n'a qu'une part minime dans l'intensité soit de la chaleur, soit de la lumière, et que le principal facteur est la direction des rayons calorifiques ou lumineux, leur perpendicularité ou leur obliquité; car 5.101.000 kilomètres ne sont pas à dédaigner.

Ceci posé, quelle est, à ce point de vue, la position de Jupiter par rapport au Soleil? C'est que son axe de rotation est à peu près perpendiculaire au plan de son orbite, en sorte que ce plan se confond presque avec celui de l'équateur de la planète. Par conséquent, les rayons calorifiques et lumineux, qui viennent du Soleil, tombent presque perpendiculairement sur Jupiter; il n'y a donc diminution ni de chaleur, ni de lumière et nous comprenons que l'abbé Pioger ait écrit : « Température de Jupiter. Probablement plus élevée que sur Terre. » Toutes ses zones sont tropicales; c'est pourquoi on peut dire que c'est un printemps ou un été perpétuel.

Qu'en est-il des pôles de Jupiter? Sont-ils glacés, comme on voudrait le faire croire? Nullement. Ce qui fait que les pôles terrestres sont si froids, c'est que l'axe de rotation de la Terre est incliné de 23° sur le plan de l'équateur, en sorte qu'ils sont longtemps privés de la chaleur solaire ou ne la reçoivent qu'obliquement ; il en est tout autrement sur Jupiter. En outre, comme l'aplatissement des pôles est considérable, $\frac{1}{17}$ du rayon de l'équateur ou 4203 kilom. 704, il s'en suit que les rayons solaires les rasent constamment, même dans le temps qui n'est pas l'hiver d'un pôle donné. Jupiter est donc loin de manquer de chaleur et jouit d'une température très uniforme. Pour les mêmes raisons, il est fort bien éclairé le jour et ses courtes nuits sont éclairées par cinq satellites[1] dont trois au moins sont plus considérables que notre satellite.[2]

Nous croyons avoir dissipé tous les nuages, fondu « les neiges et les glaces éternelles » et éclairé les ténèbres dont on avait entouré Jupiter ; en un mot, enlevé tous les obstacles qui s'opposaient à son habitabilité, excepté sa formation, et nous croyons devoir terminer par ces paroles de M. l'abbé Pioger : « Si ce globe, formé avant nous, n'est pas encore assez solidifié à cause de son immense grosseur, s'il n'est encore qu'à l'état où était le nôtre aux premières époques géologiques, la vie a commencé à s'y manifester et continuera de s'accentuer de plus en plus. C'est la conclusion la plus rationnelle que nous puissions donner, à moins de supposer une vie exceptionnelle sur cet astre si volumineux. Qui sait ? Quelle soit brin d'herbe ou l'esprit le plus supérieur, qu'importe. »

Donc « que Jupiter soit actuellement habité, qu'il l'ait été hier, ou qu'il le soit demain, peu importe à la grande, à l'éternelle philosophie de la nature ! La vie est le but de sa formation, comme elle a été le but de la formation de la Terre. Tout est là. Le moment, l'heure n'y font rien. »

Pour Dieu, le présent est toujours éternel !

Quant aux satellites de Jupiter, nous n'hésitons pas à

---

1. En 1892 on a découvert le 5ᵐᵉ.
2. Le diamètre de la Terre étant 1, le diamètre de la Lune est 0,2719 (3460 kilomètres) ; Io = 0,32 ; Europe = 0,27 ; Ganymède = 0,47 ; Callisto = 0,33. On ignore encore les éléments du 5ᵐᵉ.

conclure à leur habitabilité. Ces lunes, comme la nôtre, sont plus avancées que leur planète.

VI. Saturne. — Le plus extraordinaire des astres connus jusqu'ici, c'est Saturne. Il possède huit lunes, dont quelqu'une subit constamment des éclipses, et est entouré d'un anneau non adhérent à son globe. Cet anneau est incliné sur l'écliptique, mais coïncide avec le plan de l'équateur de la planète. Il est composé de deux ou de trois anneaux concentriques, situés presque dans le même plan. L'anneau le plus extérieur a une largeur de 4 100 lieues (16 400 kilomètres) et l'autre de 6 800 lieues (27 200 kilomètres.)

L'intervalle qui les sépare est de 700 lieues (2800 kilomètres). La largeur totale du double anneau est donc de 11 600 lieues (46 400 kilomètres).

Enfin 9 100 lieues (36 400 kilomètres) les séparent du corps de la planète. Les parties extérieures des anneaux sont lumineuses, les intérieures sont plus obscures.

Le diamètre équatorial de Saturne est de 128 000 kilomètres. Il tourne sur lui-même en 10 heures 18′, quoique sa circonférence équatoriale soit de 402 124 kilomètres 800. L'aplatissement de ses pôles est 1/9 de son diamètre ou 128000/9 = 13555.[1]

Il décrit son orbite en 29 ans 181 jours 4 heures.

Voici ses distances du Soleil { périhélie... 332 500 000 lieues ; moyenne... 352 750 000 ... aphélie... 372 500 000 .. }

Il y a une différence de 40 000 000 lieues entre son périhélie et son aphélie. L'excentricité est de 0,0561.

De saturne, le soleil paraît 10 fois plus petit en diamètre

---

[1]. Les auteurs ne sont pas d'accord sur la longueur des deux diamètres. M. Flammarion donne le diamètre { équatorial 30500 lieues polaire 27450 lieues. } 30500 — 27450 = 3050, dont la moitié = 1525 lieues pour l'aplatissement de chaque pôle ou 6100 kilomètres.

que de la Terre, puisqu'il est 10 fois plus éloigné, et il lui envoie 90 fois moins de lumière et de chaleur, car sa surface est 90 fois moindre (0,011).

L'inclinaison de son axe est de 64°, 18' au plan de l'orbite; l'obliquité de l'écliptique est donc 25° 42', presque celle de la Terre. Aussi chaque saison, qui dure 7 ans 9 mois, diffère peu des nôtres en été et en hiver. Chaque pôle et chaque côté de l'anneau restent 14 ans et 8 mois sans soleil.

Il est démontré que Saturne possède une atmosphère assez dense.

Aux époques qui correspondent à l'hiver, on voit chacun des deux pôles blanchir alternativement, pendant qu'au contraire, durand l'été ils deviennent très obscurs. Il faut donc conclure qu'il y a neige et fonte de neige.

Sa densité, dit-on, comparée à celle de la Terre, est seulement 0,14 et, par conséquent, son poids spécifique est 0,777.

Que conclure maintenant sur l'habitabilité de Saturne?

Il ne faut pas manquer d'appliquer à Saturne ce que nous avons dit en parlant de Jupiter, sur la lumière, la chaleur et la densité.

1° Pour la lumière, nous pouvons dire avec Huygens :

« Les habitants de Saturne n'ont pas plus à se plaindre que les hiboux et les chauves-souris du peu de lumière qu'ils reçoivent du soleil, car il leur est plus avantageux et plus agréable de jouir de la lumière du crépuscule ou de celle qui reste pendant la nuit que de celle qui nous éclaire pendant le jour. »

D'après Huygens, « ce qui réjouit nos yeux et embellit le paysage, ce n'est pas incontestablement une claire lumière et les mille nuances dont elle peint les objets, mais une lumière appropriée à l'organe de vision, et la preuve, c'est que les nyctères, les nycticèbes et tous les nyctalopes possibles aiment mieux le crépuscule que la claire lumière du jour. C'est la somme de lumière qui leur convient ».

Il est évident qu'aucun homme de bon sens ne peut nier la possibilité d'un tel état de choses, puisque la nature l'a réalisé sur notre planète, où il n'était pas indispensable. Si donc la chose est nécessaire, à plus forte raison, la Sagesse, qui régit la création toute entière, a dû la réaliser. Elle ne fait pas une chose accessoire sur la Terre, sans s'en mettre en peine, quand dans les autres mondes ce serait un résultat utile, autrement ce ne serait pas de la sagesse et voilà comment on est porté à croire qu'il doit en être ainsi.

Quant à prétendre que l'argument suivant a quelque valeur, c'est être, en logique, non seulement nyctalope, mais aveugle et les mânes d'Aristote ont dû se révolter, en entendant formuler un pareil raisonnement. Le voici : « S'ils (les Saturniens) le sont tous (nyctalopes), pour ce seul motif qu'ils fait nuit chez eux, il semble que, pour une raison identique, les nyctalopes devraient abonder dans nos régions polaires, et que les habitants de nos zones torrides devraient avoir des yeux capables, comme ceux de l'aigle, de fixer le soleil. Or, il n'est pas démontré que les nyctalopes soient plus nombreux en Laponie ou au Groenland que partout ailleurs, et il est établi, au contraire, que les animaux vivant dans les cavernes souterraines sont généralement aveugles. »

Voilà où l'on arrive, quand on raisonne sous l'influence d'une idée. Heureusement que la Nature (la divine Sagesse) n'avait pas notre Docteur en droit canonique, ni pour conseiller, ni pour guide.

Les choses ne sont pas comme elles devraient être, selon notre Docteur, parce qu'il n'y a nullement identité entre les Saturniens et les Terriens. D'après lui, « Saturne gravite dans une *perpétuelle* obscurité; les jours ne doivent guère se distinguer des nuits. » La nyctalopie peut donc leur être fort utile, comme aux hiboux et à tous les vespertiliens. Mais, Docteur, en jetant un coup d'œil sur votre géographie et votre cosmographie, vous auriez su que les Lapons, les Esquimaux, les Groenlandais, etc., sont loin d'être dans une *perpétuelle* obscurité, puisque la quantité de jour dont ils jouissent, est supérieure à celle de la nuit. On sait qu'à Paris, pendant près de trois semaines, la nuit ne se ferme

— 192 —

pas. Vous sauriez aussi que dans les pays tropicaux les jours et les nuits sont presque d'égale longueur. Et voilà pourquoi les Lapons et les Groenlandais ne sont pas nyctalopes; ils seraient bien malheureux avec un jour de 161 fois 24 heures; les habitants des régions tropicales n'ont que faire « d'yeux capables, comme ceux de l'aigle, de fixer le soleil », puisqu'ils peuvent dormir 12 heures par jour dans une obscurité parfaite.[1]

Etes-vous bien sûr d'ailleurs que « l'aigle ait des yeux capables de fixer le Soleil? » nulle part vous n'en trouverez la preuve. C'est comme le phénix qui renaît de ses cendres, comme le pélican qui se déchire le sein, pour faire boire son sang à sa couvée. Les aigles volent haut et ont la vue perçante; c'est tout. Les qualités qu'on attribue à ces animaux sont des figures, des symboles ou des métaphores; les considérer comme des vérités scientifiques et se proclamer victorieux au nom de la science « ce qui est moins enthousiaste, mais plus sûre, » c'est faire de la science avec les contes de la Mère l'Oie.

---

1. Durée de la plus longue et de la plus courte journée à diverses latitudes de notre hémisphère boréal.

Lieux très voisins de ces latitudes	latitudes	Jour le plus long	Jour le plus court
Quito (Pérou)	0°	12h. 0m.	12h. 0m.
Caracas (Vénézuéla)	10°	12h. 35m.	11h. 25m.
Santiago (Cuba)	20°	13h. 13m.	10h. 47m.
Le Caire (Égypte)	30°	13h. 56m.	10h. 4m.
Tolède (Espagne)	40°	14h. 54m.	9h. 9m.
Paris	48° 50′	15h. 58m.	8h. 2m.
Prague (Bohême)	50°	16h. 9m.	7h. 54m.
Upsal (Suède)	60°	18h. 30m.	5h. 30m.
Cap Nord (Islande)	66° 3′	24h. 0m.	0h. 0m.
Iles Tromsen (Norvège)	70°	65 jours	60 jours nuits.
Nouvelle Sibérie	75°	103 »	97 » »
Spitzberg	80°	134 »	127 » »
Zone glaciale	85°	161 »	153 » »

Où avez-vous vu « établi que les animaux vivant dans les cavernes souterraines sont généralement aveugles? » Peut-être des animaux inférieurs, qui sont dépourvus d'yeux ailleurs que dans les cavernes souterraines; quelques Articulés, tels que les Enthelminthes, les Cercaires, les Acarides... Les ordres inférieurs des Mollusques : les Acalèphes, les Polypes, les Echinodermes, les Entozoaires et les Infusoires, en sont également privés. Comme nous l'avons dit plus haut, le Challenger a retiré de la mer, à 7000 mètres de profondeur, des poissons qui n'avaient que des yeux rudimentaires. Nous croyons, en effet, qu'à cette profondeur des yeux seraient superflus.

Mais voici un comble que vous avez sans doute pris dans les Contes de Fées ou dans les Mille et une Nuits.

« Du reste, dites-vous, à moins d'être transformés en Lynx, les Saturniens ne tireraient pas grand profit de leur nyctalopie. Même avec de bons yeux, on ne distingue rien à travers d'impénétrables brouillards; de nombreux exemples nous le prouvent, dans ces conditions les meilleures vues ont une puissance bien limitée. Pour peu que leur marche fut rapide, ils seraient exposés à de dangereuses collisions, comme le sont sur nos mers couvertes de brumes les navires qui parfois s'abordent sans s'être aperçus. »

« Il n'y a qu'un moyen de les préserver de ces chocs redoutables, c'est de transformer ces habitants en oreillards; on le sait, en effet, ces chauves-souris, grâce à la longueur et à l'extrême sensibilité de leurs oreilles, peuvent, quoique privées de leurs yeux, se diriger sans peine et sans le moindre accident dans un espace où l'on aurait tendu un grand nombre de fils suivant toutes les directions. On comprend, toutefois, avec quelle hésitation nous proposons cette hypothèse, si peu respectueuse pour nos frères les Saturniens! »

Le Lynx et les Oreillards, deux fables des temps anciens, devaient nécessairement s'unir pour prouver que les habitants de Saturne ne peuvent exister. C'est ce qu'on appelle l'argument mythique; il est plus foudroyant que l'argument biscornu (dilemme) et qui frappe des deux cornes, *utrinque feriens*.

Quant à être mythique, il l'est. « Les anciens, nous dit Bouillet[1], attribuaient au Lynx une vue perçante, sans doute à cause de la vivacité de son œil ; ils avaient accrédité la fable que ses yeux pouvaient voir à travers les murailles. »

Qui a accrédité la fable des oreillards ? Nous ne saurions le dire ; mais pour fable, elle l'est. Fable d'abord, parce que les oreillards ont des yeux ; cela « on le sait » ; fable encore ou plutôt canard, si notre Docteur entend par sa phrase équivoque qu'on les a « privés de leurs yeux ». Nous ne voulons pas nous donner comme un puits de savoir, mais nous ne savons pas cela, ni l'auteur dont nous parlons, non plus.

Nous confessons que la chauve-souris — ce devait être un oreillard — dont nous parle La Fontaine[2], était bien opportuniste ; mais, si elle avait eu de l'esprit jusqu'aux bouts de ses longues oreilles, elle se serait gardée de donner tête baissée dans un nid de belette.. et ce qui marque le peu de sensibilité de ses oreilles, c'est que

> Deux jours après, notre étourdie
> Aveuglément se va fourrer
> Chez une autre belette aux oiseaux ennemie,
> La voilà de rechef en danger de sa vie.

Probablement la chauve-souris dont parle La Fontaine était un Oreillard dégénéré ou bien en formation.

Quoiqu'il en soit des Oreillards, il y a des auteurs qui imitent la chauve-souris dans toutes ses qualités ; ils donnent tête baissée dans des questions scientifiques qu'ils semblent ignorer, et cependant veulent se tirer d'affaire par des contes de nourrice, et nous croyons qu'on peut leur appliquer la moralité du fabuliste :

---

1. Bouillet, *Dictionnaire universel des lettres, des sciences et des arts*, au mot Lynx.
2. La Fontaine, *Fables*, Liv. II, fable v.

> Plusieurs se sont trouvés qui d'écharpe changeants,
> Aux dangers, ainsi qu'elle, ont souvent fait la figue?[1]
> Le sage dit, selon les gens,
> Vive le roi ! Vive la ligue!

Si un matérialiste quelconque s'était livré aux fantaisies, que nous venons de passer en revue, nous ne nous serions pas donné la peine de les réfuter ; mais la position de notre auteur est différente. En pareil cas, laisser passer de telles énormités, c'est exposer des âmes chrétiennes, peu au courant de ces questions, à de graves erreurs qui ne peuvent qu'être funestes à la Religion.

Un peu de réflexion empêcherait de divaguer, comme on le fait parfois sur la lumière et la chaleur que reçoivent les planètes, et l'on s'épargnerait la peine d'avancer bien des absurdités.

Saturne est une planète et reçoit, par conséquent, en grande partie, sa lumière du Soleil. Or, nous le voyons à l'œil nu dans ses plus grandes élongations et du Soleil et de nous; ce qui n'a pas lieu pour la Lune, lorsqu'elle n'est pas éclairée. Il faut donc conclure que Saturne est parfaitement éclairé, autrement nous ne le verrions pas. D'un autre côté, il est loin de réfléchir toute la lumière qu'il reçoit, puisqu'une partie de la lumière est absorbée par le sol, une partie est diffuse, une partie rayonne et, enfin, une partie seule est réfléchie.

Pouvons-nous nous représenter d'une manière sensible la quantité de lumière que Saturne reçoit du Soleil? Les uns nous disent qu'il reçoit 90 fois moins que la Terre, les autres, 100 fois. Mais quelle quantité de lumière connue représentent ces 90 ou 100 fois moins?

Les auteurs[2] nous disent encore, en parlant d'Uranus, que la lumière qu'il reçoit du Soleil est 2000 fois plus considé-

---

1. Fait *la figue*, s'en sont moqués, expression qui vient de l'italien *far la fica*. — *Le sage* selon l'épicurien La Fontaine, mais non selon la morale et l'honnêteté.
2. Ploger, *Le Monde des Planètes*, p. 281.

rable que celle de notre pleine lune. Ceci nous permet de calculer, du moins approximativement, la lumière de Saturne.

L'Intensité de la lumière est en raison inverse du carré des distances. Mais comme nous ne sommes pas sûr si l'on a tenu compte ou non du carré de la distance, nous ne faisons entrer dans notre calcul [1] que la raison inverse simple, et nous trouvons que la lumière de Saturne est égale à 4025 pleines lunes. Cessons donc de plaindre ces Saturniens ; ils sont loin d'être dans une perpétuelle obscurité. A la pleine lune, si le temps est découvert, avec de bons yeux, nous parvenons à lire dans un livre écrit en caractères ordinaires ; que serait-ce donc, si nous avions 4025 lunes ou plus?

Nous n'avons pas parlé de son anneau qui est lumineux, ni de ses huit ou neuf lunes qui le sont aussi, puisqu'on peut les voir au télescope.

2° Il ne suffit pas d'avoir une lumière de 4025, ni même de 8125 lunes pour vivre, il faut aussi de la chaleur et surtout de la chaleur. Il nous répugne de suivre, sur ce point, notre Docteur en droit canonique, mais, puisque nous avons commencé, il faut que nous ayons le courage d'aller jusqu'au bout. Ce sera éclairer, autant que possible, ces questions, laissées plus ou moins dans le vague. Continuons donc ; le lecteur sérieux, qui cherche le dernier mot des choses, aura

---

1. La distance moyenne d'Uranus au Soleil est 710 000 000 lieues; celle de Saturne 352 750 000 lieues. On aura donc $\frac{710\,000\,000}{352\,750\,000} = \frac{x}{2000}$
710 000 000 × 2000 = 352 750 000 × x ; d'où $x = \frac{710\,000\,000 \times 2000}{352\,750\,000} = \frac{142\,000\,000}{35\,275} = 4025$ lunes.

Si l'on tenait compte des carrés, ce serait 8147, un peu plus du double. Voilà d'après nos opérations; mais Wollaston qui s'est occupé de cette question a trouvé que le Soleil équivaut pour la Terre à 801 072 pleines lunes; pour Saturne $\frac{801072}{90 \text{ ou } 100}$ = pour 100, 8010,72 et pour 90, 8125 lunes. Mais c'est le résultat que nous obtenons en tenant compte du carré des distances : 8147 et 8125 lunes.

aussi le courage de nous suivre. Ceux qui se contentent de vulgarisation et de science facile, ne nous liront pas.

Ici, notre romancier noir use et abuse des adverbes et des adjectifs, pour rendre horriblement affreuse l'habitabilité de Saturne. Se contentant de vagues généralités, il en tire des conclusions rigoureuses, qu'il appelle scientifiques. « La zone torride[1] n'aurait donc en moyenne qu'un quart de degré centigrade : ce serait un climat analogue à celui de notre Sibérie. » S'il s'était donné la peine d'ouvrir Bouillet au mot Russie d'Asie, il aurait vu qu'en *Sibérie il fait très chaud*, en été, durant trois mois. « Il fait froid durant 9 mois, à cause de l'inclinaison du pôle; mais à la zone torride » de Saturne, cela n'a pas lieu. Nous pouvons donc conclure que les arguments qu'on oppose à l'habitabilité de cette planète, sont sans valeur.

Après une telle « zone torride » il n'y a pas évidemment de zones tempérées.

« Quant aux régions polaires de Saturne, ajoute-t-il, on peut facilement imaginer ce qu'elles seraient... »

« Notre Labrador et notre Baie d'Hudson avec leurs 40 degrés au-dessous de zéro, seraient, auprès de ces affreux climats, comparables à la douce Italie. » Et pour qu'on s'imagine facilement cet état de Saturne, il a soin de vous dire que « la révolution de Saturne durant presque trente années, chaque pôle reste plus de 14 ans sans soleil »; mais il se garde bien d'ajouter que chaque pôle a le soleil durant plus de quatorze ans; et c'est ainsi qu'on écrit l'histoire !

Enfin, voici un dernier paragraphe qui fait voir combien notre Docteur en droit canonique est fort en assertions gratuites.

« On se base sur l'existence des nuages si nombreux et si épais dans l'atmosphère de Saturne pour conclure que cette planète n'est pas encore entièrement refroidie, et sa chaleur intérieure élève considérablement la température, car à cette

---

1. C'est sans doute zone équatoriale qu'on veut dire.

— 108 —

distance, le Soleil ne pourrait empêcher toutes les eaux saturniennes de se transformer en blocs de glace. »

Ceci est digne de Fontenelle, devenu vieux.

Passons en revue ce roman noir et faisons-le passer par le crible de la science, mais sérieusement.

Et d'abord combien de temps les pôles de Saturne restent-ils sans lumière, et, par conséquent, sans chaleur venant du Soleil?

Sans doute, Saturne met 29 ans 181 jours 4 heures ou 10 857 jours 10 heures à parcourir son orbite; mais c'est se tromper grossièrement que de penser qu'un pôle quelconque reste la moitié de ce temps sans Soleil.

L'orbite de Saturne est une ellipse[1], comme l'orbite terrestre; mais son excentricité est de 0,0561, tandis que celle de la Terre est seulement de 0,0168. Or, cette excentricité (0,0168) et la position du grand axe par rapport aux points solsticiaux, donnent une différence entre les saisons. La différence entre le nombre des jours du printemps et de l'été et celui des jours de l'automne et de l'hiver est, pour la Terre, 7 jours 15^h 45^m, et, comme l'automne n'est généralement, ni froid, ni sans lumière, nous pouvons, sans exagérer, prendre 8 jours pour cette différence. Si maintenant nous établissons le rapport[2] entre les excentricités de la Terre et de Saturne, nous trouvons qu'il y a, de ce chef, 26 j., 72 de plus dans le printemps et l'été que dans l'automne et l'hiver. Telle serait la différence, si Saturne ne mettait qu'un an à parcourir son orbite; mais il met 30 ans et l'on aura 26, 72 × 30 = 801 j. 60.

Voici une autre manière de rendre sensible la vérité de ce que nous avançons.

---

1. Voir Focillon. *Cours élémentaire de Cosmographie*, p. 90-91. Catalan... p. 78, 79 — Et la *Connaissance des Temps*.

2. $0,0168 = 8 = \dfrac{8}{0,0168} \times 0,0561 = \dfrac{0,4488}{0,0168} = 26,72$.
   1
   0,0561

26, 72 × 30, durée de la translation de Saturne = 801 j. 60.

En vertu de l'obliquité de l'axe de la Terre sur son orbite, 23° 27', il y a une différence de 8 jours entre le jour le plus long de l'hémisphère boréal, et la nuit la plus longue du même hémisphère, ou 161 j. — 153 jours = 8 jours[1]. Mais l'inclinaison de Saturne est de 31° 19'; ce qui nous donnerait pour Saturne 10 jours de différence entre le plus long jour et la plus longue nuit. Cette position de Saturne fait que la lumière et la chaleur ont une prédominance considérable sur l'obscurité et le froid. La longueur de 26 j., 72 correspond à la latitude 85°; pour les latitudes supérieures à 85°, il faut augmenter d'une quantité proportionnelle au degré, la lumière et la chaleur, vu que le Soleil reste plus longtemps au-dessus de l'horizon.

L'aplatissement des pôles est considérable, 1/9 du diamètre, selon les uns, et 1/10, selon d'autres. Saturne est, comme on le voit, plus comprimé encore que Jupiter et que toute autre planète; l'aplatissement de la Terre n'est que 1/299. L'inclinaison de l'axe de Saturne (31° 19') et cet aplatissement énorme font que les pôles de cette planète sont complètement exposés aux rayons calorifiques du Soleil, comme à sa lumière.

C'est ici ou nulle part, le cas d'appliquer ces paroles de Catalan[2]:

« La température de chaque lieu dépend surtout de la longueur du jour, c'est-à-dire du temps pendant lequel le Soleil reste au-dessus de l'horizon. Quand il fait *jour*, ce lieu reçoit de la chaleur; dès qu'il fait *nuit*, il en perd, par suite du rayonnement vers les espaces célestes; et toutes les quantités de chaleur reçues ou perdues ainsi dans le courant de l'année produisent ce qu'on appelle la *température moyenne*. On conçoit qu'elle doit s'éloigner d'autant plus des *températures extrêmes*, que la durée du plus long jour ou de la plus longue nuit s'éloigne plus de 12 heures. Aussi, dans les

---

1. Voir Focillon et Catalan.
2. Catalan, *Cosmographie*, p. 77-78.

contrées équatoriales, à Cumana, par exemple, la température moyenne de l'année diffère très peu des températures moyennes du mois le plus chaud et du mois le plus froid. Au contraire, près des pôles, on voit des *chaleurs insupportables* succéder à un hiver long et rigoureux. » Voici la raison qu'en donne Balbi : « L'action des rayons solaires, faible en raison de leur obliquité, s'accumule pendant les jours extrêmement longs, et produit des effets auxquels on ne s'attendrait que dans la zone torride. Dans l'hiver, au contraire, on voit l'eau-de-vie se congeler dans les chambres chauffées, et une croûte de glace couvrir jusqu'aux draps de lit. On a trouvé la terre gelée à 100 pieds de profondeur, et le mercure figé dans le thermomètre, laissant le degré de froid indéterminé. »

En se guidant sur ces paroles de Catalan et de Balbi, on éviterait d'affirmer des absurdités sur la chaleur et le froid qui peuvent exister sur nos planètes.

Mais pour revenir à Saturne, nous demandons quelle chaleur doivent condenser des saisons de 7 ans 4 mois 15 jours, nombre qu'il faut augmenter pour les régions polaires de 26 jours, 72; ce qui donne 7 ans 5 mois 1 jour? Aux pôles, c'est encore plus, puisque ces nombres sont pour la latitude 85°. Cette quantité de lumière se partage aussi proportionnellement aux latitudes 80°, 75°, 70°, 65°..., vu surtout que l'inclinaison de l'axe est plus grande que celle de l'axe de notre planète.

L'abbé Pioger est donc parfaitement d'accord avec les auteurs précités, quand il dit : « Aux époques qui correspondent à l'hiver, on voit chacun des deux pôles blanchir alternativement, pendant qu'au contraire, durant l'été, ils deviennent très obscurs. Le même phénomène se montrant sur la Terre, sur Mars et sur Saturne, on en conclut qu'il existe sur ces astres des neiges polaires » et puisque « les pôles, en été, deviennent très obscurs », nous pouvons ajouter que ces neiges sont fondues.

On voit que l'observation vient parfaitement confirmer les conclusions tirées de l'analogie.

Oui, il y a du froid sur Saturne; mais la chaleur l'emporte de beaucoup sur le froid, comme la lumière sur l'obscurité. Et, sans vouloir soutenir, d'une manière absolue, l'opinion de M. l'abbé Pioger sur la température de Saturne, nous croyons qu'il est plus dans la vérité que ceux qui n'y voient que des températures plus que sibériennes, lorsqu'il dit que « les observations télescopiques semblent démontrer que la température y est presque égale à la nôtre, quoique nous ayons dit qu'il doit recevoir 90 fois moins de lumière et de chaleur que nous, à cause de son éloignement. »

Les personnes, surtout celles qui ne sont pas habituées aux formes générales ou abstraites, se disent : nous savons que le soleil éclaire et chauffe; mais quelle quantité de lumière et de chaleur donne-t-il à la terre? Que vaut la 90e ou la 100e partie de la quantité fournie à la Terre? C'est-à-dire que l'on désire, autant que possible, une quantité concrète. Nous avons répondu pour la lumière, essayons une réponse pour la chaleur.

Pouillet a construit un instrument qu'il a nommé pyrhéliomètre, c'est-à-dire qui sert à mesurer la chaleur solaire. Nous ne pouvons nous arrêter à décrire cet instrument; on en trouve la description et la manière de s'en servir dans Ganot, page 503.

Après avoir tenu compte de la quantité de chaleur arrêtée par l'atmosphère, avant que les rayons soient parvenus à l'appareil, — Pouillet faisait cette correction à l'aide d'une formule *empirique* relative à l'absorption atmosphérique — Pouillet a trouvé que, *si la quantité totale de chaleur que la Terre reçoit du Soleil dans le cours d'une année*, était tout *entière employée à fondre de la glace, elle serait capable d'en fondre une couche d'une épaisseur de* 31^m, 89 tout autour du globe. » Ceci posé, nous avons le fond du problème à résoudre.

On appelle *calorie* la quantité de chaleur nécessaire pour

élever de 0° à 1° la température d'un kilogramme d'eau pure. D'un autre côté, la chaleur latente de la fusion de la glace est sensiblement égale à 79 calories, 25, c'est-à-dire qu'il faut 79 calories, 25 pour fondre 1 kilogramme de glace[1].

Bien que le maximum de densité de l'eau soit à 4°, comme la densité à 0 est 0,999873, la différence entre la densité de l'eau et de la glace est si petite que, dans le cas actuel, nous pouvons la considérer comme nulle, et nous disons qu'un décimètre cube de glace = 1 kilogramme. L'épaisseur de la glace que le Soleil peut fondre en un an, étant de 31^m 89, donne 318 décimètres 9 centim.; par conséquent, si nous prenons une superficie de 1 décimètre carré, nous aurons un prisme de 318 décimètres 9 ou bien 318 kilog. 9 de glace. Or, il faut 79 calories pour fondre un kilogramme; pour fondre 318 kilog. 9, il faudra 79, 25 × 318 kg. 9 = 25 272 cal. 825. Chaque mètre carré de la superficie de la Terre reçoit donc 2 527 282 cal., 5, c'est-à-dire 2 millions 527 mille 282 cal., 5. Si nous supposons que Saturne soit 10 fois plus loin du Soleil que la Terre, nous aurons 100 fois moins de chaleur ou 25 272 cal. 825 pour chaque mètre carré et 252 cal. 728 pour chaque décimètre carré; mais en réalité, ce n'est que 90 la différence de chaleur, puisque la distance moyenne de Saturne au Soleil n'est que 352 750 000 lieues et que la distance de la Terre est 38 000 000 lieues. Si vous multipliez 38 000 000 par 10 vous aurez 3 millions de plus. $\frac{2\,527\,282\,\text{cal.}\,5}{90}$
= 28 081 cal. par mètre carré et 280 cal. 87 par décimètre carré.

Et quelle quantité de chaleur Saturne reçoit-il annuellement (365 jours) du Soleil? Sa superficie est de 414 530 893 469 myriamètres carrés = 41 453 089 340 900 000 000^{m2} ou 41 quintillions de m^2..., qui multipliés par 28 081 calories =

---

[1]. Quelques auteurs se contentent de 79 calories pour la fusion de la glace; mais MM. La Provostaye et Desain ont trouvé le nombre 79,25 pour la chaleur de la fusion de la glace. Person admet le même nombre.

11 640 442 019 502 989 000 000 000, c'est-à-dire 11 septillions 640 sextillions 442 quintillions 019 quatrillions 502 trillions 984 billions 900 millions... calories.

Après cela, vous pouvez entasser épithètes sur épithètes pour dire que Saturne n'est qu'un bloc de glace, et vous croira qui voudra!

M. Flammarion, qui a parfaitement vu cette difficulté, la résout de la manière suivante : « Cette pression atmosphérique serait même effrayante, si ce monde (Saturne) était aussi froid que l'éloignement semblerait l'indiquer; mais elle peut être grandement diminuée par la chaleur. Or, les observations télescopiques nous invitent à croire qu'en effet il y a là, comme dans Jupiter, une quantité de chaleur plus forte que celle qui résulterait de la distance du Soleil; car l'astre du jour vu de Saturne, est comme nous l'avons dit, 90 fois plus petit en surface, et sa chaleur et sa lumière y sont réduites dans la même proportion. L'eau ne devrait pouvoir y subsister qu'à l'état solide de glace, et la vapeur d'eau ne devrait point pouvoir s'y produire pour former des nuages analogues aux nôtres. Or on y observe des variations météoriques analogues à celles que nous avons remarquées sur Jupiter, mais moins intenses.

« Les faits s'ajoutent donc à la théorie pour nous montrer que le monde de Saturne est dans un état de température au moins aussi élevé que le nôtre, sinon davantage.

« D'où vient cette chaleur? Sans doute du globe saturnien lui-même, qui n'est pas encore refroidi comme le nôtre, à cause de son énorme volume. Qui sait, d'ailleurs, si la constitution physique et chimique de son atmosphère, et les influences cosmiques résultant de son mystérieux assemblage d'anneaux et de son cortège de huit satellites, ne s'unissent pas pour produire certaines effluves électriques et pour transformer certains mouvements en chaleur? La nature tient en réserve mille procédés à nous inconnus. Ce que nous pouvons assurer, c'est que les mouvements observés sur ce monde lointain interdisent toute pensée de mort ou d'inertie, et prouvent qu'il est actuellement le siège d'une activité non moins puissante que celle dont un observateur pourrait constater les effets sur notre propre planète[1]. »

3°. Densité. — Donc il y a lumière et chaleur! Mais si, à cause de sa pesanteur qui est 1,09, celle de la Terre étant 1, et l'espace parcouru pendant la première seconde de chute 5,34, tandis que pour la Terre, c'est 4,90, si, à cause de tout cela, vu le peu de densité de Saturne, on s'enlize ou on s'embourbe dans des fondrières sans fin, l'habitation de Saturne n'est pas à désirer.

M. Le Docteur en droit canonique ne pouvait manquer de faire sortir de cette difficulté des *impossibilités insurmontables* à l'habitabilité passée, présente et future de Saturne et je m'étonne qu'il n'ait pas trouvé là la raison de l'opinion que « Saturne dévore ses enfants ou ses habitants. »

Et, comme il a épuisé ses adverbes et ses adjectifs, pour exprimer cet état, il accouple des mots qui hurlent de se trouver ensemble. Par exemle la phrase suivante : « Vu leur *légèreté* spécifique, les *blocs* qui seraient détachés du sol, s'élèveraient au *sommet des airs*, comme des ballons, quand on a coupé les câbles qui les retenaient. » Voyez-vous ces *blocs légers* qui s'élèvent *au sommet des airs!* Où donc se trouve le *sommet des airs?* Ils ont de l'esprit ces *blocs légers*, qui connaissent le *sommet des airs* ; mais il faut avouer qu'ils ne sont pas des *forts* en français. On ne peut pas tout posséder à la fois.

Que Fontenelle, pour plaire à la Marquise, que M.C. Flammarion, pour faire un peu de poésie, parlent d'hommes qui voltigent sur Saturne, c'est possible ; mais vos *blocs légers*, ce n'est pas français. En voulant éreinter Mr. Flammarion, vous avez fini par l'imiter. A la vérité scientifique, que vous invoquez constamment, vous faites de telles entorses que vous avez dû la rendre boiteuse et difforme. Examinons.

« La masse de Saturne relativement *minime* lui donne une

---

[1]. Flammarion, p. 697-698.

densité très faible, ne dépassant pas celle des bois les plus tendres et les plus légers, le sureau par exemple.

« Elle flotterait sans peine sur une mer assez vaste pour l'entourer. »

En parlant de Jupiter, nous avons dit que nous n'avions qu'une foi fort relative dans la densité qu'on donne aux astres, puisque les calculs reposent sur des bases très discutées, puisque même on ne connaît pas la densité de la Terre. Acceptons cependant les quantités données et appliquons-les à Saturne.

Quelle est sa densité? Les $\frac{14}{100}$ de la densité de la Terre ; mais pour la Terre les savants ne sont nullement d'accord ; les uns donnent 5,56, les autres vont jusqu'à 6,57 et, si l'on prend la moyenne des trois nombres 2,50 pour la surface, 8,50 à la moitié du rayon terrestre, et 11,50 ou 12 pour le centre, on arrive à 7,50 ou 7,70. Pour 5,56, la densité de Saturne est 0,7784 ; pour 6,57, c'est 0,9108 ; pour 7,70, c'est 1,078. Et cette densité « ne dépasse pas celle des bois les plus tendres et les plus légers » ! Avant de donner cette fausse affirmation, il aurait fallu se donner la peine de constater la densité des différents bois. Voici les densités moyennes des diverses espèces de bois secs.[1]

Érable	0,691	Frêne	0,692
Pommier	0,733	Pin	0,428
Bouleau	0,664	Sapin jaune	0,65
Poirier	0,689	Orme	0,80
Hêtre rouge	0,721	Pin d'Écosse	0,613
Hêtre ordinaire	0,852	Grenadier	0,973
Buis	0,971	Cerisier	0,646
Cèdre	0,568	Tilleul	0,522
Ébène	1,259	Noyer	0,732
Taxus (if)	0,775	Peuplier	0,472
Chêne	0,785	Peuplier d'Italie	0,38
Aune	0,551	Liège	0,24

[1]. Voir — Ganot et Agenda du Chimiste.

Prétendre donc que la densité de Saturne n'est pas supérieure à celle des bois les plus légers, c'est ignorance ou fausseté ; puisque la moindre densité 0,7784 s'élève à la densité du chêne ; la seconde densité 0,0148 n'est inférieure qu'à celle du buis 0,971 et du grenadier 0,973. Enfin, la densité 1,078 qu'il faudrait accepter d'après quelques auteurs, ne s'éloigne guère de la terre arable argileuse, qui est 1,240. Lors même qu'il n'y aurait que cela, les Saturniens ne sont pas plus en danger de s'enfoncer dans le sol que nous. Le sol argileux est le plus dense des terres arables.

On ajoute : « Elle (probablement il) flotterait sans peine sur une mer assez vaste pour l'entourer. » Mais nos vaisseaux en fer et en acier, avec leur artillerie, leur charbon, etc. flottent bien et pourtant ils ne manquent pas de densité. Là aussi se trouve, en partie, la raison du peu de densité de Saturne ; cette planète n'est solidifiée qu'à l'extérieur ; mais ce n'est pas une raison de dire que des hommes, comme nous, ne puissent pas y vivre.

Ceux qui supposeraient que Saturne est tout entier à l'état gazeux, ne peuvent être que des personnes qui n'ont jamais regardé dans un télescope, et nous ne croyons pas chimérique de supposer une écorce solide. Soutenir que cette enveloppe est moins dense que l'atmosphère environnante, c'est prouver simplement qu'on ne sait pas ce que c'est qu'une atmosphère. Probablement, avec Aristote, on la croit de cristal de roche de Madagascar. Mais, si avec la généralité des humains, on la suppose formée de gaz et de vapeurs, elle ne peut exercer « cette *pression effroyable,* dont parle l'auteur, et les gaz *ambiants* ne sont pas *plus lourds incontestablement que les objets de la surface.* »

Voici les noms de quelques gaz et de quelques vapeurs, avec leurs densités, celle de l'air étant 1, et le poids du litre, à la température zéro et sous la pression $0^m,76$.

Air atmosphérique. 1,00 . . . 1,g.20310.
Vapeur d'eau . . . 0,695 . . . 0, 806.
Acide carbonique . 1,520 . . . 1, 9774.

Oxyde de carbone.	0,068	. . . 1,238.
Ammoniaque . . .	0,597	. . . 0,703.
Oxygène	1,1030	. . . 1,430.
Hydrogène	0,06949	. . . 0,08984.
Azote	0,0714	. . . 1,250.
Acide sulfhydrique	1,895	. . . 1,523.
Mercure	0,072	. . . 8,0.

Donc, lors même que l'atmosphère de Saturne serait composée de vapeurs mercurielles, ce qui n'a pas lieu d'habitude, on est encore loin de la densité du sol saturnien, et, par conséquent, le gros adverbe *incontestablement* est une affirmation que nous nous dispensons de qualifier.

Y a-t-il des habitants dans les satellites de Saturne? Rien ne s'y oppose que les raisons mises en avant pour Saturne lui-même. Nous avons dit ce qu'elles valent. Nous citons deux autorités. « Les habitants de l'anneau de Saturne, dit Flammarion, seraient peut-être encore plus privilégiés que les précédents (les Saturniens) à l'égard de la durée du jour et de l'année ; car celle-ci, qui ne se compose, comme sur les Satellites, que d'un seul jour et d'une seule nuit, est presque égale à trente des nôtres. »

« La longévité, dit de son côté le Dr Plisson, pourrait y être plus considérable qu'en aucun autre monde de notre système solaire, puisque d'après le grand principe de la physiologie, les puissances biologiques, longtemps soumises aux mêmes influences, n'auraient point à souffrir de ces fréquentes secousses qui, dans un état de choses moins favorable, en usent et brisent les ressorts dans un laps de temps souvent fort court, comme nous voyons qu'il arrive nécessairement pour la vie si éphémère de l'homme et des animaux de la Terre. [1]

VII. Uranus. — Saturne nous a beaucoup arrêté ; nous ne le regrettons pas. Il y avait, à son sujet, plusieurs ques-

---

1. Docteur Plisson. — *Les Mondes*, p. 174.

tions sur lesquelles nous avons voulu jeter un peu de lumière.

Nous passerons rapidement sur Uranus. On pourra lui appliquer, en ce qui le concerne, ce que nous avons dit de Saturne.

Uranus est éloigné du Soleil de 732 millions de lieues; c'est 10,18 fois plus que la distance de la Terre à son foyer.

Voici ses différentes distances :

     Au périhélie . . . 675 000 000 de lieues
     Moyenne . . . . . 710 000 000   —
     Aphélie . . . . . 742 000 000   —

Il y a donc 67 millions de lieues entre ses distances les plus proches et les plus éloignées du Soleil.

Uranus circule autour du Soleil sur une orbite elliptique, qu'il parcourt en 84 ans, 3 mois [1]; soit 7000 lieues à l'heure. Son axe est incliné de 69° sur son orbite, dont l'excentricité est 0,0466.

Ses saisons durent 21 ans 22 jours. On lui attribue des jours de 11 heures environ.

Son diamètre mesure 13 700 lieues, et, par conséquent, cette planète est 74 fois plus grosse que la Terre, 18 fois plus étendue en superficie et 4 fois 3/10 plus large en diamètre.

Sa densité n'est que le 1/5 de celle de la Terre, c'est-à-dire 1,11, si nous prenons 5,56 pour la densité de la Terre.

Cette densité est un peu inférieure à la densité de la brique.

La pesanteur agit à sa surface avec une intensité un peu plus faible qu'à la surface de la Terre ($=$ 0,88); de sorte que les conditions d'équilibre et de mouvement des corps y sont à peu près les mêmes qu'ici.

Sa lumière est 2000 fois plus considérable que celle de notre satellite, c'est-à-dire qu'elle équivaut à la lumière de 2000 pleines lunes [2]. A ceux qui prétendent que cette quantité de lumière n'est pas suffisante, nous répondons que les

---

1. 84 ans 8 jours d'après d'autres auteurs.
2. C. Flammarion ne donne que 1584 pleines lunes.

yeux des Uraniens sont faits pour une clarté tempérée, et tandis qu'ici les nyctalopes et les yeux nocturnes sont exception, là-bas ils sont la règle! Plus sensibles que les nôtres, ces organes, en harmonie avec le milieu dans lequel ils se sont développés, leur permettent de voir aussi clair pendant le jour et plus clair pendant la nuit que nous ici.

La chaleur qu'Uranus reçoit du Soleil s'élève à 70 calories 2023 par décimètre carré ou 7020 cal. 23 par mètre carré. Cette quantité de chaleur pourrait laisser à désirer, si cette planète ne se trouvait pas dans le cas de Vénus, par rapport à l'inclinaison de son axe, et si elle ne jouissait pas de saisons ayant la longueur d'une vie humaine terrestre.

D'ailleurs, on peut supposer que cette planète se trouve dans une de ces périodes, comme celles de notre Terre, qui ont produit ces êtres géants, soit végétaux, soit animaux, qui ont précédé notre période glacière. On peut admettre cependant qu'Uranus, n'ayant pas la même activité intense que la Terre, ne produit pas autant de chaleur, en sorte que l'homme aurait là toutes les circonstances biologiques désirables.

Uranus possède une atmosphère, et son spectre se rapproche beaucoup de ceux de Jupiter et de Saturne; il contient, dit-on, des gaz qui n'existent pas sur notre planète.

L'inclinaison de son axe sur le plan de son orbite est une raison pour son habitabilité, plutôt qu'un obstacle. Cet axe est incliné de 76° sur le plan de son orbite, par conséquent, sans parler de l'inclinaison de l'orbite sur le plan de l'écliptique, nous pouvons appliquer à Uranus ce que nous avons dit de Vénus, en supposant que Vénus ne tourne pas sur elle-même ou présente toujours, comme la Lune, le même côté au Soleil, c'est-à-dire qu'Uranus est éclairé particulièrement par ses pôles.

Absolument parlant, l'été d'Uranus est de 21 ans; mais cette planète étant, comme Vénus, éclairée par ses pôles, le Soleil ne fait que tourner autour de chaque pôle[1], sans se

---

1. L'équateur de ce singulier globe étant incliné de 76°, le Soleil uranien s'éloigne pendant le cours de sa longue année jusqu'à cette

coucher même à minuit, durant la saison d'été et une partie du printemps et de l'automne. Durant ce long laps de temps, il n'y a donc pas de refroidissement.

D'après ce que nous avons dit pour les jours de Saturne, nous pouvons admettre que le jour est de 50 ans, au moins, aux pôles d'Uranus, tandis que la nuit ne peut être de plus de 40 ans ; il y aurait donc dix ans de différence. Il serait facile de faire ce calcul.

L'aurore et le crépuscule d'un tel jour doivent avoir aussi une longueur proportionnée à la durée du jour, en sorte qu'un jour arrive à la longueur d'une vie humaine.

Les zones de 60°, 70°, 80°, 85° ont également des jours proportionnels à leurs latitudes.

Sans donc nous laisser entraîner par l'imagination, nous pouvons dire que, dans un pareil état de choses, les habitants d'Uranus, si habitants il y a, peuvent suivre le Soleil, dans son mouvement d'un pôle vers l'autre, à mesure que se produit le dégel.

Certes, le temps de cultiver la terre, de semer et de récolter ne leur manque pas.

Uranus a des satellites : sur ce fait tout le monde est d'accord ; mais il n'a pas été de même pour leur nombre. On en a admis jusqu'à huit. Aujourd'hui, il semble établi qu'il n'y a, en réalité, que quatre : Ariel, Umbriel, Titania et Obéron.

L'éloignement d'Uranus rend difficiles les observations

---

même latitude : c'est comme si notre Soleil abandonnait le ciel étonné de l'Afrique centrale et des tropiques pour s'en aller dans les régions boréales où nos courageuses expéditions cherchent, depuis dix ans surtout, à travers la glace, la solitude et le crépuscule, la route mystérieuse du pôle ! Ou comme si, à Paris, nous voyions en été l'astre du jour tourner autour du pôle, sans se coucher, même à minuit, pendant 21 ans (quel été !) et rester invisible en hiver, pendant 21 ans aussi... Les saisons y sont encore incomparablement plus étranges que celles que nous avons remarquées sur Vénus, car les régions équatoriales n'y sont pas plus privilégiées que les régions polaires. C. Flammarion, *Les Terres du Ciel* p. 726.

qui le concernent; il paraît cependant constaté que ses satellites ne tournent pas dans le sens de ceux des autres planètes. « Les lunes de la Terre, de Jupiter, de Saturne tournent de l'ouest à l'est, dans le plan des équateurs de ces planètes ou à peu près, et ce plan ne fait pas un angle considérable avec celui de leurs orbites autour du Soleil. Les satellites d'Uranus tournent, au contraire, de l'est à l'ouest, et dans un plan presque perpendiculaire à celui dans lequel la planète se meut. Nous pouvons en conclure que l'axe de rotation d'Uranus est presque couché sur le plan de son orbite et que le Soleil tourne en apparence dans le ciel uranien d'occident en orient, au lieu de tourner d'orient en occident[1]. »

Un célèbre astronome de nos jours et d'autres, à sa suite, ont voulu profiter de ce fait, qui n'est pas absolument prouvé, pour battre en brèche la théorie de Laplace et l'habitabilité des mondes, en tirant des conclusions qui ne découlent nullement de cette exception, si elle existe en réalité.

Que les satellites d'Uranus et Uranus lui-même aient un mouvement rétrograde, au lieu d'avoir un mouvement direct, comme les autres planètes et leurs satellites, cela ne change rien, ni à sa lumière, ni à sa température, ni à son atmosphère, ni à sa densité qui sont les quatre choses indispensables et seules nécessaires à son habitabilité.

VIII. Neptune. — Neptune est la plus éloignée des planètes connues appartenant au système solaire. De là cependant on ne peut pas conclure qu'il n'existe pas d'autres au-delà.

Croire tout découvert est une erreur profonde;
C'est prendre l'horizon pour les bornes du monde.

Reléguée aux confins du domaine solaire, la planète Neptune n'est pas connue dans tous ses détails. Ainsi, on ne connaît point la durée de sa rotation diurne, qui doit être très rapide, comme celle de Jupiter, de Saturne et d'Uranus.

---

1. *Terres célestes,* p. 725-726.

On ignore également l'angle que fait son axe de rotation avec le plan de son orbite, et celui-ci avec le plan de l'écliptique. Ces données seraient d'une haute importance pour juger de son habitabilité.

La distance de Neptune au Soleil est de 1 147 528 000 lieues ; il est 30 040 fois plus éloigné que la Terre. Il tourne autour du Soleil en 164 ans 226 jours, sur une orbite de 6 987 millions de lieues ; près de 7 milliards de lieues ou 27 milliards 947 millions 674 000 de kilom. Cette vitesse donne 464 000 kilomètres par jour ; 19 350, par heure ; 322 kilomètres par minute et 5 kilom. 370 mètres par seconde. C'est la planète qui marche le plus lentement. Ses saisons sont de 41 ans 1 mois 20 jours.

Son diamètre est 4 fois 1/2 celui de la Terre ou de 60 080 kilom. 150 mètres. Sa surface est 22 fois 278 celle de la Terre ou 113 465 035 566 myriamètres carrés [1].

Sa densité, comparée à celle de la Terre, est 0,22, ou près du cinquième de la nôtre, et 1,22 pour le poids spécifique. La pesanteur est 1,02, un peu plus que sur la Terre ; ce qui donne 5 pour la première minute de chute.

Comme Neptune est 30 fois plus éloigné du Soleil que la Terre, la lumière et la chaleur qu'il en reçoit sont 900 fois moindre. Cependant, la lumière est supérieure à 687 pleines lunes et plus que 40 millions d'étoiles de 1re grandeur ; sa chaleur est de 28 calories 0809 par décimètre carré et, par conséquent, 2 808 calories, 09 par mètre carré.

Puisque les saisons de Neptune sont de 41 ans 1 mois 26 jours, si son axe était incliné sur son orbite, comme pour Uranus, ses pôles auraient le Soleil durant plus de 50 ans, avec une aurore et un crépuscule proportionnels, et ce que

---

1. Nous faisons remarquer que les auteurs ne concordent pas pour ces différents nombres et nous croyons bien qu'il y a des erreurs de calcul. Ainsi Mr Flammarion donne pour la surface de Neptune 113 300 000 000 myriamètres carrés. Il dit aussi que la surface de Neptune vaut 22 fois celle de la Terre. Mais celle de la Terre est 5 093 142 810 m². Or, 5 093 142 810 × 22 = 113 300 000 000 myriam. m².

nous avons dit pour Uranus, serait en tout applicable à Neptune.

Jusqu'à présent, on ne connaît qu'un satellite de cette planète.

Neptune est-il habitable? — Sa densité ne s'y oppose pas, puisqu'elle est de 1,22; c'est la densité de l'ébène (1,25). Quant à affirmer, après cela, que c'est une sphère gazeuse, c'est se tromper soi-même ou vouloir tromper les autres[1]. La pesanteur est un peu plus forte que sur la Terre; ce qui tendrait à prouver que sa densité est supérieure à 1,22. Sa pesanteur permet donc son habitation.

Sa lumière, 687 pleines lunes, est plus que suffisante, sans augmenter beaucoup la sensibilité de la rétine, ni la dilatation de la pupille; ce que le Créateur a fait pour nos animaux nocturnes et même pour la famille féline, dont les yeux sont disposés pour voir la nuit aussi bien que le jour, et parfois mieux la nuit.

Reste la chaleur qui n'est que de 2 808 calories par mètre carré et par an. Nous ne voulons pas nous prononcer sur sa suffisance ou son insuffisance; mais nous n'acceptons pas non plus les dires de certains savants pessimistes qui demandent des preuves aux autres, quand ils n'ont que des assertions dont on a constaté la fausseté. Nous ne les croyons pas non plus, quand ils nous donnent des descriptions de Fontenelle modifiées.

Voici ce qu'on peut dire de plus vraisemblable. Tout le monde, excepté quelques matérialistes, admet l'unité de la race humaine. Cependant que se passe-t-il sur notre planète? quelle variété de température l'homme peut-il supporter?

« Comme valeurs extrêmes mesurées au thermomètre, on

---

1. Nous ne savons si le P. Secchi et ceux qui veulent se servir de son autorité, ont pensé à la réflexion de la lumière, quand ils avancent que les quatre planètes extérieures ne sont que des masses nébuleuses, dont tous les éléments sont à l'état gazeux. Nous doutons fort que les gaz aient le pouvoir réflecteur que nous présente Jupiter, qui ne peut nous envoyer que la lumière du Soleil réfléchie.

peut signaler le froid de — 62°,5 observé à Nijniy-Oudinsk, en Sibérie, par le voyageur russe Kropotkin et la chaleur de + 67°,7 observée dans le pays des Touareg par M. Duveyrier : c'est une échelle de + de 130 degrés supportés et mesurés par l'homme. »

Nous n'insistons pas davantage. Nous rappelons seulement ce que nous avons dit à la page 118 : « A Werchojansk, en Sibérie, la température moyenne de Janvier est de — 51° et jusqu'à — 60°. En juillet, il n'est pas rare de voir la température monter à + 31°.

Nous ajoutons ceci, pour faire comprendre que les fruits du sol peuvent bien arriver à maturité dans les régions neptuniennes. Ainsi, l'orge entre dans sa période de croissance lorsque la température a dépassé 6°; mais il lui faut un total de 1000 degrés pour arriver à maturité. Le blé commence, sa végétation à 7° et demande 2000 degrés pour arriver à la maturité; le maïs a son point de départ à 13° et demande 3500 avant de pouvoir être moissonné; la vigne commence à 10° et exige 2900.

Il semble qu'il n'est pas impossible d'arriver à ce nombre de degrés, quand les saisons sont de 41 ans.

Note rétrospective sur Vulcain.

Lorsque nous faisions notre travail sur l'habitabilité des *Mondes*, un vent défavorable soufflait sur Vulcain; on niait son existence, et, avec un grand nombre d'auteurs, nous avons écrit que l'existence de cette planète était plus que problématique. Maintenant que le courant de l'opinion a changé, nous faisons volontiers des excuses à ce petit monde et nous tirons une conclusion morale : il ne faut guère tenir compte du jugement des mortels.

Il paraît donc que Vulcain n'est pas un rêve astronomique, mais une réalité, et, pour notre part, nous lui dresserions volontiers un acte de naissance.

Le célèbre Leverrier avait affirmé sa nécessité, pour expliquer les perturbations de la planète Mercure.

Plusieurs astronomes ont soutenu l'avoir vu, et, entre autres, le D' Lescarbault, en 1859.

Se servant des différentes données fournies par les observateurs, Leverrier a calculé que la durée de la translation de Vulcain autour du Soleil serait de vingt-quatre jours environ.

L'observation de cet astre présente les plus grandes difficultés et l'on n'est pas encore parvenu à tracer sa route dans le ciel, avec la certitude mathématique qui plaît aux astronomes.

C'est pour combler cette lacune que M. Pickering organise sa grande campagne d'exploration du ciel; elle commence avec l'éclipse prochaine (28 mai 1900) et sera poursuivie pendant les éclipses suivantes (22 nov).

« M. Pickering, nous dit une revue, veut, pour la gloire de l'astronomie américaine, fixer la route de *Vulcain* dans le ciel, mais il n'a jamais parlé de découvrir un astre qui a été vu maintes fois et qui a été identifié avec les indications de la théorie, par notre compatriote, M. Lescarbault. »

On comprend que nous n'ayons rien à dire sur Vulcain. Nous faisons un vœu pour le succès de M. Pickering.

§ III. — Le Soleil.

Il semble de prime abord, que la question de l'habitabilité du Soleil est de la plus grande simplicité, et, pourtant, il n'en est rien, comme nous allons le voir. Il est facile de dire : le Soleil est habitable, le Soleil n'est pas habitable; mais il n'en est plus de même, quand on se trouve en face des arguments qu'on apporte de part et d'autre.

Pour traiter ce sujet avec tout le sérieux qu'il comporte, nous donnerons d'abord un exposé des opinions émises sur cette question, et, avant de conclure, nous ferons une étude sur l'état actuel du Soleil.

I. — EXPOSÉ DES OPINIONS ÉMISES SUR L'HABITABILITÉ DU SOLEIL.

Il est évident que nous ne suivrons pas toutes les théories émises sur la constitution de l'astre du jour, qui a exercé la sagacité des astronomes les plus distingués. Nous nous contenterons de dire quelques mots sur les deux opinions diamétralement opposées. Le Soleil est-il habitable? Oui, disent les uns : non, disent les autres. Nous ferons quelques remarques sur une difficulté qui nous paraît plus sérieuse que celles dont se servent les adversaires de l'habitabilité.

1° *Oui.* « Si l'on me posait, dit Arago, simplement la question : le Soleil est-il habité? Je répondrais que je n'en sais rien. Mais si l'on me demande si le soleil peut être habité par des êtres organisés d'une manière analogue à ceux qui peuplent notre globe, je n'hésiterais pas à faire une réponse affirmative. L'existence dans le Soleil d'un noyau central obscur, enveloppé d'une atmosphère lumineuse ne s'oppose nullement, en effet, à une telle conception.

« Herschel croyait que le Soleil est habité. Suivant lui, si la profondeur de l'atmosphère solaire, dans laquelle s'opère la réaction chimique lumineuse, s'élève à un million de lieues, il n'est pas nécessaire qu'en chaque point l'éclat surpasse celui d'une aurore boréale ordinaire. Les arguments sur lesquels se fonde le grand astronome, pour prononcer, en tout cas, que le noyau solaire peut ne pas être très chaud, malgré l'incandescence de l'atmosphère, ne sont ni les seuls, ni les meilleurs que l'on pourrait invoquer. L'observation directe, faite par le P. Secchi, de l'abaissement de température qu'éprouvent les points du disque solaire où apparaissent les taches, est, à cet égard, plus importante que tous les raisonnements.

« Le Docteur Elliot avait soutenu, dès l'année 1787, que la lumière du Soleil provenait de ce qu'il appelait une aurore dense et universelle. Il pensait encore, avec d'anciens philosophes, que cet astre pouvait être habité. »

C'était aussi l'opinion de Laplace et de plusieurs autres célèbres astronomes. Pour eux également, le Soleil est formé d'un corps obscur, entouré d'une atmosphère où flotte une épaisse couche de nuages, et qui n'est enflammée qu'à sa partie supérieure; d'où il suit que le Soleil est habitable.

Cette théorie rend parfaitement compte de toutes les apparences que présentent les taches dont l'astre radieux est souvent parsemé; elle avait d'ailleurs reçu, des expériences de polarisation dues à Arago, un cachet de grande probabilité.

Cependant, dans ces derniers temps, cette opinion a rencontré un assez grand nombre de contradicteurs. Les doutes sont d'abord nés des résultats que donne l'analyse spectrale. Kirchhoff, un des pères de cette science, a conclu que le corps du Soleil est plus incandescent que son atmosphère. Mais M. Petit, dans un mémoire communiqué à l'Académie des sciences, fait remarquer que « cette théorie ne rend compte ni des taches, ni des pénombres, ni des facules, ni des lucules, ni de l'absence de polarisation. Et, comme les éclipses totales de Soleil ont récemment révélé qu'il existe autour de la photosphère une seconde enveloppe aériforme lumineuse, comme la première, mais à un moindre degré, il dit avec raison que le spectre inverse fourni par le Soleil, s'explique parfaitement, si l'on suppose qu'il existe dans cette seconde atmosphère des vapeurs métalliques de même nature que celles qui existent dans la première. »

Il n'y a nulle nécessité, d'après le savant astronome, d'admettre que le noyau solaire soit à l'état de fusion et l'opinion d'Herschel sur l'habitabilité du Soleil peut rester admise.

De son côté, M. Vicaire, dans une communication à l'Académie des sciences, fait voir la nécessité de revenir à la théorie de Wilson, d'Herschel et d'Arago, que l'on abandonne maintenant, et, d'après laquelle, il existe, sous la photosphère, un noyau relativement froid et obscur.

« La principale objection, dit-il, que l'on a faite à l'hypothèse d'un noyau relativement froid, c'est que le noyau, soumis au rayonnement de la photosphère, aurait dû depuis longtemps en acquérir la température.

« Cette objection tombe, si la chaleur reçue par le noyau, est employée à vaporiser le liquide dont il est formé. En outre, cette chaleur peut et doit n'être qu'une fraction minime de celle que la photosphère émet, celle-ci étant absorbée par la couche interposée, qui la ramène incessamment dans la photosphère.

« En ce qui concerne le temps depuis lequel le noyau est soumis à cette volatilisation, rien ne prouve qu'il faille la mesurer par la durée totale des âges de la Terre. Je pense, au contraire, que le Soleil n'a éclairé avec sa constitution et son mode de fonctionnement actuel que les périodes géologiques les plus récentes[1]. »

2° *Non*, d'après d'autres astronomes, partisans d'une température excessive dans le Soleil.

En première ligne, apparaît le P. Secchi: « Lorsque le Soleil, dit-il, à l'époque des formations, eût atteint un volume sensiblement égal à celui qu'il possède aujourd'hui, sa température aurait été au moins 500 millions de degrés — 500 000 000 —; de plus, l'expérience nous apprend qu'à sa surface la température est actuellement encore, de plusieurs millions — 100 000 000 — de degrés; il est très probable que, dans l'intérieur, elle est encore plus élevée. Il faut conclure de ces faits que le Soleil ne saurait être composé d'une masse solide; et même, quelle que soit l'énorme pression qui existe dans cette masse, elle ne saurait, à proprement parler, se trouver à l'état liquide; nous sommes nécessairement conduit à la regarder comme gazeuse, malgré son état de condensation extrême[2]. »

M. Delaunay est de la même opinion. Voici ses paroles : « La température énorme que doit avoir le Soleil, permet d'admettre sans la moindre difficulté que son atmosphère

---

1. Arago, *Astronomie populaire*.
2. P. Secchi, *Le Soleil*, p. 289.

renferme à l'état de vapeur les divers métaux. D'un autre côté, le volume de cet astre étant égal à 1 280 000 fois celui du globe terrestre, et sa masse étant seulement 320 000 fois plus grande que celle de la Terre, la densité moyenne du Soleil n'est que le quart de celle de la Terre et par conséquent n'est guère supérieure à celle de l'eau. D'après cela, il est difficile de croire que le Soleil soit un corps solide, recouvert d'une enveloppe de nuages éblouissants constituant ce que l'on nomme une *photosphère*. Nous sommes porté, au contraire, à accepter l'ingénieuse hypothèse de notre confrère, M. Faye. Suivant lui, le Soleil serait une masse gazeuse d'une température très élevée[1]. »

M. Janssen avait alors la même opinion; et, en 1868, lors de la grande éclipse du 18 août, lui et M. Royet appliquèrent l'analyse spectrale à l'étude des phénomènes solaires. Ils reconnurent que l'*Hydrogène* incandescent existe sur toute la circonférence du Soleil et que les protubérances ne sont que les portions les plus brillantes de cette atmosphère hydrogénée.

M. Leverrier, à la suite de la communication faite en cette circonstance, conclut *qu'il était établi d'une manière certaine*, sur les observations de l'éclipse totale de Soleil, qui avait eu lieu en 1860, que le soleil est un globe incandescent, recouvert par une petite atmosphère gazeuse. Il ajoutait que le titre de gloire des observateurs de 1868, en particulier de MM. Janssen et Royet était d'avoir reconnu la nature de cette atmosphère.

C'est le maître de la science astronomique, Leverrier, qui déclare dogme l'incandescence du Soleil et par le fait même l'inhabitabilité du Soleil. Attendons un peu.

Loin de nous de vouloir refuser à M. Janssen la gloire qui lui revient; mais il a lui-même brûlé son titre à cette gloire que lui décerne Leverrier. L'amour de la vérité l'emporte chez M. Janssen sur l'amour de la gloire, et pour cette

1. Delaunay, *Notice sur l'analyse spectrale*.

vérité, M. Janssen n'a pas craint d'exposer sa vie en escaladant les Alpes.

Ayant conçu des doutes sur l'exactitude de certaines parties de *l'analyse spectrale*, il n'a rien négligé pour dissiper ces doutes, qui, selon nous, ont eu déjà des conséquences funestes pour la science[1]. Sans doute l'astronomie est une science d'observation; mais de prétendus faits n'autorisent nullement à trancher des questions comme celle de l'état du Soleil. C'est lancer la science dans une fausse direction.

Elevé au-dessus des brumes terrestres, M. Janssen vit qu'il n'y avait encore à la surface du Soleil ni hydrogène incandescent, ni même de l'oxygène pour le brûler et former de l'eau. *Or, c'est sur cet hydrogène incandescent et sur cette atmosphère hydrogénée que reposait toute la théorie opposée à un noyau solide* et qui, par conséquent, ne sera plus un obstacle à l'habitabilité du Soleil.

D'après nous, ceux qui s'appuient sur une haute température, comme le P. Secchi, M. Delaunay et M. Faye, ne posent pas une base plus solide à leur hypothèse; elle est vraiment par trop incandescente.

On est, en effet, loin d'être d'accord sur l'évaluation de cette température et ce qui est surtout remarquable, c'est la divergence des savants qui ont voulu résoudre ce problème. Plusieurs mémoires ont été envoyés à l'Académie des sciences sur ce sujet[2]. Un des plus remarquable est celui de M. Vicaire. Il rappelle que le P. Secchi évalue cette température à 10 000 000 de degrés, au moins; M. Spœrer à 37 000, tandis que Pouillet ne trouve que des valeurs comprises entre

---

1. Nous avons vu, en parlant de Mars, à quel chavirement astronomique, avait conduit la diplopie de M. Schiaparelli ou une erreur sur la mise au point, en observant les canaux de Mars. Il fallait immédiatement renverser ce qu'on avait construit. Les savants en vue n'ont pas le droit d'avoir une diplopie et de ne pas savoir mettre une lunette au point.

Le même fait s'est produit pour la rotation de Vénus.

2. *Comptes rendus* de l'Académie des Sciences 1871-1872.

1,461 et 1,761 degrés, suivant les diverses hypothèses que l'on peut faire relativement au pouvoir émissif de la surface du Soleil.

Ce qu'il y a de plus étonnant, c'est que les résultats les plus extrêmes, ceux de Pouillet et du P. Secchi, ont été obtenus d'un même phénomène de radiation calorifique du Soleil, dont ces deux savants ont mesuré l'intensité par des procédés presque identiques. D'après M. Vicaire, une différence si notable ne peut venir des observations, mais de la manière dont elles ont été interprétées, et il incline à croire que l'évaluation de Pouillet s'approche infiniment plus de la vérité que celle du P. Secchi.

A cette occasion, M. Elie de Beaumont fait remarquer que Sir Thomson a déjà fait voir que la température du Soleil ne saurait être beaucoup plus élevée que les températures atteintes dans certaines opérations de l'industrie.

M. Becquerel est de la même opinion. D'après lui, les températures les plus élevées que l'on puisse produire, soit par la combustion, soit par l'action électrique, ne dépassent guère 2000 à 2500 degrés, et, par conséquent, la température solaire, qui ne paraît pas aussi éloignée des températures de ces sources qu'on pourrait le penser, ne dépassent pas 3000 degrés.

M. Fizeau, se basant sur les sources de lumière, pense que la température du Soleil, comme source de lumière, ne doit guère être supérieure à celle d'une pile. Ce qui semble très rationnel.

Dans un autre travail que nous avons fait nous-même, nous servant d'autres principes, la thermochimie, nous sommes arrivé au même résultat. La chaleur émise par le Soleil ne peut être que l'effet de sa condensation, de sa solidification et de son refroidissement. Impossible qu'il en soit autrement. En déterminant donc la chaleur de formation et de refroidissement, nous avons conclu à un dégagement total de 4000 degrés; mais il est sûr que les corps qui se constituent, n'émettent pas en même temps toute leur chaleur, par conséquent 2500 ou 3000 degrés, au maximum, sont des évaluations qui ne doivent pas s'éloigner trop de la vérité.

Nous n'ignorons pas que M. Faye admet une chaleur de formation de 8800 calories, pour chaque kilogramme ; parce que, comme le P. Secchi, il suppose une chaleur excessive à la surface du Soleil. En cela, il fait simplement une pétition de principe, et nous croyons qu'il lui serait difficile de justifier scientifiquement une température si élevée.

Les raisons contre l'habitabilité du Soleil, basées sur la chaleur, n'ont donc pas plus de valeur que celles tirées de l'analyse spectrale, qui n'auront de valeur absolue qu'autant qu'on fera les expériences hors de l'atmosphère terrestre. Libre, cependant, au Docteur en droit canonique d'écrire :

« Le Soleil ne paraît plus être qu'une immense sphère de vapeurs métalliques, élevées à une très haute température. Il serait donc essentiellement gazéiforme ; la chaleur y atteint des millions de degrés. Au-dessous de la photosphère, dans les couches profondes surtout où elle acquiert son maximum, elle y maintient la matière, non seulement à l'état gazeux, mais dans une dissolution complète. Nulle combinaison chimique n'est possible ; l'affinité disparaît : aucune aggrégation de molécules ne résiste : les composés se résolvent dans leurs éléments ; ces éléments se mélangent physiquement sans pouvoir se combiner, quelles que soient leur affinité et la pression qui les comprime[1]. »

1. Faye. *Origine du monde*, Théories cosmogomiques par M. Faye page 296 et suivantes. Chap. xv, la vie dans l'Univers.
Il est à craindre que M. Faye ne soit cité ici comme pour la Lune. « D'après M. Faye lui-même, notre Soleil est déjà sur son déclin, en tant qu'astre lumineux et calorifique. Depuis longtemps, il aurait perdu la couleur blanche qui distingue les étoiles encore jeunes et dans tout leur éclat, comme Sirius, pour prendre une nuance jaunâtre, indice d'une absorption rapide de l'hydrogène. Déjà même se feraient sentir chez lui ces alternances d'éclat et de température qui, avec la couleur rouge, présagent, dit-on, l'extinction des étoiles. On peut donc le considérer comme ayant parcouru les deux tiers de son existence, c'est-à-dire 10 millions d'années. On s'expliquerait alors la

« Peut-on imaginer des habitants dans un tel brasier? »
Évidemment non; mais c'est le cas de vous poser la question que vous adressez si souvent aux autres? Où est la preuve de cette assertion? Pas la moindre, et notre Docteur donne en plein dans le travers qu'il reproche aux autres.

Une chose qui n'est pas permise, c'est d'affirmer ce qu'on a nié une demi-page plus haut. « Nulle combinaison chimique n'est possible; l'affinité disparaît; » et ensuite vous écrivez : « Nous ne parlons pas des *exhalaisons méphétiques* résultant des *combinaisons chimiques* accomplies dans ce grandiose laboratoire de la nature. »

Nous ne serions pas fâché de savoir quelles sont les exhalaisons méphétiques qui peuvent exister avec une chaleur qui *atteint* des *millions* de degrés. L'acide sulfhydrique peut-être?....

Les *trombes* et les *cyclones formidables*, il ne faut pas les atteler au verbe aspirer, ils ne peuvent agir ensemble pour remplir les fonctions d'une pompe aspirante. Les trombes aspirent, mais les cyclones, non; nous les connaissons, les cyclones et les trombes aussi.

A ces petites exceptions près, Docteur, vous avez le droit d'imiter Virgile dans sa fameuse description d'une tempête. Ainsi vous pouvez « parler du tumulte et du fracas inexprimables du combat titanesque des éléments en *furie*, tourmentés en tout sens, grondant et sifflant, sans que la plus courte accalmie interrompe un instant les *horribles* mugissements de cette fournaise *épouvantable*, dont le bruit étourdissant arriverait sans doute jusqu'à nous, si l'éther interplanétaire était capable de transmettre le son. »

C'est bien dommage que ce fracas soit *inexprimable*, autrement notre Docteur n'aurait pas manqué de l'exprimer de telle façon que « l'éther interplanétaire aurait été capable de

température relativement élevée qu'accusent les plantes de la période carbonifère, car, à cette époque, le Soleil qui figurait encore dans la catégorie les étoiles blanches, devait dépenser plus de chaleur que de nos jours. » Hamard.

nous le transmettre, Ah malheur! pourquoi la langue française est-elle si pauvre? Et le Tohu-Bohu ne signifie donc rien?

Ce qui est plus inexprimable encore, c'est que le spectroscope lui a *révélé* que les étoiles sont dans le même état.

« Les mêmes considérations, ajoute-t-il, s'appliquent également aux étoiles, ces soleils lointains, jetés à profusion dans la profondeur de l'Univers sidéral.... Le spectroscope, cet instrument si délicat et si précieux, nous a *révélé* leur constitution intime. *Nous le savons*, elles sont, elles aussi, des globes énormes et des foyers très intenses de lumière et de chaleur; nous le *savons*, dans ces brasiers ardents les éléments en fusion ou volatilisés tourbillonnent avec un *indescriptible* fracas et leurs vagues de feu ne le cèdent en rien dans leur *sublime horreur*, à celles qui sillonnent la surface *bouillonnante* de l'astre *éblouissant* qui nous éclaire pendant le jour. »

Est-ce assez fantaisiste!

Non, Docteur, non, nous osons vous le dire, ce n'est point le spectroscope qui vous a fait une telle révélation. Parfois on prend un rêve pour la réalité.

D'ailleurs nous reviendrons plus tard sur la question du spectroscope.

3° Nous avons une difficulté plus grave, que celle tirée de l'analyse spectrale et de la chaleur du Soleil, pour admettre son habitabilité; c'est son peu de densité, empêchement que M. Delaunay a formulé avec raison. D'après lui, « cette densité n'est guère supérieure à celle de l'eau. »

Nous ferons remarquer que cet astronome, pour soutenir plus aisément son opinion, renforce considérablement son idée. Il commence par ne donner que 4 pour la densité moyenne de la terre, ce qui est absolument inexact, puisque, d'après les expériences les plus rigoureuses, c'est au moins 5,50. Or, entre 4 et 5,50, il y a une notable différence en pareille matière (1,50). Mais 1,50, c'est la densité du sol arabl' densité suffisante pour servir d'habitacle aux animaux et à l'homme.

D'un autre côté, si l'on admet une photosphère et une atmosphère gazeuse très développées, comme ces parties sont comprises dans la masse du Soleil, il s'ensuit que le noyau solide doit avoir une densité plus grande que celle de la masse totale. Il est aussi certain, même d'après les adversaires, que le Soleil n'est pas complètement solidifié à l'intérieur; que cette partie se trouve à l'état gazeux, selon nous, et incandescent, selon eux; ce qui, dans l'appréciation de la densité générale, doit augmenter la densité de la partie solide du noyau. En vertu de ces considérations, la densité du noyau doit s'élever à 2 ou 2,50[1], nombre supérieur à la densité d'une grande partie des substances qui constituent notre globe.

Nous répéterons volontiers ici ce que nous avons dit, dans le cours de ce travail, qu'il n'est guère possible de déterminer la masse d'une manière absolue, ni, par conséquent, la densité moyenne d'un astre quelconque, excepté peut-être de la Lune; car il peut se faire qu'il n'y ait aucun rapport entre le volume et la masse tels que nous pouvons les déterminer. Ainsi, on porte, en poids, la masse de la Terre à 5 944 000 000 000 000 000 000 de kilogrammes. Mais cela n'est vrai qu'en supposant que la densité de la Terre aille en augmentant jusqu'au centre. Ce qui n'est nullement prouvé. C'est donc une première base incertaine, sur laquelle repose la démonstration.

Malgré la nouvelle parallaxe solaire, il y a toujours une erreur en plus ou en moins, pour la distance de la Terre au Soleil. Enfin, nous ne savons pas quelle est exactement l'action de la pesanteur à la surface du Soleil. Nous supposons que c'est l'attraction seule qui est la cause de notre transla-

---

1. Delaunay ne donnant que 4 pour la densité moyenne de la Terre et cette densité étant au moins 5,56, il y a chez lui une erreur de 1,56. La densité de l'eau est 1; on aura donc 1,56 + 1 = 2,56.

tion autour du Soleil, tandis que cette translation n'est qu'un résultat de l'attraction et d'une force qu'on ne connaît pas ou qu'on ne veut pas connaître. On ne tient pas compte non plus de la force centrifuge du Soleil, qui doit être considérable, puisque sa vitesse de rotation est de plus de 160 000 kilomètres par seconde, tandis que celle de la Terre n'est que de 1660 kilomètres.

On comprend donc que son peu de densité n'est pas un obstacle absolu à l'habitabilité de l'astre du jour.

II. — ÉTUDE SUR L'ÉTAT ACTUEL DU SOLEIL.

Avant de donner notre opinion personnelle sur l'habitabilité du Soleil, résumons l'*état actuel* de nos connaissances sur l'astre du jour.

Les études les plus sérieuses ont conduit à admettre quatre parties dans le Soleil : le *noyau*, la *photosphère*, la *chromosphère* et la *couronne*.

Pour avoir une idée aussi exacte que possible de l'état physique du Soleil, procédons de l'extérieur vers le centre, attendu que l'on connaît mieux les parties extérieures que les régions centrales.

1° *Couronne.* — L'astre du jour est réellement environné de substances inconnues qui s'étendent au loin autour de lui. Quand on observe une éclipse totale de Soleil, on remarque autour de l'astre éclipsé par la Lune, une gloire lumineuse et d'immenses rayons qui s'élancent dans l'espace. Il semble que cette auréole brillante entoure la Lune, mais on ne peut douter de sa provenance. Le même phénomène se produit, lorsqu'un nuage épais vient à passer sur le Soleil, surtout quand il est sur le point de se coucher. Cette auréole lumineuse a reçu le nom de *couronne*. La première substance matérielle que nous rencontrons donc est la *couronne*, qui s'élève à des hauteurs de cinq, de six et peut-être de quinze minutes au-dessus de la surface solaire, c'est-à-dire

Constitution probable du Soleil.

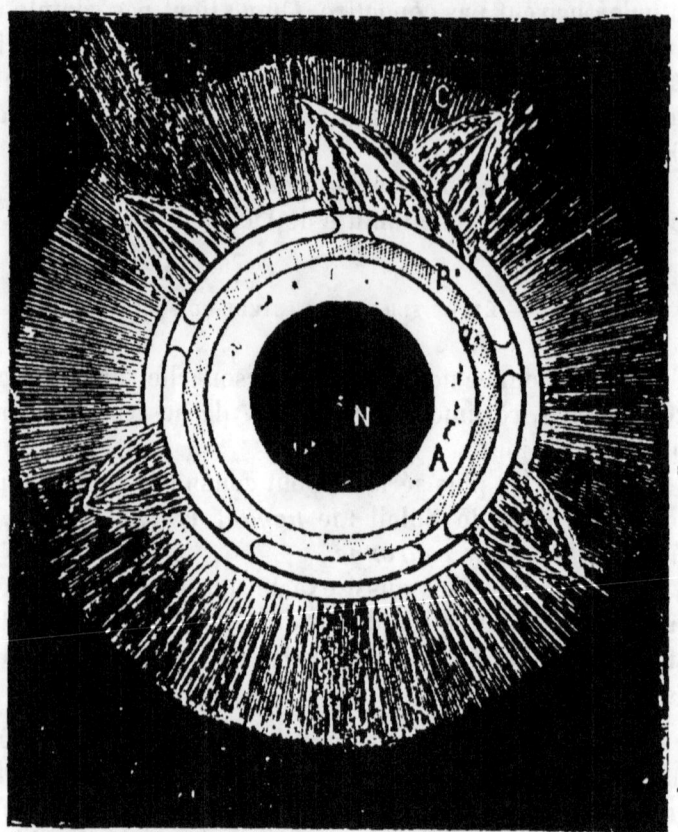

C. Couronne. — *K.* Chromosphère, Protubérance. — *P.* Photosphère. — *a.* Atmosphère plus sombre. — *A.* Atmosphère. — *N.* Noyau central, en partie, solide.

à une hauteur qui peut atteindre, en certains cas, plus de cinq cent mille kilomètres. Il est certain que cette substance ne constitue pas une atmosphère proprement dite, c'est-à-dire une enveloppe gazeuse continue. Plusieurs preuves pourraient démontrer l'impossibilité de cet état, nous nous contenterons de la suivante.

On sait que la pesanteur est vingt-sept fois et demie plus forte sur le Soleil que sur la Terre; tout gaz y est aussi, par conséquent, vingt-sept fois et demie plus lourd. Or, dans toute atmosphère, chaque couche est comprimée par le poids des couches qui sont au-dessus d'elle, et la densité s'accroît en progression géométrique. Une atmosphère composée du gaz le plus léger que nous connaissions, l'hydrogène, présenterait dès lors dans ses couches inférieures une densité incomparablement plus grande que celle qui correspond aux faits observés ; elle ne pourrait même plus être gazeuse, mais liquide ; solide ; elle cesserait d'exister. Ceci est évident, et toute autre raison serait superflue.

Qu'est-ce donc alors que la couronne ? « C'est probablement, répond un auteur, une région dans laquelle se trouvent en quantité variable des particules détachées, partiellement ou entièrement vaporisées par la chaleur intense à laquelle elles sont exposées. »

Nous n'allons pas suivre nos savants dans toutes les explications qu'ils donnent sur cette question ; il y en a une, et probablement la seule, qui paraît l'expression de la vérité : la *couronne* est de la matière qui n'est pas encore condensée, de la matière vaine *(inanis)* et sans forme, de la *matière radiante*.

Dans la partie inférieure de la couronne et, au-dessous d'elle, dans la chromosphère, la matière commence à revêtir une ou deux des formes simples que nous connaissons sur notre planète. Cela explique tout.

On distingue généralement dans la couronne trois régions bien définies, quoique les lignes de séparation ne soient pas nettement tranchées. La première et la plus vive de ces régions, c'est l'anneau brillant qui se trouve à la base de la couronne et immédiatement en contact avec la chromosphère. La matière rose paraît être en suspension dans cette couche elle-même. Son éclat est tellement vif, qu'il peut occasionner des doutes sur le moment précis de la totalité. On peut évaluer sa largeur (hauteur) à 15 ou 20 secondes. Autour de cette première couche, et en contact immédiat avec elle, se trouve une autre région, où la lumière est encore assez vive, dans laquelle se produisent les *protubérances* dont la nature n'est pas déterminée[1]. Cette seconde couche s'étend jusqu'à une distance de 4 ou 5 minutes. Au-dessus de cette région, commence l'auréole proprement dite ; elle est souvent irrégulière, et son contour loin d'être uniforme, comme on l'avait supposé d'abord, présente souvent des inégalités et quelquefois même des cavités profondes. On appelle *aigrettes* ces longs panaches rectilignes qui se détachent de l'auréole, semblables aux rayons de lumière qui sortent entre les nuages, lorsque le soleil est près de l'horizon. Elles se prolongent souvent à des distances considérables.

2° *Chromosphère.* — Au-dessous de la couronne se trouve la chromosphère, qui s'élève seulement à quelques secondes au-dessus de la surface solaire ; mais qui, çà et là, est projetée en immenses masses que nous pourrions appeler des flammes, si cette expression n'était pas, malgré toute son éloquence, fort au-dessous de la réalité. Nous appelons flamme et feu ce qui brûle ; mais, nous disent certains savants, les gaz de l'atmosphère solaire sont élevés à un tel degré de température[2] qu'il leur est impossible de *brûler !* Les extrêmes se touchent. L'hydrogène forme la partie supérieure de la chromosphère ; à mesure que l'on descend on trouve des va-

---

1. Les matières qui produisent le phénomène des protubérances, sont généralement des gaz incandescents soulevés, disent certains auteurs, vers les régions supérieures, par des forces dont l'origine n'est pas encore connue.

Ces mouvements sont-ils le résultat de la légèreté spécifique de la matière lumineuse, ou bien faut-il les attribuer à une force impulsive provenant de l'intérieur du globe solaire ? Comme nous le dirons dans la suite, nous pensons qu'il y a, à la fois, et courants ascendants et courants descendants.

2. D'après nous, ces gaz ne sont nullement portés à ce degré de température. Ils se condensent simplement et produisent de la lumière, plus encore que de la chaleur, vu leur peu de densité. C'est, peut-être, de l'électricité engendrant les mêmes effets que pour les aurores boréales. Nous reviendrons plus loin sur cette question. Le Père Secchi et quelques autres, admettant une température excessive dans le Soleil, doivent expliquer ainsi ce phénomène.

peurs : des vapeurs du magnésium, du fer et d'un grand nombre de métaux.

Les protubérances[1] sont dues à des projections d'hydrogène, lancées avec des vitesses qui dépassent 240 000 mètres par seconde. L'éruption se continue parfois pendant plusieurs heures et même pendant plusieurs jours, et ces images lumineuses restent suspendues, sans se mouvoir, jusqu'à ce qu'elles retombent en pluie lumineuse sur la surface solaire. Comment concevoir, comment surtout exprimer ces formidables opérations de la nature solaire!

Dans ce qui précède, nous n'avons fait que résumer les auteurs qui ont traité la question et particulièrement le P. Secchi; nous ne sommes donc pas responsable de certaines opinions qui peuvent laisser à désirer.

3° *Photosphère.* — La couronne et la chromosphère ne sont visibles que pendant les éclipses totales ou à l'aide du spectroscope. Ce que nous voyons du Soleil, à l'œil nu ou au télescope, c'est la surface, nommée photosphère, sur laquelle la chromosphère repose. C'est elle qui rayonne la lumière et la chaleur que nous recevons de l'astre éclatant, de l'astre de feu[2], comme disaient les Grecs.

Cette surface elle-même ne paraît ni solide, ni liquide, ni gazeuse; mais composée de particules mobiles, à peu près comme se présente la surface des nuages, vus du haut d'un ballon. C'est une texture d'une multitude de petits grains, ayant des formes très différentes, parmi lesquelles l'ovale semble dominer. Les interstices très déliés qui séparent ces grains, forment des réseaux gris.

« Il nous semble difficile, dit le P. Secchi, de trouver un objet connu qui rappelle cette structure; on obtient quelque chose d'analogue, en regardant au microscope du lait

---

1. Les protubérances sont des masses gazeuses, parce qu'elles offrent un spectre discontinu.
2. πυρόεις, de feu.

un peu desséché dont les globules ont perdu la régularité de leur forme. »

Plus heureux que le grand astronome, qui n'avait examiné, peut-être, que le ciel et du lait caillé, nous connaissons plus d'un corps qui représente, du moins quant à la texture, les formes de la photosphère, par exemple, l'ophitone (syn. diabase, mélaphyre grenu) et plusieurs variétés d'amygdaloïdes, particulièrement de l'Ile de la Réunion où ces espèces de roches sont communes. On en trouve dans tous les terrains volcaniques.

4° *Noyau*. — Sur la surface lumineuse du Soleil ou la photosphère, apparaissent, comme nous l'avons dit, des résaux plus sombres. Ces résaux s'élargissent quelquefois au point de former des pores; les pores, en s'élargissant davantage, finissent par donner naissance à des taches, dont la partie centrale est noire; on l'appelle le *noyau* ou *l'ombre*. Le contour est formé par une demi-teinte qu'on appelle *pénombre*. Les taches sont habituellement environnées de régions très brillantes, auxquelles on a donné le nom de *facules*.

Les endroits où le Soleil est taché, sont creux relativement au niveau des nuages lumineux, c'est-à-dire au niveau moyen de la surface photosphérique. La profondeur paraît être du tiers du rayon terrestre, ou de deux mille kilom. environ Parfois elle atteint le demi-diamètre de la Terre ou six mille kilomètres.

Les noyaux ne sont pas absolument noirs, comme on pourrait le penser au premier abord; leur lumière n'est insensible qu'à cause du contraste.

Telles sont les quatre parties que les astronomes distinguent dans la constitution physique du Soleil.

En résumant, nous pouvons conclure que la couronne et la partie supérieure de la chromosphère sont dans un état de grande dissociation. Cette partie supérieure est peu lumineuse, parce que la condensation ne transforme pas encore le *mouvement* en *lumière* et en *chaleur*. La photosphère, au contraire, est en pleine formation, par conséquent, avec lumière et chaleur.

Selon nous, l'explication des protubérances et des éruptions solaires est facile. Rigoureusement parlant, il y a moins des éruptions que des condensations, et de là ces jets prodigieux, mais *impossibles*, comme éruptions, croyons-nous. Représentez-vous une éruption de 500 000 kilomètres ! Pourquoi créer des impossibilités ? A mesure que la matière cosmique se condense, elle devient chaude et lumineuse, ou plutôt elle répand de la chaleur et de la lumière. La condensation doit commencer par le bas, parce que là la pression et l'attraction sont plus fortes, en sorte que cet embrasement dont parlent les astronomes, commence également par la partie inférieure et se communique aux régions plus élevées. S'il y a, en réalité, des éruptions, ce sont des éruptions volcaniques, dont nous parlerons plus loin et qui ne peuvent avoir ces résultats prodigieux.

Le même phénomène se produit dans une cheminée, surtout quand on y brûle du charbon de terre ; le gaz qui s'échappe de la houille, commence à brûler par la partie inférieure et l'on voit des particules séparées s'enflammer, comme on le remarque dans le Soleil. De là ces flammes, qui souvent tourbillonnent d'une manière tumultueuse ; de là vient encore que la matière cosmique apparaît sous la forme *nébuleuse* et, en réalité, c'est une nébulosité. C'est, si vous le voulez, de l'éther, ou pour parler plus exactement, avec Crookes, de la *matière radiante*, la *matière invisible* de nos livres sacrés.

Tel est, selon nous, l'état actuel de notre Soleil. Dans ces conditions est-il habitable ? Nous le pensons, et des hommes, compétents en ces matières, ont avancé cette opinion avant nous [1].

Qu'on veuille bien nous suivre.

A un moment donné, le Soleil n'était pas suffisamment condensé pour répandre sur notre planète les effets bienfaisants de sa lumière et de sa chaleur ; mais la terre, encore

---

1. William Herschel, Humboldt, Arago, etc.

lumineuse et chaude, se suffisait à elle-même. La vie se manifesta dans des proportions colossales, comme le prouvent les végétaux et les animaux, dont on trouve les débris dans les différentes couches du sol[1].

La période glacière apparaît, après ce premier et puissant épanouissement de la nature, sous l'activité lumineuse et calorifique en pleine vigueur. Rien n'arrête tant nos savants que cet arrêt même de la nature et ils en donnent des raisons plus ou moins probantes. Il n'y a qu'une seule explication plausible : la Terre ayant perdu sa chaleur propre et le Soleil n'étant pas encore en état de la réchauffer, un grand hiver se produisit et la vie dût cesser, sinon absolument, du moins en grande partie. De cette façon tout se comprend.

D'après les différentes études sur l'état physique du Soleil, d'après sa couleur et ses raies au spectroscope, l'astre du jour doit être dans le même état que notre Terre avant la période glacière. Il y a une partie solide parfaitement condensée, comme les taches le laissent voir; il y a une atmosphère, de l'humidité, de la lumière, de la chaleur; en un mot, tout ce qui est nécessaire à l'existence des végétaux et des animaux primitifs. Notre Soleil est-il réellement arrivé à cet état physique? Rien ne prouve le contraire et tout tend à démontrer qu'il n'en est pas éloigné[2].

On nous objectera la chaleur intense qui y règne. La chaleur intense! Nous avons fait voir que des auteurs ont diminué considérablement la chaleur que donnent le P. Secchi et M. Faye. Nous savons aussi que la chaleur se trouve dans la photosphère et nullement dans le noyau obscur, puisque la profondeur, que présente l'ouverture des taches, est de deux mille à six mille kilomètres. C'est là une distance

---

1. Tels, pour les plantes, les cryptogames, les gymnospermes, les fougères, les lycopodiacées..., et, pour les animaux, les ptérodactyles, les plésiosaures, les ichthyosaures.....

2. Voir, page 289, la note où M. Faye prétend que le Soleil est sur son déclin.

respectable, vu surtout que le rayonnement tend à se produire vers l'extérieur. Entre cette zone lumineuse et chaude et le noyau, il y a une atmosphère humide de vapeur d'eau, saturée de sodium, de potassium, de calcium, de magnésium...., ainsi que le démontre l'analyse spectrale.

En acceptant pour le Soleil, ce qui a été un fait pour la Terre, on peut admettre, sans témérité, que la vie a déjà pu se manifester sur l'astre qui nous éclaire.

Voilà, d'après nous, assez de lumière pour ceux qui ne cherchent que la vérité. Nous avons exposé les opinions contraires aux nôtres, nous les avons discutées loyalement et nous avons donné une théorie qui satisfait à toutes les exigences des connaissances actuelles. Une plus profonde pénétration des mystères de la création ne peut qu'incliner les esprits vers ce que nous avons dit, parce que nous sommes dans la voie du mouvement vrai; nous ne rétrogradons pas.

Aristote, Ptolémée... et beaucoup d'autres, après eux, arrêtèrent tout progrès astronomique, en fixant tout dans un ciel de cristal ou dans des sphères immobiles, et cela dura jusqu'à la fin du XVe siècle où apparaissent Copernic, Galilée... qui eurent, on le sait, beaucoup de peine à faire accepter la véritable théorie de l'Univers.

Aujourd'hui, on rencontre encore beaucoup de gens qui ne veulent pas se rallier au mouvement scientifique. Tout ce qu'ils peuvent accorder, c'est qu'il y a des êtres vivants sur la Terre, mais là seulement. Quelle découverte!

Ils ont cependant découvert que la Lune est un enfer de glace, quoique, d'après eux, il n'y ait ni eau, ni vapeur sur notre satellite; que Mercure est un enfer de feu, que Vénus même, la lumineuse Vénus, est, en même temps, un petit enfer de glace et de feu; que Mars a les mêmes qualités, mais à un degré très supérieur; que les petites planètes sont « des fragments de rochers »; que Jupiter est le plus vaste bourbier de la création; que Saturne, Uranus et Neptune sont d'immenses blocs de glaces, qui circulent dans une éternelle nuit; que le Soleil, enfin, est l'enfer des enfers. Il n'a rien moins que des millions de degrés de chaleur, et rien ne peut lui être comparé que les autres soleils qu'on nomme étoiles.

Tel est le résumé de la doctrine de l'auteur dont nous avons parlé. On le voit, il s'est fait fabriquant d'enfers. C'est un assez drôle de métier ; mais, que voulez-vous, on ne discute pas des goûts et des aptitudes. Heureusement la chose n'existe que dans son imagination.

Il est vrai qu'il s'efforce de donner à d'autres, qui problament n'en voudraient pas, la paternité de ses créations fantastiques.

Nous ne parlerons que des trois principales autorités sur lesquelles il prétend s'appuyer : le P. Secchi, M. Stoney et M. Faye.

Eliminons d'abord M. Stoney, un anglais, dont le nom est peu connu, et dont, par conséquent, on aurait dû citer les paroles, afin qu'on pût les vérifier. Comme nous l'avons vu, en parlant de la Lune, notre Docteur fait dire à M. Faye le contraire de ce qu'il a affirmé des montagnes de notre satellite. Quand de pareils faits sont dûment constatés, on a le droit de douter des assertions d'un auteur. Nous lui faisons cependant une concession, à moins que M. Faye n'affirme aujourd'hui ce qu'il a nié hier.

Le P. Secchi[1] et M. Faye, marchant sur ses traces, admettent, nous le savons, dans le Soleil, une température qui dépasse 1 million de degrés. M. Faye accepte même quelques unes des sublimes horreurs dont parle notre auteur.

Des physiciens et des chimistes se sont occupés de cette chaleur « épouvantable » et, d'accord avec la plupart des astronomes, ont déclaré qu'une chaleur si intense était absolument impossible ; aussi « ce sentiment ne paraît nullement prévaloir, en France », excepté chez de rares exceptions.

Voici à peu près comment raisonnent ces savants. Toute chaleur provient d'une combustion quelconque, physique, si

---

1. Le P. Secchi admet 10 millions de degrés.

l'on peut parler ainsi, chimique et électrique, et, dans tous les cas, il y a un comburant et un comburé ou un brûleur et un brûlé.

Le charbon est brûlé par l'oxygène, le fer par le même comburant; l'acide carbonique brûle la chaux (protoxyde de calcium) et forme un carbonate de chaux; et l'électricité positive se combinant avec l'électricité négative, l'une d'elles brûle l'autre; c'est, dit-on, la plus puissante source de chaleur connue. Or, il est avéré que ces sources de chaleur ne peuvent guère s'élever à une température supérieure à celle nécessaire pour fondre, vaporiser et dissocier tous les corps de la nature. Nous savons que le platine, le plus réfractaire de tous les corps, fond à 1775°. Quelle est la température de vaporisation du platine? Celle de dissociation? On ne le sait probablement pas, du moins l'Annuaire de 1898 n'en parle pas.

Mais on peut croire que ce corps serait en état de dissociation à 4000° et comme les corps, en se solidifiant, mettent en liberté la même somme de calories qu'exigent leur fusion, ou leur vaporisation ou leur dissociation, il est permis de supposer que la température du Soleil n'excède pas cette quantité, puisque toute la chaleur qu'il possède, ne peut venir que de cette source.

Nous sommes donc loin de ces millions de degrés dont parlent quelques auteurs.

Et, chose remarquable, comme les substances les plus denses se trouvent plus au centre du Soleil, leur solidification ne semble pas encore commencée. Aussi, Kirchoff ne trouve dans le spectre solaire ni platine, ni or, ni argent, ni mercure, ni plomb, ni iridium, ni osmium, ni palladium, ni urane......; le plus dense des corps qu'il rencontre, c'est le cuivre (8,85), le nickel (8,67), le fer (7,20) ; tous les autres sont inférieurs à 7. Ne pourrrait-on pas, au moyen de ce fait, déterminer d'une certaine manière l'état de solidification de l'astre jour?

Notre Docteur, s'il n'avait eu une révélation, aurait volontiers admis que le Soleil est un paradis de délices. Voici ce qu'il nous en dit : « En effet, si l'astre du jour avait eu réellement, comme on le supposait alors (du temps d'Arago), un noyau central, obscur et froid, solide et entouré d'une double enveloppe gazeuse, l'une extérieure, incandescente, appelée photosphère, d'où émanaient les radiations lumineuses et calorifiques, l'autre intérieure, préservant le globe central à la manière d'un écran, et ne laissant arriver qu'une lumière et une chaleur très tempérées, on aurait pu sans trop de frais d'imagination, le représenter comme un habitat, ayant plus d'un point de ressemblance avec celui que la Terre constitue, mais s'en distinguant cependant par des particularités *toutes à son avantage.*

« On l'aurait pris volontiers pour le lieu d'une félicité sans mélange, sans intempéries de saisons et favorisé des douceurs d'un perpétuel printemps. Jamais la nuit n'aurait succédé au jour; chaque région aurait joui d'un climat propice; c'eut été, en un mot, un paradis céleste, un véritable Éden, peut-être même le lieu de l'immortalité. »

Savez-vous quel est le prophète cruel qui a fait *l'Enfer des Enfers* de ce séjour ravissant et fait évanouir cet idéal que toute âme poursuit! Le spectroscope! Et de là la nécessité pour nous de lui déclarer la guerre ou, du moins, de rectifier ses révélations.

Ce serait trop nous attarder, que de donner ici l'historique du spectroscope, jusqu'au moment où Kirchoff et Bunsen ont fait de l'étude du spectre un procédé d'analyse chimique. Cette science a déjà fait connaître plusieurs nouveaux métaux qui sans elle seraient encore inconnus.

L'analyse spectrale a également manifesté une partie, au moins, des corps qui entrent dans la composition du Soleil et des étoiles.

La science spectrale est tout en faveur de la thèse que nous soutenons; car les étoiles ont plusieurs des éléments constitutifs du Soleil et les nébuleuses elles-mêmes ne font pas exception. Et, chose digne de remarque, l'oxygène, l'hydrogène, le sodium et le fer manifestent le plus souvent leur présence. La création est bien nommé l'*Univers*, la multiplicité dans l'unité.

Certes, c'est beaucoup; mais nous devons faire remarquer que ces expériences, soit sur le Soleil, soit sur les différents corps en petit, ont été faites dans l'atmosphère terrestre et nous savons à combien de conclusions fausses cela a conduit plus d'un de nos savants. M. Janssen, le premier, en eut l'intuition et la gloire d'en fournir la preuve. A-t-on refait les expériences qui ont servi à renverser provisoirement, chez quelques-uns, la théorie d'Herschel, d'Arago et de plusieurs autres, sur la constitution du Soleil? — Pas que nous sachions. Ces expériences sont donc entachées d'un vice peut-être radical et nous ne savons si la nouvelle théorie a une base suffisamment sûre. Quand on nous aura démontré que le fondement est solide, nous dirons à tout le monde : l'enfer se trouve dans le Soleil; mais jusque là nous n'en croirons rien.

On peut aussi se demander si les circonstances sont les mêmes sur le Soleil que pour les expériences minuscules faites par nos savants, en sorte que, tout en accordant que l'analyse spectrale atteint les éléments chimiques, on peut encore redouter bien des cas d'erreur, soit dans l'opération elle-même, soit dans l'interprétation du phénomène constaté.

Mais une question plus grave que nous sommes obligé d'adresser aux admirateurs à outrance du spetroscope : l'analyse spectrale peut-elle faire connaître la constitution physique du Soleil et les modifications qu'il subit constamment? Nous n'ignorons pas les révélations du spectroscope sur la nature des protubérances, mais sa vue ne pénètre pas plus loin que cette partie extérieure. Un engouement trop enthousiaste lui ayant donné une puissance qu'il ne possède pas, M. Faye lui-même est obligé de modérer ses prétentions. Voici ce que dit ce savant, dans une communication à l'Académie des Sciences :

« Wilson avait compris et mis en pleine évidence deux

choses capitales : 1° Les taches sont des cavités ; 2° la photosphère n'est ni solide, ni liquide ; mais d'une contexture nébuleuse et gazéiforme. C'est là la part de vérité que tous les travaux ultérieurs des astronomes ont confirmée ; *mais comme cette part a été niée récemment au nom de l'analyse spectrale, il me sera permis de les rétablir ici.* » Voilà donc l'analyse spectrale prise en flagrant délit d'erreur sur l'état physique du Soleil. L'analyse spectrale peut manifester un certain nombre d'éléments des corps célestes : peut-elle affirmer l'état des corps ? L'analyse spectrale peut-elle savoir si le noyau central du Soleil est liquide ou incandescent ? Nullement. C'est une assertion plus hypothétique que celle du noyau solide et froid, comme le croyaient Herschel et plusieurs autres savants, et on pourrait appliquer à ceux qui la font, ce que M. Faye dit d'Herschel « qu'ils aiment à représenter le Soleil sous les traits de notre propre globe ». C'est une réminiscence du vieux feu central auquel presque personne ne croit plus[1]. On fait ce noyau liquide, parce qu'on ne veut pas qu'il soit solide, autrement on dirait comme Herschel et Arago ; on le fait incandescent, parce qu'on ne sait pas expliquer autrement la chaleur et la lumière que possède le Soleil. Mais, en vérité, cette hypothèse ne repose sur aucune donnée scientifique sérieuse.

L'analyse spectrale peut-elle, au moins, nous assurer que le noyau solaire est visible pour elle ? Ce noyau, disent Kirchoff et Bunsen, intervertit le spectre de la photosphère ; mais dès lors le spectre du Soleil n'est pas directement saisi. Les taches solaires sont noires, les taches sont des cavités ; si donc le noyau était visible et incandescent, il devrait se manifester par ces ouvertures et il n'en est rien.

Mais, nous dira-t-on, il y a les facules et les lucules ! oui, et on le savait avant les études spectroscopiques, et leur explication n'offrait pas alors de difficulté. M. Faye nous assure

---

1. Dernièrement, dans le *Cosmos*, on soutenait, et non sans raison, que la Terre est une sphère vide.

qu'il y a sur le Soleil « refroidissement des couches extérieures au point où le jeu des affinités moléculaires devient possible. » Nous croyons de plus que cette affinité moléculaire a déjà fait beaucoup de besogne et que la croûte solaire a déjà une certaine épaisseur. M. Faye ajoute qu'il y a « formation d'une photosphère, espèce de laboratoire superficiel, qui paraît être la limite du Soleil. » Effectivement, il y a quelque chose comme cela. La photosphère est un vrai laboratoire, qui achève de mettre en œuvre la matière radiante ou cosmique. A l'intérieur de l'astre, en dedans de la croûte solide, il existe un autre laboratoire, qui fonctionne avec une activité non moins grande; car la solidification, ayant commencé par l'extérieur, doit se continuer à l'intérieur. De là changement de l'énergie primitive de la nébuleuse en chaleur et en lumière, qui se font jour à travers la croûte solide.

Ainsi naissent les facules et les lucules qui apparaissent dans la photosphère. En d'autres termes, il y a à la surface du Soleil des éruptions volcaniques. La même chose a eu lieu, comme nous le constatons, aux jours primitifs de notre planète. Sur le Soleil les phénomènes sont autrement puissants qu'ils n'ont été sur la Terre, et cela se comprend; mais de même nature et revêtant les mêmes formes.

Les effets de ce laboratoire interne réagissent sur les effets du laboratoire extérieur et de là ces tourbillonnements dont parlent les observateurs. Le Soleil, comme tous les êtres *achève de se faire*, par l'extérieur et par l'intérieur; c'est la loi universelle. Où en est-il de sa formation? Nous croyons que la majeure partie du travail est faite. D'autres disent que non. Au lecteur de choisir.

Tout s'explique le plus aisément du monde et ces mouvements ascendants et descendants, qui alimentent la photosphère en chaleur et en lumière, ne sont autre chose que de puissantes éruptions volcaniques dont les résultats se mêlent aux phénomènes extérieurs.

C'est aussi simple que cela, et, à cause de sa simplicité,

cette explication ne paraîtra pas, sans doute, ni assez scientifique, ni surtout assez astronomique, habitué qu'on est à chercher de l'extraordinaire dans toutes les questions.

Quoiqu'il en soit de ces dernières considérations, nos astronomes étaient si pénétrés de l'impuissance de l'observation directe et de l'analyse spectrale, pour connaître la constitution et l'état physique du Soleil, qu'ils ont cherché un aide dans la photographie. M. Faye a été l'un des premiers à insister sur la nécessité de se servir de la photographie, pour l'étude des phénomènes solaires; car seule elle peut fournir les données nécessaires pour élucider les questions en litige.

M. Janssen, de son côté, dès 1878, donnait, dans l'Annuaire, une note sur l'importance de l'étude photographique de l'astre du jour. Il dit que « les applications de la photographie à l'astronomie prennent une importance qui devient chaque jour plus considérable... L'étude des taches solaires qui, depuis plus de deux siècles et demi, a fourni presque seule les données sur la constitution de la photosphère, *paraît presque épuisée aujourd'hui*, ou du moins elle doit être soutenue désormais de l'étude de la photosphère elle-même.... On a beaucoup étudié la surface photosphérique dans les grands instruments d'optique. Cette étude a conduit à admettre, dans cette couche solaire, la présence d'éléments granulaires sur la forme et les dimensions desquels, on n'est pas encore d'accord... La photographie est maintenant en état de résoudre la question.

« Nos photographies montrent la surface solaire couverte d'une fine granulation. La forme, les dimensions, la disposition de ces éléments granulaires sont très variées... Cette granulation se montre partout... Le pouvoir éclairant des éléments granulaires considérés séparément est très variable; ils paraissent situés à des profondeurs différentes dans la couche photosphérique.

« Les éléments granulaires les plus lumineux, ceux dans lesquels réside surtout le pouvoir lumineux de la photosphère, n'occupent qu'une très petite fraction de la surface de l'astre [1].

« Mais le résultat le plus remarquable, et qui est dû exclusivement à l'intervention de la photographie, est la découverte du *réseau photosphérique*.

« *Le réseau photosphérique ne pouvait être découvert par les moyens optiques qui s'adressent à la vision* du Soleil. »

C'est donc en vain qu'on écrira des phrases dithyrambiques sur le spectroscope, afin d'arriver ensuite à faire du Soleil le plus hideux portrait.

Nous avons, en ce moment, devant les yeux une *Étude photographique* du Soleil, obtenue sans intervention de la main humaine. Cela fait évanouir toutes les exagérations et l'on a une idée vraie de l'astre lumineux. On voit qu'on a devant soi des éléments matériels.

§ IV. — Les Comètes.

Nous plaçons ici les comètes, parce qu'elles semblent faire la transition de notre système solaire aux étoiles. Ces astres décrivent des courbes dont le Soleil est le centre. On a cru que ces courbes étaient des ellipses; mais on a constaté, pour plusieurs, que leurs orbites étaient des paraboles, puisque sortant de l'action du Soleil, elles poursuivent leurs routes, on ne sait pas trop où, à travers les autres mondes. Elles appartiennent donc, par conséquent, à différents systèmes?

Les unes reviennent au bout d'un certain laps de temps, et sont dites périodiques; celles-là décrivent des ellipses; les autres ne sont pas revenues depuis leur disparition et décrivent des paraboles ou même des hyperboles [2].

---

1. De fait, si ce sont des volcans, ils ne doivent occuper qu'une minime partie de la surface de l'astre.
2. En effet, la trajectoire d'un corps sollicité vers un centre fixe, en raison inverse du carré de la distance, n'est pas *nécessairement* une

Le mot *comète* veut dire *étoile chevelue* et l'on peut les considérer comme de petites nébuleuses errant de systèmes en systèmes, formées par la condensation de la matière nébuleuse répandue, avec profusion, dans l'univers.

Comme chacun le sait, toute comète consiste habituellement en un point plus ou moins brillant, environné d'une nébulosité qui s'étend, sous forme de traînée lumineuse, dans une direction particulière. Le point brillant se nomme le *noyau* de la comète, la traînée lumineuse, qui accompagne ce noyau, se nomme la *queue*, et la partie de la nébulosité, qui environne immédiatement le noyau, abstraction faite de la queue, se nomme la *chevelure*.

Pour ce qui concerne la constitution physique des comètes, tout le monde est d'accord pour admettre leur peu de condensation, et, par conséquent, leur légèreté. Le noyau est évidemment plus dense que la chevelure et la queue; mais quelle est cette densité? Il paraît même d'après les observations de Struve et de Wartman sur la comète d'Encke, que ces astres changent constamment de densité!

D'autre part, les noyaux eux-mêmes ont offert de grandes variétés; les uns paraissent simplement nébuleux et laissent percer, au travers de leur lumière, les plus faibles étoiles; les autres paraissent formés d'une ou plusieurs masses solides environnées d'une énorme atmosphère. Nous pouvons donc penser que les astres errants, réunis sous le nom de comètes, s'ils ne sont pas de *plusieurs espèces différentes*, sont du moins dans des états fort différents.

L'analyse spectrale des comètes donne des spectres qui ont une identité fort curieuse avec celui du carbone, observé dans la lumière d'une lampe. Cependant, il faut dire que la comète d'Encke a donné les trois bandes qui coïncident à

---

ellipse : elle peut être une *parabole* et même une *hyperbole*. On cite, parmi les comètes à orbites probablement *hyperboliques*, celles de 1723, de 1771 et la seconde comète de 1818. M. Encke, directeur de l'observatoire de Berlin, a cru devoir ranger dans cette catégorie la grande comète de 1843. Catalan, p. 145.

peu près avec celles de l'hydrogène carboné. On croit aussi avoir reconnu, dans plusieurs, la raie brillante de l'azote.

Tel est l'état actuel de nos connaissances sur la constitution physique et chimique des comètes.

D'après ces études, il est donc permis d'affirmer que les comètes, bien que leur constitution chimique semble être la même que celle du Soleil et des étoiles, vu leur état actuel de formation, ne sont pas habitables. C'est donc à tort, selon nous, qu'on a prétendu que les noyaux de certaines comètes étaient habités. Mais d'après les lois générales que présente l'Univers, elles le deviendront un jour. Notre Terre a passé par tous ces états, a subi ces différentes transformations; les comètes et les nébuleuses passeront par tous les âges des êtres qui naissent, engendrent et meurent; c'est la loi *universelle* appliquée aux mondes, aussi bien qu'aux individus.

§ V. — Les Étoiles

Allons maintenant aux étoiles! C'est un voyage un peu long; car l'étoile la plus voisine de nous, l'Alpha du Centaure, se trouve située à *huit trillions* ou huit mille milliards de lieues de notre monde minuscule — 8 212 000 000 000 —; la plus proche après elle, la 61ᵉ du Cygne, offre la distance de 15 trillions — 15 000 000 000 —; mais 15 est à peu près le double de 8 : ce qui prouve que les soleils sont à la même distance les uns des autres. Cette distance forme le champ des planètes. Ne parlons donc pas de vide; ces géants ont besoin de ces espaces pour circuler.

Quand on veut passer d'un monde à l'autre, on sent cette pensée du Sage surgir dans l'esprit : « Le Seigneur a réglé toutes choses avec mesure, avec nombre et avec poids.[1] »

---

[1]. Sed omnia in mensura, et numero et pondere disposuisti. (SAP. XI, 21).

Rien n'est isolé dans la création; tout se touche et se retient par un contact mystérieux. Nous avons défini les comètes, au point de vue de leur forme; mais nous pouvons dire, qu'au point de vue de leurs rôles, elles sont les liaisons entre les divers mondes.

D'après la science actuelle, dix des comètes connues reviennent périodiquement et décrivent, par conséquent, des ellipses[1]. L'orbite de la comète de Halley, qui est la plus grande ellipse de celles des comètes périodiques, dépasse l'orbite de Neptune un peu moins que Jupiter s'éloigne du Soleil[2], son aphélie est de 1 300 000 000 de lieues; les autres comètes périodiques sont moins éloignées et toutes, dans un temps plus ou moins long formeront, des planètes de notre système.

Quant aux comètes qui décrivent des paraboles, elles vont jusqu'aux étoiles les plus voisines et celles qui décrivent des hyperboles vont dans des régions de l'Univers, dont nous nous faisons difficilement une idée; elles doivent avoir un centre qui est une étoile quelconque, dont elles seront plus tard les planètes.

Il paraît qu'il faut compter les comètes par milliards et cela doit être, puisque notre Soleil possède dix qui certainement gravitent autour de lui. En donnant autant à chaque soleil ou étoile, puisqu'il y a déjà des millions de catalogués,

---

1. Nous parlons comme les Savants qui disent que certaines comètes décrivent des ellipses, d'autres des paraboles, d'autres, enfin, des *hyperboles*. Pour nous, toutes les comètes décrivent des ellipses. La parabole et l'hyperbole n'existent pas en réalité. C'est une fiction mathématique qui suffit pour les calculs. Ces courbes sont indéfinies, mais nullement infinies dans le sens mathématique. L'aphélie est à une distance incalculable, mais existe en réalité.

2. Aphélie de la Comète de Halley = 1 300 000 000 lieues.
Aphélie de Neptune . . . . . . = 1 112 000 000 —
                                    188 000 000 —
Aphélie de Jupiter . . . . . = 201 750 000 plus grand que 188 000 000 de 13 750 000 lieues.

sans compter le reste, nous aurions déjà un milliard de comètes ou de planètes en formation.

Nous pouvons donc dire que les comètes nous conduisent aux *étoiles*; ce sont des étoiles des Mages, qui nous indiquent la route, dans les champs infinis de l'espace astronomique, pour arriver à la vérité.

Suivons donc ces messagères et allons aux étoiles ! Imagination nous répond-on ! Quoi, vous nous avez dit que l'étoile la plus voisine de nous, l'Alpha du Centaure, se trouve à *huit trillions* deux cent milliards de lieues — 8,000 000 000 000 — et, après elle, vient à quinze trillions — 15,000 000 000 000 —, la 61ᵉ du Cygne et vous prétendez y aller et même vous y livrer à des études, pour savoir si l'on peut former des colonies françaises dans ces régions !

Non, nous aimons mieux aller explorer le Continent noir, malgré les dangers qu'on y court. Nos savants nous fabriquent, nous le savons, de tels contes ; mais nous aimons mieux croire tous les mystères du Christianisme.

Nous ne l'ignorons pas, si quelques-uns sont d'une parfaite incrédulité par rapport aux vérités de la foi, certains chrétiens ne le sont pas moins pour les vérités scientifiques. Ils pensent que le mot *impossible* est suffisant pour les dispenser de se donner la peine d'examiner la question.

Hasardons-nous pourtant, entre ces deux adversaires, à entreprendre ce voyage d'exploration, pour constater s'il y a dans ces lointaines régions quelques terrains habitables.

Essayons d'abord de donner une idée du nombre des étoiles du firmament ; faisons-y ensuite un premier voyage, ayant pour guide Cicéron, le plus éloquent des orateurs et le plus grand des philosophes de l'antique Rome, et un second en compagnie de la science. Le premier sera pour nous un encouragement et justifiera notre témérité ; le second aidera nos efforts, et nous constaterons les résultats que nous aurons obtenus, en examinant si les étoiles sont habitables.

1. — *Nombre des Étoiles.*

A l'aspect de cette multitude de points étincelants qui parsèment le ciel, qui ne se sent disposé à croire qu'ils sont innombrables, qu'ils se comptent, sinon par millions, du moins par centaines de mille? C'est là, cependant, une véritable illusion[1]. Tous les observateurs qui se sont donné la peine de faire un dénombrement exact des étoiles perceptibles à l'œil nu, ont compté, en moyenne, 3000 et 4000 étoiles au maximum dans toute la partie de la voûte céleste qu'on peut apercevoir au même instant. Or, cette portion n'est jamais que la moitié du ciel entier.

Argelander a publié un catalogue exact des étoiles visibles à l'horizon de Berlin, pendant le cours d'une année. Ce catalogue comprend 3256 étoiles, dont voici la distribution, selon l'ordre de grandeur :

1re grandeur . . 14	4e grandeur . . . 325
2e 51	5e 810
3e 156	6e 1871

Il y a, en outre, 13 étoiles variables, 15 amas et 4 nébuleuses.

D'après Humboldt, il y a 4146 étoiles visibles à l'horizon de Paris, dans tout le cours de l'année; et l'on trouve déjà 4638 étoiles, sur l'horizon d'Alexandrie. L'évaluation d'Argelander étendue à tout le ciel, donnerait donc un nombre approché de 5000 étoiles.

M. E. Heis a travaillé 27 ans à un nouveau recensement des étoiles visibles à l'œil nu et a donné pour résultat 5421 corps célestes distincts à l'horizon de Munster, dont 5354 étoiles, 41 étoiles variables, 19 amas d'étoiles et 7 nébuleuses.

En ne considérant que l'hémisphère céleste boréal, M. Heis trouve 3968 étoiles; en supposant l'hémisphère austral aussi peuplé, on aurait 7936 ou, en nombre rond, 8000 étoiles

---

1. Hipparque donne la position de 1023 étoiles (125 avant notre ère.) Ptolémée ajouta 3 étoiles, ce qui porta le nombre à 1026. Képler inscrivait à peine 1400 étoiles dans son catalogue.

visibles à l'œil nu. Mais cette hypothèse de l'égalité des deux hémisphères, sous le rapport de leur richesse sidérale, ne paraît point exacte. Le D⁏ Gould a recensé tous les astres de l'équateur au pôle sud et porte à 6400 les étoiles visibles à l'œil nu, dans l'hémisphère austral. Il évalue à 11000 le nombre total pour les deux hémisphères. Quelle est la cause de la différence de densité stellaire des deux hémisphères? Nous ne saurions le dire.

Quoiqu'il en soit, l'ancienne évaluation qui donnait un nombre maximum compris entre 5000 et 6000 étoiles environ pour le ciel entier, doit être rectifiée : c'est de 10000 à 11000 qu'il faut admettre.

Mais il ne faut pas oublier qu'il s'agit là des vues de personnes habituées aux observations astronomiques.

Si l'on considère le ciel à l'œil nu et puis à l'aide d'une lunette, le coup d'œil devient féérique. M. Chacornac évalue à 77 millions le nombre des étoiles comprises dans les treize premiers ordres de grandeur; d'autres astronomes donnent des nombres beaucoup plus considérables. Pour se faire une idée de cette différence, il suffit de jeter un coup d'œil sur les deux figures ci-jointes. La première (Fig. 1.) représente un coin de la constellation des Gémeaux vu à l'œil nu; la seconde (Fig. 2.) le même coin de cette constellation vu au télescope.

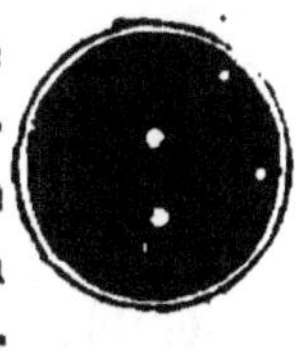

Fig. 1.

Disons-le, une plaque photographique est beaucoup plus sensible que l'œil humain; aussi nos savants sont en train de photographier le ciel et de reproduire ces photographies sur des cartes célestes. C'est, dit-on, prodigieux le nombre des mondes qui manifestent ainsi leur existence.

II. — 1ᵉʳ *Voyage sous la direction de Cicéron.*

Tout le monde s'est demandé ce que sont ces lumières qui brillent au firmament ; cependant, le vulgaire n'aperçoit, dans la voûte azurée, que des étincelles brillantes : tous les astres

Fig. 2.

rassemblés ne sont à ses yeux que des clous dorés distribués au hasard par la main de la nature; mais l'homme qui, sur les ailes de la méditation, se transporte dans les cieux et parcourt la vaste immensité, sait y voir des vérités importantes.

La contemplation de ces merveilles captivait Cicéron, quoiqu'il fut loin de connaître, sur ce sujet, ce que nous connaissons aujourd'hui. Écoutons cette page sublime qu'il met dans la bouche de Scipion : « Mon père me montrait ce cercle qui brille par son éclatante blancheur au milieu de tous les feux célestes et que vous appelez d'une expression empruntée aux Grecs, la Voie lactée. Du haut de ces orbes lumineux, je contemplais l'univers, et je le vis tout plein de magnificence et de merveilles. Des étoiles que l'on n'aperçoit point d'ici-bas parurent à mes regards, et la grandeur des corps célestes se dévoila à mes yeux. Elle dépasse tout ce que l'homme a jamais pu soupçonner. De tous les corps, le plus petit qui est situé aux derniers confins du ciel et le plus près de la Terre, brillait d'une lumière empruntée. Les globes étoilés l'emportaient de beaucoup sur la Terre en grandeur.

La Terre elle-même me parut si petite, que notre empire qui n'en touche qu'un point, me fit honte ! Comme je le regardais attentivement : Eh bien ! mon fils, me dit-il, ton esprit sera-t-il donc toujours attaché à la Terre ? Ne vois-tu pas dans quelle demeure supérieure et sainte tu es appelé ?

Je contemplais toutes ces merveilles, perdu dans mon admiration. Lorsque je pus me recueillir : quelle est donc, demandai-je à mon père, quelle est cette harmonie si puissante et si douce au milieu de laquelle il semble que nous soyons plongés ? »

Dans le même passage, Cicéron dit ces paroles que bien des Chrétiens pourraient méditer avec fruit. « C'est pourquoi, Scipion, comme ton aïeul qui nous écoute, comme moi qui t'ai donné le jour, pense à vivre avec justice et piété ; pense au culte que tu dois à tes parents et à tes proches, que tu dois surtout à la patrie. Une telle vie est la route qui te conduira au ciel et dans l'assemblée de ceux qui ont vécu et qui maintenant délivrés du corps, habitent le lieu que tu vois[1]. »

On se demande comment les anciens, n'ayant pas, comme nous, des instruments pour les guider, ont pu parler avec une telle exactitude des astres.

Ces paroles du grand orateur romain ont dû préparer les esprits à ce que nous allons dire sur l'habitabilité des étoiles.

1. Cicéron *Traité de la République*, Livre VI, N° 11, 12, 13.

III. — *Second voyage en compagnie de la Science.*
Les Étoiles sont-elles habitables?

Oui, dirons-nous avec la plupart des savants de notre temps.

1° Cela découle de l'hypothèse admise pour la formation de l'univers. Dieu créa la matière de l'univers ; cette matière était dans un état de dissociation que nous ne pouvons même pas comprendre. Peu à peu, il se forma des masses d'une étendue considérable ; nos instruments nous permettent de les suivre dans les hauteurs célestes et, à cause de leur peu de densité, on les appelle nébuleuses. Notre monde solaire était jadis une nébuleuse, qui s'est condensée et a engendré des planètes, tournant autour de leur centre, le Soleil. Notre globe est une de ces planètes ; il est habité et, de là par analogie, et même par la connaissance de la constitution physique des autres planètes, nous avons conclu à leur habitabilité. Pour les mêmes raisons, nous admettons l'habitabilité des autres soleils ou du moins de leurs satellites. Comme le prouvent les nébuleuses en voie de formation, les étoiles ayant la même origine que notre système, doivent avoir la même formation et la même constitution ; les unes sont moins avancées que nous, mais d'autres sont, à n'en point douter, plus anciennes, comme il ressortira de ce que nous allons dire.

2° Connaître ce qui est *là-haut*, a toujours été une des aspirations de l'esprit humain ; aussi, dès leur création, on a fait appel aux lunettes et aux télescopes, ou disons mieux, on a inventé les lunettes astronomiques, pour essayer de dérober quelques secrets de ces régions lointaines ; mais en vain, car, dans les plus grands instruments, les étoiles restent sans disque, à l'état de points brillants. — Si l'on se sert d'un télescope grossissant mille fois et même davan-

---

1. Par le mot *étoiles*, nous entendons aussi les planètes dont elles ont les centres.

tage pour examiner Sirius, qui est la plus belle étoile du ciel, on sera surpris de voir que le volume de cet astre, loin de paraître plus considérable, devient encore plus petit ; car les étoiles, considérées sans le secours d'aucun instrument d'optique, paraissent toujours plus grandes qu'elles ne le sont en effet, à cause de la diffusion de la lumière qui s'étend autour de leur masse.

« Le télescope, en réunissant les rayons, détruit cette irradiation, de telle sorte que l'étoile la plus brillante n'est plus, dans une bonne lunette, que comme un point d'une étendue infiniment petite, et qui échappe à toutes nos mesures. »

Ainsi que nous l'avons dit, surtout depuis Descartes[1] les étoiles ont été considérées comme de vrais soleils, entourés chacun d'une famille de planètes qui en dépendent. *Cette opinion n'avait pour fondement qu'une analogie possible* ; elle restait à l'état d'hypothèse. On n'avait acquis par l'observation aucune connaissance de la véritable nature de ces points lointains de lumière. Ces indications si longtemps et si ardemment désirées, nous ont été enfin fournies par l'analyse spectrale. Aujourd'hui la Science est à même de lire, dans la lumière de chaque étoile, quelques indices de sa vraie nature. L'analyse spectrale nous a découvert quelques-uns des éléments dont sont composées les étoiles. Voici sous ce rapport, et très succinctement, les résultats auxquels on est arrivé.

Au point de vue de l'étude spectrale, comme au point de vue de leur couleur, les étoiles se rapportent à quatre types parfaitement tranchés[2] ; quelques spectres, cependant, au lieu de se rapporter nettement à l'un d'eux, semblent leur servir d'intermédiaires.

1. Descartes, dans son système, admettait que les étoiles étaient des soleils comme le nôtre, ayant leurs planètes qui à leur tour avaient des satellites, et, quoiqu'en disent quelques auteurs, le système de Descartes est ce qu'on admet aujourd'hui.

2. Ces derniers temps, on a donné une classification des étoiles

Le *premier type* est celui des étoiles qu'on appelle communément *blanches*, bien qu'en réalité elles soient légèrement bleues, comme Sirius, Véga, Altaïr, Régulus, Rigel, etc.

Ces étoiles offrent un spectre formé de l'ensemble ordinaire des sept couleurs, ou du spectre solaire[1]. Il y a des raies qui révèlent la présence du sodium, du magnésium et du fer. Ce qui caractérise ce type, c'est la longueur de cer-

fixes un peu différente de celle du P. Secchi. Comme nous l'avons dit, celui-ci n'admettait que quatre types : étoiles blanches ou bleues, étoiles jaunes et étoiles rouges, caractérisées par des différences dans le spectre.

M. Mac-Clean, qui a eu occasion d'étudier le spectre de toutes les étoiles de la première à la troisième grandeur, propose d'établir cinq classes au lieu de trois.

1° Étoiles dont le spectre renferme seulement les lignes de l'hélium et pas celles de l'hydrogène (1re classe de Secchi); ces étoiles seraient désignées sous le nom d'*Orionides*, parce que *Rigel* et autres étoiles d'Orion font partie de ce groupe;

2° Étoiles dont le spectre renferme les lignes de l'hydrogène, du type *Sirius*;

3° Étoiles, dans le spectre desquelles les lignes du fer apparaissent à côté de l'hydrogène, type *Procyon*;

4° Étoiles jaunes, du type *Soleil* (2e classe de Secchi), dont le spectre présente de nombreuses lignes métalliques;

5° Étoiles rouges et orangées (3e classe de Secchi), du type *alpha d'Hercule*, dont le spectre présente, à côté des lignes métalliques, de nombreuses bandes obscures (bandes d'absorption).

Les étoiles de la première classe (Orionides), se rencontrent surtout à l'équateur de la voie lactée, tandis que celles de la 4e et de la 5e classe sont dispersées dans toute l'étendue du ciel. Autre remarque importante : les Orionides donnent un certain nombre de lignes qui coïncident avec les lignes de l'oxygène.

Lors même que cette classification serait l'expression de la vérité, elle ne changerait rien ou peu de chose aux conclusions que nous avons tirées d'après la classification du P. Secchi. Nous ne modifions donc point ce que nous avons écrit.

1. Dans ce résumé, nous avons retranché tout ce qui regarde l'hydrogène; les raies de ce corps n'étant plus certaines d'après les dernières expériences de M. Janssen, qui prétend que ces raies viennent de l'atmosphère terrestre.

taines raies. La moitié à peu près des étoiles du ciel, se rapporte à ce type.

Le *deuxième type* est celui des étoiles *jaunes* ; leur spectre est absolument semblable à celui de notre Soleil : il comprend la Chèvre, Pollux, Aldébaran, Procyon etc...; à peu près les deux tiers des étoiles restantes, la moitié se rapportant au premier type. Les étoiles de cette deuxième catégorie ont donc la même composition que notre Soleil, et elles sont dans le même état physique que lui.

Le *troisième type* est celui des étoiles tirant plus ou moins sur le *rouge* ou *l'orangé*, tels que α d'Hercule, 6 de Pégase, o de la Baleine, α d'Orion, Antarès etc. La plupart des raies dominantes de ce type appartiennent à des métaux qu'on retrouve dans le Soleil : le magnésium, le sodium et le fer. Ce spectre rappelle en tout celui des taches solaires ; ce qui indiquerait que les étoiles du troisième type ne différeraient de celles du deuxième que par l'épaisseur et par le défaut de continuité dans leurs photosphères ; elles auraient des taches, comme celles du Soleil, mais incomparablement plus considérables.

Le *quatrième type* se rapporte à de petites étoiles de couleur *rouge-sang*, qui sont assez peu nombreuses. Leur spectre a seulement trois zones fondamentales, rouge, verte, bleue.

Ajoutons qu'une cinquième catégorie d'étoiles très peu nombreuses donnent le spectre *direct* de l'hydrogène.

Les conclusions à tirer de ces données scientifiques, les voici, selon nous :

a) Les étoiles du premier type, comme Sirius, sont dans leur plus grand éclat lumineux, moins avancées, dans leur solidification que notre Soleil. Du temps de Ptolémée, Sirius était rouge, ce qui suppose une lumière moins intense. Mais ses satellites peuvent parfaitement être assez refroidis pour être habités.

b) Les étoiles du deuxième type semblent être dans le même état physique que notre Soleil; par conséquent, on peut leur appliquer, à elles et à leurs satellites, tout ce que nous avons dit du système solaire.

c) Pour les étoiles du troisième type, vu leur couleur et surtout leurs taches incomparablement plus considérables, que celles du Soleil, nous penchons à croire qu'elles sont plus avancées dans leur formation, mais qu'elles sont encore suffisamment lumineuses et chaudes pour distribuer à leurs satellites une lumière suffisante. Cependant, ces astres et leurs satellites sont sur leur déclin, bien qu'habitables encore.

d) Les astres du quatrième type sont des astres incomplets. Est-ce par l'enfance ou par la vieillesse? Nous n'oserions le dire.

e) Quant à la cinquième catégorie, nous dirions volontiers que ce sont des astres qui commencent à peine à être lumineux et chez lesquels ce que nous appelons corps simple, n'existe pas encore.

En résumé : les étoiles du 5e type sont des enfants; celles du 1er type, comme Sirius, sont des adolescents dans la splendeur de la beauté; celles du 3e type, comme le Soleil, sont des hommes dans la force de l'âge; celles du 4e type, penchent vers la vieillesse.

Leur habitabilité doit être dans le même rapport, suivant les lois ordinaires de la nature, qui est la même partout : *naître, agir, mourir.*

3° Nous avons parlé des satellites des étoiles ou, pour employer une expression plus exacte, des planètes qu'elles ont engendrées; mais en existe-t-il?

Oui, et voici ce que nous dit le Père Secchi à ce sujet, en cela parfaitement d'accord avec les autres astronomes.

« Les étoiles, dit ce savant, sont distribuées en groupes formant des systèmes semblables à celui auquel nous appartenons. Les lois de l'attraction produisent et régissent le mouvement de ces astres lointains, aussi bien que la circulation des planètes autour du Soleil. Les systèmes les plus simples constituent des étoiles doubles ou triples; ce sont autant de soleils ayant leur cortège de planètes qui décrivent autour d'eux des *ellipses elliptiques* (sic). Ces planètes ne diffèrent des nôtres qu'en un seul point : elles sont encore incandescentes et, par conséquent, lumineuses par elles-mêmes; elles nous éclairent par une lumière qui leur est propre et non par une lumière empruntée venant se réfléchir à leur surface. C'est cette circonstance qui nous permet de les distinguer à une aussi grande distance, d'observer la position qu'elles occupent successivement et de calculer les orbites qu'elles décrivent[1].

« Ainsi les irrégularités observées dans le mouvement propre de Sirius avaient fait supposer pendant longtemps l'existence d'un astre semblable circulant autour de cette magnifique étoile; on a enfin découvert ce satellite, mais il est lumineux par lui-même, et son éclat égale au moins celui d'une étoile de sixième grandeur; il est voilé de l'éblouissante lumière de l'étoile principale[2].

« Une autre étoile, Algol (β de Persée) nous prouve directement l'existence de satellites obscurs par les variations régulières qu'elle subit et qui ne peuvent être que des occultations, produites par un corps opaque passant devant l'astre lumineux. Ces variations sont des phénomènes en tout semblables à nos éclipses; on le supposait depuis longtemps, mais les dernières découvertes spectroscopiques l'ont pleinement démontré. »

C'est la seule explication rationnelle des variations périodiques de certaines étoiles; ces variations périodiques sont une preuve de l'existence de planètes autour des étoiles. Ce sont ces corps opaques qui viennent, à certaines époques, s'interposer entre les astres et nous.

Nous pensons que les étoiles doubles, c'est-à-dire celles qui sont assez voisines pour s'influencer l'une l'autre par la gravitation et former un système à part, ne sont autre chose

---

1. Le P. Secchi, le soleil, p. 404 —
2. Ce fait justifie pleinement notre appréciation sur l'état de Sirius et des étoiles du 1er type qui lui ressemblent.

que des Soleils avec une planète à l'état lumineux, comme celle de Sirius. Parfois, il y en a trois, quatre et même plus, et, dans ce cas, ce sont simplement trois, quatre, cinq planètes qui sont encore à l'état lumineux.

Les systèmes binaires présentent deux particularités remarquables : leurs orbes sont ordinairement très allongés, et les deux étoiles ont presque toujours des couleurs complémentaires, ce qui indique une différence de température et un état différent de conservation. Il y a un certain nombre — 15 — de ces systèmes qui sont bien connus et dont on a pu déterminer complètement les évolutions et calculer les éléments de leurs orbites, mais il y en a bien davantage.

Depuis 1880 les instruments se sont perfectionnés, et l'œil humain a pu lire à une plus grande distance dans le livre de la création. Nous n'avons pas les derniers résultats de cette investigation.

Une autre merveille s'est produite : les plaques photographiques, plus sensibles que notre rétine, sont plus impressionnables et reçoivent des empreintes que nous ne pouvons recevoir ; aussi un monde nouveau, inexploré jusqu'à présent, un vrai continent, nous force à accepter son existence. Les jours derniers, 750 à 800 nébuleuses ont été résolues et l'on sait que ces nébuleuses renferment des mondes ! — Où est-on arrivé ? Nous n'en savons rien. — Où s'arrêtera-t-on ? Nous le savons encore moins. On est à faire la carte du ciel, mais lorsqu'elle sera terminée, il sera probablement plus que temps de la remplacer par une autre plus complète.

Comme ces dernières découvertes ne sont pas encore passées de chez les savants dans le domaine public, contentons-nous de *cent millions!*

4°. — Tous ces phénomènes indiquent une grande activité dans les régions d'où nous serions portés à croire que la vie et le mouvement sont bannis. Non, partout l'activité.

Ce que la science nous apprend sur les modifications de notre système solaire, s'est passé et se passe encore dans les autres systèmes. D'après le témoignage des auteurs de tous les siècles, il résulte que certaines étoiles étaient jadis plus brillantes que certaines autres, qui aujourd'hui les dépassent notablement en éclat. Du temps d'Ératosthène, Antarès — dans le Scorpion — était moins brillante que l'une des deux étoiles de la Balance; depuis moins d'un siècle même, les altérations de cette nature démentent, sur plusieurs constellations, l'ordre des lettres grecques, tel qu'il est établi dans des catalogues assez modernes.

Que devons-nous conclure de cet ensemble de données astronomiques? Que les étoiles sont des soleils, et des soleils, en général, plus considérables que celui qui nous éclaire; que ces soleils et ces planètes peuvent être habitables, en tenant compte de tout ce que nous avons dit de notre Soleil et de ses planètes.

Voici maintenant un petit argument qui me semble assez raisonnable.

Ces étoiles, puisque nous les voyons, malgré leur énorme distance de nous, sont nécessairement des soleils, dont plusieurs sont plus considérables que le nôtre. D'après les lois de la gravitation, ils ne peuvent pas être seuls; ils ont leur cortège de planètes. On ne peut guère nier cette possibilité, cette convenance, sinon cette nécessité. Il est aussi fort possible qu'une de ces planètes soit dans les mêmes conditions que notre Terre; cela est même probable, et, par conséquent, elle est habitée.

Mais en restant dans cet esprit de modération et en se contentant de peu, il y aurait encore *cent millions* de mondes habités ! Nombre fort respectable, n'est-ce pas?

En parlant de ces questions, il est un point qu'il ne faut pas perdre de vue, c'est que nous ne voyons pas l'état actuel d'un astro, mais son passé; passé d'autant plus éloigné que l'astre se trouve à une plus grande distance de la Terre. Ce n'est pas l'état actuel du ciel qui est visible, mais son histoire passée. Nous ne le voyons donc pas tel qu'il est, mais tel qu'il était au moment où est parti le rayon visuel qui nous arrive. On sait que la lumière du Soleil met plus de 8 minules à franchir la distance qui nous en sépare, quatre heures pour venir de Neptune, trois ans et demi pour venir de l'α du Centaure, l'étoile la plus proche de nous. Si donc une étoile, dont la lumière met cent ans à nous parvenir, était subitement anéantie aujourd'hui, nous la verrions encore pendant cent ans.

Il y a, par conséquent, tels et tels astres qui n'existent plus depuis dix mille ans et que nous voyons encore, parce que le rayon qui nous arrive est parti longtemps avant leur destruction.

Cela explique leur disparition subite chez nous; ce qui n'a pas eu lieu, en vérité.

§ VI. — Les Nébuleuses.

On connaît la *voie lactée*, c'est une *nébuleuse;* mais il y en a beaucoup d'autres. On donne ce nom à des taches blanchâtres, plus ou moins diffuses, ayant des formes vaporeuses et mal définies, que l'on aperçoit çà et là, dans les interstices immenses qui séparent les millions d'étoiles accessibles à nos regards, au moyen du télescope.

Parmi les nébuleuses, les unes, examinées avec de puissantes lunettes, paraissent, comme la voie lactée, composées d'un très grand nombre de petites étoiles : ce sont les nébuleuses *résolubles*. Mais il est des nébuleuses qui ont résisté aux plus forts grossissements : ce sont les nébuleuses *irrésolubles*.

Il existe des nébuleuses, qui ont résisté longtemps aux efforts tentés pour les résoudre, et qui ont fini par céder; ce qui fait espérer que de plus puissants instruments triompheront encore de plus d'une nébuleuse. Cependant, il faut dire que si, pour quelques-unes, on peut penser que cela tient à l'impuissance des instruments; pour d'autres, l'aspect qu'elles présentent est tel qu'elles ne sauraient être des amas d'étoiles.

Les nébuleuses résolubles sont donc, à proprement parler,

des amas stellaires. On en compte 4000 et probablement plus. La quantité d'étoiles que chacune d'elles renferme est très considérable. Pour en donner une idée, il suffira de dire que dans une étendue égale au dixième de celle occupée par le disque lunaire, un amas stellaire ne renferme pas moins de 20 000 étoiles ; jugez des étoiles contenues dans la *voie lactée* et dans toutes les autres nébuleuses connues.

De toutes parts, on aborde l'infini.

Malgré diverses opinions émises à ce sujet, on peut admettre que les nébuleuses proprement dites sont des mondes en formation[1] ; en sorte que l'architecte divin continue son œuvre : il opère toujours, comme Il nous le dit lui-même dans nos saints Livres, et, sous ce rapport encore, la science et la foi sont d'un accord parfait.

« Il est probable que les éléments qui constituent ces nébuleuses sont l'hydrogène et l'azote, à moins que l'absence des autres raies du spectre de l'azote n'indique une forme de la matière plus élémentaire que l'azote[2]. »

Dans quelques unes des nébuleuses, il existe un noyau que, en raison de son spectre continu, de son plus grand éclat et de sa séparation apparente du gaz environnant, nous devons considérer comme étant de la matière solide et liquide.

En somme, l'analyse spectrale nous offre dans les nébuleuses quelques-uns des éléments que présente notre Soleil

---

1. « Une formation progressive d'un certain caractère, nous est indiquée par la présence de parties plus condensées et d'un noyau, dans quelques nébuleuses. Des nébuleuses qui donnent un spectre continu, et qui ne montrent encore que de faibles indications de résolubilité, comme la grande nébuleuse d'Andromède, ne sont pas nécessairement des amas d'étoiles, elles peuvent être des nébuleuses gazeuses qui, par la perte de chaleur ou par l'influence d'autres forces, ont été remplies de matières dans un état de condensation et d'opacité plus grandes. »

2. le spectre des nébuleuses offre trois raies caractéristiques communes ($\lambda =$ 501, 496, 486), la troisième coïncide avec la raie F de l'hydrogène ; les autres raies hydrogéniques (à l'exception de G) s'y rencontrent aussi le plus souvent, mais avec moins d'éclat : d'autres raies peuvent offrir une certaine intensité, par exemple, les raies violettes dans la nébuleuse d'Orion.

et nous fait assister à la formation de nouveaux mondes.

Que penser de leur habitabilité? J. Herschel et d'autres savants sont d'avis qu'il n'y a pas de distinction essentielle à établir entre les deux sortes de nébuleuses, et que, si un grand nombre d'entre elles ne sont pas encore résolues, cela tient à l'imperfection des instruments. Dans ce cas, nous conclurions que les nébuleuses doivent se ranger dans la catégorie des étoiles et, par conséquent, celles dont la formation est assez avancée, peuvent être habitées; quant à celles qui seraient à l'état gazeux, elles sont simplement des matières pour la formation des mondes.

Résumons-nous et concluons. Nous avons jeté un coup d'œil rapide sur tous les astres de l'Univers, exprimant, avec toute l'exactitude possible, ce que l'astronomie physique et toutes les autres sciences ont pu nous révéler de leur constitution; nous nous sommes efforcé d'établir le rapport nécessaire, selon nous, qui existe entre les diverses parties de la création, d'après une loi qui paraît générale, allant du plus petit au plus grand : un point de départ unique, une évolution unique, une fin commune. Unité dans le point de départ, simplicité dans les moyens qui produisent la multiplicité, même voie pour revenir à l'unité.

On peut regimber contre toutes les hypothèses, contre toutes les autres affirmations, mais contre cette affirmation, non; et, pour le dire, nous ne nous basons nullement ni sur le matérialisme, ni sur le panthéisme, ni même sur l'évolutionisme simplement, mais sur le plus pur christianisme. Ce serait nier la fin des êtres, le plan divin, la continuation de l'œuvre créatrice ou la réduire à l'état microbien, puisque notre Terre est à peine cela. Nous ne l'ignorons pas, il se trouvera quelques catholiques attardés, jansénistes de la science, qui nous répondront : vous aurez beau faire, «tout cela, c'est des vers luisants, des lampions, des lanternes vénitiennes, pour faire aux badauds de l'humanité rester la bouche bée, sur un Pont-Neuf quelconque!» L'équivalent de ces mots profonds a été écrit, même les temps derniers, dans plus d'une revue et dans plus d'un livre. Si on nous niait le fait, nous pourrions citer plus d'un passage, qui mettrait notre affirmation hors de doute; nous ne le faisons pas, voulant éviter toute parole irritante.

Maintenant quelle conclusion devons-nous tirer des données de la science sur cette question?

D'abord, nous pouvons dire que le savant Directeur de l'observatoire de Postdam, M. Scheiner[1], reste probablement en deçà de la vérité, quand il écrit que « de tous les corps visibles pour nous, deux ou trois seraient, avec quelque vraisemblance, appropriés à notre vie organique terrestre. » Mais il ajoute aussitôt que « des planètes invisibles pour nous, celles qui circulent autour des étoiles fixes, ces lointains soleils, existent indubitablement, et qu'en admettant qu'une seule d'entre elles soit habitable autour de chaque soleil, on arriverait encore d'après le nombre connu des étoiles fixes, au chiffre respectable de *cent mille* astres habitables, ce qui serait un minimum. »

Oui, dirons-nous, minimum hier, minimum insuffisant aujourd'hui, puisque les soleils se comptent en ce moment par *centaines de millions*, minimum ridicule demain.

Le prophète Jérémie avait raison de s'écrier : on ne peut compter les étoiles, ni mesurer le sable de la mer[2]. Cette pensée nous occupait un jour, en traversant un petit coin du Sahara.

David avait, n'en doutons pas, la vue exacte de la création, lorsqu'il composait le psaume CXLVI, si poétique et si vrai.

« C'est le Seigneur, dit-il, qui compte le nombre si prodigieux des étoiles et qui les appelle toutes par leurs noms. Notre Seigneur est grand, sa puissance est infinie et sa sagesse n'a pas de bornes[3]. »

---

1. Revue mensuelle d'Astronomie populaire. Liv. Juin 1891. Art. traduit de l'allemand, sur l'habitabilité des Mondes.
2. Sicuti enumerari non possunt stellæ cœli et metiri arena maris. JEREM. xxxiv, 22.
3. Qui numerat multitudinem Stellarum; et omnibus eis nomina

Ces paroles de David, pas plus que celles de Jérémie, n'auraient aucun sens, si l'on voulait parler des quelques étoiles visibles à l'œil nu. Ce n'est pas une merveille pour Dieu de pouvoir les compter, et la postérité d'Israël et surtout de Jésus-Christ, dont il s'agit ici, n'aurait rien eu d'extraordinaire, loin de là : soit six mille en tout.

Nous ne pouvons mieux terminer la question scientifique, qu'en donnant la parole à M. Bougaud. Il vient de montrer la grandeur de notre Soleil et de ses planètes, avec leurs satellites, qui tous gravitent autour de l'astre du jour, dans un rayon d'un milliard cent quarante-sept millions de lieues, et il ajoute :

« Cela semble immense, et cependant qu'est-ce que cela ? Ce système solaire, on a appris qu'il faisait partie d'un vaste groupement d'étoiles qu'on nomme la *Voie lactée*, dont il occupe le centre comme un point à peine visible. On a compté les étoiles de cette voie lactée, combien y en a-t-il ? dix-huit millions. Quant à sa longueur, car elle ressemble à un immense ruban, un rayon de lumière qui partirait d'une extrémité et qui volerait en ligne droite sans s'arrêter, combien mettrait-il, en faisant soixante-dix-sept mille lieues par seconde, pour arriver à l'autre extrémité ? Quinze mille ans.

« Mais cette *Voie lactée*, qu'est-elle dans l'immensité ? Rien que sur notre horizon visible, qu'elle traverse, comme un large ruban pâlissant, on a déjà inventorié soixante-quinze millions d'étoiles, et tous les jours on en découvre de nouvelles. Et ces étoiles, qu'on voit distinctement, qu'on peut analyser et décrire, ne sont pas la plus grande merveille. Dans l'espace qui les sépare, là où l'œil laissé à sa faiblesse ne voit qu'une obscurité noire, le télescope aperçoit une fine poussière d'or. Ce sont des étoiles qu'on ne peut plus nombrer. Et à mesure que l'on augmente la force des télescopes, toutes les régions du ciel se couvrent de ce fin sable d'or;

---

vocal. — Magnus Dominus noster, et magna virtus ejus; et sapientiæ ejus non est numerus. Ps. CXLVI. 4-5.

l'obscurité n'a plus de place, et l'œil, arrêté par l'accumulation des étoiles, n'a plus devant lui qu'un tissu de lumière.

« Comptez-les ces étoiles, si vous le pouvez. L'esprit est écrasé de leur nombre…. Puis viennent ces nébuleuses, suspendues dans les déserts de l'abîme, dont chaque poussière est un monde.

« Et par delà ces nébuleuses que le télescope atteint, qu'y a-t-il? Ah! d'autres nébuleuses, d'autres *Voies lactées*, d'autres groupements d'étoiles que le télescope d'aujourd'hui n'atteint pas, que saisira le télescope de demain, et par delà d'autres encore et ainsi de suite à l'infini, car l'esprit répugne invinciblement à l'idée d'un espace vide, d'un point où il n'y aurait plus que le contenant et rien dedans. La création remplit donc tous les espaces, comme elle remplit tous les temps.

« Que nous voilà loin du vieux ciel du moyen-âge et des douze sphères emboîtées les unes dans les autres! Mais comme cette création, découverte par la science, est plus vraie, plus naturelle, moins factice, mieux en harmonie avec l'enthousiasme qui remplit les Livres Saints au sujet de la grandeur des cieux, avec les sublimes idées de l'Église sur Dieu! C'est un Dieu qui crée, dont l'attribut principal est la magnificence! C'est un amour infini qui veut faire des heureux, répandre, communiquer son bonheur! Dès lors, qu'est-ce qui pourrait embarrasser ma foi? Ah! la petitesse de la Création! jamais sa grandeur, ni sa sublimité. Si Dieu avait pu la faire infinie, elle le serait. Le cœur donne sans mesure[1]. »

Telle est scientifiquement la vraie conception de la création.

Déjà on nous a posé cette question : vous croyez donc que tous les corps célestes sont habités? Nullement, et nous ne pouvons mieux répondre à cette difficulté, qu'en citant, en terminant la seconde partie de notre travail, ces judicieuses paroles de M. C. Flammarion.

1. Bougaud, *Le Christianisme des temps présents*. Tom. III, p. 139-141.

« Affirmer, supposer même, que tous les mondes soient actuellement habités, c'est appliquer, sans s'en douter, à notre grande doctrine de la vie universelle, une conception du temps tout à fait erronée ; c'est s'imaginer que l'époque présente a une importance spéciale, parce que *nous* vivons actuellement. Or, il n'en est rien : notre siècle personnel n'a pas plus d'importance que notre situation personnelle dans l'espace. Un siècle écoulé il y a cent mille ans ou un siècle qui arrivera dans cent mille ans, ont tout autant de valeur que le nôtre dans l'histoire générale de la nature. Il est donc logique d'associer l'idée du temps à celle de l'espace, et, lorsqu'on envisage le développement de la vie dans l'univers, de savoir que ce développement doit s'étendre le long de l'éternité, et que, par conséquent, il y a à toute époque une quantité innombrable de mondes inhabités et inhabitables. Tout astre qui accomplit sa destinée passe par trois phases : 1° La période de préparation pour la vie ; 2° le règne de la vie ; 3° la période qui succède à la vie et pendant laquelle l'astre désert se dissout dans la consomption de la mort. La première et la dernière période sont beaucoup plus longues que la seconde, et, par conséquent, il y a actuellement dans l'espace, aussi bien qu'à toute autre époque, plus de berceaux et de tombes que d'hyménées. »

L'enfance, l'âge viril, la vieillesse ! C'est la loi de tout être matériel créé.

« De même que la terre, qui nous semble très grande, si nous la comparons à la dimension de notre corps, devient très petite lorsqu'on la compare au système solaire, se réduit à un point imperceptible dans l'immensité étoilée et disparaît comme un atome, lorsqu'on songe à l'infini de l'espace ; ainsi la durée de notre planète, qui est extrêmement longue comparativement à celle de votre vie, devient au contraire très courte, si on la compare à la durée du Soleil et de son système, se réduit à un moment comparée aux ères séculaires du développement des nébuleuses et des systèmes stellaires, et s'évanouit tout à fait lorsqu'on la pose en face de l'éternité.

« Les théories cosmogoniques les mieux établies montrent que les différentes planètes n'ont pas été formées à la fois et que les durées de leur organisation ont été différentes. On sait que les expériences de Bishoff portent à conclure que la Terre n'a pas employé moins de 350 millions d'années pour se refroidir et devenir habitable pour le règne végétal. Il n'est pas douteux que Saturne, qui contient cent fois plus de matière que notre planète, et que Jupiter, qui en contient trois cent dix fois plus, n'aient réclamé une période de temps incomparablement plus considérable encore. Que serait-ce si nous considérions la durée d'un système solaire tout entier? Toutes ces vastes périodes sont successives et non pas simultanées, lorsqu'on passe d'un système à l'autre, et qu'on envisage l'ensemble de l'univers.

« Lorsque la Terre était regardée comme l'objet le plus important de la création, il était rationnel d'assigner une durée limitée au temps regardé lui-même comme l'intervalle qui devait s'étendre du *commencement à la fin du monde terrestre*. Maintenant que nous connaissons l'insignifiance de la Terre dans l'espace, il est également rationnel d'en conclure l'insignifiance de la durée de l'existence de notre planète, au point de vue du temps. Nous devons même transporter cette conclusion au système solaire tout entier, et sentir que sa genèse elle-même n'a pas commencé avec l'origine des choses.

« Si la durée d'une planète telle que la Terre ne peut s'évaluer que par des centaines de millions d'années, celle d'un monde tel que Jupiter, par des milliards et celle d'un astre comme le Soleil par des dizaines de milliards, la durée entière d'un système solaire doit s'étendre sur des centaines de milliards d'années et celle d'un système stellaire sur une longueur plus formidable encore. Mais dans l'éternité, ces innombrables siècles n'occupent pas plus de place qu'une minute dans notre vie, et les mondes succèdent aux mondes dans l'ordre du temps comme dans l'ordre de l'espace.

« Devant cette contemplation du temps, les dernières objections contre la pluralité des mondes tirées d'une trop faible densité ou de la trop haute température de globes, tels que Jupiter ou Saturne, s'évanouissent d'elles-mêmes, puisque la jeunesse, l'âge mûr et la vieillesse de ces mondes appartiennent à des ères absolument différentes de celles qui ont marqué les périodes analogues de la Terre.

« Ne parlons donc plus ni d'hier ni de demain. Pour nos successeurs sur la scène du monde terrestre, notre XIXe siècle, actuel pour nous, s'enfoncera, comme le XVIIIe, comme le XVIIe, comme le XVIe, comme le moyen-âge, comme l'antiquité dans la nuit du passé ; notre vie actuelle entière n'est qu'une ride légère sur le front d'une vague, perdue elle-même dans l'océan des âges. Le temps viendra où le pasteur errant sur les rives de la Seine cherchera la place où Paris aura brillé et ébloui le monde de sa splendeur. Cherchez la place de Babylone, de Thèbes, de Memphis, de Ninive, et de tant d'autres capitales ensevelies aujourd'hui dans l'oubli et perdues sous la poussière des siècles disparus[1]. »

En terminant cette seconde partie, nous dirons : homme, élève-toi à cette hauteur de vue et de pensée ; car c'est le vrai moyen de te mettre à ta place dans la Création. Or, tout pour chaque être, c'est de se trouver à sa place, c'est le lieu de son repos et de sa paix[2].

La vérité de la pluralité des mondes nous précipite dans un abaissement profond et nous couvre d'obscurité, nous qui nous croyons si grands sur la scène de la création ; notre piédestal fastueux se dissipe comme un songe et nous nous voyons bien petits et bien misérablement perdus dans le tourbillon des choses créées.

Nous savons qu'on n'aime pas cet état d'infériorité ; plusieurs souffrent de cette déchéance imaginaire et ne veulent

---

1. *Les Terres du Ciel*, p. 618 et suiv.
2. *Le bonheur est le repos de l'être dans sa fin.* S. Augustin.

pas l'accepter. C'est là pourtant l'observatoire où il faut se mettre pour contempler la Vérité qui est Dieu. De ce lieu humble, le Créateur nous apparaît dans la splendeur infinie de sa puissance, de sa sagesse et de son amour ; car, nous dit l'ange de l'École, c'est l'amour [1], débordant du cœur de Dieu, qui a porté sa puissance à réaliser au dehors les idées éternelles existant dans son Verbe, c'est-à-dire à créer des mondes sans nombre, peuplés de créatures sur lesquelles il put déverser son amour. Ces mondes doivent nécessairement renfermer des êtres capables de connaître, d'admirer et d'aimer l'auteur de leur existence. Tout autre concept de la création est incomplet ou faux.

L'Univers ainsi compris est la grande manifestation de Dieu, sa révélation naturelle à l'homme, comme nous le dit l'apôtre saint Paul dans son Épître aux Romains : « car les choses invisibles de Dieu, depuis la création du monde, sont perçues dans les choses qui ont été faites, si l'on sait les comprendre ; et aussi sa *vertu* ou sa *puissance* éternelle et sa *divinité* [2]. »

---

1. Dieu est amour, Deus charitas est. (S. Jean.)
2. Quia quod notum est Dei, manifestum est in illis, Deus enim illis manifestavit. Invisibilia enim ipsius, a creatura mundi, per ea quæ facta sunt, intellecta, conspiciuntur; sempiterna quoque ejus virtus et divinitas. (Rom. I, 19-20.)

TROISIÈME PARTIE

L'HABITABILITÉ DES MONDES DEVANT LA RAISON.

L'humanité de tous les temps et de tous les lieux a cru, en général, à l'habitabilité des Mondes, comme à l'existence de Dieu et à l'immortalité de l'âme. Sur ce point, les négations sont peu nombreuses.

La science astronomique, basée sur la physique, la chimie et l'histoire naturelle, ne contredit en aucune façon ce sentiment universel; au contraire, une étude sérieuse des astres de notre système solaire, autorise à conclure, par analogie, à l'habitation des autres systèmes planétaires.

Nous avons vu qu'un adversaire dissimulé, mais acharné de la pluralité des mondes habités, malgré les entorses qu'il donne à toutes les sciences, à la logique et à son maître Aristote, n'offre pas un seul argument qui résiste à une exposition exacte et sincère de la science astronomique admise aujourd'hui. Il lui plaît de combattre, en chevalier errant, contre des fantômes ou des moulins à vent, libre à lui.

Tout ce que nous avons dit tend vers cette conclusion :

Les astres ont été, sont ou seront habitables; comme tout être, ils ne semblent exister que pour produire.

La raison humaine que dit-elle? que pense-t-elle?

C'est ce que nous allons examiner dans cette troisième partie.

Aujourd'hui, comme aux temps antiques, il y a deux opinions extrêmes sur la question et cela au point de vue de la raison uniquement. Les uns, négateurs absolus, sinon ennemis de toute science, qui n'acceptent que la preuve physique, sensible, brutale, et qui nient que notre satellite a pu être habitée parce que « la Paléontologie lunaire seule serait à même d'en donner une bonne preuve; mais quand donc nos télescopes nous feront-ils découvrir, dans les entrailles de notre satellite, les débris fossiles qui seuls contitueraient un irréfutable argument[1] ». Ce n'est pas trop sûr. N'a-t-on pas fait un ouvrage pour prouver que tous les fossiles humains et autres étaient des réserves que le Créateur avait déposées là, pour s'en servir au besoin[2]. On trouve une foule de ces têtes humaines qui ne sont garnies que de l'esprit négatif. Ce sont des pauvres d'esprit, me direz-vous. Pas absolument; c'est une tournure d'esprit qui se cantonne dans sa manière de voir, augmentée par l'éducation, la spécialité, comme une limace dans sa coquille ou le rat dans son fromage de Hollande. L'esprit d'opposition y est aussi pour beaucoup et le désir de se mettre à la tête d'un parti ou du moins d'y faire bonne figure.

L'autre camp est formé de ceux qui se sont égarés dans la matière et s'efforcent de fabriquer des mondes à leur fantaisie. Ce sont les démiurges, dont nous parlent les Livres parsis et indous : matérialistes, panthéistes, positivistes...; ils prétendent que la Terre étant habitée, tous les autres mondes le sont nécessairement, c'est une conséquence de l'évolution, et le nier est une ignorance impardonnable et une hérésie scientifique.

---

1. Ce comble se trouve dans un ouvrage imprimé en 1895. On pourrait lui répondre : quand vous aurez envoyé des ouvriers faire des fouilles dans la Lune, comme on le fait à Carthage.

2. Nous avons eu cet ouvrage entre les mains et il a failli nous porter malheur, parce que nous avions dit que c'était digne d'une marmotte.

Contre les premiers, nous établirons la convenance de l'habitabilité des mondes; contre les seconds, nous ferons voir que ce n'est ni une exigence de la science, ni de la raison; en d'autres termes, l'habitabilité est plus convenable, plus scientifique et plus probable; mais rien ne l'exige absolument, ni la démontre nécessaire, au point de vue philosophique.

CHAPITRE I. — AU POINT DE VUE DE LA RAISON TOUT DEMANDE QUE LES ASTRES SOIENT HABITÉS.

Envisagée au point de vue de la raison, la question est susceptible d'un très grand développement; nous allons la limiter à six chefs principaux, qui nous semblent résumer toute la question.

1° L'hypothèse de la création; — 2° L'étendue de l'univers; — 3° La saine raison; — 4° L'idée que nous devons avoir de Dieu; — 5° La création d'après le concept divin; — 6° La preuve d'autorité.

I. — L'hypothèse de la création.

L'hypothèse de la création est la première raison qui milite en faveur de l'habitabilité des mondes. Aussi ceux qui ne veulent pas de cette habitabilité, rejettent d'ordinaire cette hypothèse et prétendent que Dieu a créé tous les mondes de toutes pièces et tels que nous les voyons. Ils sont cependant rares aujourd'hui, ceux qui osent défendre encore cette opinion; car, si l'on ne veut pas croire à l'enfance et à la jeunesse des mondes, l'étude de notre planète nous fait connaître qu'elle est d'un âge mûr, et il faut accepter que notre Lune est vieille.

La Genèse et la science sont parfaitement d'accord au sujet de la formation des mondes. L'Ecriture dit qu'au commencement Dieu créa le Ciel et la Terre et que la Terre était informe et vaine; et la science, qu'elle fut créée sous la forme d'une *immense nébulosité*. La désunion physique et la dissociation chimique étaient la condition première des éléments matériels de l'Univers. Dans cette masse gazeuse primitive, il faut nous figurer la matière à l'état le plus simple, en désagrégation si complète et à un tel degré de raréfaction que sa densité était, nous dit un auteur compétent, 250 millions de fois moindre que celle de l'air qui reste dans le vide de nos machines pneumatiques les plus perfectionnées.

Avec le temps, la nébuleuse se fragmenta et les mondes se formèrent; les satellites se détachèrent de leurs centres respectifs...

Si l'on admet l'hypothèse cosmogonique de la nébuleuse primitive, on est conduit aux conséquences qui suivent:

« D'abord tout s'est fait partout par une évolution régulière et méthodique : la masse gazeuse universelle, par une série de transformations, s'est distribuée en sphères distinctes, plus ou moins volumineuses, à des distances variées d'un point central; tout s'est accompli selon les lois rigoureuses de la mécanique mathématique et les exigences des principes physiques. Or, ces lois sont générales. D'où il suit que les phénomènes ont eu lieu partout de la même manière, dans le même ordre, avec les mêmes péripéties. Un seul facteur entre de plus en compte, le volume de l'astre; car il est évident qu'un globe très gros met plus de temps à se solidifier[1] qu'une boule de petite dimension. Si l'on supposait que, pour les différents astres, la succession des phases d'évolution a suivi des ordres variés, on avouerait ainsi que l'on ne reconnaît dans la formation des mondes que l'arbitraire, et il ne

---

1. Nous employons le mot *se solidifier*, de préférence à *se refroidir*. Le refroidissement est une conséquence et non une cause. Il y avait de l'énergie qui s'est transformée en chaleur, qui a disparu plus tard.

pourrait plus être question de raison scientifique ou de théorie cosmogonique.

« Une seconde déduction très importante, c'est que, sur chacun des globes célestes, les conditions d'habitabilité ne peuvent pas être imaginées autres que celles dont nous avons l'expérience sur notre Terre. Faire autrement serait contrevenir aux lois de l'évolution cosmogonique. Les conditions passées ou futures de formation et d'existence sont les mêmes pour notre Terre et pour tous les astres. Donc, si un astre a porté autrefois des populations vivantes, ou qu'il est encore maintenant peuplé, les conditions de leur habitabilité n'ont pu représenter, dans les péripéties de son évolution, qu'à des moments et sous des influences qui correspondaient pour lui, à la phase par laquelle passe actuellement notre Terre. L'histoire de la vie sur la Terre, doit donc, en vertu de la théorie cosmogonique, nous guider, quand nous raisonnons sur l'habitabilité des autres globes célestes, et cette histoire nous est suffisamment enseignée par la paléontologie.

« Ajoutons une remarque qui fortifie les deux conclusions précédentes : c'est que nous devons retrouver, à peu de chose près, sur tous les astres, les mêmes corps chimiques, les mêmes espèces minérales, et, par conséquent, les mêmes éléments utilisés par la vie organique, végétale ou animale. En effet, l'immense nébulosité primitive d'où tous les mondes sont sortis, se composait d'atomes à l'état libre, également répartis dans toute la masse; car nous ne pouvons concevoir, dans le chaos, qu'une distribution homogène des éléments. Ces atomes premiers se trouvaient-ils être les soixante ou quatre-vingts corps simples dénommés par les chimistes? ou bien, comme le veulent plusieurs savants, n'existait-il à l'état infiniment ténu, qu'une seule sorte d'élément matériel, de l'hydrogène, par exemple, et les corps simples des chimistes, oxigène, chlore, potassium, fer, etc. ne sont-ils que des agrégats en proportion variée et sous une forme particulière de ces atomes premiers? Que l'on adopte l'une ou l'autre opinion, le résultat est le même : on est amené à conclure, par le fait du partage mécanique de la nébuleuse dans l'opération cosmogonique, que tous les corps célestes doivent se trouver composés, en grande partie, des mêmes atomes ou molécules chimiques, et, par conséquent, des mêmes éléments minéraux.

« L'observation directe ne va pas à l'encontre de la déduction théorique. Car, étudiés au spectroscope, au moyen des rayons lumineux qu'ils nous envoient, le Soleil et les étoiles nous ont livré quelque peu le secret de leur composition chimique, et, avec grand étonnement, l'on a retrouvé dans ces astres les mêmes corps simples que nous avons sur notre Terre et que nous manipulons dans nos laboratoires. L'analyse des bolides et des météorites qui nous arrivent des régions célestes éloignées plus hautes que notre atmosphère et peut-être ultra-lunaires, a donné les mêmes résultats. Le nombre des éléments étrangers à notre chimie terrestre, signalés par ces observations est tout à fait restreint, du moins jusqu'à présent.

« Donc, si quelque part dans l'univers, sur un globe céleste, la vie s'implante, elle ne trouve à mettre en œuvre que les éléments matériels dont, sur notre Terre, végétaux et animaux font leur profit. Veut-on soutenir que, malgré cette similitude de composition chimique, bêtes et plantes sont cependant de fort différentes constitutions dans les divers habitats célestes, et n'ont point d'analogie avec les corps organisés que nourrit notre planète; c'est quitter la voie de la déduction scientifique, pour s'abandonner aux conjectures les plus capricieuses. Autant vaut alors croire à Swift et se mettre à l'école de son Gulliver, ou prendre les romans de M. Jules Verne pour de la science académique. »

Voilà un langage aussi scientifique que philosophique et, ne nous croyant pas capable de si bien dire, nous avons cité intégralement le passage. Il n'y a pas à avoir de l'égoïsme, lorsqu'on n'a pour but que de s'approcher de la vérité le plus près possible.

L'auteur de cette belle page aurait dû marcher dans sa voie, au lieu de se mettre à la remorque de M. Faye, pour restreindre son principe, dans la pratique, et l'empêcher d'avoir son application.

Nous allons essayer d'y suppléer et tirer de ces principes la conclusion que l'auteur a mise sous le boisseau.

Mêmes éléments matériels partout et probablement une matière primitive unique, s'évoluant d'après des lois fixes, ne laissant pas de chance à aucune évolution arbitraire.... Mais, puisqu'il en est ainsi, les faits survenus sur notre planète ont dû se produire nécessairement dans les autres mondes, dans les autres planètes, dans leurs satellites, dans notre Soleil, dont nous sommes les enfants. Quoi le père ne possèderait pas la vertu qu'il donne à ses enfants? Ses enfants engendrent, donc il doit engendrer. Les autres soleils et leurs descendants ont *nécessairement* la même puissance génératrice. Dieu qui est essentiellement Père, *nemo tam Pater*, qui a tout créé à son image, a nécessairement donné à ses enfants la vertu génératrice. Il a dit aux astres, aussi bien qu'à la Terre, de produire des herbes, des plantes, des arbres fruitiers, des reptiles, des oiseaux, des animaux et il s'est occupé particulièrement à fabriquer des hommes à son image et à sa ressemblance. Il leur a donné ensuite la vertu d'engendrer : *crescite et multiplicamini :* « engendrez vous-mêmes : vous plantes, vous animaux, vous hommes ». Qu'ils soient trop jeunes ou trop vieux pour engendrer, cela doit-être, c'est la loi de toute créature de passer par ces phases. Dieu seul engendre toujours, éternellement; *Ego hodie genui te*, dans le jour de l'éternité.

Si l'on veut bien faire attention, cet argument n'est pas une simple analogie. C'est une conséquence découlant des lois de la création; les habitants de la Terre ne font que nous révéler l'exactitude de ces lois et leur réalisation. Si la Terre avait été créée séparément, les habitants de la Terre ne prouveraient rien pour l'habitabilité des autres mondes, origine différente, pourrait avoir des propriétés différentes. L'unité d'origine, l'unité de substance, l'unité des lois entraîne l'unité des propriétés, à moins qu'on n'accepte le hasard et l'arbitraire pour causes des phénomènes les plus harmonieux. Donc, les autres mondes doivent être habités, l'ont été ou le seront.

II. — Étendue de l'Univers.

Rien n'a plus contribué à la négation des mondes habités que des idées absolument fausses sur la conception de l'univers : idée fausse sur son étendue, idée fausse sur sa formation. Rectifier ces idées doit, par conséquent, conduire à faire accepter cette hypothèse. Il nous semble que rien ne peut mieux mettre en évidence l'opinion que nous soutenons que de jeter un coup d'œil général sur l'univers; cette vue d'ensemble ne manquera pas de produire sur nous, par rapport à notre Terre, le même effet que ressentit Scipion.

On pouvait croire autrefois et l'on croyait, en vérité, que les corps célestes, sans être simplement des lampions attachés à la voûte céleste, étaient d'une nature différente de celle de la matière terrestre. Aristote et son ciel de cristal incorruptible avaient jeté l'humanité dans une voie, qui devait être funeste à la vérité. Quoique cette opinion ne fût plus soutenable, dès que la chimie eut démontré que les nombreux aérolithes recueillis çà et là, ne sont composés que d'éléments que nous trouvons dans les minéraux de notre globe, les conséquences qu'on en avait tirées sont loin d'avoir disparu.

En conséquence de ce double fait que les étoiles sont des soleils composés des éléments minéraux qui forment notre globe, nous devons conclure que leur rôle dans le monde est analogue à celui de notre Soleil, et que chacune d'elles est le centre d'attraction d'un système de corps planétaires qui tournerait autour de ces astres vivificateurs, c'est-à-dire que nous pouvons affirmer qu'il existe, autant de systèmes solaires qu'il y a d'étoiles fixes[1] dans le firmament.

Il nous semble que la véritable question à poser ici n'est pas : pourquoi ces mondes seraient-ils habités? mais plutôt pourquoi ne le seraient-ils pas?

Cette pensée se dégage plus nettement encore, si l'on s'efforce d'embrasser d'un seul coup d'œil l'état de l'univers; alors l'atome terrestre, que nous foulons aux pieds, produit sur nous la même impression qu'il produisait sur Scipion, placé ⋯ ⋯ *Voie lactée*.

Les ⋯ sont par conséquent des soleils, en général, plus considérables et plus éclatants que celui qui nous chauffe et nous éclaire.

Or, combien compte-t-on de ces mondes? Chose étrange! en jetant un coup d'œil sur la voûte céleste, nous jugeons le nombre des étoiles prodigieux, tandis qu'à l'œil nu, on n'a jamais pu y compter plus de 5000 à 6000 étoiles.

L'hémisphère boréal n'a en réalité que 4300, visibles à l'œil nu et, cependant, de toutes les parties de la France, on embrasse bien au delà de l'équateur.

Mais, si l'on prend un des puissants instruments que l'on possède aujourd'hui, la scène change et devient simplement merveilleuse. Les étoiles pullulent au firmament, comme les étincelles d'un feu d'artifice dans le sein de la nue, ou, plus exactement, comme ces sables micacés, frappés des rayons du soleil sur le bord de l'océan.

Ainsi dans une partie de la constellation d'Orion, sur une bande de 15 degrés de long et de 2 degrés de large, Herschel a pu compter 50 000 étoiles, ce qui, proportion gardée, en donnerait 59 millions — 59 000 000 — pour la totalité du ciel.

Mais les surfaces célestes renferment des régions beaucoup plus peuplées, où les astres sont beaucoup plus serrés que dans le pays d'Orion, et cela indépendamment du prodigieux amas que nous offrent les nébuleuses.

1. Nous employons le mot fixe pour parler comme tout le monde,

Nos lunettes deviennent chaque jour de plus en plus puissantes; une noble émulation pousse en avant et les états et les riches amateurs; cependant à peine atteignons-nous les premières zones du ciel. Mais les couches stellaires peuvent être et, sont sans doute superposées à l'infini dans les profondeurs de l'espace, en sorte qu'on peut dire, en toute vérité, que le monde réel des étoiles est incalculable.

Faisons un pas de plus. On connaît la *voie lactée*, vulgairement, le *chemin de Saint Jacques*, formant une zone qui fait le tour du ciel; c'est ce qu'on appelle une *nébuleuse résoluble*, c'est-à-dire que les grands télescopes vous font voir, dans ces espaces blanchâtres ou laiteux, une quantité immense d'étoiles. Le mystère est que ces astres sont tellement éloignés de nous que leurs lumières viennent se concentrer dans un point de l'espace, de manière à éclairer ces régions.

Herschel ayant fait minutieusement l'étude de la *voie lactée* par son puissant télescope, voyait en un quart d'heure jusqu'à 116 mille étoiles passer dans le champ immobile de son instrument.

En un mot, suivant l'état de nos connaissances astronomiques, la *voie lactée* nous présente des amas puissants de matière lumineuse diffuse — non résolubles par conséquent — et de nombreux millions d'étoiles, soit isolées, soit réunies par groupes comme nos constellations.

M. Struve a calculé, sur les déterminations dues à Herschel, qu'il y a au moins dans la *voie lactée* 20 millions — 20 000 000 — de soleils visibles indépendamment de ceux plus nombreux, sans doute, que nous ne pouvons y apercevoir! La *voie lactée* n'occupe cependant qu'un petit coin de l'univers, puisque dans cet univers, les astronomes ont déjà classé plus de cinq mille nébuleuses — 5000 —, dont plusieurs, cela paraît certain, ne sont ni moins étendues, ni moins peuplées de soleils, que ne l'est la *voie lactée*.

Si nous admettons simplement qu'il y a parité, nous aurons 20 000 000 multipliés par 5000, donnant pour résultat 100 milliards — 100 000 000 000 — Ajoutons-y les 59 millions d'étoiles proprement dites et nous aurons le total fort respectable de 100 050 000 000 de soleils.

Ah! si nous pouvions, comme Scipion, nous transporter, avec nos télescopes, sur la *voie lactée*, nous verrions bien autre chose que ce que rêva ce grand homme; car, d'après M. Petit, « rien, si ce n'est l'insuffisance de nos télescopes, rien ne doit nous faire présumer que l'univers créé s'arrête là! Mille motifs des plus puissants, au contraire, donnent à penser que, transportés dans ces régions lointaines, nous verrions les bornes du firmament se reculer encore; que des astres inconnus nous apparaîtraient vers un nouvel infini »[1].

Ces évaluations, qui, en réalité, ne sont qu'approximatives, paraîtront peut-être fabuleuses à plusieurs. Pour changer leur sentiment, il leur suffira d'examiner d'abord à l'œil nu, puis à l'aide d'une lunette, un même champ de la surface du ciel. Là où l'œil distingue, à peine, quelques étoiles, le télescope en montre successivement des milliers. Les deux gravures (fig. 1 et 2) placées ci-dessus pages 248 et 249, permettront à ceux de nos lecteurs, qui n'ont pas en leur possession de lunette un peu puissante, de juger de la surprise qu'on éprouve à faire cette expérience. Ces dessins représentent le même coin de la constellation des Gémeaux, dans un carré de 5 degrés de côté. L'œil nu permet d'y compter sept étoiles. Or, le même espace céleste, vu à l'aide d'un télescope de 27 centimètres d'ouverture, ne renferme pas moins de 3205 étoiles, depuis la troisième jusqu'à la treizième grandeur. C'est un véritable fourmillement de points lumineux. Que serait-ce donc, répétons-le, si appliquant à la même région les instruments beaucoup plus puissants encore, dont la science peut actuellement disposer, l'œil y découvrait à des profondeurs pour ainsi dire infinies, toutes les étoiles des ordres inférieurs[2]?

1. Petit, *Traité d'Astronomie*. T. I. ch. V.
2. Guillemin, *Les Étoiles* pages. 29-32.

Toutes les parties de la science ont progressé parallèlement, d'une manière sensible, depuis trente à quarante ans ; mais une de ses branches qu'on ne croyait pas appelée à s'élever au premier rang, c'est la photographie, et cependant elle vient nous révéler les mystères des mondes. Le télescope est puissant ; mais la faiblesse de l'œil, son peu de sensibilité ne permet pas de voir tout ce que le télescope aperçoit dans les régions de l'espace. L'œil est trop grossier pour recevoir l'impression des vibrations que les mondes lointains envoient jusqu'à nous. La matière que l'on appelle brute est plus sensible. L'homme s'en servira. A la place de la rétine humaine, on disposera convenablement une plaque quelconque dans un télescope où les corps célestes viendront imprimer leur présence et la preuve de leur existence, avec leur degré de grandeur et d'activité. Les savants de la Terre se sont mis d'accord et se sont réunis pour photographier le ciel, on peut dire pour escalader les régions célestes ou mieux encore pour attirer le ciel sur la Terre. On est en train de dresser la carte de ces mondes. Le travail avance et, quand il sera terminé, le ciel racontera véritablement la gloire de Dieu, en manifestant sa puissance, sa sagesse et sa magnificence. Quel sera le nombre qui représentera ces mondes ? Innombrable !!!

Pour compléter notre idée sur ce sujet, demandons-nous quelle figure doit faire l'astre du jour dans cette assemblée des soleils, quel rang occupe-t-il dans la création ? Eh bien, cet astre, dont le volume égale treize cent mille fois — 1300 000 — environ le volume de la Terre, s'il était transporté dans la région moyenne des étoiles de première grandeur, à un million de fois, par exemple, sa distance actuelle de la Terre, ne brillerait plus pour nous que comme un point lumineux à peine visible, comme une toute petite étoile de cinquième ou de sixième grandeur.

Voilà l'Univers !

III. — La saine raison nous crie que les autres mondes sont habités.

Nous supposons que le lecteur nous a suivi dans l'énumération des mondes et dans l'exposé de leur formation, connaissances qui reposent sur les données scientifiques les plus incontestables. Nous ne craignons pas de lui poser la question suivante : Pensez-vous que ce soit rationnel d'admettre que notre petite planète, perdue aux confins des mondes, n'ayant qu'une lumière d'emprunt, comme le dit Cicéron, soit seule à posséder des êtres vivants et des êtres capables de publier les infinies perfections du Créateur ? Personne n'osera, nous en sommes persuadé, répondre affirmativement, parce que ce ne serait pas raisonnable. Mais je suppose, pour un instant, qu'il se rencontre quelqu'un qui ait assez peu d'instinct pour ne pas saisir la valeur de cette interrogation, nous lui poserons cette seconde question. Vous possédez des propriétés immenses, sous tous les climats ; seulement, par un phénomène incompréhensible, toutes ces terres sont demeurées désertes : des fontaines taries, des rivières sans eau, des vallées sans verdure, des collines sans arbres, en un mot, ce sont des terres désolées ; seulement il vous suffirait de dire une parole, pour que tout se tranformât, comme dans les contes de Perrault : fontaines limpides, ruisseaux murmurants et fourmillant de poissons et d'oiseaux aquatiques, de la verdure, des arbres couverts de fleurs et de fruits, des animaux de toute espèce, des fermes, des châteaux, des serviteurs, des villes... Dites seulement un mot pour que cela soit, étendez votre baguette pour changer ces lieux désolés en un paradis terrestre, pour changer ce silence de mort en une ravissante harmonie. — Non, répondez-vous, cela ne vaut pas la peine. Cette manière d'agir n'est-elle pas d'un insensé ?

D'ailleurs, nous n'aurions aucune raison plausible de restreindre la vie dans ce coin imperceptible de l'univers ; de refuser à ces innombrables soleils, qui peuplent l'espace, la tâche providentielle d'éclairer, de réchauffer une cohorte de sphères opaques; d'exclure les planètes, nos voisines, de la munificence divine dont nous jouissons. N'offrent-elles pas la même structure physique, les mêmes circonstances climatériques que notre globe, ne sommes-nous pas, par conséquent, forcés d'admettre que ces terres sont également destinées à nourrir une collection de plantes plus ou moins luxuriantes, d'animaux plus ou moins intelligents et que des êtres, ayant plus ou moins de ressemblance avec l'homme, doivent venir couronner cette création? La création sans l'homme serait un être acéphale.

Voici une raison formulée par de Mirville qui, selon nous, a une certaine valeur. « Combien de fois devant cette admirable reproduction de l'univers, dit de Mirville, et malgré l'éblouissement que nous causaient tant de richesses, combien de fois n'avons-nous pas cherché la raison de l'inexplicable malaise qui gagnait insensiblement notre esprit! A proportion de l'élévation qu'on nous faisait atteindre et des vastes horizons qui se déployaient à nos yeux, nous éprouvions quelque chose de ce froid glacial qui saisit l'aéronaute au sein des solitudes qu'il traverse. Comme ce dernier, nous nous étonnions tout d'abord, nous admirions ensuite, mais bientôt, croisant comme lui nos vêtements sur notre poitrine glacée, nous sentions que l'homme ne saurait vivre longtemps dans ces régions trop élevées où tout calorique fait défaut, et nous aspirions à descendre. Pourquoi? c'est que si vous ne peuplez pas ces mondes, qui vous donnent le vertige, il en est de ces vastes solitudes du *Cosmos* comme de ces temples de la terre dont tout culte est banni. Les proportions sont demeurées les mêmes, l'art n'y a rien perdu de sa richesse et de son génie; mais désormais plus d'accords, plus de parfums, plus de prières. Le sanctuaire est désert: n'y cherchez plus les Dieux. Comme au jour de la destruction du grand temple, « ils sont sortis d'ici. »

Ce qu'il faut en effet aux cieux, c'est l'animation, c'est la Vie.

On nous dira : C'est là du sentiment. Oui, nous le voulons bien ; mais nous savons aussi que le cœur a des raisons que la raison ne connaît pas. La raison s'égare souvent et le sentiment rarement. Ce n'est que quand on commence à raisonner qu'on tombe dans l'erreur.

Le télescope, en démontrant l'infinie multiplicité des globes, nous conduit forcément à l'infinie multiplicité des mondes. En peuplant l'infini de créatures intelligentes, l'astronomie moderne a donné le dernier coup au matérialisme. N'a-t-elle pas, en effet, servi merveilleusement la cause de l'esprit, en détruisant le monopole intellectuel que la Terre s'était exclusivement réservé? Lors même que la pluralité des mondes n'aurait pas d'autres résultats, il nous semble que les catholiques ne devraient point la rejeter.

La pluralité des Mondes ne peut signifier que l'habitation passée, présente ou future des globes suspendus sur nos têtes. Ces globes nous paraissent si bien disposés à cet effet, que le contraire nous paraît difficile à comprendre.

Nous connaissons cette réponse vulgaire et banale : « Prouvez-nous le ». Mais nous répondons que lorsque l'analogie, toutes les inductions possibles nous portent vers une vérité, c'est à ceux qui la combattent à fournir la preuve du contraire. Jusqu'à cette preuve, nous supposerons toujours que les nombreux satellites qui entourent Jupiter, Saturne, Uranus et Neptune, ayant été créés pour éclairer ces planètes, comme la Lune pour éclairer nos nuits, ce n'est pas seulement sur des cimes de montagnes, ou sur des steppes inhabités, que doit se répandre le bienfait de la lumière.

IV. — L'idée que nous devons avoir de Dieu, nous dit que les autres mondes sont habités.

Pour asseoir notre conviction dans cette question capitale, nous avons mieux que l'analogie, mieux que l'observation, mieux encore que le témoignage faillible de nos sens, mieux que notre raison ; nous avons cette foi vive, cette haute idée de Dieu, de son omnipotence, de sa justice, de sa sagesse et de son amour, que nous donnent les merveilleuses découvertes des temps modernes.

La loi divine est nécessairement une et universelle. Le monde entier, pétri de la même matière, n'a pu être créé que dans un même but. Ce que le Créateur fit et trouva bon ici, il dut le faire partout, afin que, glorifié sur la terre, il put être glorifié au plus haut des cieux.

Quelqu'impénétrables que soient les secrets éternels, n'est-il pas évident que la vie sous toutes les formes et dans toutes les sphères, est une loi générale de la création ? Comment ! quand tout s'anime, tout pullule autour de nous ; quand les espèces végétales et animales envahissent fatalement tous les recoins du globe, depuis les glaciers polaires jusqu'aux mers tropicales ; quand chaque plante, chaque animal nourrit des parasites ; quand il ne se produit pas un monticule nouveau, un cadavre accidentel, une flaque d'eau temporaire, sans qu'il ne s'y implante aussitôt une population, étrangère auparavant à la localité ; enfin, quand on ne peut remuer le sol, soulever une pierre, heurter un tas de boue, faire un geste, sans troubler mille existences, oserait-on penser que tant de milliards d'autres globes, jetés comme nous dans l'espace, errent stériles et bruts dans une mort éternelle ?

Une pareille opinion est aussi indigne de Dieu qu'égoïste ; l'ignorance seule a pu l'excuser, et l'admettre serait aller au delà du blasphème.

De fait, une conception si mesquine de l'univers est souverainement injurieuse à Dieu ; elle nie tous ses attributs.

Et d'abord, elle refuse à la souveraine Sagesse le sens vulgaire d'un homme. Car, si ces milliards de mondes n'ont été faits que pour demeurer stériles et inconnus, puisque leur lumière ne parvient même pas jusqu'à nous ; s'ils n'ont aucune utilité, pas même de publier la gloire de Dieu, Dieu en les créant a fait un acte déraisonnable.

La création, dit-on, est une œuvre sublime où Dieu a exprimé ses idées avec l'harmonie d'un *nombre constant et varié, d'une mesure régulière dans ses changements, d'un équilibre parfait et d'une symétrie gracieuse dans toutes ses positions, et où Il a versé, comme des flots de poésie, les splendeurs des formes riches, graves, imposantes, gracieuses et pittoresques.* La création est un vase, nous dit S. Grégoire de Nysse, où Dieu a déposé le parfum de ses vertus. Chaque sphère de la création peut être considérée comme un chant de ce vaste poème, *Magnum carmen*. Platon, après Pythagore, entendait sans cesse résonner à ses oreilles ce poème des mondes.

Voilà ce que vous avez pensé, quand vous avez élevé votre âme vers les voûtes célestes, voilà ce que vous avez dit dans vos moments d'enthousiasme ; voilà ce que peut-être vous avez écrit, quand une lumière supérieure venait vous pénétrer.

Eh bien, non, si vous croyez qu'il n'y a que notre atome terrestre d'habité, vous n'avez jamais ni pensé, ni dit, ni écrit aucun de ces nobles sentiments. Vous n'avez eu que des sensations terrestres et vous n'avez vu dans l'univers, ni ordre, ni proportion, ni symétrie, ni harmonie, ni beauté.

Où voulez-vous vous placer sur votre atome dans cette immensité qu'on nomme l'univers ? — Au centre d'après quelques-uns. Triste centre, dirons-nous, pour porter de telles extrémités !

A la tête ! Pauvre tête, pour conduire l'univers à ses destinées, quand vous savez que vous ne gouvernez qu'une lune en décrépitude et encore exerce-t-elle sur votre épiderme de terribles représailles.

A la queue ! Oui, à la queue et, en somme, vous êtes à peine un appendice rudimentaire.

Pour nous, s'il en était ainsi, nous ne pourrions nous empêcher de penser que la Sagesse divine est grandement en défaut et qu'elle a *dormi*, quand Elle était avec Dieu ordonnant toutes choses, *cum eo eram cuncta componens*.

Nous qui avons la foi, ne faisons pas Dieu l'auteur d'une création où tout est disproportionné et, par le fait même, disgracieux.

V. — La création d'après le concept divin demande l'habitabilité des mondes.

A moins d'être matérialiste, il faut accepter un plan dans la création. Ce plan, vous ne le connaissez pas, nous dira-t-on. Peut-être et, en tout cas, il doit être conforme à la nature divine et aux attributs de Dieu : l'expression de sa bonté, de sa sagesse, de sa puissance, réalisant au dehors sa beauté, toujours ancienne et toujours nouvelle. Ce concept renferme nécessairement trois choses : 1° la fin pour laquelle Dieu a créé ; 2° les moyens employés pour obtenir cette fin ; 3° l'harmonie entre la fin et les moyens.

1° *La fin.* — Comme rien n'existait que Dieu avant la création, Dieu n'a pu se proposer en créant une autre fin que lui-même : aussi les divines Écritures nous disent que « Dieu a tout fait pour lui-même : universa propter semetipsum operatus est Deus[1]. » Pour sa gloire, dit-on, c'est-à-dire pour la manifestation de ses divines perfections, comme nous l'assure le grand Apôtre.

« Car ce qui est connu de Dieu est manifesté en eux ; Dieu le leur a manifesté.

« En effet, ses perfections invisibles, rendues compréhensibles depuis la création du monde par les choses qui ont été faites, sont devenues visibles, aussi bien que sa puissance éternelle et sa divinité ; de sorte qu'ils sont inexcusables[2]. »

Le P. Faber, suivant la doctrine de S. Paul et celle des Pères, nous dit : « Le monde est une révélation de Dieu. Il met en évidence le caractère de la divinité, montre à nos regards l'excellence de ses divins attributs, et, à travers le

1. Prov. XVI, 4.
2. Ad Rom. I, 19-20.

voile varié des choses visibles, nous sommes admis à contempler Celui qui est invisible. Révéler Dieu, telle est la fin principale du monde.... La créature est donc dans la mesure du fini ce qu'Il — le Verbe — est lui-même, comme personne vivante, infinie et éternelle, c'est-à-dire l'expression des perfections divines[1]. »

« La sagesse de Dieu est manifestée par la création, dit Hugues de Saint Victor, qui est comme un Verbe extérieur et une sorte de révélation de cette même sagesse, *per opus suum, quod est quasi extrinsecum Verbum, sapientiam Dei quodam modo revelans*[2]. »

Tout cela est parfaitement vrai, mais à une condition : qu'il y ait dans ces milliards de mondes des intelligences capables de recevoir et de comprendre cette révélation; sinon, le but de la création est complètement manqué. A quoi servirait le poëme le plus sublime, si l'homme n'était pas là pour le comprendre et l'admirer! Disons donc que sans l'homme Dieu aurait manqué le but qu'il s'était proposé.

Mais voici, il nous semble, où se trouve la raison capitale qui demande l'existence d'êtres raisonnables dans toutes les parties de l'univers. Sans cela, les attributs fondamentaux de Dieu, sa charité, sa bonté, sa miséricorde — *Deus charitas est* — ne seraient nullement manifestées. Étudions la question au point de vue de la charité.

Au dernier mot, pourquoi Dieu a-t-il créé? Il a créé parce qu'il aimait; l'essence de l'amour est de créer, de produire un être semblable à soi. L'amour est le premier et le dernier mot de la création. « Dieu aime tellement sa bonté, dit S. Thomas, qu'il veut y convier un grand nombre d'êtres, et de cet acte d'amour résulte l'utilité de ceux qui sont appelés à cette communion de l'être divin.... Aussi Saint Denys affirme que

---

1. P. Faber. *Le S. Sacrement.* T. II, p. 189-223.
2. Summ. Sent. Tract. I, T. II, p. 51. Voir S. Thom. ad Rom. 1, 19, 20, 21. — S. Thom. Cont. Gent. liv. IV. C. XLII et XXIII. Il dit ailleurs : Totus mundus nihil aliud est quam quædam repræsentatio divinæ sapientiæ in mente Patris conceptæ. In JOAN. C. I, lect. V.

« l'amour n'a pas permis à Dieu de demeurer sans tirer d'autres êtres du néant. » On dit souvent que Dieu a tout fait pour sa gloire; cela n'a pas d'autre signification; « car la gloire de Dieu, dit le même Docteur, c'est la manifestation de sa bonté, et, si Dieu cherche sa gloire, ce n'est pas pour lui-même, mais pour nous[1]. » La gloire extérieure qui résulte de la création! Non, Dieu n'en a pas besoin pour lui, car il est plein de gloire et de clarté à l'intérieur, et jamais aucune créature ne pourra ni augmenter, ni diminuer ses trésors de lumière et de bonheur. Mais nous faire du bien, nous appeler à la communion de sa vie et de ses attributs, voilà ce que l'Écriture appelle la gloire de Dieu, et c'en est la plus belle, la plus consolante et la plus admirable définition. N'est-ce pas, en effet, la gloire d'une mère de faire du bien à ses enfants?

Les paroles suivantes du P. Faber viennent admirablement compléter notre pensée.

« La création, dit-il, est dans un sens fils de Dieu, ou plutôt une immense famille de fils, exprimant plus ou moins particulièrement son image, représentant ses diverses perfections, et toutes avec assez de clarté pour que l'Apôtre ait pu dire que nous sommes sans excuse, si les choses visibles ne nous mènent pas à concevoir ce qui est invisible. La création est une connaissance de Dieu, une manifestation de lui-même qu'il a contemplée, quand il l'eut achevée, avec une divine complaisance. *Mais la création est spécialement la connaissance et la manifestation de l'amour de Dieu. Elle est son amour pour nous et notre amour pour lui.* Il nous a créés, parce qu'il nous aimait et pour que nous l'aimions. L'amour est donc le principe et la fin de la création : mais l'amour ne peut exister qu'entre deux et par conséquent le principe et la fin de la création exigent l'existence de l'être raisonnable. Sans doute l'amour existe dans tout être : l'a-

---

1. II. Dist. I, a. 1. T. x, p. 22 — 1 a. 2 r p. 114, à t. 2 a 2 r q. 132. a. 1.

tome appelle l'atome, la fleur appelle la fleur et l'animal appelle l'animal ; mais tous ces êtres ne lèvent jamais leur regard vers leur Créateur, qui pourtant ouvre constamment sa paternelle main pour les combler de bénédictions[1]. Le caractère de l'homme est qu'il peut aimer Dieu, qui l'a aimé le premier. C'est par cet amour réciproque, que Dieu atteint la fin de son œuvre, et c'est pour cela que le premier et le plus grand des commandements est : « Tu aimeras Dieu de tout ton cœur et par-dessus toutes choses[2]. »

Nous avons vu que les mondes se comptent par centaines de millions et l'on voudrait soutenir qu'il n'y a que notre pauvre terre qui soit parfaite et les autres des ébauches qui n'arriveront jamais à la perfection ! Le croira qui voudra ; quant à nous, nous ne ferons jamais cette injure à Dieu.

2° *Les moyens employés par Dieu pour obtenir cette fin.* — C'est saint Thomas qui va nous servir de guide dans l'étude de cette question.

« La créature, avons-nous dit, est une image des perfections divines. Or, Dieu ne pouvait pas mettre son image, quelque imparfaite qu'elle fût, dans une seule créature[3], comme un

---

1. Oculi omnium in te sperant, Domine : et tu das escam illorum in tempore opportuno. — Aperis tu manum tuam : et imples omne animal benedictione. Ps. 144, 16-17.
2. Diliges Dominum Deum tuum ex toto corde tuo... Deut. VI, 5; Matth. xxiii, 37; Marc, xii, 30; Luc, x. 27.
3. Tanta est divinæ bonitatis excellentia quod non potest uno modo nec in una creatura sufficienter manifestari. Et ideo diversas creaturas condidit, in quibus diverso modo manifestatur. Præcipue autem in creaturis rationabilibus. S. Thom. In Epist. Ad Rom. ix, 22.

Cur tot creaturæ, quæ sunt imagines Dei, nisi ut veritas melius in varietate explicetur, quæ, uti est, est inexplicabilis. — Quia non potest ejus (Sapientiæ) multiplicitas capi in aliqua ; ideo multas creat animas, ut in multis melius suam infinitatem ostendere possit. Ideo multifarie multisque modis loquitur Deus per creaturam, ut in varietate tali melius Verbi simplicitas et simplicitatis fecunditas explicetur. Cusa. L. V. p. 501; L. VII. p. 578; Liv. VIII p. 623.

homme ne peut pas mettre dans une seule syllabe sa pensée, l'image de son âme : il a besoin de plusieurs mots, et, si la pensée est riche et féconde, il lui faut des volumes. La lumière divine s'est donc fragmentée ; elle s'est divisée, elle est allée se reposer d'une manière différente sur chaque créature, comme la lumière du Soleil, qui en se jouant, se disperse en rayons brisés et va tracer sur l'arc-en-ciel mille couleurs variées. C'est ce que saint Grégoire appelle si bien le toucher inégal de Dieu, toucher différent selon les créatures. »

Saint Thomas, quoique ayant été jeté par Aristote hors de la voie, touchant la création, revient à la vérité par la force de son génie. Physicien, il se trompe, en admettant l'incorruptibilité du ciel ; métaphysicien, il arrive à l'idée véritable de la création.

Ecoutons ses paroles : « Il faut donc dire que la distinction et la multiplicité des choses ont trouvé leur principe dans les desseins du premier agent. Dieu a fait le monde pour manifester sa bonté dans ses ouvrages, pour en établir l'image dans les êtres. Et, comme une seule créature n'aurait pu représenter cette bonté suffisamment, il a produit des créatures multiples et diverses, afin qu'elles se suppléent les unes les autres, dans la représentation de ses attributs ; car la perfection qui est une et simple dans le Créateur, est multiple et divisée dans les créatures. L'univers entier représente donc la bonté suprême[1] plus parfaitement que ne pourrait le faire un seul être créé. Et, puisque les choses trouvent dans la Sagesse divine la première cause de leur distinction, Moïse dit qu'elles sont distinctes dans le Verbe, qui est la conception de la Sagesse éternelle[2]. »

Nous aurions une foule d'autres raisons à mettre en avant,

---

1. Nous rappelons, dit Mgr Lachat, que le mot *bonté* ne désigne pas dans ces sortes de passages, la tendresse, la miséricorde, la munificence de Dieu, mais l'excellence de son être, l'infinie perfection de son essence adorable.
2. S. Thom. I, q. XLII, a. 1. Traduit par Mgr Lachat

par exemple, la variété est un principe de beauté; nous nous contentons de cette pensée du Saint Docteur qui affirme ce que nous avons dit : que l'édifice doit être complet et que toutes les parties doivent garder une proportion parfaite. « Si, dans une maison, dit le Docteur Angélique, il n'y avait qu'un toit ou que des fondations, sans les autres parties, non seulement l'édifice ne serait pas *beau*, il n'existerait même pas. De même, dans l'univers, la beauté est constituée par les différents degrés d'êtres : la raison qu'en donne le Saint Docteur est admirable; c'est que l'univers est chargé de représenter, par les formes variées et multiples de ses créatures, l'idéal simple et indivisible qui existe dans la bonté divine[1]. »

« La distinction ne suffit pas dans les êtres : pour en faire un tout harmonieux, il faut gradation ascensionnelle dans les genres et les espèces; il faut, comme dans un poème des transitions lentes et graduées. C'est ce que le Créateur a admirablement observé dans son œuvre. Supposons que tous les degrés d'êtres et de perfections dont la ressemblance peut être communiquée, soient représentés à l'extérieur par une échelle progressive, allant de la pierre et du vermisseau aux Séraphins : l'Éternel, en créant, aurait simplement reproduit ce divin original. Aussi nous voyons que chaque être inférieur a dans ses parties les plus élevées un point de contact avec ce qu'il y a de moins parfait dans l'être qui lui est immédiatement supérieur, et qu'il semble se fondre avec lui, comme les couleurs, par des nuances insensibles. Certains végétaux, par exemple, semblent adhérer au rocher et n'avoir comme lui qu'une vie immobile, tellement qu'on hésite dans leur classification.

« L'animal lui-même remonte sa série nombreuse par une multitude de degrés lentement progressifs; et, si ce n'était l'enseignement du christianisme, on serait peut-être embar-

---

1. Voir S. Thom. Pot. q. 3, art. 16. *De Malo, de Anima*, art 7. 1, q. 47, a. 1.

rassé pour dire où finit la ligne de démarcation entre certains animaux des forêts et quelques tribus sauvages, tellement les facultés de l'instinct sont développées chez les premiers, et celles de l'intelligence presque atrophiées chez les autres.

« Nulle part on ne découvre de transition brusque et violente, partout on saisit les traces de cette sagesse qui procède avec tant de douceur et de fermeté. Aussi nous pouvons en toute vérité considérer la création comme un tableau, où les couleurs sont parfaitement nuancées, merveilleusement fondues : les ombres et les lumières, ne sont pas violemment tranchées, elles s'appellent mutuellement et semblent se tendre une main amie ; tout se suit, s'enchaîne, s'harmonise, tout se rattache à un centre commun qui est Dieu, tout se trouve en Dieu dans une admirable unité, et, comme dit S. Thomas, « cette unité, cette paix se répandant partout, maintiennent dans un persévérant accord les êtres qui semblent les plus discordants : car il y a en Dieu, continue le Saint Docteur, une surabondance de fécondité pacifique : il possède plus de force et de dispositions bienveillantes pour donner cette vertu de paix et d'union, que la créature ne peut en recevoir[1]. »

Nous pourrions citer une foule d'autres auteurs ; ce serait superflu ; ces autorités suffisent[2] et nous pouvons conclure : Dieu a tout fait pour manifester sa bonté ou ses perfections divines, sa beauté, en un mot. Il a pour cela, tout fait avec nombre, poids et mesure ou avec une harmonie parfaite. Trois choses sont indispensables pour exprimer une beauté harmonieuse : la multiplicité ; de là la *multiplicité* des mondes et des êtres dans ces mondes ; la *distinction*, sans elle ce serait la confusion ; de là la *variété* : variété dans les mondes, les soleils, les planètes, les satellites, les comètes ; variété dans l'âge, la jeunesse, l'âge mûr, la vieillesse ; variété dans la couleur, la gradation ascensionnelle, c'est-à-dire des êtres de plus en plus parfaits. Vouloir rien changer à ces grandes idées, c'est nier le plan divin.

1. In libro *De Divinis Nom.* cap. xi, lect. ii.
2. S. Augustin. *Confess.* Lib. xi, c. viii; St. Ansel. Et c. xi.

Mais sans des êtres et des êtres raisonnables, dans ces milliards de mondes, rien n'existe de cette beauté, de cette harmonie. Il y aura multiplicité, si vous le voulez, mais multiplicité d'une matière brute et ce qui est le plus Dieu, son activité et sa vie, ne sera nullement manifesté. L'attraction sera la seule manifestation de l'amour qui est l'essence de Dieu : *Deus charitas est.* Non, non, ce n'est pas possible. Partout cet attribut divin doit apparaître ; partout il doit être la grande vertu qui régit les créatures. Otez les êtres raisonnables, et vous ôtez sa couronne à la création ; elle n'est qu'une œuvre manquée, qui n'atteint pas sa fin. Les matérialistes et les panthéistes sont plus conséquents que vous !

3° *L'harmonie entre la fin et les moyens.* — « Dieu n'a pas produit le monde à l'aveugle, mais selon un plan déterminé ; il en a fait l'expression d'une idée divine en même temps que l'expression d'une idée artistique ; car la fin dernière du monde n'est pas une fin d'utilité, mais la réalisation d'une œuvre bonne et belle en elle-même. Or, comme les idées divines ne peuvent avoir pour objet que l'imitation de l'idéal, qui est Dieu même, et que le monde a précisément pour objet de représenter au dehors la beauté et la magnificence divine, le monde doit être, dans son ensemble, comme dans ses détails, un rayonnement de l'éclat et de la splendeur suprême. Le monde doit être une représentation aussi parfaite que possible de l'être et des perfections de Dieu. Nous devons, par conséquent, y trouver *l'unité* et *la multiplicité*, harmonieusement disposées. Voyons ce qu'il en est.

Le premier attribut divin à représenter au dehors, c'est l'unité. Dieu est essentiellement un. Comment la création réalisera-t-elle cette unité infinie ? Par une matière unique. Plus la science avance, plus cette unité apparaît ; appelons-la, si vous le voulez, *matière radiante.* C'est le premier effet de la puissance créatrice. Sous la seule puissance de la parole divine, malgré sa multiplicité, rien ne la différencie ; elle est incommensurable en étendue et en nombre. C'est une manifestation et en même temps une représentation du Verbe, rayonnement substantiel du Père et le premier-né avant toute créature, *primogenita ante omnem creaturam.* L'unité de Dieu, sa puissance et son infinité sont représentées par ce premier acte créateur.

La créature, étant essentiellement finie et bornée, ne peut imiter son idéal que d'une façon inadéquate et imparfaite. Il est donc possible, non seulement en soi, mais conformément au but de la création, qu'elle comprenne non pas une classe particulière, mais une grande variété d'êtres, afin que la perfection de Dieu s'y reflète de diverses manières et dans plusieurs directions. De là vient que le monde ne représente pas seulement toutes les formes fondamentales de l'être et de la vie, qu'on peut concevoir spirituelles, matérielles et mixtes ; mais qu'on découvre au-dessus et au-dessous de l'homme, dans le monde spirituel, comme dans le monde matériel, une variété infinie de degrés et d'espèces de perfections substantielles.

Mais en Dieu, il y a une infinité d'idées ou de formes. Qui va les réaliser ? L'Esprit de Dieu qui est amour; il attire les parties de la *matière radiante*, les rapproche, les met en mouvement et les mondes se forment ; l'astronomie nous les montre à des distances, en nombres infinis ; nous nous sommes efforcé de rendre sensible cette vérité. Jetez, par la pensée, un coup d'œil sur ces mondes infinis, suivez-les, écoutez leurs harmonies sublimes et vous comprendrez les paroles de Job : « Où étais-tu quand je posais les fondements de la Terre.., lorsque les astres du matin me louaient tous à la fois et que tous les fils de Dieu étaient dans l'allégresse[1]. »

Ces mondes, provenant d'un même principe, recevant la même formation, doivent produire les mêmes êtres, aux mêmes âges ; car le créateur a dit aux unes comme aux autres de produire des plantes, des animaux[2].

---

1. Ubi eras, quando ponebam fundamenta Terræ...cùm me laudarent simul astra matutina et jubilarent omnes filii Dei. (Job. xxxv.4.)
2. Gen. 1, 11, 20, 24.

L'homme est le couronnement de ce monde, le plus bas de tous ; mais il ne s'accorde avec lui que par son corps et la partie inférieure de son âme ; par la raison, il se rapproche du monde de la formation ; car il en connaît les lois et les domine ; de même que par le côté le plus élevé de sa raison, qui lui révèle les choses purement spirituelles, Dieu lui-même, il se rapproche du monde de la création.

« L'homme résume ainsi l'idée des trois mondes créés et représente au dehors, mieux que ne fait chacun d'eux, le monde de l'émanation, dans lequel tous les trois trouvent leur idéal. Or, comme l'homme est moins un monde qu'il n'est le roi du monde, l'idéal éternel qu'il représente, le Verbe de Dieu, est également appelé le prince de tous les mondes, ou le premier héritier du Créateur, l'homme primitif, Adam Cadmon. »

Comprenons bien que cet Adam Cadmon est l'Adam idéal et non seulement l'Adam terrestre ; pour être le prince de tous les mondes, il doit habiter tous les mondes ; sans cela, la création serait défectueuse et l'harmonie, qui apparaît partout ailleurs, serait brisée.

Tous les êtres du monde ou de l'Univers forment donc ensemble un tout gigantesque qui est l'expression de l'idée totale de Dieu ; il en est de même non seulement de la bonté et de la perfection des êtres particuliers ; mais encore de la bonté et de la perfection du tout considéré comme tel.

VI. — Preuve d'autorité ou l'opinion des Savants.

Sans doute, on ne peut pas mettre cette question au même rang que l'existence de Dieu et l'immortalité de l'âme humaine, qui sont deux sentiments que l'on rencontre chez tous les peuples ; cependant, dans tous les temps et dans tous les pays, les hommes supérieurs ont compris, d'instinct, l'existence de la pluralité des mondes habités et l'ont regardée comme nécessaire, indubitable, frappés qu'ils étaient de la magnificence du firmament, de l'infinie variété dans l'organisation terrestre, de la grandeur du Dieu créateur.

Chose étrange, ce que nous osons à peine insinuer aujourd'hui, du moins dans un certain milieu, était un fait parfaitement affirmé et accepté par les savants et les philosophes de l'antiquité.

Voici ce que Cicéron fait dire à Cléanthe, qui fut le chef de l'école stoïcienne, après Zénon son maître[1].

« La Terre produit des animaux, l'eau et l'air en produisent ; il serait ridicule, selon Aristote, de s'imaginer qu'il ne s'en forme point dans la région la plus capable d'en produire, qui est celle où sont les astres. C'est là que réside l'élément le plus subtil, dont le mouvement est continuel, et dont la force ne périt point ; où, par conséquent, l'animal doit avoir le sentiment très vif et une activité très grande[2]. »

On le voit, Aristote et son école, Cléanthe et l'école stoïcienne, Cicéron et ceux qui, de son temps, pensaient comme lui, admettaient que les astres étaient habités, et les raisons qu'ils en donnent ne sont pas à dédaigner. D'où leur venait cette croyance ? Avaient-ils les connaissances nécessaires pour cela ? Non, évidemment. Ne venait-elle pas de la tradition primitive des peuples ?

Presque tous les savants contemporains sont persuadés que les astres sont habités, nous ne nous arrêterons à citer ici qu'un petit nombre, ce serait superflu. On peut d'ailleurs jeter de nouveau un petit coup d'œil sur la partie historique.

1. Zénon mourut en 319 avant Jésus-Christ.
2. Cicéron. *De Natura Deorum*. Liv. II, xv. Traduction d'Olivet — Nota. Cette traduction est défectueuse, il faut donc voir le texte latin.

« Cum igitur aliorum animantium ortus in terra sit, aliorum in aqua, in aere aliorum ; absurdum esse Aristoteli videtur, in eâ parte, quæ sit ad gignenda animalia aptissima, animal gigni nullum putare.

Sidera autem æthereum locum obtinent ; qui quoniam tenuissimus est et semper agitatur et viget : necesse est quod animal in eo gignatur, id est sensu acerrimo, et mobilitate celerrima esse. »

Nous nous contenterons de quelques témoignages des savants qui jouissent d'une autorité spéciale.

Par exemple, les paroles du P. Secchi sont bien propres à calmer les appréhensions de certains catholiques.

« Que dire, écrit ce savant, de ces espaces immenses et des astres qui les remplissent ? Que penser de ces étoiles, qui sont, sans doute, comme notre Soleil, des centres de lumière, de chaleur et d'activité, destinés comme lui à *entretenir la vie d'une foule de créatures* de toutes espèces ? Pour nous, il nous semblerait *absurde* de regarder ces vastes régions comme des déserts inhabités ; elles doivent être peuplées d'êtres intelligents et raisonnables, capables de connaître, d'honorer et d'aimer leur Créateur ; et peut-être que ces habitants des astres sont plus fidèles que nous au devoir que leur impose la reconnaissance envers Celui qui les a tirés du néant ; nous voulons espérer qu'il n'y a point parmi eux de ces êtres infortunés qui mettent leur orgueil à nier l'existence et l'intelligence de Celui à qui ils doivent eux-mêmes et leur existence et la faculté de connaître tant de merveilles[1]. »

« Du vray, disait Montaigne, avec beaucoup de justesse, pourquoi Dieu, tout-puissant comme il est, aurait-il restreint ses forces à certaines mesures ? En faveur de qui aurait-il renoncé à son privilège ? Ta raison n'en a aulcune autre chose plus de vérésimilitude et de fondement qu'en ce qu'elle te persuade la pluralité des mondes.

Terramque et solem, lunam, mare, cœtera quæ sunt
Non esse unica, sed numero magis innumerabili[2].

« Les plus fameux esprits du temps l'ont creue, et aulcuns des nostres mêmes, forcez par l'apparence de la raison humaine ; d'autant qu'en ce bastiment que nous voyons, il n'y a rien seul et un, et que toutes les espèces sont multipliées en quelque nombre, paraît il semble n'estre pas vray-

---

1. Le R. P. Secchi. *Le Soleil*, p. 418.
2. Lucrèce, *De Natura Deorum*, Liv. II.

semblable que Dieu ayt faict ce seul ouvrage sans compaignon et que la matière de cette forme ayt esté toute espuisée en ce seul individu[1]. »

« Je suis d'opinion, disait aussi le célèbre philosophe Kant, qu'il n'est pas même besoin de soutenir que toutes les planètes sont habitées, car le nier serait une absurdité aux yeux de tous ou au moins aux yeux du plus grand nombre. Dans l'empire de la nature, les mondes et les systèmes ne sont que de la poussière de soleils vis-à-vis de la création entière. Une planète est beaucoup moins par rapport à l'univers qu'une île par rapport au globe terrestre. Au milieu de tant de sphères, il n'y a de parages déserts et inhabités que ceux qui sont impropres à porter les êtres raisonnables qui sont dans le but de la nature. Notre Terre elle-même a peut-être existé mille ou un plus grand nombre d'années avant que sa constitution lui eût permis de se garnir de plantes, d'animaux et d'hommes[2]. »

Il n'est pas hors de propos de remarquer que le pressentiment du philosophe de Kœnigsberg est aujourd'hui une vérité hors de doute que la Terre a existé non seulement mille ans, mais des milliers d'années avant l'apparition de l'homme. C'est un fait qu'il ne faut pas perdre de vue, parce qu'il nous conduit à cette conclusion que les planètes qui ne semblent pas habitables pour des êtres comme l'homme, le *deviendront*. Si ces mondes sont des enfants, ils atteindront un jour l'âge adulte; s'ils sont des vieillards, ils ont été jeunes, et l'affirmation de leur habitabilité demeure une vérité.

Écoutons maintenant deux des plus grands savants qui aient illustré la science astronomique.

« A quel dessein, demande Sir John Herschel, pensons-nous que ces corps magnifiques aient été dispersés dans les abîmes de l'espace? Ce n'a pas été sans doute pour éclairer nos nuits, but que pourrait bien atteindre une lune de plus,

---

1. *Essais*; Liv. II, Chap. XII.
2. Allgemeine Naturgeschichte und Theorie des Himmels, Pars III.

qui n'aurait pas la millième partie de celle qui sert effectivement à notre Terre de satellite, ni pour briller comme un vain spectacle vide de sens et de réalité, ou pour nous embarrasser dans de vaines conjectures. Ils sont, il est vrai, utiles à l'homme comme des points fixes et permanents auxquels il peut tout rapporter avec exactitude. Mais, il faudrait avoir retiré peu de fruit de l'étude de l'astronomie pour s'imaginer que l'homme soit l'unique objet des soins du Créateur, et pour ne pas voir dans ce vaste et admirable appareil qui nous environne, un plan relatif à d'autres races d'hommes intelligents. »

Laplace émet la même idée, en répondant à d'autres difficultés. « L'action bienfaisante du Soleil, dit-il, fait éclore les animaux et les plantes qui couvrent la Terre, et l'analogie nous porte à croire qu'elle produit de semblables effets sur les autres planètes ; car il n'est pas naturel de penser que la matière dont nous voyons la fécondité se développer de tant de façons, soit stérile sur une aussi grosse planète que Jupiter qui, comme le globe terrestre, a ses jours, ses nuits et ses années, et sur lequel les observations indiquent des changements qui supposent des forces très actives... L'homme fait pour la température dont il jouit sur la Terre, ne pourrait pas, selon toute apparence, vivre sur les autres planètes. Mais ne doit-il pas y avoir une infinité d'organisations relatives aux diverses températures des globes et des univers ? Si la seule différence des éléments et des climats met tant de variétés dans les productions terrestres, combien plus doivent différer celles des planètes et des satellites. »

CHAPITRE II. — L'HABITABILITÉ DES MONDES N'EST POINT UNE EXIGENCE ABSOLUE NI DE LA SCIENCE, NI DE LA RAISON

Tout donc demande que les autres mondes soient habités ; la nature de ces mondes, la nature de Dieu, les lois de la création et les sentiments de l'homme : ce que vient confirmer l'autorité de plusieurs savants de tous les temps. Cette hypothèse, probablement à jamais indémontrable, jouit cependant de la plus haute autorité morale qui puisse appuyer une hypothèse et la raison commande de ne pas la rejeter; mais elle n'oblige pas.

Le matérialisme et le panthéisme et même la science rationaliste vont plus loin; ils prétendent, au nom de la science, raison souveraine de tout, que cette opinion doit nécessairement être acceptée, à moins qu'on ne veuille continuer à suivre de vieilles idées religieuses, tombées en désuétude.

Ils ont raison, en tant que matérialistes.

Si, en effet, il n'y a que de la matière qui s'évolue éternellement; il n'y a aucune raison de nier son évolution dans les autres mondes aussi bien que sur notre planète, pourvu qu'elle se trouve dans les mêmes circonstances, et les circonstances sont infinies, comme les époques d'évolution de la Terre. Sans doute, les matérialistes ne peuvent réclamer d'aucune loi logique, s'ils voulaient être conséquents avec eux-mêmes; mais ce n'est guère dans leur nature, puisque eux aussi s'évoluent.

Leur argument est celui-ci : « Il est de l'essence de la matière, telle que nous la connaissons, de s'évoluer jusqu'à la vie, et même la vie raisonnable. Or, les astres sont physiquement et chimiquement de même nature que la Terre; donc, si les circonstances sont les mêmes, ce qui arrive nécessairement à un moment donné, ils doivent produire les mêmes phénomènes d'évolution. »

Employant la vieille formule de logique, nous disons aux matérialistes : sauf votre respect, nous nions votre majeure jusqu'à ce qu'elle soit prouvée. Or, serait-elle vraie, cette majeure ne peut être démontrée, et jusqu'à nouvel ordre, le matérialisme ne domine ni la science, ni la raison, ni la foi, et, par conséquent, ne peut se poser en autorité. Ce que nous trouvons de plus illogique chez les matérialistes, négateurs de tout dogme, c'est de vouloir dogmatiser en tout et fabriquer des *credo* scientifiques que tout le monde devra chanter aux fêtes de la nature.

Le matérialiste n'admet que la matière, possédant cependant l'activité; le panthéiste admet un Dieu réel, mais qui ne fait qu'un avec le monde et, par conséquent, un Dieu impersonnel. Pour eux, *Dieu se fait* tous les jours ou devient, c'est-à-dire qu'il s'évolue, et pour le panthéiste comme pour le matérialiste, il est nécessaire qu'il s'évolue dans les autres mondes, comme sur notre planète.

Aux matérialistes et aux panthéistes la raison humaine n'a rien à répondre; on peut seulement réfuter les conclusions absurdes qu'ils ne manqueront pas de tirer de leurs faux principes. Toute argumentation est inutile et ne prouve pas; car, comme le dit saint Thomas, après Aristote, on ne peut prouver la non éternité de la matière. Parce que les matérialistes et les panthéistes se mettent en dehors de l'humanité raisonnable, il ne faut pas, pour les réfuter, se se placer hors du bon sens et de la logique, de peur, dit S. Thomas, qu'en voulant démontrer témérairement les choses de la foi, on n'apportât des preuves peu solides, non concluantes, et fournir matière aux dérisions des impies en leur persuadant que nous croyons les dogmes révélés sur ces raisons[1].

Sous ce rapport, les panthéistes rentrent dans la catégorie des matérialistes, et ils ne sont pas plus qu'eux saisissables par aucune argumentation sérieuse. Ils peuvent toujours répondre que pour eux, il n'y a pas de différence entre Dieu et la matière, que celle-ci n'est qu'une manifestation, un

---

1. Unde mundum incipisse est credibile, non autem demonstrabile, vel scibile. Et hoc utile est ut consideretur, ne forte aliquis, quod fidei est demonstrare præsumens, rationes non necessarias inducat, quæ præbeant materiam irridendi infidelibus existimantibus nos propter hujusmodi rationes credere quæ fidei sunt. Sum I. part. Quæst. XLVI. a. 2, in corp. Voir quæst. XXVIII. a. 1. Voir aussi la *Somme phi-*

phénomène de la divinité. Qu'on lise attentivement S. Thomas dans la *Somme théologique* et il ne restera pas le moindre doute sur ce sujet. Il a traité la même question dans sa *Somme philosophique*.

Il y a une seconde catégorie de savants, rationalistes ou non, qui, ne s'occupant que de faits scientifiques, sont indifférents pour tout le reste. Sans principes sur quoi que ce soit, niant même la possibilité de toute synthèse scientifique et, par conséquent, de toute science, nécessairement ils tendent vers le matérialisme, souvent sans s'en douter; car ils n'ont pas encore pu se débarrasser de ce vieux mot : « le Dieu créateur. »

De ce nombre, par exemple, est M. J. Scheiner, astronome de l'observatoire de Postdam. C'est ce qui ressort d'un article sur l'habitabilité des mondes, traduit de l'allemand et qui a paru dans *l'Astronomie*, revue mensuelle d'astronomie populaire, livraison de juin 1891.

Généralement, ces savants prennent, pour base de toutes leurs conclusions scientifiques, la génération spontanée et l'évolutionisme. Il faut cependant distinguer parmi eux deux catégories dont l'une comme M. J. Scheiner, admet la génération spontanée dans le sens « purement matérialiste » et l'autre qui admet la création.

Les premiers, qu'ils le veuillent ou ne le veuillent pas, sont simplement matérialistes ou panthéistes et doivent être traités comme tels.

Les seconds, qui admettent la création, ont la question de la génération spontanée à débattre avec des savants de premier ordre, qui la nient, ainsi que le transformisme.

Quoiqu'il en soit; cette manière d'envisager la production des êtres n'est nullement condamnée par l'Eglise et semble plus conforme au texte sacré. Que trouvons-nous, en effet, dans la Genèse? Que Dieu dit à la terre de produire des herbes verdoyantes, des bois et des arbres fruitiers; aux eaux de produire des reptiles vivants et des volatiles sous le firmament. Et à la terre de produire des bêtes de somme, des reptiles et des animaux[1].

La terre et les eaux ont-ils perdu cette vertu primitive que le Créateur leur octroya au commencement? Nous n'en savons rien; les représentants de la science disent, les uns oui, les autres non, et l'Eglise l'interprète de la foi, nous laisse la liberté d'adopter ce qui nous paraît le plus rationnel.

Une communication faite au congrès scientifique international des savants catholiques, session de Fribourg 1897, vient confirmer ce que nous avançons. Cette communication est du Dr Zahm, recteur d'un collège romain, sous le titre de *téléologie et évolutionisme*, dans laquelle il insiste d'abord sur ce fait, que la théorie de l'évolution appliquée aux êtres organisés est généralement admise par les savants du monde entier. L'évolution n'est nullement contraire à la téléologie ou finalité. Dieu n'est-il pas, en effet, la cause des causes? Contrairement à Spencer, qui admet que l'évolution organique dépend d'un simple mécanisme, l'évolution orthodoxe, c'est-à-dire éclairée par l'idée chrétienne, admet Dieu créant, au commencement, le principe des choses et soutenant, par la suite, de sa toute-puissance, le développement de ses créatures[2].

Les spontanéistes modérés et les transformistes mitigés, doivent nécessairement tendre vers l'habitabilité des mondes, c'est une conséquence de cette théorie scientifique, mais n'impliquant aucune nécessité.

La conclusion de cette troisième partie vient s'unir aux conclusions précédentes pour affirmer que la raison humaine, dépouillée, de toute préoccupation de parti, proclame l'habitabilité des autres mondes.

Sans cela l'œuvre créatrice est sans but, la sagesse divine paraît en défaut, l'harmonie, le poids et la mesure manquent et ces fins non soupçonnées jusqu'à présent et dont les

---

1. Genèse I, 11-12.
2. *Cosmos*, 28 août 1897, p. 280, n° 657

nouvelles découvertes nous démontrent chaque jour la réalité; les variétés ou la multiplicité infinie des faits et des phénomènes se produisant dans l'unité la plus absolue : phénomènes d'attraction, phénomènes de chaleur, de lumière, d'électricité, de magnétisme, qui ne procèdent que d'une seule source, la matière unique en activité, existant dans les autres mondes, comme sur le nôtre, c'est-à-dire partout l'ordre, l'harmonie et la beauté, qui est la multiplicité dans l'unité. Impossible de restreindre tout cela à notre pauvre terre, c'est tout anéantir. La raison nous est donnée pour comprendre ces vérités sublimes et nullement pour les nier; le cœur et l'imagination, pour les admirer et publier la gloire et le souverain domaine de la puissance créatrice, ordonnatrice et conservatrice, c'est-à-dire du Père, du Fils et du Saint-Esprit.

QUATRIÈME PARTIE

LES MYSTÈRES DE LA FOI CATHOLIQUE ET L'HYPOTHÈSE DES MONDES HABITÉS

Le concept véritable de la création semble demander l'habitation, non seulement de nos planètes solaires, mais encore de ces milliards de mondes que la Puissance divine a lancés dans l'espace, que son amour unit et dirige vers leurs fins, par des lois non moins simples qu'efficaces. C'est ainsi que l'élite de l'humanité de tous les pays et de tous les siècles a compris la création, comme nous l'avons fait voir dans le résumé historique par lequel nous avons commencé cette étude. Pas de divergence sur ce point entre les représentants des nations. Cela semble plus conforme à la fin et à la nature des êtres, aux données actuelles de la science qui semblent l'exiger, à la raison humaine qui en est satisfaite, à la nature et aux attributs de Dieu, tandis que l'idée contraire ferait du monde créé quelque chose d'irrationnel, de ridicule, une monstruosité à laquelle on pourrait appliquer ces paroles d'Horace : « Une tête humaine sur un cou de cheval, un être couvert de plumes variées, possédant des membres quelque chose qu'on ne peut regarder sans éclater de rire[1]. »

Habitués pourtant à l'idée contraire, certains chrétiens, quelques théologiens *purs*, quelques mystiques et quelques arriérés se dressent contre cette opinion, la stigmatisent même et s'écrient au nom de la religion et de la foi et parfois au nom de l'Église : « Que deviennent donc les mystères de l'Incarnation et de la Rédemption, avec toutes leurs conséquences ? Vous anéantissez la foi ! » Puis, enflammés d'un saint zèle, ils tombent à bras raccourcis sur leurs adversaires, et se servent contre eux de toutes les armes, soit dans leurs livres, soit dans leurs revues et, comme ils ont l'habitude de s'emballer, ils dépassent nécessairement les limites de la véritable critique, et finissent par montrer leur ignorance sur beaucoup de questions.

Quelques savants *purs*, ennuyés de ces attaques intempestives, agacés même parfois, comme plus d'un nous l'a dit, abusent de ces opinions particulières et proclament, de ce chef, l'absurdité et la déchéance d'une religion qui, en face de la science, ose encore soutenir ces vieilles doctrines et nier des vérités généralement admises.

C'est cette controverse que nous allons examiner et faire voir que la vérité se trouve entre ces deux extrêmes. Pour cela, nous étudierons les cinq points suivants :

1° L'Incarnation et la Rédemption, ni même la Révélation n'ont rien à faire ici ;

2° Il ne répugne pas absolument que l'Incarnation et la Rédemption, s'il en est besoin ou s'il convient à Dieu, ne produisent leurs effets dans les autres mondes ;

3° Pourtant, cela ne semble ni convenable, ni opportun ;

---

1. Humano capiti cervicem pictor equinam
   Jungere si velit, et varias inducre plumas,
   Undique collatis membris, ut turpiter atrum
   Desinat in piscem mulier formosa superne :
   Spectatum admissi, risum teneatis, amici ?

   Horatii Flacci *De Arte poetica* lib., v. 1-5.

4° De ce qui se passe sur la Terre, et toutes choses égales d'ailleurs, l'Incarnation et la Rédemption n'y produiraient guère d'effet ;

5° D'autres Incarnations sont plus dans la Nature de Dieu et dans celle de l'homme.

Les réponses à ces cinq points ne manqueront pas de jeter assez de lumière dans l'esprit de ceux qui désirent voir et comprendre.

CHAPITRE I. — L'INCARNATION ET LA RÉDEMPTION, NI MÊME LA RÉVÉLATION N'ONT RIEN A FAIRE ICI.

Nous sommes en face de deux adversaires. Nous n'essaierons point de les réconcilier, ce serait peine perdue. Ni l'un ni l'autre ne démordront de leur manière de voir[1], et dussions-nous en faire des ennemis, nous ne craignons pas de leur dire qu'ils se trompent également et que, dans leurs exagérations, ils ne font honneur ni à la science, ni à la raison, ni à la foi. Ils font surtout beaucoup de mal sans le moindre bien.

Avant d'exposer séparément les raisons que les deux adversaires mettent en avant pour soutenir leurs opinions, nous leur disons que l'Incarnation et la Rédemption n'ont rien à faire par rapport à la question de la pluralité des mondes habités, pas plus que celle-ci par rapport à nos deux grands mystères. Ces questions sont parfaitement indépendantes.

Nous donnerons donc 1° la déclaration formelle de l'Église sur ce point, et 2° l'examen des motifs que mettent en avant les deux opinions opposées.

1. Un jour, je faisais une visite à un de nos savants plus ou moins croyant et, comme je le pressais un peu, il me répondit : « mais comment voulez-vous qu'en présence de faits rigoureusement constatés, j'incline la tête devant vos dogmes catholiques, qui affirment le contraire ! » — Quelques jours après, je discutais la même question avec

Article I. — Déclaration formelle de l'Église sur ce point.

Pour soutenir notre affirmation, servons-nous de paroles plus autorisées que les nôtres.

D'abord, c'est celle du P. Félix, se faisant entendre du haut de la chaire de Notre-Dame. Comme nous, l'éloquent prédicateur dit : « L'Incarnation et la Rédemption n'ont que faire ici.

« Messieurs, j'allais passer à l'objection géologique ; mais vous m'arrêtez et vous me dites : Ne passez pas si vite ; vous n'en avez pas fini avec l'objection astronomique. En effet, j'oubliais que la science moderne soulève ici contre le récit mosaïque et le dogme catholique une difficulté en apparence plus insoluble, et, devant la raison de certains hommes, estimée fort sérieuse.

« Le récit de Moïse fait, dit-elle, de la terre, le centre de toute la création ; et le dogme catholique lui-même la considère comme le théâtre réservé des grands desseins de Dieu. Là, Dieu s'est incarné : seule, cette poussière terrestre fut touchée par les pieds divins et arrosée par le sang réparateur. Tout le mystère de la Rédemption se déroule sur la terre et n'est que pour la terre. Et d'après l'enseignement catholique, la terre seule porte l'intelligence et la vie : là seulement Dieu a laissé tomber des êtres intelligents et libres, capables de faire monter jusqu'à lui l'hymne universel que chante la création. Or, est-il raisonnable de restreindre à ce point le théâtre de la vie et les manifestations de la gloire de Dieu ? les astres ne paraissent-ils pas faits tout exprès pour servir de supports à des êtres vivants ? n'est-il pas plus digne de la sublime idée que nous devons avoir du Créateur, de penser que partout il existe des êtres capables de le connaître et de publier sa gloire, que de dépouiller l'univers de tous les êtres intelligents, et de le réduire à une profonde solitude, où l'on ne retrouverait que les déserts de l'espace, et les épouvantables masses d'une matière entièrement inanimée? Pourquoi d'ailleurs, cette planète qui, dans l'immensité des cieux, est comme une goutte d'eau dans l'océan[1], et comme un atome au milieu des soleils, pourquoi cette petite planète serait-elle seule dans la création honorée de la présence de la vie? Comment admettre que Dieu ait confiné dans cet imperceptible coin de l'univers les seuls témoins intelligents de sa sagesse et de sa puissance?... Non, non; que le christianisme se le tienne pour dit : la science moderne n'admettra plus cette hypothèse de la Théologie chrétienne. Elle ne renoncera pas à ses conquêtes. Au christianisme de voir et de décider s'il veut briser avec la science pour retourner aux ténèbres, ou marcher avec elle dans les sentiers lumineux qu'elle s'ouvre chaque jour à travers les espaces.

« Il semble au premier abord que cette objection a de quoi nous épouvanter. Il n'en est rien cependant. Je pourrais d'un seul mot donner pleine satisfaction à tous les savants qui se feraient de cette objection de la science moderne une raison péremptoire contre le Christianisme. Je pourrais leur dire : vous voulez absolument découvrir des habitants dans la Lune; vous voulez trouver dans les étoiles et dans les soleils, des frères en intelligence et en liberté, et, comme le disent certains génies qui prétendent à la vision intuitive de tous les mondes, vous voulez saluer de loin, à travers les espaces, des sociétés et de civilisations astronomiques? Soit. Si vous n'avez contre nous d'autre raison pour briser avec nous, rien ne s'oppose à ce que nous vous tendions la main, et à ce que vous nous tendiez la vôtre. Mettez dans le monde sidéral autant de population qu'il vous plaira, sous telle forme et à tel degré de température matérielle et morale que vous voudrez l'imaginer; le dogme catholique est ici d'une tolérance qui va vous étonner et doit vous satisfaire : il vous

---

1. Une goutte d'eau dans l'Océan est peu de chose; cependant notre Terre n'est pas même cela dans l'Univers!

demande seulement de ne pas faire de ces générations sidérales une postérité d'Adam, ni une postérité du Christ. Sur le reste, liberté complète de la conjecture et du rêve astronomique. Certes, sur cette grandiose hypothèse, au point de vue de la démonstration rigoureuse[1], il y a beaucoup à dire, et surtout beaucoup à désirer. Longtemps encore pour démontrer que le Soleil, la Lune, les étoiles, comme notre

---

1. Certains auteurs, les Logiciens surtout, théologiens ou philosophes, vous parlent constamment de *démonstrations rigoureuses;* mais où donc se trouve la *démonstration rigoureuse?* Qu'on nous donne une démonstration rigoureuse. Est-ce que tout argument ne repose pas sur une hypothèse ou sur un fait? Otez le *postulatum* d'Euclide et il n'y a pas de Géométrie; c'est pourquoi encore aujourd'hui on discute orageusement sur la théorie des parallèles et des lignes concourantes, et sur celle des infiniment petits en géométrie. Quelle est donc la base de toute la géométrie et des autres branches qui en découlent, la Trigonométrie, la Géométrie descriptive, etc.?

Les sciences expérimentales ne sont nullement des démonstrations, ce sont des faits. On nous dira que le syllogisme est une démonstration rigoureuse; oui, pourvu que vous acceptiez la majeure qui, la plupart du temps, est ce qu'on appelle un axiome ou un fait.

Je prends un exemple qui se trouve dans toutes les logiques.

   Tous les hommes sont mortels;
    Or, Pierre est homme;
    Donc Pierre est mortel.

Tous les hommes sont mortels; mais c'est un fait que les matérialistes, les panthéistes et les chrétiens n'entendent pas de la même manière. Et de fait, *tous les hommes sont mortels,* est une affirmation païenne, matérialiste; pour les matérialistes l'âme n'existant pas, en vérité, l'homme meurt; pour les spiritualistes, le corps meurt, tandis que l'âme ne meurt pas. Il n'y a donc qu'une partie de l'homme à mourir ou à cesser de vivre. En fait de preuve, nous ne voyons que l'analogie et la preuve par l'absurde. Les aristotéliciens modernes nient la preuve métaphysique de l'existence de Dieu et de l'existence de l'âme immortelle de l'homme. De là les sceptiques ont eu beau jeu contre les logiciens. De là les matérialistes et les panthéistes se moquent des démonstrations de l'existence de Dieu et de l'immortalité de l'âme humaine. Et après cela, on vient demander une *démonstration rigoureuse.*

Sans être sceptique, nous pensons qu'il faut se contenter de démonstrations relatives.

planète, portent l'intelligence et la vie, vous chercherez un axiome, un principe, un point de départ d'où puisse sortir, dans l'éclat de l'évidence, une conclusion rigoureuse. Supposez que Dieu voulût faire d'un atome le centre de la création : qui donc parmi vous, je vous prie, oserait s'inscrire en faux contre la Sagesse divine, et, au nom de la science, convaincre Dieu d'impuissance? Dès lors, qu'y aurait-il de si absolument absurde [1] à supposer que Dieu eût fait la Terre, malgré l'infiniment petit de son importance matérielle, un privilège réservé dans la création? Étant donné que Dieu a choisi la Terre pour y poser le pied, et y dérouler tout entier le grand mystère de l'Incarnation et de la Rédemption, qui ne voit que la Terre par cette vocation de choix acquiert dans l'universalité des choses une dignité qui l'élève mille fois plus que le privilège de la masse et de l'étendue, et qu'une goutte du sang divin la fait plus grande que tous les mondes ensemble?

« Mais enfin, veut-on absolument que les planètes, les soleils, les étoiles aient leurs habitants capables comme nous de connaître, d'aimer et de glorifier le Créateur? J'ai hâte de le proclamer, le dogme n'y répugne pas; il ne nie ni n'affirme rien sur cette libre hypothèse. L'économie générale du christianisme regarde la Terre, rien que la Terre; elle embrasse l'humanité, rien que l'humanité; l'humanité descendue d'Adam et rachetée par Jésus-Christ. En dehors de cette grande économie du christianisme atteignant l'humanité Adamique, peut-on admettre dans les globes célestes des

---

1. Non, il n'y a rien d'absolument absurde, puisqu'il n'y a rien d'absolument impossible dans cette hypothèse; mais il y a impossibilité morale, surtout de la part de Dieu, qui n'est pas, comme l'homme, sujet au caprice ni arrêté par l'impuissance. D'ailleurs, nulle analogie ne peut autoriser cette dernière hypothèse, tandis que l'autre repose sur de grandes analogies et de grandes convenances, dont la première est une des bases de la science et la seconde, de la morale. Lorsqu'il s'agit de questions libres et scientifiques, l'argument de la toute-puissance divine ne prouve absolument rien,

natures intelligentes qui aient avec la nôtre quelques analogies? Joseph de Maistre, dont l'austère orthodoxie n'est un mystère pour personne, inclinait à le croire; de grands penseurs dans la catholicité y inclinent avec lui; et il importe trop peu de vous dire ce que j'en pense moi-même, pour vous exprimer sur ce point mes préférences personnelles. Mais pour ce qui concerne le dogme catholique dont cette parole veut être toujours un interprète fidèle, non seulement il n'éprouve devant cette grande hypothèse aucun embarras; je ne crains pas de dire qu'il y trouve une ressource nouvelle pour répondre à ceux qui l'interrogent et une arme de plus pour se défendre contre leurs propres attaques[1]. »

Quarante ans auparavant, le conférencier de Saint Sulpice, Mgr Frayssinous, disait déjà à son auditoire : « Tous les globes lumineux qui roulent sur nos têtes sont-ils habités ou ne le sont-ils pas? C'est sur quoi Moïse n'a pas satisfait notre curiosité. Dans cette matière les opinions sont libres : nous ne dirons pas que les astres soient peuplés d'hommes comme nous, nous n'en savons rien ; mais, enfin, vous paraît-il étrange que la Terre, qui n'est qu'un point dans l'immensité, soit seule habitée et que le reste de l'univers ne soit qu'une vaste solitude? Aimez-vous à placer dans les planètes et les mondes étoilés des créatures intelligentes, capables de connaître et de glorifier le Créateur? La religion ne vous défend pas d'embrasser cette opinion. »

Voici les paroles du comte de Maistre auxquelles le P. Félix a fait plus haut allusion :

« Je ne puis assez m'étonner, dit-il, des scrupules étranges de certains théologiens qui se refusent à l'hypothèse de la pluralité des mondes de peur qu'elle n'ébranle le dogme de la Rédemption, c'est-à-dire que, suivant eux, nous devons croire que l'homme voyageant dans l'espace, sur sa triste

---

1. P. Félix, *Le progrès par le Christianisme*, 1863, 3ᵉ Conf. p. 118-124. — Le P. Félix se sert de cette hypothèse pour expliquer la question du petit nombre des élus.

planète misérablement gênée entre Mars et Vénus, est le seul être intelligent du système, et que les autres planètes ne sont que des globes sans vie et sans beauté que le Créateur a lancés dans l'espace pour s'amuser apparemment comme un joueur de boules. Non, jamais une pensée plus mesquine ne s'est présentée à l'esprit humain! Démocrite disait jadis dans une conversation célèbre : « O mon cher ami, gardez-vous de rapetisser bassement dans votre esprit la nature qui est si grande! » Nous serions bien inexcusables, si nous ne profitions pas de cet avis, nous qui vivons au sein de la lumière et qui pouvons contempler à sa clarté la suprême intelligence à la place de ce fantôme de nature. Ne rapetissons pas l'être infini, en posant des bornes ridicules à sa puissance et à son amour. Y a-t-il quelque chose de plus certain que cette proposition : *Tout a été fait par et pour l'intelligence?* Un système planétaire peut-il être autre chose qu'un système d'intelligence, et chaque planète en particulier peut-elle être autre chose que le séjour d'une de ces familles? Qu'y a-t-il donc de commun entre la matière et Dieu? « *La poussière* le connait-elle? » (Ps. xxix, 10.) Si les habitants des autres planètes ne sont pas coupables ainsi que nous, ils n'ont pas besoin du même remède; et, si au contraire le même remède leur est nécessaire, ces théologiens dont je parlais tout à l'heure ont-ils donc peur que la vertu du sacrifice qui nous a sauvés, ne puisse s'élever jusqu'à la Lune? Le coup d'œil d'Origène était bien plus pénétrant et plus compréhensible, lorsqu'il dit : « L'autel était à Jérusalem, mais le sang de la victime baigna l'univers[1]. »

Nous n'ignorons pas que ces paroles de l'auteur des *Soirées* n'ont pas plu et ne plaisent pas à certains catholiques; mais que faire? Si l'hypothèse est libre, si elle n'attaque en rien la religion, si même elle fait mieux ressortir les mys-

1. Eclaircissements sur les sacrifices, p. 395 — Appendice aux Soirées de Saint-Pétersbourg — Plus tard nous traiterons la question du retentissement de l'Incarnation et de la Rédemption dans les autres

tères de l'Incarnation et de la Rédemption, faut-il se contenter de la prétendue « foi des simples et des humbles enfants de Dieu ? »

Fontenelle, qu'on fait à tort l'initiateur de l'hypothèse des mondes habités, comme nous l'avons vu dans la partie historique de la question, avait répondu dès l'année 1686 à la difficulté, à peu près dans les mêmes termes que le comte de Maistre.

« Il est des personnes qui s'imaginent qu'il y a du danger, par rapport à la religion, à mettre des habitants ailleurs que sur la Terre ; mais il faut démêler ici une petite erreur d'imagination. Quand on vous dit que la Lune est habitée, vous vous y représentez aussitôt des hommes faits comme nous ; et puis, si vous êtes un peu théologien, vous voilà plein de difficultés. La postérité d'Adam n'a pu s'étendre jusqu'à dans ce pays-là ; les hommes qui sont dans la Lune ne sont donc pas fils d'Adam....

« L'objection roule donc tout entière sur des hommes de la Lune ; mais ce sont ceux qui la font à qui il plaît de mettre des hommes dans la Lune ; moi je n'y en mets point ; j'y mets des habitants qui ne sont point du tout des hommes. Qui sont-ils donc ? Je ne les ai point vus, ce n'est pas pour les avoir vus que j'en parle. Au surplus, dit l'ingénieux secrétaire de l'Académie, quoique je crois la Lune une terre habitée, je ne laisse pas de vivre civilement avec ceux qui ne le croient pas, et je me tiens toujours en état de me ranger à leur opinion avec honneur, si elle avait le dessus... »

Mgr Freppel dans sa réponse à l'auteur de *Terre et Ciel*[1] soutient aussi que l'hypothèse des mondes habités n'est nullement contraire à la foi.

« L'Écrivain dont je parle, dit-il, est partisan du système qui, sous le nom de métempsycose, a joué un si grand rôle

---

1. *Terre et Ciel*, par M. Jean Reynaud. 3ᵉ Édition. Paris 1858, IV, 30. M. Louis Figuier, dans le *Lendemain de la mort, ou la vie future selon la science*, admet aussi la métempsycose ; mais le nombre des migrations est fini dans son système.

dans le monde ancien. Il espère que le génie initiateur de la France, retournant à la foi des vieux Gaulois, finira par faire prévaloir l'antique croyance des Druides. Suivant lui, notre âme, passant alternativement d'un séjour à un autre, changeant de corps à chaque fois, et indéfiniment variable dans les formes apparentes sous lesquelles elle se témoigne, poursuit, au rayonnement des soleils, de migration en migration, et de métamorphose en métamorphose, le cours diversifié de son immortalité. — *Si l'auteur s'était contenté de soutenir que le séjour réservé aux élus est dans les régions célestes des astres, au milieu des plus belles merveilles de la création, il aurait émis une opinion que l'on peut contester, mais qui n'a rien de contraire à la révélation.* Ce qui heurte de front le dogme catholique, c'est l'hypothèse des épreuves successives, avec toutes les conséquences qui en découlent[1]. »

Un autre polémiste de mérite, M. l'abbé Bougaud, élevé depuis la publication de son ouvrage : *Le christianisme et les temps présents*, à l'honneur de l'épiscopat, preuve de l'exactitude de sa doctrine, soutient que l'habitabilité des astres loin de s'opposer aux mystères de l'Incarnation et de la Rédemption, est leur complément pour ainsi dire indispensable. Quoique n'acceptant pas la dernière partie de son opinion, nous pouvons nous servir de son autorité pour affirmer que l'habitabilité des astres n'est nullement opposée à ces grands mystères.

De son côté, l'abbé Moigno, dont on ne peut douter de la véracité, écrit, en parlant de M. Flammarion : « Je sais que j'ai eu misssion de la Congrégation de l'Index romain de lui déclarer formellement que l'Incarnation et la Rédemption ne sont nullement un obstacle à l'existence d'autres mondes, d'autres soleils, d'autres planètes etc... »

Là, c'est l'autorité compétente qui parle, puisque c'est la

---

1. Les apologistes au II* siècle, par l'abbé Freppel. Paris 1860. p. 188.

Congrégation de l'Index, et, si on l'interrogeait aujourd'hui, elle ne donnerait pas une autre réponse.

Enfin, nous terminerons par les *Études religieuses*, autorité non suspecte, s'il en est. Elles marchent avec la prudence consommée qui caractérise ses rédacteurs. Elles semblent exister pour empêcher le char de la science d'aller se précipiter dans la fosse. Et de fait, dans toutes les questions actuelles, soit scientifiques ou autres, les rédacteurs de cette Revue travaillent à serrer les freins et à fixer les soupapes, par crainte d'accident. C'est une bonne chose, car on est si entreprenant et l'on marche si vite aujourd'hui. Ce n'est pas chez nous un blâme, loin de là ; mais une simple constatation qui nous permet d'affirmer que qui se conduit d'après cette excellente Revue, se fourvoira difficilement. A ceux donc qui nous crient : casse-cou, nous répondons avec les Études :

« En elle-même la conjecture de la pluralité des mondes habités est très inoffensive, et l'on pourrait, sans mot dire, laisser les hommes d'imagination se donner carrière et semer capricieusement les humanités sur tous les astres. »

Ce laissez-passer suppose bien quelques intentions hostiles ; mais c'est un laissez-passer et peu importe l'humeur de celui qui le donne. Il est en règle. En effet, on lit un peu plus loin :

« La foi n'a rien à redouter de l'hypothèse de la pluralité des mondes habités, que cette hypothèse prenne, ou non, plus de consistance qu'elle n'en a aujourd'hui. »

Sans doute, la Revue en question, pour avoir le champ libre, amalgame une foule de questions hétérogènes et qui n'ont que faire ici ; mais, après avoir cité le Concile de Latran, C. *Firmiter* où la foi dans le Dieu Créateur est ainsi affirmée et définie : *Un Être éternel, unique, infini dans ses perfections*, sa puissance, sa sagesse, sa bonté, est le créateur de toutes choses : par sa toute-puissance, il a, au commencement des temps, tiré du néant les deux ordres de créatures, spirituelles et corporelles, angéliques et terrestres, et a mis fin à son œuvre, en faisant l'homme, qui réunit en lui le corps et l'esprit. »

« Cette profession de foi, ajoutent les *Études*, ne préjuge en aucune manière la question de la pluralité des mondes habités ; nous affirmons uniquement que, partout où il y a des humanités, c'est Dieu qui les a créées et les a placées sur les globes qu'elles habitent. Il vous plaît de vouloir des habitants sur tous les astres, grands et petits, obscurs et lumineux, planètes éteintes et étoiles ardentes ?.... Mais en quoi le *Credo* catholique s'en trouve-t-il entamé, puisque ces êtres, s'ils existent, viennent tous de Dieu ? Assurément, pareille conjecture laisse entier, indépendant le dogme chrétien, et tel qu'il était avant que l'on eût reconnu dans les corps planétaires autant de globes semblables à notre Terre, avant qu'il fût venu à l'esprit des astronomes l'idée de semer des populations humaines sur tous les astres.

« Nous n'allons pas jusqu'à dire que le fait de l'Incarnation enlève toute probabilité à l'hypothèse des mondes habités. S'il plaît même à quelqu'un de multiplier les humanités sur les globes célestes, le dogme catholique ne lui sera pas un obstacle, et il trouvera facilement le détour à prendre pour sauvegarder ses brillantes fictions. »

Ainsi parlent les *Études*. Par conséquent, les âmes les plus timorées, les personnes les plus attachées à la foi et qui craignent de voir crouler le dogme catholique, peuvent être rassurées et accepter, en toute sécurité de conscience, ou du moins laisser passer l'opinion des mondes habités. Sans doute, l'auteur des deux articles des *Études* voudrait pouvoir dire autrement ; mais il ne le peut pas ; il est trop au courant des questions scientifiques, pour oser nier catégoriquement la pluralité des mondes habités, comme le font certains ecclésiastiques dont nous parlerons plus tard. Il n'y a pas d'enthousiasme chez lui, c'est une double garantie. On sent que l'auteur des articles voudrait fortement, avec un certain Mr. Arthaud, que la Terre ne tournât pas ; mais il peut se faire qu'elle se meuve ! Les hommes prudents laissent toujours une porte ouverte, quand ils entrent quelque part, afin de pouvoir sortir plus aisément, s'il en est besoin.

Nous basant sur ces autorités, nous pouvons dire aux matérialistes, aux panthéistes, aux positivistes, aux rationalistes, aux savants de toutes les nuances et aux impies qui, à quelques exceptions près, sont fort ignorants, à certains catholiques, à certains mystiques, à certains rêveurs, à certains hommes du temps d'Aristote et de Ptolémée, l'astronome, *que la question de la foi et celle des mondes habités sont absolument* indépendantes et qu'on ne peut vouloir les mêler que par mauvaise foi, ignorance ou « parce qu'on ne se lève pas à quatre heures du matin pour penser comme tout le monde. »

Ce que nous venons de dire est plus que suffisant pour trancher la question. Nous allons cependant examiner séparément les deux opinions opposées dont nous avons parlé, les deux courants extrêmes dont l'un prétend renverser la foi et l'autre anéantir la science. Nous nous efforcerons de réduire à leur juste valeur les récriminations et les exagérations de certains savants contre la doctrine catholique et les résistances injustes de certains catholiques au mouvement et aux découvertes scientifiques. Ainsi que nous l'avons dit plus haut, nous n'avons nullement la prétention de les réconcilier ; c'est l'affaire du temps, et l'heure de l'union de la foi et de la science n'a pas encore sonné ; nous voudrions hâter cet accord si désirable et pour cela, nous voulons simplement donner aux lecteurs sérieux et amateurs de la vérité, les moyens de se fixer sur cette grave question. Que ne pouvons-nous faire cesser ces malentendus et ces divergences malheureuses entre la science, la raison et la foi !

Article II. — L'examen des motifs que mettent en avant les deux opinions opposées.

Nous ferons d'abord voir le peu de valeur des raisons dont se servent certains savants pour attaquer la religion.

Nous répondrons ensuite aux griefs que quelques catholiques formulent contre l'hypothèse de la pluralité des mondes habités.

§ 1. — Les adversaires du Christianisme ou les non-catholiques.

Les ennemis de la Révélation et, par conséquent, du catholicisme, formulent leurs griefs sous deux formes principales et font à l'Eglise un crime de deux grosses erreurs qu'ils ont baptisées de grands noms : *l'erreur géocentrique* et *l'erreur anthropocentrique*. Leur erreur à eux, c'est de faire ce sophisme : *ab uno disce omnes* ou de conclure du particulier au général. Messieurs de la science, un peu de logique ne serait pas de trop ! parce que, à certain moment, une opinion astronomique s'est plus ou moins emparée des esprits et a dominé la science, parce que quelques catholiques ignorants ou attachés à leurs vieilles idées, ont dit et écrit des choses peu scientifiques, sur des matières d'ailleurs libres et sur lesquelles vous n'êtes pas vous-mêmes d'accord, vous venez accuser la religion catholique et l'Église; ce n'est pas raisonnable, ce n'est pas logique, vous êtes des sophistes et, en examinant vos assertions, on est tenté de croire que vous êtes de mauvaise foi. Savants, laissez-nous vous dire que vous vous conduisez comme nos *sociaux* et les francs-maçons, dont les uns ont pour toute science l'outrage et le couteau et les autres la ruse, l'hypocrisie et la dissimulation. A la chambre et dans les journaux, ils aboient au spectre clérical, qui veut renverser la république, tandis que le souverain pontife Léon XIII ne cesse de recommander aux catholiques de France d'accepter le gouvernement établi et de s'efforcer de l'améliorer. Si donc il y a encore des royalistes et des impérialistes, n'en accusez pas le catholicisme. Dans les questions scientifiques, l'Eglise laisse libre ce qui est libre et n'est nullement responsable des sentiments de quelques uns de ses membres. Mais l'Eglise applique l'axiome :

in dubiis libertas et laisse aux catholiques, comme aux athées, la liberté de déraisonner tant qu'ils ne touchent pas à la foi.

Laissons les savants formuler eux-mêmes leurs griefs.

D'après eux, l'idée catholique de l'univers renferme donc deux erreurs fondamentales : « La première consiste, dit Louis Buchner, à considérer la Terre comme le centre, le point capital des mondes : à admettre que l'univers entier a été fait uniquement pour ce point infiniment petit de l'espace. La seconde fait, à son tour, de l'homme le centre le but du monde organique et inorganique, dont il serait en même temps le maître et le roi. » De ces deux erreurs, ajoute M. Louis Buchner, la première a été détruite ou écartée par Copernic, Képler, Galilée, Newton; la seconde, par Lamarck, Gœthe, Lyell, Darwin.

M. Buchner se trouverait fort gêné, si on le sommait de prouver sa double assertion. Quelles sont les autorités qui, en pareil cas, représentent le catholicisme? Les saintes Écritures, les Conciles, les souverains Pontifes et leurs décisions.

1°. Mais jamais nos saints Livres, ni l'Eglise catholique n'ont enseigné que la terre fut le centre du monde, qu'elle fut absolument immobile dans l'espace; que le Soleil et les étoiles circulassent autour d'elle, comme autour de leur centre de mouvement. Ce fut Aristote le premier qui admit cette opinion et, en tout cas, elle fut suivie par l'école péripatéticienne. Ptolémée la formule d'une manière absolue au deuxième siècle de notre ère. Les arabes d'Alexandrie l'embrassèrent. Par eux, elle passa en Espagne et nous vint avec les œuvres du stagyrite, plus ou moins bien comprises.

Il est aussi à remarquer, comme nous l'avons fait voir dans la première partie de ce travail, que les Pères grecs suivirent l'opinion de Pythagore, de Platon et des Alexandrins; les Pères latins ne s'occupèrent pas beaucoup de ces questions. Le péripatétisme ayant envahi l'Europe au VIIIe et au IXe siècle, la doctrine de Ptolémée, fut généralement admise; mais toujours il y eut un courant opposé, comme nous l'avons fait voir et, avec la renaissance, les questions cosmologiques reprennent la place qu'elles méritent.

Si nos savants connaissaient tant soit peu l'histoire, ils ne viendraient pas porter contre la religion des accusations qui n'ont de réalité que dans leur imagination.

Copernic, qu'était-il ? un prêtre sincèrement croyant, qui n'hésita pas à dire, dans sa célèbre lettre au pape Paul III : « *Si quelques hommes et ignorants voulaient abuser contre moi de quelques passages de l'Écriture,* dont ils détournent le sens, je méprise leurs attaques téméraires ; les vérités mathématiques ne doivent être jugées que par les mathématiciens. »

Si plus tard le livre de Copernic a été mis à l'Index, si Galilée a été condamné à rétracter son enseignement de la mobilité de la Terre, il a été démontré jusqu'à l'évidence que les tribunaux ecclésiastiques ont fatalement cédé à la pression d'une erreur universelle ; mais ces condamnations ne furent jamais l'exercice régulier de l'autorité enseignante de l'Église catholique.

Nous le répétons donc, la révélation est complètement étrangère à l'erreur géocentrique et l'en accuser serait une criante injustice. Elle est restée, au contraire, dans ce juste milieu où règne la vérité, comme la vertu. Si le télescope n'était pas découvert, faut-il en faire un crime à l'Église ? L'Église est chargée de conduire l'humanité à sa fin surnaturelle et nullement des découvertes scientifiques. Cependant elle peut dire à la face de tous les savants qu'elle n'est restée étrangère à aucune découverte, et, sous ce rapport, le sacerdoce occupe encore un rang très honorable dans la science, malgré le parti pris de tous les gouvernements de l'éloigner de tout enseignement.

Nous disions que la révélation a gardé le juste milieu qui est la marque de la vérité. Les divines Écriture, en effet, se contentent d'affirmer que le Soleil, la Lune et les étoiles ont été créés pour éclairer la Terre, pour marquer les temps, les jours et les années, Des deux *grands luminaires,* l'un doit présider au jour et l'autre à la nuit. Or, qui oserait nier ce fait plus éclatant qu'un jour sans nuage? Qui donc vous dit que la chaleur, la lumière et la vie communiquées à la Terre par le Soleil, soient un obstacle à ce qu'il éclaire, réchauffe et vivifie d'autres mondes planétaires et ne soit une étoile pour des mondes plus éloignés? D'après le système cosmologique accepté aujourd'hui, sans le Soleil, la Terre n'existerait pas; le Soleil est donc une des conditions d'existence de notre planète et une des conditions de son activité, et nous pouvons dire, en toute vérité, qu'il a été créé pour la Terre, comme la mère a été créée pour son enfant; en affirmant cela, nous n'excluons pas les autres raisons d'être de nos grands luminaires[1].

Les écrivains sacrés avaient trop de bon sens et assez de logique, pour ne pas mettre en contradiction le Dieu révélateur avec le Dieu créateur; c'est pourquoi certains savants peuvent s'imaginer cette contradiction, mais la trouver dans nos Saints Livres? Non.

Et nos *vieux dogmes* s'épanouiront au Soleil de la raison, malgré la science, pour la même raison que ci-dessus. Nous savons que M' Camille Flammarion a laissé tomber de sa plume trop légère, ce défi insolent que nous regrettons pour lui : « Comment vos *vieux dogmes* s'accommoderont-ils de la science moderne *dont je me suis fait l'apôtre?* La pluralité des mondes, c'est la négation de l'Incarnation et de la Rédemption. »

Loin de moi la pensée de me montrer agressif à l'égard de M. Flammarion, quoique son « *dont je me suis fait l'apôtre* » me paraisse un peu prétentieux. Est-ce, parce que

[1]. 14. Dixit autem Deus : fiant luminaria in firmamento cœli, et dividant diem ac noctem, et sint in signa et tempora, et dies et annos.

15. Ut luceant in firmamento cœli et illuminent terram. Et factum est ita.

16. Fecitque Deus duo luminaria magna : luminare majus, ut præesset diei, et luminare minus, ut præesset nocti : et stellas.

17. Et posuit eas in firmamento cœli, ut lucerent super terram.

18. Et præessent diei et nocti et dividerent lucem ac tenebras. Et vidit Deus quod esset bonum. Gen. I, 14-18.

vous vous faites l'apôtre de la science, que nos *vieux dogmes* crouleront, comme les murs de Jéricho, aux sons des trompettes de Josué? Non, non, M. Flammarion, vous n'êtes pas si terrible que vous le croyez. Et cela, parce que vous vous êtes fait apôtre! Un apôtre est celui qui est envoyé et non celui qui s'envoie lui-même. Vous n'avez pas de mission et, du moment que vous vous envoyez, vous n'êtes nullement à craindre. Je ne vous suppose pas mauvaise intention, mais, en tout cas, vous êtes parfaitement inoffensif. Avez-vous entendu parler du *Château du Taureau*, forteresse bâtie sur un rocher isolé, à l'entrée de la rade de Morlaix? Jamais les Anglais, qui se sont emparés d'une foule de choses nous appartenant, n'ont pu se rendre maîtres du *Château du Taureau*; aussi *Kastel an Tarv* est pour le breton le symbole de la résistance invincible. Lorsque quelqu'un profère des menaces que l'on redoute peu, le breton répond à ses rodomontades par ces paroles typiques : « Je ne fais pas plus de cas de vous entendre que le Château du Taureau des coups de pommes cuites! » Nos vieux dogmes! c'est du granite graphique.

Nous dirons encore à M. Flammarion, dont nous admirons les connaissances astronomiques et surtout le vrai esprit scientifique, que s'il connaissait nos *vieux dogmes*, il saurait qu'ils s'accommodent fort bien avec la *pluralité des mondes*. Dans son jeune temps, M. Camille Flammarion a entendu, dans une section quelconque de l'Université, déblatérer contre les *vieux dogmes* et il a cru, sur parole, ces accusateurs malveillants, et, ce qui est pire, il a pris quelque chose de cette mauvaise habitude des petits-fils de Voltaire. S'il avait voulu faire, pour les vieux dogmes, ce qu'il a fait pour l'astronomie et les autres sciences, il aurait approuvé les vieux dogmes, même l'Incarnation et la Rédemption. — Je ne doute pas qu'il n'eût fait pour eux un travail non moins concluant que celui qu'il a fait pour l'existence de Dieu. Il dit quelque part, et peut-être avec raison, que « les Messieurs de l'Université, qui occupent les hautes chaires de l'enseignement, sont simplement des spécialistes qui abusent des monopoles, et qu'ils ne sont pas capables de résoudre une simple équation du premier degré ou d'établir le rapport qui existe entre une majeure et une mineure dans un syllogisme. » Que ces personnages déraisonnent, ce n'est pas extraordinaire; mais que M' Camille Flammarion plus ferré qu'eux sur la logique, marche sur leurs traces, voilà ce qui nous surpasse.

Doit-on supposer quelques-uns de ces savants de mauvaise foi? Personnellement, nous ne voudrions pas nous prononcer sur cette question. L'abbé Moigno, qui avait des raisons pour cela, répond à M. Flammarion dont il a cité les paroles : « Mais, je sais aussi qu'il ne croit pas un mot de ce qu'il affirme; je sais que j'ai eu mission de la Commission de l'Index romain de lui déclarer formellement que l'Incarnation et la Rédemption ne sont nullement un obstacle à l'existence d'autres mondes, d'autres soleils, d'autres planètes. »

Voilà qui est formel.

Mais, si après cela, il plaît à MM. Buchner, Flammarion et autres matérialistes et descendants de Voltaire de mentir ou de faire de fausses affirmations, afin d'avoir un semblant de raison pour donner le coup de pied de l'âne aux *vieux dogmes*, personne ne peut les en empêcher; si, pour montrer la puissance de leurs biceps scientifiques, ils se forgent des ennemis de carton, qu'ils croient pourfendre, encore libre à eux; s'il leur plaît d'attaquer des moulins à vent ou de défoncer des portes ouvertes, pour montrer leur héroïsme, que voulez-vous faire? Si, après tout, ce leur était une satisfaction de se croire des foudres de guerre, qu'ils se donnent cette joie intime, comme le Lièvre de la fable[1]. Si, enfin, ils se croient obligés de se rengorger de leurs exploits, pour se montrer à leurs congénères, et de se gonfler, comme « la grenouille qui veut se faire aussi grosse que le bœuf[2] » nous

1. La Fontaine, liv. II, Fable 14.

leur dirons charitablement : prenez garde, car votre aïeul Voltaire, malgré sa peau de caoutchouc « s'enfla si bien qu'il creva », pour avoir voulu renverser les *vieux dogmes*. Et vous savez de quelle mort! Il fut obligé de proclamer la victoire de Celui qui est le principe, le milieu et la fin de tous les dogmes, comme de toute science.

2° *L'erreur anthropocentrique*. Le second grief que la science adresse à la foi, c'est que les tenants de celle-ci, font de l'homme le centre de l'univers. Si la Terre est le centre de l'univers, l'homme, qui en est la tête, doit en être le chef. L'erreur géocentrique étant admise, l'anthropocentrie en découle, sinon d'une manière absolue, du moins d'une manière logique. Mais nous mettons au défi tous les savants, à quelque catégorie qu'ils appartiennent, de trouver quelque chose dans nos Saints Livres ou dans les décisions de l'Église qui affirme que l'homme est le centre de l'Univers, à aucun point de vue.

Nous ouvrons la Bible au commencement, et nous ne trouvons que ces paroles : « Et Dieu dit ensuite : faisons l'homme à notre image et à notre ressemblance ; et qu'il commande aux poissons de la mer, aux oiseaux du ciel, aux bêtes, à toute la terre et à tous les reptiles qui se meuvent sur terre[1]. » Et, un peu plus loin, Dieu bénit nos premiers parents et leur dit : « Croissez et multipliez-vous, remplissez la Terre et vous l'assujettissez, et dominez sur les poissons de la mer, les oiseaux du ciel et sur tous les animaux qui se meuvent sur la terre[2]. »

---

1. Et ait : Faciamus hominem ad imaginem et similitudinem nostram : et præsit piscibus maris, et volatilibus cœli, et bestiis, universæque terræ, omnique reptili quod movetur in terra (Gen. I, 26).

2. Benedixitque illis Deus et ait : crescite et multiplicamini, et replete terram et subjicite eam, et dominamini piscibus maris et volatilibus cœli, et universis animantibus quæ moventur super terram. (Id. ib., 28.)

3. Deus creavit de terra hominem, et secundum imaginem suam fecit illum... Et dedit illi potestatem eorum quæ sunt super terram. Posuit timorem illius super omnem carnem et dominatus est bestiarum et

Racontant la création à son tour, le Sage[1] dit : « Dieu créa l'homme et le fit à son image... Il a imposé le sentiment de sa terreur à toute chose, et lui a donné l'empire sur les bêtes et sur les oiseaux. »

Au moment solennel où Noé sortait de l'arche encore effrayé du déchaînement de la justice divine, Dieu lui dit une seconde fois : « Croissez et multipliez-vous, remplissez la Terre. Que votre terreur, que votre crainte pèse sur tous les animaux, sur les oiseaux du ciel et sur tous les êtres qui se meuvent à la surface de la terre. Voici que je livre à votre bras tous les poissons des mers[2]. »

En contemplant ce domaine suprême de l'homme sur les autres créatures terrestres, le Psalmiste s'écriait : « Qu'est-ce que l'homme pour que vous vous soyez tant préoccupé de lui ? Vous l'avez fait presque égal aux Anges, vous l'avez couronné de gloire et d'honneur, et vous l'avez établi souverain de toutes les œuvres de vos mains ; vous avez tout mis sous ses pieds, la brebis, les animaux domestiques et jusqu'aux bêtes des champs[3]. »

On pourra nous objecter particulièrement ces dernières paroles : « Vous avez mis toute chose sous ses pieds » ; et ce sont celles qui prêtent le plus à une interprétation en faveur de l'opinion anthropocentrique. Oui, mais le contexte fait bien comprendre qu'il ne s'agit que des choses de la Terre, puisque leur énumération ne comprend que des êtres terrestres : *les brebis, les bœufs et les bêtes des champs, les oiseaux du ciel et les poissons de la mer*, qui se promènent dans les sentiers de l'Océan. Le premier et le dernier verset disent également que le Prophète-Royal n'a en vue que notre monde : « Seigneur, notre Seigneur, que votre nom est admirable dans *toute la Terre : Domine, Dominus noster, quam admirabile est nomen tuum in universa terra*[4]. »

1. ECCLI. XVII, 1-4.
2. GEN. IX, 1-3.
3. Ps. VIII.
4. Ps. VIII, 1-10.

C'est d'ailleurs le sens que donnent les interprètes à ces versets[1] et pour le prouver ils citent le Psaume cxiii°, 16 : « Le ciel élevé est pour le Seigneur ; mais il a donné la Terre aux enfants des hommes : Cœlum cœli Domino, terram autem dedit filiis hominum. »

Si l'on prend ce Psaume comme une prophétie du Messie, comme le fait S. Paul, dans la première Épître aux Corinthiens, ch. xv, 16-28 ; et, dans l'Épître aux Hébreux, ch. ii, 7, 68, alors le texte est absolument vrai.

L'Église, ses Pères et ses Docteurs ne tiennent pas un autre langage.

Nulle part donc, le pouvoir de l'homme ne s'étend naturellement au delà de la terre, c'est un fait qu'aucun être raisonnable ne peut nier et prétendre que c'est un dogme du catholicisme, c'est supposer à l'Église un degré de sottise qu'elle ne peut avoir. C'est inexact de l'appeler le Roi de la Création ; c'est supposer les autres mondes inhabités, ce qu'on ne sait pas. Quel pouvoir, quelle royauté exerce-t-il sur les habitants de la Lune, en supposant qu'elle en possède ?

Roi de la Terre, l'homme peut jeter un coup d'œil sur les royautés voisines, connaître quelques unes des lois qui les régissent et, grâce au télescope, en déterminer tant soit peu certaines régions ; mais, quant à dépasser les frontières les plus voisines, l'homme ne l'a pas essayé depuis les Titans, excepté dans l'imagination de M. Jules Verne. Et je ne pense pas que personne veuille accepter le moyen de voyager qu'il fournit à celui qu'il expédie dans la Lune. Si j'ai bonne mé-

---

[1]. Voici le commentaire de Menochius : Constituit cum... Dominum cum constituit omnium quæ sunt in terra. Nam cælum cæli Domino, terram autem dedit filiis hominum (Ps. 113, 16.) — Idem etiam luminis naturæ ductu senserunt olim Stoici, teste Lactantio, lib. *De Irâ Dei*, c. 13. Si, inquit, consideret aliquis universam mundi administrationem, intelliget profecto quam vera sit Stoicorum sententia, qui aiunt nostrâ causâ mundum esse constructum. Omnia enim quibus constat, quæque generat ex se mundus, ad utilitatem hominis accommodata sunt. — Et ici le monde signifie la Terre.

moire, il le place dans un canon monstre, y met le feu et le fait partir... Qui veut être de ce voyage? — Personne.

La foi ne fera jamais que féliciter les pionniers de la science de leurs indiscrétions en ce genre et les absoudra toujours de leurs incursions chez nos voisins interplanétaires ou stellaires. Qu'il y ait eu quelques membres de l'Église intempestifs et hargneux envers les navigateurs des autres mondes, cela ne prouve rien contre la foi du christianisme. La religion catholique perfectionne ses membres autant que possible, mais on ne peut lui demander qu'il n'y ait pas d'exception chez elle, comme ailleurs.

Nous entendons bien quelques voix murmurer : « c'est fort bien ; mais vous ne dites mot de l'Incarnation et de la Rédemption ; c'est cependant à cause de ces deux mystères, du premier surtout, que la théorie anthropocentrique a pris naissance. »

Si vous vous donniez la peine de lire l'Écriture Sainte, nos *credo* et nos conciles, seules règles de la foi, qu'y trouveriez-vous?

Que Dieu, qui est miséricordieux, promit un Sauveur à l'humanité déchue; cette promesse devint une tradition constante, parmi tous les descendants d'Adam; les prophètes ne cessèrent d'annoncer ce Messie et les anges publièrent sa venue; mais écoutons bien leurs paroles : « Gloire à Dieu au plus haut des cieux et, *sur la Terre*, paix aux hommes de bonne volonté [1]. » Que dit l'Ange aux bergers? « Ne craignez point; car je vous apporte une nouvelle qui sera une joie pour tout le peuple. C'est qu'il vous est né aujourd'hui dans la ville de David, un Sauveur qui est le Christ-Seigneur [2]. »

Et comment se nomme ce Messie? Jésus, c'est-à-dire Sauveur; « *car c'est lui qui sauvera son peuple de ses pé-*

---

3. Gloria in altissimis Deo, et in terra pax hominibus bonæ voluntatis. Luc. II, 14.

4. Quia natus est vobis Salvator, qui est Christus Dominus in civitate David. Luc. II, 11.

chés¹. — Or tout cela se fit pour que fut accomplie cette parole que le Seigneur a dit par le prophète : Voilà que la Vierge concevra, et enfantera un fils, et on le nommera Emmanuel, ce que l'on interprète par « Dieu avec nous². »

Oui, c'est « Dieu avec nous », mais son nom est le Sauveur; « le Sauveur du monde », le sauveur de tous, *quia est Salvator omnium*. Les Juifs voulurent le réserver pour eux exclusivement; mais les Apôtres s'opposèrent à leur égoïsme et particulièrement Paul, le Docteur des nations, qui affirme qu'il est débiteur des Grecs et des Barbares, des sages et des simples³, car l'Évangile est la vertu de Dieu, pour sauver tous ceux qui croient : premièrement, les Juifs, et ensuite les Gentils.

Plus tard les Juifs égyptiens ou les Africains prétendirent que le Sauveur était né pour eux uniquement. Le Concile de Nicée (325) réfuta cette erreur et mit au Credo : *Qui propter nos homines et propter nostram salutem descendit de cœlis* et incarnatus est... crucifixus et mortuus... Qui, pour nous hommes et pour notre salut, est descendu des cieux, s'est fait homme, a été crucifié, est mort.

Voilà la foi chrétienne, pas autre chose. C'est pour les hommes et *pour leur salut*, non seulement qu'il est mort, mais *qu'il s'est incarné*. C'est l'idée dominante des offices de l'Église : un *Sauveur qui meurt* pour des *pécheurs*. Ce que l'on ajoute à cela, est une superfétation qui n'a pas sa raison d'être.

Les optimistes pourtant et quelques autres qui ne veulent pas passer pour tels, et que nous nommerons *Incarnationistes* ont une tendance vers l'opinion anthropocentrique. Cette doctrine n'a jamais joui d'une grande autorité dans l'Église; cependant, comme elle n'a rien de contraire à la foi, elle n'a pas été absolument condamnée.

1. Pariet autem filium, et vocabis nomen ejus *Jesum* : ipse enim salvum faciet populum suum a peccatis eorum. MATH. I, 21; Luc. I, 31.
2. Ecce Virgo concipiet et pariet filium et vocabitur nomen ejus Emmanuel. ISAIE VII, 14; — MATH. I, 28.
3. Rom. I, 14-16.

Comme nous l'avons déjà dit, le tort de nos savants, dont plusieurs sont à la recherche d'armes contre l'Eglise, c'est de confondre l'exception avec la règle. Messieurs les astronomes sont loin d'être d'accord sur plusieurs questions et même sur les faits les plus faciles à contrôler. Il serait de bon aloi de ne point attribuer à la foi, ce qui ne la touche pas, ni à l'Eglise, en général, ce qui n'est le fait que de quelques membres. Ce sont des exagérations de cette espèce qui divisent ce qui est fait pour s'entendre et s'unir.

Ceci est plus que suffisant pour répondre aux adversaires de la foi; notre réponse à quelques catholiques complétera le sujet.

§ II. — Les Catholiques.

Les autorités que nous avons citées, comme le P. Félix, parlant du haut de la chaire de Notre-Dame, Mgr Frayssinous, le comte de Maistre, Mgr Freppel et les *Études religieuses*, disent suffisamment aux adversaires de la religion, comme à ses défenseurs, que l'habitabilité des mondes et les mystères de la foi, l'Incarnation, la Rédemption et, ajouterons-nous, la Sainte Eucharistie sont des questions indépendantes et peuvent parfaitement cohabiter dans un même esprit humain. Aux savants sérieux, c'est-à-dire, qui cherchent la vérité et non des armes contre la foi ou contre la science, nous dirons : ne confondez pas la foi ou la science avec certaines individualités qui ne voient tout que dans un télescope ou dans un microscope ; ils sont toujours au delà ou en deçà de la vérité humaine ; pour les uns, c'est la tendance de monter toujours au troisième ciel ; pour les autres, c'est la tendance matérialiste ; ils sont toujours trop hauts ou trop bas. Toutes ces gens ont une idée fausse de l'homme et par le fait même de toutes choses. Ce n'est, en effet, que la connaissance exacte de nous-mêmes, qui nous amène à la juste connaissance de ce qui est au-dessus de nous et de ce qui est au-dessous. L'homme est esprit et matière ; s'il ne connaît pas bien l'esprit qui est en lui, il n'a pas la mesure de ce qui est au-dessus de lui ; s'il ne connaît pas la matière, la boue dont il est pétri, il ne peut juger sainement de ce qui est au-dessous de lui. Quelqu'un a dit, avec raison, que l'homme est la mesure de tout. C'est pourquoi saint Augustin a écrit ces paroles : *Noverim me, noverim te* ; que je me connaisse et que je vous connaisse.

Nous nous écartons un peu de notre sujet, instinctivement peut-être, parce que nous sommes en face de la partie la plus difficile de notre tâche, qui est la réponse aux catholiques.

Nous ne leur dirons pas, ce serait perdre le temps, que la thèse de la pluralité des mondes habités a été l'opinion de la meilleure partie de l'humanité, qu'elle est scientifique et tout à fait rationnelle ; non ces catholiques ont leur manière de voir et leur science se calque toujours sur leur idée préconçue.

Parmi eux, comme chez les protestants, les nuances sont nombreuses et il serait difficile de les suivre. Ce sont les petites *Revues*, dites catholiques et même pieuses qui sont les organes de ces opinions. Il y a deux formes fondamentales, reposant sur deux *Revues*, qui résument à peu près toutes les autres.

La première attaque la pluralité des mondes, au nom des Saintes Écritures, qu'on a bien soin de fausser, et parfois au nom des Pères de l'Église. Ce sont généralement des hommes plus ou moins arriérés sur les découvertes actuelles.

La seconde, soutenue par des hommes plus intelligents, voudrait, au nom de l'Incarnation et de certaines idées pieuses, arrêter les idées intempestives, qui peuvent compro-

---

1. C'est bien le texte de Saint Augustin, et non *noverim te, noverim me*, comme le disent plusieurs auteurs, qui, aux dépens de la vérité, ont voulu faire honneur à Dieu. Nous avons consulté plusieurs versions et les plus anciennes donnent toutes : *noverim me, noverim te*.

mettre la foi et porter préjudice à l'ordre surnaturel ; l'idée des mondes habités est de ce nombre.

Essayons de suivre les défenseurs de ces deux opinions et de leur répondre.

I. — Réponse aux catholiques qui, au nom des divines Écritures, condamnent la thèse de la pluralité des mondes habités.

Nous examinerons d'abord les prétendues objections tirées de l'Écriture Sainte contre la pluralité des mondes et nous établirons leur inanité. Nous ferons ensuite voir que les mêmes Écritures, bien comprises, sont plutôt en faveur des mondes habités.

A. EXAMEN DES OBJECTIONS TIRÉES DES SAINTES ÉCRITURES. — LEUR INANITÉ.

Comme plusieurs de ceux qui, au nom de nos Saints Livres, se sont montrés très exagérés et d'une violence extrême, nous nous permettons de leur rappeler que la thèse de la pluralité des mondes habités est une *opinion libre, absolument libre*. L'Écriture Sainte ne dit rien de contraire, les Pères de l'Église sont loin de s'y opposer et le Magister infaillible de l'Église laisse proclamer cette liberté du haut de la chaire la plus considérable du monde chrétien. Puisqu'il en est ainsi, nous leur dirons : vous n'avez pas le droit[1] d'éclabousser vos frères dans la foi, comme vous le faites, ni

---

1. Ce qui suit n'est que le résumé de plusieurs articles, sans signature, qui ont paru dans la *Revue des sciences ecclésiastiques* sous le titre de « *Observations sur certaines révélations et doctrines particulières accréditées de nos jours.* »

D'autres Revues et même des Messagers mériteraient une égale distinction. Nous les passons sous silence.

Ces catholiques, sans s'en douter, nous aimons à le croire, s'unissent à certains protestants, comme le Révérend Whewell etc... ennemis déclarés de la pluralité des mondes, parce que, dans la Bible, ils embrassent la lettre qui tue, sans penser à l'esprit qui vivifie.

même personne, parce qu'ils acceptent le système de Copernic et la pluralité des mondes ; vous n'avez pas le droit de les traiter d'ennemis de la religion, de les accuser de ressusciter la métempsycose, de reléguer l'homme au rang des créatures de neuvième ordre, de détacher l'humanité de la religion, de renverser le mystère de l'Incarnation et celui de la Rédemption, d'embrasser le système d'Épicure et le sensualisme, de mêler l'erreur à la vérité, de marcher sur les pas de Hégel, d'être panthéistes, voire même matérialistes, de les accoler à certaines individualités, dont les opinions, sur d'autres points, ont pu être condamnées ; c'est se conduire comme ces avocats malpropres pour qui tous les moyens sont bons et qui, ne pouvant blanchir leur client, s'efforcent de salir l'adversaire ; vous n'avez pas le droit de les lier aux optimistes avec lesquels ils n'ont aucun rapport, ni de leur supposer mille idées fausses, mille pensées perverses qui n'ont jamais fréquenté leurs cerveaux, de leur prêter des paroles qu'ils n'ont jamais prononcées. Je crois que, comme Don Quichotte, vous vous battez contre des moulins à vent ; et vous vous trompez grandement, si vous pensez que votre Dame, La Vérité, tire quelque profit et quelque honneur de ces coups de lance. Tout au plus, vous rendrez ridicule la religion et vous lui créerez une foule d'ennemis irréconciliables. Encore une fois : vous n'avez ni le droit d'accuser vos frères dans la foi, ni celui de donner une si fausse idée de la doctrine catholique, et votre tort est d'autant plus grand que vous portez le nom de *Revue des Sciences ecclésiastiques.*

Et pour soutenir vos exagérations, vous n'avez pas surtout le droit d'abuser de la Sainte Écriture et de la travestir comme vous le faites.

« Ce n'est pas, dites-vous, ce — l'habitation des mondes — que veut la Sagesse divine : car, après avoir énuméré toutes les œuvres de la Création, le ciel et la terre, les océans, les sources et les fleuves, le firmament et les étoiles, Elle conclut en ces termes : « Mon plaisir n'est point d'habiter dans tous ces astres, mais sur la terre ; et je fais mes délices avec les enfants des hommes : *et deliciæ meæ esse cum filiis hominum.* »

Non, nous le répétons, vous n'avez pas le droit de fabriquer de toutes pièces des phrases et de nous donner cela pour de l'Écriture inspirée : vous faites dire au texte sacré ce qu'il ne dit nullement. Où donc avez-vous trouvé la première partie du texte que vous citez et que vous mettez entre guillemets, comme le reste : « *Mon plaisir n'est point d'habiter dans tous ces astres, mais sur la terre ?* »

Mais, malheureux, tout cela est de votre fabrique et, quand on agit ainsi, nous ne savons sous le souffle de quel esprit on écrit ; mais, ce qui est sûr, ce n'est pas l'Esprit-Saint. Voici le texte complet traduit par de Carrières : « J'étais avec lui, et je réglais toutes choses *avec lui.* J'étais chaque jour dans les délices, me jouant sans cesse devant lui. — Me jouant dans le monde, et trouvant mes délices à être avec les enfants des hommes[1]. » De ce que la Sagesse fasse ses délices d'habiter avec les enfants des hommes, s'en suit-il qu'elle ne se plaise pas à habiter ailleurs ? En vertu de quel principe et de quel logique ? où donc serait la contradiction ? Parce que nous aimons un objet, s'en suit-il que nous ne puissions aimer un autre ? Mais non ; surtout Dieu n'est ni si limité, ni si exclusif ; il n'a point de ces petitesses.

Il y a une triple fausseté dans cette manière d'interpréter un texte : vous ne lui faites pas dire ce qu'il dit, vous lui

---

1. Cum eo eram cuncta componens : et delectabar per singulos dies, ludens coram eo omni tempore ;

Ludens in orbe terrarum : et deliciæ meæ esse cum filiis hominum. (Prov. VIII, 30, 31). Voici le commentaire de Menochius : Cum ostenderit Sapientia se omnibus rebus creatis delectari, significat tamen se peculiariter gaudere in omnibus, qui divina imagine et similitudine sunt signati.

Ἤμην παρ'αὐτῷ ἁρμόζουσα· ἐγὼ ἤμην ᾗ προσέχαιρεν. Καθ'ἡμέραν δὲ εὐφραινόμην ἐν προσώπῳ αὐτοῦ ἐν παντὶ καιρῷ· ὅτε ἐνευφραίνετο τὴν οἰκουμένην συντελέσας, καὶ ἐνευφραίνετο ἐν υἱοῖς ἀνθρώπων.

faites dire ce qu'il ne dit pas et vous lui faites dire le contraire de ce qu'il dit. D'après le contexte, en effet, la Sagesse assure qu'Elle a concouru à la formation des mondes : *cum eo eram cuncta componens*, et Elle était dans les délices chaque jour, *et delectabar per singulos dies*. Mais, c'est Elle qui conserve ces mondes, qui y maintient l'ordre et l'harmonie et même qui les crée à chaque instant, puisque la conservation n'est que la création continuée. La Sagesse divine habite donc les autres mondes aussi bien que notre planète, et Elle s'y plaît, comme dans son œuvre, et, c'est en s'amusant qu'Elle les régit et les gouverne.

Sans admettre, avec le Père Gratry, que Dieu habite le Soleil d'une manière spéciale, qu'il en fait un de ses tabernacles célestes, et que, dès lors, le Soleil est la plus belle des créatures visibles, palais et sanctuaire de la divinité, nous devons admettre que l'activité divine et, par conséquent, la présence de Dieu y sont plus considérables; d'autant plus que c'est de là que cette activité agit dans tout notre système planétaire et que c'est par le Soleil que nos planètes entrent dans le mouvement universel et harmonique des mondes, et la Sagesse trouve sa satisfaction à harmoniser ainsi toute l'œuvre créatrice.

Voilà ce que l'auteur *anonyme* de la *Revue des sciences ecclésiastiques* aurait bien fait de comprendre; mais non, son intelligence ne s'élève pas jusque là.

Le passage suivant va mettre en évidence ce que nous disons de notre anonyme.

« Car les astres, écrit-il, ne sont que des fanaux — mettez lampions —, pour illuminer la coupole des cieux; en eux-mêmes et d'après la science, ils ne sont qu'une vile matière, minérale et métallique. Les étoiles les plus brillantes paraissent comme des taches aux yeux du Très-Haut : *Stellæ non sunt mundæ in conspectu ejus*[1]. Mais la terre, séjour de son chef-d'œuvre, de l'être raisonnable, la terre est son séjour

---

1. Job. XXV, 4. 5. 6.

à lui; elle est l'objet de sa tendresse et de ses continuelles sollicitudes; *c'est pour elle qu'il* a créé les astres, les luminaires du jour et de la nuit; c'est pour l'homme qu'il a fait toute la nature, et c'est pour lui qu'il a révélé la croyance et la loi, les commandements et les vertus, le ciel et l'enfer. »

Est-il étonnant après cela, que l'on tourne en ridicule le catholicisme? Et que dire à de pareils écrivains, sinon leur donner le conseil, que donnait dernièrement à un théologien, qui traitait cette question en dépit du sens commun, un professeur distingué d'une université catholique, d'aller suivre durant trois ans les cours d'une université quelconque.

Lorsqu'on voit, à la fin du xixe siècle, comparer les étoiles à des *fanaux*, on se croit transporté à l'époque du silex taillé. — Les étoiles « ne sont qu'une vile matière, minérale et métallique ». — Bien sûr, et c'est pour cela qu'elles sont habitables. Vous voudriez, comme jadis, qu'elles fussent des blocs de cristal? Mais la Terre est-elle de diamant? S'il en était ainsi, je ne sais si « le chef-d'œuvre de Dieu » s'y trouverait à merveille. En somme, il n'y a pas grand mal à dire ces inepties, si l'on ne se servait de la *Revue des sciences ecclésiastiques* pour leur donner le jour. Cette *Revue* aurait dû se rappeler que de pareils articles ne lui font guère honneur. Qu'elle reste dans les sciences ecclésiastiques, puisque c'est son titre.

Quant à donner aux paroles tirées du Livre de Job une signification contraire au sens véritable, nous disons : vous n'en avez pas le droit, vous faites comme les hérétiques de tous les siècles, qui, pour donner une apparence de raison à leurs erreurs, *dépravent* les Saints Livres, selon l'expression de Saint-Pierre[1].

Les paroles de Baldad, de Suli, n'ont nullement le sens absolu que l'Anonyme de la Revue veut bien leur donner; elles ne sont qu'un terme de comparaison pour montrer que

---

1. Quæ indocti et instabiles depravant, sicut et cæteras scripturas. I*. Petri* III, 16.

l'homme, qui n'est qu'un vase de corruption, est loin d'être pur aux yeux du Seigneur. Voici le texte en entier.

« L'homme peut-il être justifié, étant comparé à Dieu? et celui qui est né d'une femme paraîtra-t-il pur?

« La lune même ne brille pas, et les étoiles ne sont pas pures devant ses yeux.

« Combien *moins le sera* l'homme qui n'est que pourriture, et le fils de l'homme qui n'est qu'un ver[1]? »

Il faut avouer qu'il est difficile de choisir un texte plus contraire à l'homme. Pour se tromper ainsi, il faut n'avoir aucune connaissance du latin et avoir retenu seulement quelques paroles qu'on a entendues, mais dont on ne comprenait pas le sens.

Enfin, où dans la Sainte Écriture peut-on trouver que les astres ont été créés pour la Terre? Nulle part. Sans doute, le Soleil, la Lune et quelques étoiles éclairent la Terre, mais combien plus nombreux sont les soleils, les planètes et leurs lunes, qu'on ne peut apercevoir qu'avec de puissants instruments? la photographie enregistre des millions et des millions dont l'œil humain ne peut être impressionné dans les plus forts télescopes. Et au delà, au delà!!! qu'on suive tant soit peu les études astronomiques ou que l'on cesse de parler de ces questions, pour ne pas renfermer l'œuvre créatrice dans la carapace d'un foraminifère.

Encore une fois, ne fabriquons pas de la Sainte Écriture, nous n'avons pas d'inspiration pour cela.

Le Soleil, la Lune et les autres astres éclairent la Terre, mais la Genèse ne dit nullement qu'ils soient créés pour la Terre ou pour l'homme. Le Soleil n'éclaire pas seulement notre planète; il éclaire toutes les autres, ainsi que leurs lunes.

---

1. Nunquid justificari potest homo comparatus Deo, aut apparere mundus natus de muliere?

Ecce luna etiam non splendet, et stellæ non sunt mundæ in conspectu ejus :

Quanto magis homo putredo, et filius hominis vermis? (Job, xxv, 4-5-6.)

C'est là un fait qu'il faut accepter, tout en rejetant le système de Copernic, a moins d'admettre avec l'anonyme de *La Revue des sciences ecclésiastiques* « que les planètes et les étoiles ne sont que *des fanaux* fixés à la coupole des cieux pour l'illuminer. »

Que l'anonyme de *La Revue* divague sur les questions astronomiques et ne comprenne pas un mot de la Sainte Ecriture ou la falsifie à dessein, c'est beaucoup ; cependant cela ne lui suffit pas, nous allons l'entendre fabriquer de nouvelles théories à la hauteur de son savoir scientifique et et exégétique. Ecoutez.

« Que les rêveurs de mondes y réfléchissent ! S'ils ont la foi, comme Joseph de Maistre[1], qu'ils aient le soin de ramener toutes leurs conceptions, toutes leurs vues, toutes leurs espérances à l'unité catholique, qui elle-même, coordonnée avec l'unité angélique, arrive dans cette harmonie universelle, en Jésus-Christ et par Jésus-Christ, à la communion de l'éternité. »

C'est ce que doit faire chaque chrétien par rapport aux anges, vu que la révélation nous apprend et leur existence et leur relation avec la Terre et ses habitants. Mais quant à faire rentrer dans l'unité du Christ les habitants des autres mondes, c'est ce que ne demande nullement la révélation, puisqu'elle ne parle même pas de ces habitants. C'est là un rêve ultra-catholique. En outre, cette assertion suppose qu'avant l'Incarnation du Verbe, il n'y a pas eu d'harmonie dans l'univers, tandis que la Sagesse divine ou le Verbe nous dit expressément que de toute éternité, Elle était avec le Père harmonisant toutes choses, *Cum eo eram cuncta componens*[2].

Ensuite on écrira ces pages incroyables où l'on affirmera que le Souverain Pontife est et devait être le Pontife de l'Univers entier, même des habitants de la Lune, s'il y a

---

1. Nous avons vu plus haut que le Comte de Maistre, malgré sa foi, était pour la pluralité des mondes. Voir aussi IV⁰ Partie. Art. 1. p. 312-314.
1. Prov. VIII, 30.

des habitants sur notre satellite. C'est du reste une conséquence logique de la doctrine géocentrique et anthropocentrique...

Ce sera un peu long, mais nous devons laisser l'auteur exposer lui-même sa doctrine, afin que l'on voie que ce n'est pas sans raison que les astronomes se révoltent contre de pareilles assertions.

« Aussi la terre développe à nos yeux son partage dans *cette unité divine*. Du sommet de la Hiérarchie sacerdotale où l'Homme-Dieu est représenté dans la personne du Pontife Suprême, Père de tout le peuple chrétien, jusqu'au plus humble prêtre de la plus obscure contrée, quelle merveilleuse tige et quelle immense ramification du même arbre de vie! Le sang du Calvaire en est la sève immortelle et inépuisable. Chaque jour, et à l'aurore et au soir, et à leur milieu et à la la nuit même, et à chaque minute du temps qui s'envole, dans l'ensemble de toutes les diverses régions du globe, la grande victime qui unit le ciel et la terre dans la même adoration, dans le même embrassement, dans le même bonheur, là-haut en plénitude, ici-bas en avant-goût et en toute espérance, la grande victime ne cesse pas un seul moment d'être offerte sur nos autels avec une profusion égale à son amour! »

Voilà une majeure qui signifie que l'Incarnation, la Rédemption, les sacrements et surtout l'Eucharistie, l'Église, sa hiérarchie et particulièrement son souverain Pontificat, sous toutes ses formes, sont le centre de toutes choses, et tout ce qui ne rentre pas dans cette unité ne peut exister. C'est un Empereur d'Allemagne qui rêve l'empire du monde, c'est l'Italie qui a les mêmes aspirations, c'est la petite Grèce elle-même qui!... se fait écraser par la Turquie.

Eh bien! nous sommes persuadé que notre grand Pontife Léon XIII ne croit nullement avoir une juridiction quelconque sur les habitants de Mars ou de Jupiter, pas même sur les Sélénites.

Et qu'on ne vienne pas nous dire que ce n'est pas là la pensée de l'écrivain, car en voici la preuve.

« Osons dès lors l'affirmer : aucun des mondes habitables, s'il y en a d'autres que le globe terrestre, aucun ne saurait entrer dans cette unité tout à la fois éclatante et mystérieuse, sans appartenir au Christ, comme l'Église lui appartient elle-même. Donc les rêves plurimondains semblent devoir s'évanouir devant le silence de l'Écriture. Donc en conclusion définitive, tant que la croyance purement hypothétique jusqu'à présent n'aura pas à produire un texte précis, ou canoniquement interprété, d'où l'on puisse conclure la correspondance spirituelle entre ces mondes et le nôtre, que du moins elle sache trembler devant cette question sur laquelle ni la Bible, ni l'Évangile, ni même la tradition sainte, n'ont rien eu à nous dire et sur lesquelles aussi les conciles et tous les interprètes sacrés sont restés et resteront vraisemblablement toujours muets de prudence et de circonspection. »

Pour ne pas sortir des convenances, nous vous dirons simplement que votre majeure n'est autre chose qu'une assertion de votre part ; assertion que vous ne pourrez nullement prouver, parce qu'elle est fausse. Oui, sans doute, l'unité, la catholicité, l'apostolicité sont les caractères fondamentaux de l'Église ; mais jusqu'où va cette unité et cette universalité ? pas plus loin que l'Église de la Terre, qui deviendra l'Église du Ciel. Les Anges en font-ils partie ? Rien ne le prouve, ni d'après nos credo, ni d'après la Ste. Écriture. Nous savons qu'on a bâti toutes espèces de doctrines par rapport aux hiérarchies ; mais rien de tout cela n'est de foi. Votre majeure est donc une fantaisie théologique et pas autre chose.

Quant à votre mineure, elle n'a pas plus de valeur ou théologique ou philosophique.

1° Où donc trouvez-vous que ces mondes habités doivent entrer dans votre grande unité ? Nulle part. Notez bien que ce n'est pas aux plurimondains à fournir un *texte précis* et canoniquement interprété, puisqu'ils ne désirent nullement entrer dans votre prétendue unité, n'en ayant que faire ; mais bien à ceux qui sont de votre opinion.

2° Le silence de l'Écriture, que vous constatez, est précisément ce qui donne la liberté aux plurimondains.

3° L'Écriture, en effet, ne peut parler de cette correspondance spirituelle entre ces mondes et le nôtre, puisque cette correspondance n'a nulle raison d'être. Et l'Écriture sait ce qu'elle doit dire ou ne pas dire.

4° Au lieu de trembler devant le silence de la Bible et de l'Église, il est plus raisonnable de ne point trembler, puisque la Bible et l'Église ne nous font aucune menace. Il y a des personnes qui tremblent devant des spectres imaginaires, cela les regarde ; mais vouloir épouvanter les autres de pareils fantômes, c'est se conduire comme les nourrices à l'égard des petits enfants insubordonnés. Ce méchant croque-mitaine fait rire les grandes personnes.

Dieu sait bien que l'homme est un mauvais payeur, aussi a-t-il eu soin de réclamer partout ses droits, soit par l'autorité constituée, soit par la conscience ; or, d'après l'auteur précité, Dieu se tait ; donc l'homme peut aller de l'avant.

Cela ennuie un peu notre auteur et il voudrait bien ôter cette liberté aux plurimondains ; cependant, il n'ose pas aller jusque là et il faussera encore les Saintes Écritures pour arriver à son but.

« Si ceux qui se croient libres, dit-il, de toucher au bord du voile, veulent insister encore, nous ne saurions juger seul ni de ce qui est permis, ni de ce qui ne l'est pas, et nous respectons cette liberté qui leur est laissée ; mais il nous semble qu'elle ne doit point s'étendre jusqu'à supposer, dans les cieux ou dans les globes éthérés, des intelligences étrangères, nous ne disons pas seulement à la religion du Dieu trois fois saint, mais au culte de l'Homme-Dieu à jamais inséparable du culte de l'adorable Trinité. »

Nous sommes persuadé, en effet, que vous ne sauriez juger seul, ni de ce qui est permis, ni de ce qui ne l'est pas... Il y aurait une conclusion légitime à en tirer : c'est que vous ne vous mêliez pas d'une question à laquelle vous ne voyez goutte et que surtout vous ne vous mettiez pas à dogmatiser sur des questions si obscures pour vous, et vous auriez bien raison.

Où donc avez-vous vu que « les *intelligences des globes éthérés* (en cristal) ne puissent pas être étrangers... au culte de l'Homme-Dieu, à jamais inséparable du culte de l'adorable Trinité? »

Il est évident que s'il y a dans les divers mondes des intelligences, elles ne peuvent être étrangères au Dieu trois fois saint; parce qu'il n'y a et qu'il ne peut y avoir deux Dieux créateurs; mais prétendre qu'elles ne peuvent être étrangères au culte de l'Homme-Dieu, c'est de la fantaisie. Connaissent-elles l'Homme-Dieu? S'est-il manifesté à elles? Et vous osez affirmer qu'on lui doit un culte. Cela, c'est du dogme de bonne femme qui ne sait pas son catéchisme. Il n'y a pas une raison qui autorise à avancer une telle opinion, pas même une raison de convenance.

Quant à avancer que le culte de l'Homme-Dieu est à jamais inséparable du culte de l'adorable Trinité, il faut préciser. S'il s'agit de l'humanité terrestre, rachetée par la seconde personne de la Sainte-Trinité, envoyée par le Père, et qui tous deux envoient le Saint-Esprit, c'est évident; mais dans le cinquième satellite de Jupiter, découvert il y a quelques années, on nous permettra de ne pas y croire.

Il y a là dedans plusieurs erreurs : 1° Vous supposez que le mystère de la Sainte-Trinité et ceux de l'Incarnation et de la Rédemption sont indissolublement liés entre eux. C'est faux : la Trinité est de l'essence divine, tandis que les deux autres mystères ont pour principe l'amour de Dieu et auraient pu ne pas exister et n'auraient pas existé, nous dit S. Thomas,[1] si l'homme n'avait pas péché.

2° Le culte de la Sainte-Trinité n'existait pas chez le peuple juif, tandis que la foi dans le Sauveur promis, foi explicite ou implicite, était nécessaire depuis le péché.

3° Mais d'un autre côté, puisque l'essence de Dieu est

---

1. Nous traiterons cette question plus loin.

d'être *un en trois personnes*, le culte de l'auguste Trinité aurait pu exister, lors même que le Verbe ne se fût pas incarné.

Tout cela, c'est dogmatiser à la place de l'Église, ce que personne n'a le droit de faire.

Ce qui va suivre est encore plus fort et dépasse les limites du sens commun. Comme ni l'Écriture, ni l'Église ne menacent les plurimondains, notre auteur ne pouvait manquer de le faire. Écoutons ses anathèmes.

« Quiconque essaie de soustraire la créature intelligente au domaine de Jésus-Christ, se met aussitôt en révolte, à l'instar de Satan, contre la religion qui prophétisait aux anges l'Incarnation divine et à laquelle il osa répondre par le *non serviam!* révélation qui, étant accomplie, a dicté à l'apôtre des nations ces grandes paroles à la gloire du Verbe fait chair : « Il a plu au Père de mettre en lui la plénitude de toutes choses et de réconcilier tout par lui, en lui-même, pacifiant dans le sang de la croix la terre et les cieux. » Colos. I, 19.

Il est difficile d'accumuler plus d'opinions hasardées, d'erreurs, de traductions et d'interprétations fausses de la Sainte Écriture dans aussi peu de lignes que le fait notre théologien janséniste; car ce doit être là une queue du jansénisme, doublée d'un grec de Constantinople.

Quelle était donc « la religion qui prophétisait aux anges l'Incarnation et à laquelle Satan osa répondre le *non serviam!* » Oui, quelle est cette religion? Combien de millions d'années avant la création du monde physique existait-elle? Et quel est le prophète qui fut envoyé aux anges pour leur annoncer l'Incarnation?

De la phraséologie et rien de plus, croyant avec des mots soutenir de fausses prétentions. C'est véritablement bâtir sur le sable et sur le bord des grandes eaux.

Ce qui est admirable dans toute cette école, c'est que d'opinions à peine soutenables, elle tire des conclusions tellement certaines, d'après elle, que, si vous ne les adoptez pas, vous

Voici comment un auteur résume la question [1] : « Nous ne connaissons pas d'une manière précise la nature de la faute des mauvais anges, *l'Écriture ne disant autre chose si non qu'ils péchèrent.* Ainsi nous lisons dans saint Jean que *le démon n'est pas resté dans la vérité* [2]; et dans saint Pierre, que *Dieu n'a pas épargné les anges qui ont péché* [3]. Ailleurs il est dit : *Celui qui commet le péché est enfant du diable, parce que le diable pèche dès le commencement* [4].

« Toutefois, l'on convient généralement que le péché des anges et la cause de leur chute fut l'orgueil; car l'orgueil est désigné dans l'Écriture Sainte comme étant le principe de tous les péchés : *Initium omnis peccati superbia* [5]. Mais quel fut l'objet de cet orgueil? C'est ce qu'il est encore difficile de déterminer. Les uns pensent que ce fut une vaine complaisance en leur propre perfection qui les porta à vouloir s'égaler à Dieu; les autres qu'ils prétendirent exercer sur les créatures inférieures un domaine souverain et indépendant de Dieu; d'autres enfin qu'ils refusèrent d'obéir à un commandement qui leur avait été fait. Sur ce point, c'est une opinion très commune parmi les théologiens que Dieu, ayant révélé aux anges la future incarnation du Verbe divin, ceux-ci en apprenant que le Verbe devait s'unir par une union hypostatique à la nature humaine, si inférieure à la leur, et que par conséquent ils se verraient obligés de rendre hommage à une telle nature, à cause de son union avec la nature divine, ils en conçurent une telle rage et une telle jalousie qu'ils lui refusèrent l'adoration, l'obéissance et le service.

---

1. *Grand Catéchisme de la persévérance chrétienne*, par P. D'Hauterive, Tom I. p 425 et seq.
2. Joan. IV, 24. — 3. II. Pet. II. — 4. Joan III, 8.
5. Eccli, X, 15 — Novi apud te et apud matrem tuam superbiam, per quam diabolus cecidit, penitus locum non habere (S. Hieron. Epis. 18) Qui cum praesciret angelos quosdam per elationem... Tanti boni desertores futuros. (S. Aug., *De Civit. Dei.* XXII, 1.)

« Mais ce ne sont que de pures conjectures, plus ou moins probables. »

Si nous consultons la *Somme* de saint Thomas, première partie, question I et suivantes où il traite des anges, il ne suppose jamais que la cause de leur chute fut le refus de rendre hommage au futur Verbe incarné. Au contraire, il dit expressément, à la suite du Maître des sentences, qu'ils tombèrent pour avoir voulu être comme Dieu, c'est-à-dire parvenir à la béatitude par eux-mêmes et non par la grâce de Dieu [1]. C'est la révolte que nous voyons encore se produire chaque jour. N'entend-on pas partout une foule d'hommes qui se vantent de n'avoir que faire des secours de Dieu?

Voici cependant un passage qui manifeste suffisamment l'opinion du Saint Docteur sur la question qui nous occupe.

« A la quatrième objection il faut dire : que le mystère du règne de Dieu, qui a été accompli par le Christ, fut, dès le commencement, connu d'une manière quelconque par les Anges, mais surtout parce qu'ils furent béatifiés de la vision du Verbe, que les démons n'eurent jamais; tous les anges ne connurent pas parfaitement, ni également. D'où on peut dire que les démons connurent beaucoup moins parfaitement les mystères de l'Incarnation, quand le Christ existait dans le monde. Il ne leur fut pas manifesté comme aux saints anges qui participant de l'éternité en jouissent; mais comme pour les épouvanter (les terrifier) il leur fut connu par quelques causes temporelles. Car s'ils avaient connu parfaitement et avec certitude qu'il était le Fils de Dieu et l'effet de sa passion, ils n'auraient jamais fait en sorte de crucifier le roi de la gloire [2]. »

---

1. Sed contra est quod dicitur (Isaiæ 14, 13), ex persona diaboli : *Ascendam in cœlum... et ero similis Altissimo* : et Augustinus (vel alius auctor) dicit in lib. de quæstionibus vel Test. qu. 113, a med, quod elatione inflatus voluit dici Deus. I. Qu. LXIII. art. III.

2. Ad quartum dicendum quod mysterium regni Dei, quod est impletum per Christum, omnes quidem angeli a principio aliquo modo

Le Docteur Angélique traite encore dans le même sens et plus clairement la question dans l'explication de l'Epître de saint Paul aux Éphésiens [1].

On le voit, l'opinion sur laquelle notre anonyme prétend se baser, pour rejeter la pluralité des mondes, est sans consistance et, en tout cas, contraire à la pensée du Maître des sentences et du Docteur Angélique. Il faut véritablement avoir de l'audace, pour vous dire de trembler pour si peu de chose et vous accuser de révolte comme Satan.

Vous qui parlez de « *texte précis ou canoniquement interprété,* » quelle est l'interprétation canonique qui vous permet d'attribuer le *non serviam* à Satan? Il n'y en a pas et probablement ignorez-vous quand et comment ces paroles furent prononcées. Les appliquer à Satan, c'est de la fantaisie, ni plus ni moins. Ces paroles sont du prophète Jérémie [2] qui les adresse au peuple d'Israël pour lui reprocher son ingratitude et ses rébellions constantes. Satan, je le sais, est un parfait coquin et capable de toutes les scélératesses ; mais se servir de l'Écriture faussement pour lui comparer les hommes, ce n'est guère canonique.

C'est avec la même *canonicité* que vous traduisez et interprétez Saint Paul. Si vous le traduisiez *littéralement,* du

cognoverunt, sed maxime ex quo beatificati sunt visione Verbi, quam dæmones numquam habuerunt; non tamen omnes angeli cognoverunt perfecte, neque æqualiter. Unde dæmones multo minus, Christo existente in mundo, perfecte mysterium Incarnationis cognoverunt. *Non enim innotuit eis* (ut August. dicit lib. 9 de Civit. Dei, c. 21, non procul a principio) *sicut angelis sanctis, qui Verbi participata æternitate perfruuntur, sed sicut eis terrenis innotescendum fuit per quædam temporalia effecta.* Si autem perfecte et per certitudinem cognovissent ipsum esse Filium Dei et effectum passionis ejus, nunquam Dominum gloriæ crucifigi procurassent. S. Th. I. Quæst LXIV. Art. I.

1. S. Thom. Comment. in Epis. ad Ephesios. cap III, Lect. IV, T. II, p. 303.
2. *A sæculo confregisti jugum meum, rupisti vincula mea et dixisti, non serviam. In omni enim colle sublimi, et sub ligno frondoso, tu prosternabaris meretrix.* Jérémie, II, 20.

moins quant au sens, vous resteriez dans le vrai, tandis que vous le faussez.

Voici le texte de Saint Paul aux Colossiens 1, 19. « Quia in ipso placuit omnem plenitudinem inhabitare. »

Voici la Traduction de Glaire, traduction approuvée par Rome. « Parce qu'il a plu *au Père* que toute plénitude habitât en lui[1]. » — On avait besoin de mettre *toutes choses* dans le Verbe incarné; c'est pourquoi, il a fallu ajouter *toutes choses* au texte de Saint Paul. De cette façon, en effet, comme on ne peut *démontrer* par les Écritures que les habitants d'une planète de la *Voie lactée* soient rachetés par le Christ, on doit conclure qu'il n'y a pas d'habitants dans cette planète.

L'extension que l'on veut donner à *sive quæ in terris, sive quæ in cœlis sunt : soit ce qui est sur la terre, soit ce qui est dans les cieux*, est contraire à la pensée de l'Apôtre. D'après le contexte et l'interprétation de S. Thomas et de Menochius, l'Apôtre n'a en vue que la réconciliation de Dieu, des Anges et des hommes; des Juifs et des Gentils[2].

Avant de faire jouer aux autres le rôle de Satan, il serait bon de se rappeler les paroles de S. Pierre, en parlant des Épîtres de Saint Paul, « dans lesquelles il y a des endroits difficiles à entendre, et que des hommes ignorants et légers détournent en de mauvais sens, aussi bien que les autres Écritures[3]. »

Après ces interpolations, ces traductions à la protestante, ces explications rabbiniques, on pourra parler de « textes précis et d'interprétations canoniques. »

En réfutant l'écrivain anonyme, nous répondons, par le fait,

1. De Carrières traduit de la même façon : « Parce qu'il a plu au Père que toute plénitude résidât en lui. »
2. S. Thomas in Epist. B. Pauli ad Colos. cap. I. Lect. 5, v. 19-20. Et Menoch. in eamdem.
3. Sicut in omnibus epistolis... in quibus sunt quædam difficilia intellectu, quæ indocti et instabiles depravant, sicut et cæteras Scripturas. II. Pet. III, 16.

à plusieurs Revues dites catholiques ou Messagers, et à plusieurs auteurs pieux, épris plus ou moins de Marie d'Agréda. Plus d'un, sans s'en douter, appartient à l'école optimiste, à laquelle nous consacrerons, plus tard, quelques pages.

B. LA SAINTE ÉCRITURE, BIEN COMPRISE, EST EN FAVEUR DE LA PLURALITÉ DES MONDES HABITÉS

Nous venons de le voir, à moins de falsifier les textes sacrés, on n'y trouve rien qui s'oppose à la pluralité des mondes et à leur habitation. Nous allons plus loin et sans violenter les Écritures, nous croyons que différents passages, pris dans leur sens obvi, paraissent demander la pluralité des mondes. Sans cela, ces textes sont incompréhensibles.

Les Anglais, même protestants, qui tiennent autant, sinon plus, à leurs dogmes que les Docteurs français, n'hésitent pas à accepter les conséquences de la science astronomique, et s'efforcent de mettre d'accord, sur ce point, la science et la foi.

Voici l'interprétation scientifico-dogmatique d'un des principaux d'entre eux :

« Lorsque nos connaissances sur l'espace, écrit-il, ne s'étendaient pas au delà de l'Océan, on ne pouvait placer le séjour des bienheureux que dans le ciel empyrée. Enveloppée dans une ombre vague, la vie future semblait un rêve à la raison du chrétien, quoiqu'elle fut une réalité pour la foi; en vain pouvait-il se demander quelle serait cette vie future dans ces relations matérielles; dans quelle région de l'espace elle devait s'accomplir; quels devoirs et quels travaux l'occuperaient, et quels intellectuels et spirituels lui seraient échus en partage. Mais lorsque la science lui eut enseigné l'histoire passée de notre Terre, sa forme, son volume et ses mouvements; lorsque l'astronomie eut observé le système solaire, mesuré les planètes, proclamé que la Terre est une sphère chétive, qui n'a aucune place distinctive parmi ses gigantesques compagnes, et lorsque le télescope eut établi de nouveaux systèmes de mondes bien au delà des limites du nôtre, la vie future du sage prit place parmi ces mondes, dans un espace sans limites comme dans une durée sans fin. Sur les ailes de l'aigle, l'imagination du chrétien s'éleva jusqu'au zénith, et continua son vol jusqu'à l'horizon de l'espace sans jamais atteindre un terme qui s'éloignait sans cesse; et dans l'infinité des mondes, au sein d'une vie infinie, elle découvrit les campagnes de la vie future.

« Les vues du Chrétien, ajoute l'auteur, s'accordent avec les vérités de l'astronomie. En soutenant la pluralité des mondes, nous sommes heureusement dans une position plus favorable que le géologue, dont les recherches sur l'histoire primitive de la Terre se trouvèrent, en apparence, en opposition avec l'enseignement de l'Ecriture. Il n'y a pas une seule expression, tant dans l'Ancien Testament que dans le Nouveau, qui soit incompatible avec cette grande vérité : Il y a d'autres mondes que le nôtre, qui sont le siège de la vie et de l'intelligence. *Au contraire*, plusieurs passages de l'Ecriture sont favorables à cette doctrine, et quelques-uns mêmes seraient, à notre avis, inexplicables, si elle n'était pas admise comme vraie. Le texte magnifique [1], par exemple, dans lequel le Psalmiste inspiré exprime sa surprise que celui qui façonna les cieux et établit la lune et les étoiles dans l'ordre harmonieux des Mondes fut attentif à un être aussi insignifiant que l'homme, est, à notre avis, son argument décisif en faveur de la pluralité des mondes. Le poëte hébreu n'aurait pu manifester une telle surprise, s'il n'avait vu dans les étoiles que des points brillants sans importance, dans le genre de ces feux follets qui voltigent sur des champs marécageux; on ne peut douter que l'inspiration ne lui eût révélé la grandeur, les distances et la destinée des sphères radieuses qui fixèrent son attention. Quand ces vérités lui furent connues, la création se divisa pour lui en deux parties,

---

1. Ps. VIII, 4,-8. — Voir Gen. I, 1. — Ps. XXXII, 6. — Ps. xxxv, 5. — Job XXXIII, 7. — Job XXXVIII, 31. — Isaïe XL, 22 et LXV, 17.

séparées par le contraste le plus frappant : d'une part, l'homme dans son imagination relative, d'autre part, les cieux, la lune et les étoiles dans leur grandeur absolue. Celui que Dieu fit un peu moins grand que les anges, celui qu'il couronna glorieusement et magnifiquement et pour la rédemption du quel il envoya son Fils unique souffrir et mourir, celui-là n'a pu être considéré par le Psalmiste comme un sujet insignifiant; or, devant sa haute estime de l'homme, il faut que son idée sur la valeur des astres ait été supérieure à toute autre. Comment cette idée sur les astres aurait-elle pu être aussi élevée s'il n'avait pas connu les vérités astronomiques? L'homme créé à l'image de Dieu eût été une créature plus noble que des étincelles scintillant dans l'espace ou que le luminaire de la nuit. Si donc on se demande sous quelle impression le Psalmiste a écrit, s'il regardait les mondes comme des globes sans vie, ou s'il les considérait comme le séjour d'êtres raisonnables et immortels, la réponse ne sera pas difficile : il faut opter pour la dernière opinion. Et, en effet, si David eût tenu les mondes pour inhabités, on ne peut en aucune façon expliquer la surprise qu'il manifeste sur l'attention de Dieu pour l'homme; car cette surprise ne saurait être motivée par ce fait que d'innombrables masses de matière existent dans l'univers et exécutent au loin des révolutions solitaires; au contraire, son étonnement aurait eu pour objet, non la faiblesse, mais la grandeur de celui qui, seul, aurait pu contempler les cieux et à l'usage duquel tant de corps magnifiques eussent été mis au jour. Mais si, au contraire, le poète a envisagé les Mondes sidéraux comme autant de séjours de vie, dont la préparation a demandé des millions d'années et qui sont enrichis aujourd'hui de nouvelles manifestations de la pensée, nous pouvons alors comprendre pourquoi il s'étonne du soin de Dieu pour une créature relativement aussi insignifiante que l'homme. »

Ce raisonnement ne manque pas d'élégance; mais nous doutons fort qu'on le prenne au sérieux.

« Passant ensuite à d'autres interprétations, M. Brewster

pèse la valeur et le sens du mot *cieux*, tel qu'il est employé dans la Bible. Ce mot, dit-il, se présente comme indépendant de la lune et des étoiles, comme indiquant une création matérielle, une œuvre des mains de Dieu, et non un espace vide que l'on supposerait habité par des êtres purement spirituels. Les auteurs du Testament expriment par le mot ciel une création matérielle, séparée de la Terre; et on trouve des passages qui paraissent indiquer clairement que cette création est le séjour de la vie. Lorsque Isaïe parle des cieux *étendus comme une tente pour y habiter*, lorsque Job nous dit que Dieu, *qui étendit les cieux*, fit *Arcturus, Orion, les Pléiades et les chambres du midi*, lorsque Amos parle de *celui qui bâtit ses étages dans les cieux (maisons de plusieurs demeures)*, les expressions dont ils se servent indiquent clairement que les corps célestes sont le séjour de la vie. Dans le livre de la Genèse même, il est dit que Dieu termina les cieux et la terre, et *toute leur armée*. Néhémie déclare que Dieu fit le ciel, *le ciel des cieux et toute leur armée*, la terre et toutes les choses qu'elle renferme, et que l'armée des cieux l'adore. Le Psalmiste parle de *toute l'armée des cieux comme créée par le souffle sorti de la bouche de Dieu*, de même que pour la naissance d'Adam. Isaïe nous fournit un passage remarquable dans lequel les habitants de la terre et des cieux sont décrits séparément. « C'est moi qui ai fait la terre et c'est moi qui ai créé l'homme pour l'habiter; mes mains ont étendu les cieux, et c'est moi qui ai donné tous les ordres à la milice des astres. » A ces allusions on peut ajouter les suivantes également tirées d'Isaïe. « C'est pour cela que le Seigneur a formé la Terre et qu'il lui a donné l'être, et qu'il a créé les cieux; *il ne l'a pas créée en vain, mais il l'a formée afin qu'elle fût habitée.* » N'est-ce pas là une déclaration formelle du prophète inspiré, que la terre aurait été créée en vain si elle n'avait pas été habitable et habitée? N'en doit-on pas conclure que, comme on ne peut supposer que le Créateur ait créé en vain les Mondes de notre système et ceux de l'univers sidéral, on doit admettre qu'il les a créés pour être habités?

« Le même esprit d'interprétation trouve dans le Nouveau Testament des passages qui non seulement sont en parfaite harmonie avec la doctrine de la pluralité des Mondes, mais que de plus on ne saurait expliquer sans elle. Lorsque l'apôtre Saint Jean annonce que les Mondes furent créés par la parole de Dieu, lorsque Saint Paul enseigne que les Mondes sont une création du Sauveur, il n'est pas à supposer qu'il s'agisse ici de globes de matière inerte, sans population présente ou future. »

Nous pouvons donc dire que les Livres Saints, loin de condamner la pluralité des Mondes, semblent confirmer cette opinion.

Oh! que nous comprenons bien l'exclamation enthousiaste du Psalmiste : « Seigneur qu'il est bon de chanter votre nom! Car, Seigneur, la vue de ce que vous avez fait m'a rempli de délectation : et les œuvres de vos mains auront toujours le pouvoir de m'exalter. Seigneur, que vos œuvres sont grandes et magnifiques! et que vos pensées sont bien profondes!... L'homme insensé ne les pourra connaître, et le fou n'en aura point l'intelligence [1]. »

II. — Réponse à ceux qui, au nom de l'Incarnation, rejettent la pluralité des Mondes.

Plusieurs de ceux-ci sans s'en douter, appartiennent à l'école optimiste; cependant, comme ils protestent, nous devons leur consacrer quelques pages à part.

1. Certains écrivains, tout en protestant contre l'optimisme de Malebranche, le dépassent dans cette doctrine, parce

---

1. Ps. xci. 1; Bonum est... psallere nomini tuo Altissime;

5. Quia delectasti me, Domine, in factura tua : et in operibus manuum tuarum exultabo.

6. Quam magnificata opera tua, Domine! Nimis profundæ factæ sunt cogitationes tuæ.

7. Vir insipiens non cognoscet : et stultus non intelliget hæc.

qu'ils l'appliquent exclusivement à notre planète. Ils prétendent constamment que la liberté de Dieu doit rester sauve, et ils viennent arrêter cette liberté et même la toute-puissance, en vertu de l'Incarnation.

Nous allons donner cette argumentation et montrer qu'elle ne peut supporter un examen sérieux.

« Supposons-le : l'homme est placé sur un globe cent fois plus gros que le globe terrestre, son rôle nécessaire, sa fonction dans la création en est-elle changée? Ce n'est donc pas de la grandeur de la masse minérale que dépend le devoir de l'homme envers Dieu; partout où sera l'homme, il y aura les mêmes obligations ».

Voilà une pensée entièrement fausse et celui qui poserait ce prétendu axiome pour base des relations du Ciel et de la Terre, de Dieu et de l'homme et des hommes entre eux, aurait parfaitement tout nivelé, et, par conséquent, fait tomber l'homme dans la *platitude absolue*; il aurait fait de la création un *sahara* et même moins que cela.

D'après vous Paris et une logette sur le bord du chemin, c'est la même chose; cinq mille hommes dans un temple, si vous le voulez, et un produisent le même effet. Vous simplifiez trop et vous ôtez aux mots *grandeur*, *nombre*, *multitude*, *immensité*, *infinité* leur signification. Vous oubliez aussi que les hommes sont les enfants d'un même père et qu'ils sont frères, que l'homme est un être social; cette idée fausse, en effet, va vous conduire, tout à l'heure, à la dépopulation du monde, comme cela arrive malheureusement en France. Sans vous en douter, vous tirez les conséquences de votre principe.

Ce n'était pas la pensée de Saint Thomas, d'après Louis de Grenade.

« Pour nous donner une idée de l'immensité de Dieu, S. Thomas d'Aquin, dans son compendium de théologie fait ce raisonnement : nous voyons, parmi les choses corporelles, que la plus parfaite est également celle qui l'emporte en quantité. Ainsi l'eau est plus étendue que la Terre, l'air plus que l'eau, et le feu l'est encore plus que l'air; le premier ciel, à son tour, est plus grand que l'élément du feu, le second est plus grand que le premier, le troisième que le second et ainsi des autres, en remontant jusqu'à la dixième sphère et jusqu'au ciel empyrée dont la grandeur et la beauté ne peuvent être comparées à rien dans l'univers. Il est aisé de comprendre par là combien le globe terrestre et les eaux qui l'entourent sont peu de chose en comparaison des cieux. Les astrologues disent que la Terre n'est qu'un point à l'égard du ciel; et ils le démontrent d'une manière évidente, puisque le cercle que le soleil parcourt dans le ciel, étant réparti en douze signes, de quelque point de la terre qu'on les considère, on en découvre parfaitement six, ce qui prouve que la hauteur ou l'épaisseur de la terre ne diffère pas ici d'une feuille de papier ou d'un plan qui serait au milieu du monde, et duquel on verrait sans obstacle la moitié du ciel. Par conséquent, le ciel empyrée, le premier et le plus noble de tous les corps qui composent l'univers, étant incomparablement plus grand que tous les autres, nous pouvons en inférer, ajoute le Docteur Angélique, à quel point Dieu, le premier sans comparaison, le plus grand, le plus parfait de tous les êtres, spirituels ou corporels, leur créateur à tous, doit l'emporter sur eux, non en quantité matérielle, puisqu'il est un pur esprit, mais dans tous les genres de perfections possibles. »

Malgré les erreurs scientifiques de ces paroles, l'idée dominante se dégage suffisamment, pour qu'on comprenne combien elle est contraire à la manière de voir de l'auteur que nous avons cité.

Il continue : « Mais n'imposons point nos idées à la Sagesse de Dieu. Sachons apprécier, au point de vue du plan librement réalisé par le Créateur, la valeur à donner à un astre de cet univers, non point d'après sa vitesse ou sa grosseur, mais d'après le choix qui en a été fait pour qu'il devienne le théâtre d'œuvres merveilleuses, reproduites nulle part. »

C'est très bien, si nous connaissions le plan réalisé par le Créateur; mais le connaissez-vous? Non, mille fois non, pas plus que nous. Et, par conséquent, vous imposez vos idées à la Sagesse de Dieu. Vous ne pratiquez pas ce que vous conseillez aux autres.

Qui donc connaît le plan divin? Pas de prétentions, s'il vous plaît et écoutez S. Paul[1] après le Sage[2] et Isaïe[3] : « *Quis enim cognovit sensum Domini et quis consiliarius ejus fuit?* » Et précisément, il s'agit, plus ou moins directement, de la question qui nous occupe.

Savez-vous aussi si notre planète seule a été et est « le théâtre d'œuvres merveilleuses, reproduites nulle part. » Qu'en savez-vous? Rien, absolument rien. Qui vous l'a révélé? Personne. Peut-être le ciel se trouve quelque part.

Cette argumentation est un sophisme, ni plus ni moins; vous supposez ce qui est en litige.

Le reste du raisonnement est de la même force. Qui donc vous assure que notre molécule terrestre porte seule « cette créature faite à l'image de Dieu »?... Personne. C'est l'état de la question. — Qui donc encore vous a prouvé que le Verbe de Dieu s'est incarné seulement sur la Terre? Ce que nous savons, c'est que le Verbe s'est incarné chez nous, a pris notre nature et non celle des Anges. Notre savoir ne va pas plus loin. Ne bâtissons donc pas sur le néant. — « Grandeur et petitesse, ajoutez-vous, en parlant des globes célestes, ne peuvent avoir qu'un sens tout à fait relatif. Que sont les plus amples en comparaison de l'immensité dans laquelle ils voguent et tournoient? Le Créateur pouvait encore arrêter son choix sur une sphère plus petite que la Terre. » Évidemment, sur la Lune, sur une des petites planètes, ou sur un satellite quelconque, et nous croyons bien qu'il l'a fait, comme nous l'avons avancé dans la seconde partie de ce travail.

---

1. I Corint. II, 16.
2. Sapient. IX, 12.
3. Isaïe, XL 3.

Mais pourquoi vouloir alors soutenir qu'il n'a pas pu le faire sur les grandes?

L'argument suivant que l'auteur fait pour étayer sa thèse, permet de penser qu'il est dans la pénurie. « En présence, dit-il, de tous les végétaux, si l'on eût demandé quel était le plus important, le plus utile, le plus précieux pour l'homme qui allait apparaître, qui eut pensé à indiquer le grain minuscule, fade, insignifiant du blé? Et cependant, essayez de vivre sans pain et contentez-vous de citrouilles! » Vraiment cet argument est topique! Cependant nous ferons remarquer qu'il y a plus d'un moyen terme entre le pain et les citrouilles. On voit que l'auteur n'a pas été parmi les sauvages, dont plusieurs ne connaissent pas le pain, ni même le riz.

Un petit brin d'anatomie et de physiologie aurait empêché notre écrivain de mettre en avant cet argument. Après l'examen d'une machoire humaine et d'une machoire de loup ou d'un carnivore quelconque, sans être un Cuvier ou un Claude Bernard, il est facile de reconnaître que l'homme a des dents pour broyer ou moudre le blé... et le loup, pour déchirer la viande. Les molaires de l'homme ont une tête plate et celles du loup sont taillées en biseau. Le cheval et le bœuf devaient également se nourrir de graminées et même d'avoine, d'orge..; mais la conformation de l'estomac, du tube digestif et des différentes glandes qui les perfectionnent, vous indique une nutrition un peu dissemblable chez ces deux classes d'êtres. A moins que vous ne prétendiez, avec les évolutionnistes absolus, que les dents, l'estomac, le tube digestif ont été faits *par la nourriture* et non *pour la nourriture*, vous avouerez qu'on pouvait apprécier, à leur juste valeur, les fruits divers que présentait la terre avant Adam. L'instinct dirige parfaitement les animaux sur ce point, et vous voulez que votre « créature faite seule à l'image de Dieu » fut plus sotte que toutes les autres. Ceci conduit à une révélation primitive, c'est vrai; mais le texte sacré, qui nous dit qu'Adam nomma tous les animaux par leurs véritables noms, nous laisse aussi entendre qu'il connaissait parfaitement les plantes du jardin de volupté. Une teinture d'histoire naturelle nous montre quelque chose du *plan divin* dans la création terrestre, l'ordre et l'harmonie qui y existent et l'on délivre volontiers un brevet de sagesse au Créateur. On voit que tout est *fort bien, valde bona*. Et, si le *Fabricateur Souverain* avait fait autrement, nous, Garo, nous nous serions permis de lui dire humblement : Seigneur, excusez notre liberté, mais il nous semble que vous avez dû oublier quelques arrangements essentiels dans la création : ainsi l'instinct du loup le porte vers la viande et pourtant ses dents sont constituées pour manger du foin !

Notre écrivain en appelle ensuite aux autorités : il cite Bossuet, S. Thomas, Bourdaloue. Nous lui dirons qu'il donne à leurs paroles un sens qu'elles n'ont point. Chez eux, surtout chez Saint Thomas, les mots : *nature visible, monde, univers*, n'ont nullement la même signification qu'on leur donne dans la question dont il s'agit. Ces mots ne désignent que notre globe, avec des luminaires dont on ne connaît ni la grandeur, ni la nature. Pour Saint Thomas, tout le monde le sait, le ciel est incorruptible, comme pour Aristote.

De plus, on abuse des paroles du Saint Docteur, en leur donnant un sens général, tandis qu'elles n'ont qu'un sens restreint, limité. Saint Thomas ne parle que de la réparation et alors ses paroles sont absolument vraies; mais la réparation ne regarde que l'humanité pécheresse; il est formel là-dessus : « Congruebat hoc opus *reparatori* (Deo), quem decebat patientiam suam ostendere, sapientiam et bonitatem[1]. C'est très exact dans le cas de la chute, de la réparation, dans le sens de notre Credo : Qui propter nos homines et propter nostram salutem descendit de cœlis et incarnatus est.....

Après une fausse interprétation de Bossuet et de Saint Thomas, il est facile de recourir « aux penseurs catholiques »; il sera toujours possible de les détourner de leur sens véritable et l'on pourra écrire :

1. S. Thom. *Opuscul.* 60. *De humanitate J. Ch.* cap. I.

« Lorsque l'on suit les penseurs catholiques sur ces hauteurs d'où ils nous font considérer l'idée de Dieu et le plan divin de la création, combien paraissent secondaires et mesquines toutes ces revendications de multiples humanités pour les astres, de plus ou moins forts volumes! Multipliez, si vous le voulez, par la pensée, jusqu'à atteindre des millions, le nombre des globes habités, répétez les unités humaines jusqu'à en compter des milliards de millions, et supposez que de toutes ces bouches ne sorte jamais que la louange de Dieu et jamais le blasphème, cet univers en serait-il plus parfait? La gloire de Dieu en aurait-elle un degré de plus? »

« Mais ne mettez des créatures formées d'un corps et d'une intelligence que sur la plus petite planète et supposez que Dieu fait homme vient prêter à cette humanité et par elle à la création entière, sa langue et son cœur, lui communiquer l'excellence infinie de ses adorations, l'œuvre de Dieu a toute la beauté possible, et le plan divin reçoit toute sa perfection. Il vient tout élever, tout glorifier, tout diviniser. Le Verbe divin prend notre nature à la fois matérielle et spirituelle, et résumant ainsi en lui, tous les mondes, il rend à son Père un hommage éternel aussi, puisque éternellement il reste l'homme de Dieu. »

Un peu plus loin, l'auteur des articles « *Les astres, la raison et la foi* » ajoute :

« C'est que l'honneur, la gloire, l'hommage rendu, tire son prix et son excellence, non de celui qui le reçoit, mais de celui qui l'offre. Il serait donc nécessaire d'être Dieu pour rendre à Dieu l'honneur dont Dieu est digne ».

« Et l'homme n'y suffisait point : l'homme a bien un cœur pour aimer son Dieu; mais il manque à ce cœur la capacité d'aimer, comme Dieu mérite d'être aimé. »

Il a encore plusieurs pages parlant de tout, excepté de la question et l'on se demande ce qu'elles viennent faire ici. Nous allons essayer de les saisir et de montrer leur incohérence.

Et d'abord, persuadé qu'il y avait dans le développement

des pensées de Bossuet et de Bourdaloue, la même fausse interprétation que pour Saint Thomas, nous avons voulu vérifier les textes de ces deux grands orateurs chrétiens. Voici celui de Bossuet : « Dieu pour rappeler toutes choses au mystère de son unité, a établi l'homme le médiateur de toute la nature visible ; et Jésus-Christ, Dieu-homme, seul médiateur de toute la nature humaine. Ce mystère est grand, je l'avoue, chrétiens, et mériterait un plus long discours. Mais, quoique je ne puisse en donner une idée bien nette, je dirai assez, si je puis, pour faire admirer le conseil de Dieu.

« L'homme donc est établi le médiateur de la nature visible. Toute la nature veut honorer Dieu et adorer son principe, autant qu'elle en est capable : la créature insensible, la créature privée de raison, n'a pas de cœur pour l'aimer, ni d'intelligence pour le connaître : « Ainsi, ne pouvant « connaître, tout ce qu'elle peut, dit Saint Augustin, c'est de « se présenter elle-même à nous, pour être du moins connue, « et nous faire connaître son Divin auteur : *Quæ cùm co-« gnoscere non possit, quasi innotescere velle videtur*[1] » Elle ne peut voir, elle se montre ; elle ne peut aimer, elle nous y presse : et ce Dieu qu'elle n'entend pas, elle ne nous permet pas de l'ignorer. C'est ainsi qu'imparfaitement et à sa manière, elle glorifie le Père céleste. Mais afin qu'elle consomme son adoration, l'homme doit être son médiateur : c'est à lui à prêter une voix, une intelligence, un cœur tout brûlant d'amour à toute la nature visible, afin qu'elle aime en lui et par lui la beauté invisible de son Créateur. C'est pourquoi il est mis au milieu du monde, industrieux abrégé du monde, petit monde dans le grand monde ; ou plutôt, comme dit Saint Grégoire de Nazianze[2], « grand monde dans le petit monde » : parce qu'encore que selon le corps, il soit renfermé dans le monde, il a un esprit et un cœur

---

1. *De Civit. Dei*, lib. xi, cap. xxvii, n. 2, Tom. vii, col. 292
2. *Orat.* xlii. n. 15. Tom. I. p. 680.

qui est plus grand que le monde; afin que contemplant l'univers entier et le ramassant en lui-même, il l'offre, il le sanctifie, il le consacre au Dieu vivant : si bien qu'il n'est le contemplateur et le mystérieux abrégé de la nature visible, qu'afin d'être pour elle, par un saint amour, le prêtre et l'adorateur de la nature invisible et intellectuelle.

« Mais, ne nous perdons pas, chrétiens, dans ces hautes spéculations; et disons que l'homme, ce médiateur de la nature visible, avait lui-même besoin d'un médiateur. La nature visible ne pouvait aimer, et pour cela elle avait besoin d'un médiateur pour retourner à son Dieu.

« La nature humaine peut bien aimer, mais elle ne peut aimer dignement. Il fallait donc lui donner un médiateur aimant Dieu comme il est aimable, adorant Dieu comme il est adorable; afin qu'en lui et par lui nous puissions rendre à Dieu notre Père un hommage, un culte, une adoration, un amour digne de sa majesté. C'est ce médiateur qui nous est formé aujourd'hui par le Saint Esprit[1]. »

Qu'entend ici le grand orateur par le monde visible? Évidemment la Terre, le Soleil, la Lune et quelques étoiles visibles à l'œil nu, pas autre chose et tous ces astres tels qu'on les connaissait alors, n'étaient que de petites lumières fixées au firmament. Vouloir y mettre les millions de milliards des mondes qu'on découvre aujourd'hui, c'est de la fantaisie; vouloir les faire rentrer dans l'Unité du Christ, c'est fausser la pensée de l'auteur. Et il faut bien remarquer qu'il ne s'agit ici que du médiateur de l'humanité déchue. Bossuet le dit formellement.

Si l'écrivain des *Études* avait voulu ne pas tronquer Bourdaloue, il aurait vu qu'il s'agit bien de l'homme déchu. — « Que fait Dieu, se demande Bourdaloue? Il choisit dans la plénitude des temps un homme, dit le grand Apôtre, dans qui tous les êtres réunis, rendent aujourd'hui à Dieu le devoir de leur soumission, et qui par son obéissance remet sous

---

1. BOSSUET, II⁰ Sermon pour la Fête de l'Annonciation, 3⁰ point.

l'empire de Dieu, *tout ce que le péché en avait soustrait.* Car c'est ce que le Saint-Esprit a voulu nous exprimer dans ces admirables paroles de l'Épître aux Éphésiens : *Instaurare omnia in Christo*[1], et c'est aussi sur quoi est fondé ce droit d'aînesse que Jésus-Christ devait avoir au-dessus de toute créature : *Primogenitus omnis creaturæ*[2]. »

« Je dis plus ; toutes les créatures prises même ensemble, n'ayant nulle proportion avec l'être de Dieu ; et, comme parle Isaïe, toutes les nations n'étant devant Dieu qu'une goutte d'eau, ou qu'un atome et qu'un néant, quelque effort qu'elles fissent pour témoigner leur dépendance, Dieu ne pouvait être pleinement honoré par elles ; et dans le culte qu'il en recevait, il restait toujours un vide infini, que tous les sacrifices du monde n'étaient pas capables de remplir. Il fallait un sujet aussi grand que Dieu, et qui par le plus étonnant de tous les miracles, possédant d'un côté la souveraineté de l'être et de l'autre se mettant en état d'être immolé, pût dire, mais dans la rigueur, qu'il offrait à Dieu un sacrifice aussi excellent que Dieu, et qu'il soumettait dans sa personne, non point de viles créatures, non point des esclaves ; mais le Créateur et le Seigneur même. Or, c'est ce que fait aujourd'hui le Fils de Dieu. *Sacrificium et oblationem noluisti;... holocaustum et pro peccato non postulasti; tunc dixi : ecce venio*[3]. Vous n'avez plus voulu, ô mon Dieu, d'oblation, ni d'hostie ; les sacrifices de l'ancienne loi ont cessé de vous agréer : c'est pourquoi j'ai dit : me voici ; je viens, je me présente à vous[4]. »

Bourdaloue ne va pas plus loin que Bossuet, il suppose l'humanité à restaurer : il le dit formellement : « *qui par son obéissance remet sous l'empire de Dieu, tout ce que le péché en avait soustrait.* » Plus loin il ajoute : « *les sacrifices de l'ancienne loi ont cessé de vous agréer.* »

1. Éphés. I — 2. Col. c. I.
3. Ps. XXXIX. 9, 10.
4.   Id.   ib.

La pensée de Bossuet et de Bourdaloue est claire ; il s'agit de la restauration de l'humanité déchue et le sang des boucs et des génisses, qui n'était qu'une figure de la grande victime, n'était plus suffisant. Si Bossuet et Bourdaloue ou ceux qui se servent de leur autorité prétendent que leurs paroles ont une autre portée et que l'Incarnation était absolument indispensable « pour rendre à Dieu un culte digne de lui », nous leur dirions de le prouver, et que c'est de l'optimisme, du piétisme ; mais que ce n'est ni rationnel, ni théologique. A Bossuet et à Bourdaloue nous oserons dire qu'ils parlaient devant le Roi Soleil et devant sa cour, ou plus poliment qu'ils sacrifiaient aux idées du jour, qu'ils faisaient la cour aux grands qui les écoutaient. A ceux qui prétendent se baser sur leurs paroles, nous dirons qu'il font de Dieu un être parfaitement absurde, ne leur en déplaise. — Dieu *probablement* sait bien la quantité de gloire externe qu'il peut exiger de chaque créature, et a assez de bon sens pour ne pas demander plus que sa nature ne le comporte. Dieu sait aussi que sa créature est finie, puisqu'il ne peut créer une créature infinie et qu'il ne peut lui demander un culte supérieur à sa nature. En grâce, donnez à la souveraine Sagesse assez d'intelligence pour comprendre cette petite vérité. Oui, Dieu connaît la boue dont nous sommes formés, il connaît nos faiblesses, notre imperfection et il est *Père* et il ne demande pas l'impossible à ses enfants. Une pareille doctrine est bonne pour les rois de Babylone, de Ninive, pour les Empereurs romains, les anciens Sultans des mahométans, Frédéric Barberousse et un roi de France dont on assistait au lever, au déjeuner, au dîner, au coucher.

Cette doctrine exigerait, non seulement le monde le plus parfait des optimistes ; mais une incarnation universelle des êtres. Ce n'est que par la déification de tous les êtres que cette glorification existe. On tombe en plein dans le panthéisme pratique. Voilà où conduit une idée fausse et un point de départ faux.

Aussi l'écrivain des *Études* a fort bien compris le péril et il ajoute : « Assurément nous nous gardons bien d'aller jusqu'à dire avec Malebranche : « Un Dieu infini ne peut agir que s'il résulte pour lui une gloire infinie. » Vous vous gardez bien d'embrasser l'opinion de Malebranche! » Vous le croyez, c'est bien ; mais dans le fond vous le faites. Car, si la création entière, jusqu'à l'Incarnation, n'a pu rendre à Dieu « *un culte digne de lui* », Dieu n'a pas atteint la fin qu'il se proposait, puisqu'il n'a pu créer que pour sa gloire et pour lui-même.

Votre doctrine est une porte ouverte au panthéisme, comme on l'a reproché à Malebranche.

Voilà un péril prévu. Ce n'est pas assez, il faut encore ouvrir une porte et l'écrivain des *Études* a soin de faire cet acte de prudence.

« Nous n'allons pas, dit-il, jusqu'à dire que le fait de l'Incarnation enlève toute probabilité à l'hypothèse des mondes habités. S'il plaît même à quelqu'un de multiplier les humanités sur les globes célestes, le dogme catholique ne lui sera pas un obstacle, et il trouvera facilement le détour à prendre pour sauvegarder ses brillantes fictions. »

Assurément, il ne lui faudra pas le quart des détours que vous prenez pour essayer de jeter quelques discrédits sur cette hypothèse. Et si, après tant de paroles incohérentes, après ces citations tronquées, ces interprétations équivoques, vous devez confesser que, malgré l'Incarnation, l'opinion de l'habitabilité des mondes reste encore probable, nous vous demandons quelle est l'utilité de vos assertions?

Pour s'être trop hâté, il faut revenir en arrière et nier ce qu'on avait avancé.

Après ces oscillations, il ne fallait pour terminer rien moins que le chant dithyrambique que nous allons donner.

« Et cependant comme la merveille des mondes doit être ravissante! Partons de notre Terre. Comparée à d'autres astres, la terre n'est qu'un tout petit sphéroïde, et déjà tout est grandiose dans ses mouvements. Elle flotte dans l'espace, animée d'un double mouvement : c'est d'abord un mouvement de rotation sur elle-même, et les points de son équateur en reçoivent une vitesse de six lieues à la minute. Mais de plus, cette énorme toupie, tout en tournant sur elle-même, est emportée sur une courbe elliptique dont le Soleil occupe un des foyers, avec une telle rapidité qu'elle fait 420 lieues à la minute. Le Soleil n'est pas fixe et notre Terre pendant qu'elle tourne et sur elle-même et autour de l'astre du jour, l'accompagne dans son déplacement, dans la direction de la constellation d'Hercule, en parcourant chaque jour jusqu'à 172 000 lieues. Comme il serait beau et saisissant de suivre de l'œil notre petit globe, dans ses tournoiements accumulés et ses rapides évolutions ! Et ce n'est là néanmoins qu'un moindre détail dans l'ensemble des mondes.

« A chacun des points scintillants qui brillent dans notre firmament, donnez toute l'ampleur que les astronomes reconnaissent à notre Soleil ; ils apparaissent comme des granules lumineux ; mais ils sont réellement des foyers incandescents, sources de lumière et de chaleur, dont les dimensions se comptent par centaines de rayons terrestres. Ces disques vous semblent calmes, tranquilles ; mais il en sort incessamment des flammes gigantesques, de reflets et de formes variables ; les uns ont une couleur dominante et fixe ; d'autres se parent de feux changeants ; les uns voyagent seuls, d'autres sont associés, forment des systèmes doubles ou multiples dont les mouvements s'enchaînent, s'entrelacent.

« Chacune de ces étoiles est un petit monde dans le grand monde ; elle entraîne dans sa course tout un bataillon de comètes volages et de planètes avec leurs satellites. Soleils, planètes et lunes, astres chevelus, marchent, pivotent, circulent avec une étonnante vitesse et une régularité plus étonnante encore, autour d'un centre, en décrivant leurs courbes plus ou moins elliptiques ou circulaires. Tout se mêle, se croise, et tout, à heure fixe, se trouve à sa place, comme dans un fantastique ballet, pour recommencer de suite ses symétriques évolutions, comme s'il y avait un maître d'orchestre pour battre une mesure que ces masses minérales pussent comprendre et suivre. »

« Essayez de vous représenter intégralement cette grande mise en scène de tous les mondes et avouez qu'elle serait splendide pour un œil parfait qui en saisirait l'ensemble sans en perdre néanmoins aucune particularité. Ne semble-t-elle pas composée à dessein pour fasciner les yeux, et s'accommoder à un perpétuel ravissement de l'âme? n'y a-t-il pas dans l'espace un point, une position, d'où l'on contemple l'Univers sous son véritable aspect, dans son complet déploiement, dans son imposante grandeur et magnificence?

« Le comtemplateur de ces merveilles divines, nous le cherchons; mais nous ne le trouvons pas sur notre Terre; nous ne le rencontrons point d'avantage sur d'autres astres. Ce spectateur ne doit avoir sa place fixée sur aucun globe, et il doit être hors de la scène. Nous le voulons encore toujours vivant, pour que son regard embrasse à la fois l'entière révolution de tous les mondes et leurs phases successives dans la durée des temps; nous le concevons doué d'un organe de vision merveilleux, s'adaptant aux détails comme à l'ensemble des êtres cosmiques. »

Voilà qui est beau, très beau! Impossible de le nier. Mais quelque chose d'essentiel manque et devait manquer, une porte pour entrer dans ce palais ou, pour parler plus simplement, un contemplateur de ces merveilles. Vraiment Dieu ne peut rien faire comme il faut!!! Il a créé des merveilles, mais personne pour admirer ses œuvres! C'est du moins ce que dit l'écrivain des *Études*. Et parce que Dieu ne peut donner à ce contemplateur, si désirable, ni un télescope infini, ni un microscope infini, on préfère ne lui donner rien du tout, et, puisque ce contemplateur ne peut tout, il ne doit point exister; ce serait inutile. Drôle de raisonnement!

Tout autre, il nous semble, aurait placé des êtres intelligents un peu partout, au milieu de ces merveilles, afin que *tous successivement* et en différents lieux pussent ce qu'un seul ne pouvait pas. Parce qu'on n'est ni éternel, ni immense, il est plus convenable qu'on ne soit pas !

Ce comtemplateur que vous cherchez, en vain, nous le trouvons sans peine et sur notre Terre et sur tous les autres astres; il est infini. C'est la divine Sagesse, Verbe de Dieu, son Fils. C'est Elle-même qui nous l'assure, dans le livre des Proverbes : j'étais, dit-elle, avec Dieu, harmonisant toutes choses et tous les jours, je faisais mes délices en comtemplant ces merveilles et je m'amusais dans les orbes des terres[1].

L'admiration, le contentement de la divine Sagesse : voilà l'hymne chanté à la gloire du Créateur et qui dira que ce culte n'est pas digne de lui. Avant l'Incarnation le Verbe ne cessait de rendre au Père céleste, le culte de respect, d'adoration, d'admiration.

Nous pouvons donc dire, en toute vérité, après avoir examiné les raisons qu'on oppose à la pluralité des mondes habités que l'Incarnation et la Rédemption ne demandent nullement à rejeter cette opinion.

§ III. — Les Optimistes.

Les défenseurs des opinions géocentrique et anthropocentrique et quelques auteurs pieux, qu'ils le sachent ou ne le sachent pas, sont de fait optimistes, s'ils sont conséquents avec eux-mêmes, et la réciproque a aussi lieu. Ce que nous avons répondu aux théories précédentes suffit donc pour réfuter pleinement l'optimisme, au point de vue de l'habitabilité des mondes. Après mûre reflexion et après avoir considéré quelle grande proportion occupe désormais dans le monde scientifique, philosophique et théologique, la question que nous traitons, nous croyons devoir nous y arrêter un peu plus longtemps que nous ne le pensions.

Il y a un contraste frappant entre les opinions que nous

---

1. Prov. VIII, 30.

venons de réfuter et les optimistes, quoi qu'ils aient un point, commun, c'est d'être tous arriérés ; ils ne marchent que dans de vieilles idées, au lieu de suivre un peu le développement de l'humanité et de l'Église. Les fondements de la nature, de la raison et de la foi sont inébranlables, comme les racines des grands arbres; mais l'épanouissement ne s'arrête pas, autrement c'est la mort. Coupez les racines, c'est la mort; que la sève cesse de monter, de se manifester, c'est le dépérissement. Les excroissances, les branches gourmandes, les superfétations sont des déviations du courant réel de la vie. Dieu seul est immuable et pourtant il est la beauté toujours ancienne et toujours nouvelle. Tout le reste doit changer, se modifier, s'approprier au temps, aux circonstances et aux lieux; l'Église elle-même ne se soustrait point à cette loi et de là, à chaque instant, ces évolutions que ne veulent comprendre ni les adversaires de l'Église, ni certaines personnes qu'on pourrait nommer des vieux catholiques. Je ne fais aucune allusion aux vieux catholiques allemands, je me sers d'une expression qui me paraît rendre ma pensée.

Les vieux intransigeants du catholicisme, reste du Jansénisme, à la forme protestante, condamnent tout ce qui sort tant soit peu de la *lettre* de nos Saints Livres, oubliant que la lettre tue, et même ils n'acceptent que leur interprétation individuelle. Les optimistes mettent le sentiment, une espèce de piétisme, à la place de la raison et de la foi. Les premiers veulent immobiliser le Christianisme, les seconds y font pousser des superfétations.

1° Comme le mot l'indique, on désigne sous le nom d'*optimistes* ceux qui prétendent que Dieu a créé le monde le plus parfait possible. De là résultent plusieurs conséquences importantes : l'Incarnation élevant l'humanité à sa plus haute expression, l'homme est le plus parfait des êtres terrestres; il est, par conséquent, le centre de tout : le Verbe incarné ayant touché de son pied la terre, celle-ci devient le centre du monde; d'un autre côté, l'Incarnation fait essentiellement partie de la création. Il y a encore une foule d'autres conséquences qui sont incluses dans le principe et dans ses conséquences. Comme nous allons le voir, les premiers optimistes n'avaient nullement ces hautes visées; mais leurs descendants n'ont pas manqué de tirer les conséquences renfermées dans les prémisses et même d'autres qui n'y sont nullement contenues.

2° C'est Honorius d'Autun, qui mourut vers l'an 1150, qu'on peut regarder comme le père de cette doctrine: puis apparaissent l'Abbé Rupert, Alexandre de Halès, Albert-le-Grand, Duns Scot, Norland, de Cusa, Leibnitz, Malebranche, M. Olier, Marie d'Agréda et un assez grand nombre de Scotistes, mais pas tous. Dans ces derniers temps, plusieurs auteurs de livres spirituels se sont attachés à cette opinion, y trouvant une ample matière à la sensibilité et au sentiment et, disons le mot, un moyen de faire quelque chose de nouveau.

Il faut remarquer que le christianisme a pu vivre mille ans et s'épanouir dans l'humanité sans le secours de cette assertion d'Honorius d'Autun. Aussi les optimistes se font un jeu de torturer les textes des divines Écritures et prennent constamment *in sensu composito*, ce qui n'est réel que *in sensu diviso*[1]. Sans doute, comme la personnalité du Christ est la personnalité du Verbe, on peut attribuer au Christ ce qui est vrai du Verbe; mais l'application qu'ils font des textes est fausse, bien qu'ils puissent se servir de l'expression. Comme le dit fort bien Saint Thomas, on peut affirmer que « Dieu est mort » et que « l'homme est Dieu dans le Verbe Incarné », quoique, en réalité, la divinité ne puisse mourir, ni l'homme être Dieu.

Nous avons, en ce moment, devant les yeux, un auteur récent, qui est obligé de confesser que ses assertions sont fortement combattues, comme manquant de bases. « On nous dit sans cesse, écrit-il, que nous manquons de bases

---

1. C'est-à-dire qu'ils prennent dans le sens général, ce qui n'est vrai que dans le sens particulier.

scripturaires et traditionnelles. Cela est faux. Les textes que nous avons déjà cités et ceux que nous fournirons dans la suite, entendus dans leur sens obvie, sans explications, plus ou moins, sont avec nous. Lors même que l'Écriture et les Pères ne feraient que parler de la Rédemption, serait-ce une raison pour rejeter *a priori* la thèse de toute l'École Franciscaine? Nous ne le pensons pas. »

Vous pouvez ne pas le penser; mais généralement on cherche une base scripturaire et une autorité patristique pour mettre dans le fondement des monuments qui touchent à la foi; c'est le granite sur lequel doivent reposer les colonnes de l'Église enseignante.

Aussi vous avouez encore « qu'on vous dit (c'est la raison qu'on croit la plus grave) : Ce n'est pas l'opinion de l'Église. Sixte IV et Benoît XIV ont déjà répondu que l'Église n'avait rien défini là-dessus; que l'une et l'autre opinion s'appuyaient sur la piété, les autorités et les raisons, qu'on ne pouvait sans présomption et témérité les disqualifier l'une ou l'autre. Enfin, les Docteurs, les Saints, l'École Franciscaine qui soutiennent cette doctrine n'ont jamais été les antagonistes de l'Église. Est-ce que, par exemple, le dernier des docteurs de l'Église, proclamé par Pie IX, S. François de Sales, très Scotiste sur ce point, va contre l'enseignement de l'Église? Qui donc est avec l'Église de celui qui obéit à ses décrets, ou de celui qui, contre les décrets des Souverains Pontifes défendant sous peine de châtiment de disqualifier l'une ou l'autre opinion, va dire partout que l'École Franciscaine, sur cette question, est l'antagoniste de l'Église? Il est curieux de constater comment des hommes que l'on prétend doctes, intelligents font preuve du contraire, en voulant imposer leurs idées, dans des opinions libres : c'est le moyen, remarquait le R. P. Jandel, de les affermir. Si nous insistons tant, c'est 1° qu'on nous y a poussé, 2° qu'il s'agit de l'honneur de notre vieille École, 3° et c'est le motif principal, parce que nous trouvons cette opinion plus glorieuse pour Notre-Seigneur et pour la

Sainte Vierge. Dieu est unité; or cette doctrine permet de synthétiser davantage le dogme, de le ramener à un seul principe, l'*amour*. Enfin, nous pensons qu'à l'heure actuelle, où tant d'hommes nient la royauté sociale de Notre Seigneur, il est bon d'affirmer plus hautement que jamais, que non seulement le Christ est notre Rédempteur, mais encore qu'il est la raison d'être de toutes choses, de la création comme des individus, des familles comme des peuples, et qu'il a, comme tel, droit aux hommages des particuliers comme des nations ».

Nous reconnaissons hautement que l'optimisme est une opinion parfaitement libre, que l'Église ne l'a nullement condamnée. Mais il ne s'ensuit pas que l'on soit obligé de trouver bon la manière dont les optimistes appliquent la Sainte Écriture et l'interprétation qu'ils en donnent. Saint Thomas nous paraît préférable, sur ce point, surtout pour l'explication des Épîtres aux Colossiens et aux Éphésiens[1].

Qu'on trouve cette opinion plus glorieuse pour Notre-Seigneur et pour la Sainte Vierge, c'est bien possible pour l'imagination, mais nullement pour la raison et surtout pour le cœur et la gloire que vous voulez donner au Sauveur et à notre divine Mère, c'est de la gloriole; et nous nous trompons beaucoup, s'ils tiennent à ces titres de noblesse, à ces vieux parchemins de l'éternité.

Quelle est la source de la gloire? c'est la supériorité universelle, la supériorité en tout. La supériorité du corps, la beauté physique, la force, l'intelligence, la volonté, le cœur et surtout le cœur, la charité! Dieu est supérieur à tout, parce qu'il est charité, *Deus charitas est*; l'amour, voilà le dernier mot de tout être : *charitatem non habeo, nihil mihi prodest*[2].

La gloire de Dieu le Père et la gloire de Marie, que nous ne devons pas séparer du Père Éternel, c'est d'avoir donné leur

---

1. Coloss. I, 16 et seq. — Ephes. I, 4-6.
2. I Corinth. XIII, 2.

fils pour nous et cela, lorsque nous étions pécheurs. *Sic Deus dilexit mundum ut Filium suum unigenitum daret*[1]. Sous ce rapport, quelle a été la charité de Marie? Vous admirez ces paroles d'une mère française, répondant à quelqu'un qui voulait la préparer à la mort de son fils, frappé sur le champ de bataille pour la Patrie. Après avoir exposé à la mère la situation critique dans laquelle son fils s'était trouvé, le messager lui pose cette question : que voulez-vous qu'il fît? Qu'il mourût... répondit-elle! — Que ce calice passe loin de moi, prie Jésus : *transeat a me calix iste!* Non, tu mourras. Que voulez-vous qu'il fît? Qu'il mourût, répondit cette grande française! Qu'il meure, répondit la mère de Jésus! Qu'il meure, répond le Père à Jésus sur la croix! *Transeat a me calix iste...* Non, tu mourras.... *morte morieris;* tu es venu sauver l'humanité, voilà ton œuvre. L'homme a été condamné à la mort, *morte morieris....*

Voilà la charité du Père et de la Mère. Et la vôtre, Jésus? Vous êtes sauveur, vous devez sauver, et Jésus ne balancera pas, il n'hésitera pas. Il mourra! S. Jean nous dit qu'il n'y a pas de plus grande charité que de donner sa vie pour ses amis : *Majorem hac dilectionem nemo habet*[2].

« Pourquoi donc le Christ, lorsque nous étions encore infirmes, est-il mort au temps marqué pour des impies?

« Certes, à peine quelqu'un mourrait-il pour un juste; peut-être cependant que quelqu'un aurait le courage de mourir pour un homme de bien.

« Ainsi, Dieu témoigne son amour pour nous, en ce que, dans le temps où nous étions encore pécheurs,

« Le Christ est mort pour nous[3].

« Oui, le Sauveur m'a aimé et s'est livré lui-même pour moi[4].

---

1. Joan. III, 16.
2. Joan. XV, 13.
3. Ad Rom. V, 6, 7, 8, 9, 10, — voir S. Thomas.
4. Dilexit me, et tradidit semetipsum pro me. Gal. II, 20.

Je le comprends, mon Sauveur, c'est une charité excessive[1].

O Sauveur Jésus, vous êtes digne de recevoir toute gloire, toute louange, à cause de votre charité infinie; « car, étant dans la forme de Dieu, vous n'avez pas cru que ce fût une usurpation de vous faire égal à Dieu;

« Mais vous vous êtes anéanti vous-même, prenant la forme d'esclave, ayant été fait semblable aux hommes et reconnu pour homme par les dehors.

« Vous vous êtes humilié vous-même, vous vous étant fait obéissant jusqu'à la mort et la mort de la croix.

« C'est pourquoi Dieu vous a exalté et vous a donné un nom qui est au-dessus de tout nom;

« Afin qu'au nom de Jésus, tout genou fléchisse dans le ciel, sur la terre et dans les enfers.

« Et que toute langue confesse que le Seigneur est dans la gloire de Dieu le Père. »

Et nous finirons, en disant aux catholiques : ayez en vous les sentiments qu'avait le Christ Jésus[2].

Le titre de gloire de Jésus de Nazareth, est, selon nous, celui qui a été attaché sur sa croix : I. N. R. I[3]., — et il était en trois langues, hébraïque, grecque et latine, afin qu'il fût affirmé le Sauveur de l'humanité.

Quant à la synthèse du dogme dont vous parlez, j'ose vous dire que vous produisez un effet tout contraire et un effet très nuisible; vous désynthétisez. Le dogme chrétien est très simple : Dieu crée par sa puissance, c'est-à-dire qu'il réalise en dehors de lui des formes qui sont des représentations de son Verbe. Sur notre planète, l'homme est la plus parfaite de ces formes; c'est une image et même une ressemblance. Dieu perfectionna cette créature, en l'élevant jusqu'à sa nature; car l'homme primitif fut fait consort de la nature divine, comme l'homme restauré. Il devait arriver à l'union intime

---

1. Propter nimiam charitatem suam qua dilexit nos. EPH. II, 4.
2. Ad PHILIP. II, 5, 6, 7, 8.
3. Jesus Nazarenus rex Judæorum. MATH. XXVII, 37.

avec Dieu. Il était Fils de Dieu; car c'était l'effet de la grâce primitive, comme de la grâce de restauration.

L'homme élevé à ce degré d'honneur, ne comprit pas ce que Dieu avait fait pour lui, il descendit au rang de l'animal et s'efforça de lui devenir semblable... Dieu s'avouera-t-il vaincu? Non. Je ne dis pas qu'il est le Tout-Puissant, mais qu'il est la miséricorde infinie et, pour triompher de l'égoïsme, de l'ingratitude et, j'oserai dire, de la *stupidité* de l'homme, il se fera crucifier par amour pour lui[1]. L'optimisme mêle le surnaturel au naturel, la grâce à la nature. La marche d'un être dans le progrès, c'est de passer du possible à la réalité, du naturel au surnaturel. Sans doute Dieu avait prévu la chute de l'homme; mais cette chute n'a pu être cause que d'un restaurateur. — Votre optimisme ne fait que mêler des éléments hétérogènes à votre synthèse et au lieu de la réduire à l'amour, vous allez chercher, dans les décrets éternels de Dieu, je ne sais quels titres de noblesse et de gloire. Jésus-Christ n'a que faire de ces titres, il est essentiellement humanitaire, et c'est ce qui émeut un cœur d'homme. Dieu s'est fait homme pour moi, il est mort pour moi!

Vous prétendez, qu'à l'heure actuelle « il est bon d'affirmer plus hautement que jamais, que non seulement le Christ est notre Rédempteur, mais encore qu'il est la raison d'être de toutes choses, de la création comme des individus, des familles comme des peuples, et qu'il a comme tel, droit aux hommages des particuliers comme des nations ». Ce n'est pas tout d'affirmer, il faut prouver cette affirmation; car, en vertu de l'axiome de logique, ce qui est affirmé sans preuve est nié sans preuve : *quod gratis affirmatur, gratis negatur.*

Les savants vous nieront que le Christ soit la raison d'être de toutes choses, ils n'auront pas tort; car la raison d'être de toutes choses, c'est l'amour de Dieu, comme le démontrent

---

1. Nos autem prædicamus Christum crucifixum. Judæis quidem scandalum, gentibus autem stultitiam. I. Ad Corinth., i, 23 — voir S. Thomas, explication des Epîtres de S. Paul.

Saint Thomas et tous les autres Pères et théologiens. Quant aux chrétiens ordinaires, ils comprennent que nous appartenons au Christ, comme chrétiens, puisqu'il nous a rachetés, nous a sauvés, s'est fait notre frère, qu'il partage généreusement avec nous et nous rétablit dans l'héritage paternel, que nous avions perdu, enfants prodigues. Voilà qui est clair! Mais comprendre votre prescience, votre prédestination! Non, non, saints optimistes, vous déroutez les charbonniers, les cordonniers, les laboureurs, tous les ouvriers et surtout les nègres et les négresses, qui vous répondraient simplement : *tout ça, c'est bêtise!* Ne comprenez-vous pas qu'avec votre optimisme, vous changez pour ainsi dire la doctrine chrétienne, vous changez du moins de centre à la doctrine catholique? Il faudrait donc aussi changer nos credo, notre liturgie, nos prières et la sainte Écriture qui n'a qu'une chose en vue, la *Rédemption* par l'Incarnation. La fin, c'est la Rédemption; le moyen, c'est l'Incarnation; et Dieu aurait pu *prendre un autre moyen;* pour vous, l'Incarnation est la fin, la Rédemption, c'est un fait occasionnel, un hasard favorable et dont Dieu profite; c'est la moindre des choses qu'il ait eu assez d'esprit pour cela!

Nous mettons les optimistes au défi de prouver qu'ils ne changent pas d'axe au Christianisme et nous serons le premier à les féliciter, s'ils réussissent! Mais nous en doutons fort.

3° Les premiers optimistes étaient modestes et sans prétentions; il n'en est pas tout à fait de même aujourd'hui.

A l'exception d'Honorius d'Autun qui dit qu'il a fallu que Dieu s'incarnât, afin que l'homme fut déifié, *ut homo deificaretur oportuit ergo...* » En sorte que, d'après lui, le péché n'a pas été cause de l'Incarnation; mais plutôt la cause de la mort du Verbe incarné, *sed potius causa mortis*; à l'exception d'Honorius donc, les autres optimistes n'ont jamais affirmé la nécessité de l'Incarnation, si l'homme n'avait pas péché, excepté dans ces derniers temps. Voici comme parle Albert le Grand : « L'Incarnation est une œuvre libre du

Très-Haut, une œuvre qui pouvait avoir lieu ou ne pas avoir lieu, dans l'état d'innocence. Si nous aimons à croire qu'elle aurait eu lieu, c'est par un motif de piété et d'affection pour le Verbe incarné ; mais *sans aucune certitude, aucune raison d'évidence*. Ainsi nous n'affirmons rien : *nihil de hoc asserendum dico;* nous nous contentons d'affirmer un pieux sentiment : *sed credo hoc quod dixi magis concordare pietate fidei*[1]. »

Alexandre de Halès, s'exprime avec la même retenue : « Sans porter préjudice à l'autre opinion, *sine præjudicio*, dit-il, je vois encore dans l'état de justice primitive une certaine convenance de l'Incarnation[2] ».

Les optimistes qui, avec Honorius d'Autun, admettent, dans l'état d'innocence, la nécessité de l'Incarnation pour la déification de l'homme, oublient que l'homme fut déifié[3], au moment de sa création ou tôt après, par la communication de la grâce sanctifiante, autant ou plus qu'il ne l'est après l'Incarnation. L'Incarnation a pris seulement une forme sensible pour la sanctification et la déification de l'homme, les sacrements ; mais le fond est le même : *grâce et gloire*.

4° Cette opinion n'a pas été condamnée, peut-être parce qu'elle était très modeste à son apparition, comme nous venons de le voir ; mais elle n'a non plus jamais joui des faveurs de l'Église, quels qu'aient été ses défenseurs. Et il restera toujours vrai que le Verbe s'est incarné pour sauver le monde.

Nous chanterons toujours dans notre *Credo* : « *Qui propter nos homines et propter nostram salutem descendit de cœlis et incarnatus...* » Son nom signifie Sauveur ; c'est essentiellement son titre ; c'est ainsi qu'il fut nommé par l'ange, avant sa conception dans le sein de l'humble Vierge[4]. C'est en cette

---

1. Albert. Mag. 3 ; d. 20, a. 4.
2. Alexand. aleus. Summa. p. 3., q. 3 ; nomb. 13.
3. S. Thom. Sum. I. Quæst xcv. ar. 1. 2. — q. 5. a. 1. corp.
2. Dist. 20. q. 2. ar. 3, corp. — dist. 29, q. 1. ar. 2, et quodl. 1. ar. 8. corp.
4. Jésus... quod vocatum est ab angelo, priusquam in utero conciperetur. Luc. II, 21.

qualité qu'il avait été annoncé par les prophètes, attendu, non seulement par les Juifs, mais par l'humanité entière; c'est en cette qualité qu'il fut reçu et reconnu : *quia natus est vobis hodie Salvator qui est Christus*[2]. Pourquoi le Père a-t-il envoyé son Fils dans le Monde? Ecoutez ce que dit Jésus lui-même, vous qui prétendez connaître les décrets éternels de Dieu et qui accommodez les choses du ciel à votre façon.

« Jésus répondit et lui (à Nicodème) dit : Tu es maître en Israël, et tu ignores ces choses?

« En vérité, en vérité, je te le dis, ce que nous savons, nous le disons, et ce que nous avons vu, nous l'attestons, et vous ne recevez pas notre témoignage.

« Si je vous dis les choses de la terre, et que vous ne croyiez point, comment croirez-vous, si je vous dis les choses du ciel?

« Car personne n'est monté au ciel que celui qui est descendu du ciel, le Fils de l'homme qui est dans le ciel.

« Et comme Moïse a élevé le serpent dans le désert, il faut de même que le Fils de l'homme soit élevé;

« Afin que quiconque croit en lui ne périsse point, mais qu'il ait la vie éternelle.

« Car Dieu a tellement aimé le monde, qu'il a donné son Fils unique, afin que quiconque croit en lui, ne périsse point, mais qu'il ait la vie éternelle.

« Car Dieu n'a pas envoyé son Fils dans le monde, pour condamner le monde, *mais pour que le monde soit sauvé par lui.*

« Qui croit en lui n'est point condamné, mais qui ne croit point est déjà condamné, parce qu'il ne croit pas au nom du Fils unique de Dieu[1]. »

Tout est là; c'est Jésus qui parle, Jésus qui sait ce qu'il dit, parce qu'il est du Ciel et qu'il sait ce qui s'y passe.

1. Luc. II, 11.
2. Joan. III, 10-17.

C'est Jean, le disciple bien aimé, que les Apôtres consultèrent pour connaître la pensée du Maître, qui nous rapporte les paroles de Jésus. La comparaison est admirable : Moïse élève le serpent dans le désert, pour empêcher de mourir ceux que les serpents auront mordus et qui regarderont le serpent d'airain. Il faut de même que le Fils de l'homme soit élevé sur la croix pour sauver l'humanité. Car Dieu n'a pas envoyé son Fils dans le monde pour condamner le monde, mais *pour que le monde soit sauvé par lui.* Voilà la fin de sa mission : *sauver le monde,* et, ni Jésus, ni Jean ne vous parlent pas d'autre chose, ni d'autres fins, primant celle-là. L'Incarnation est le moyen que le Père a choisi, de concert avec son Fils[1]. Qu'on se donne la peine de lire l'Épître de Saint Paul aux Hébreux, chapitres VIII, IX et surtout X, avec le commentaire de S. Thomas, et l'on sera convaincu que le but de l'Incarnation a été la Rédemption et pas autre chose. Et il n'y a pas de salut en aucun autre, car nul autre nom n'a été donné, sous le ciel, aux hommes par lequel nous devions être sauvés[2].

Et c'est pour cela que l'Église catholique chantera chaque année, à la bénédiction du cierge pascal : O l'heureuse faute! qui nous a mérité d'avoir un pareil et si grand Rédempteur![3]. « En effet, dit Saint Jean-Damascène, si nous avions conservé notre première innocence, Dieu ne nous aurait pas formé une autre plus belle et plus admirable[4].

Généralement les Pères de l'Église sont de l'opinion que le Verbe s'est incarné pour sauver l'humanité déchue, on a beau les torturer on ne peut arriver à leur faire dire le contraire.

Selon nous, le P. Thomassin a bien exposé la question dans son traité de l'Incarnation[5].

1. Ps. XXIX, 8 — 2. Hæb. x, 9... — Act. IV. 12.
3. In benedictione cerei paschalis.
4. Joan. Damas. Hom. I. in Nativ. B. M. Virg. Tom III, p 674.
5. Thomassin. Dogmat. Theolog. De Incarnat. Lib. II. cap. v, vii, Tom. III, p. 189 et seq.

5° Un auteur tout à fait récent voudrait faire un optimiste de Saint Thomas; voici ses paroles : « Si nous ne nous faisons illusion, non seulement S. Thomas a des textes très clairs en faveur de l'Incarnation dans l'état d'innocence, sans le péché d'Adam, mais l'angélique maître a des principes qui nous amènent directement à notre conclusion. » Puis il s'efforce de faire dire au Docteur angélique ce qu'il ne dit nullement et prenant dans un sens faux ses paroles, ne tenant aucun compte de ce dont il s'agit, comme dans l'article 1. de la 1. quest. de la III° partie, il termine par ces paroles remarquables...

« Nous croyons que si le saint Docteur avait eu sous les yeux tous les textes des Pères de l'Église en faveur de notre opinion, ses principes l'auraient amené à notre conclusion, et s'il incline davantage vers l'autre opinion, c'est par respect pour l'autorité des anciens qu'il croyait unanimes en faveur du sentiment contraire. Alexandre de Halès, Scot, etc., s'appuient sur les mêmes principes que S. Thomas pour conclure à l'Incarnation lors même qu'Adam n'eût pas péché.

« Il nous semble qu'en général les théologiens tant thomistes que scotistes se sont contentés de prendre dans les scolastiques les citations qu'ils avaient sous la main, sans fouiller la patrologie; il est vrai qu'ils n'avaient pas les facilités que nous avons, mais par contre ils étaient plus nombreux et jouissaient de plus grands loisirs. Nous ne voulons pas dire que les Pères de l'Église avaient en vue certains de nos systèmes modernes, auxquels ils n'ont jamais songé; mais nous parlons des questions qui font partie de la Tradition. Certains beaux esprits qui ne comprennent pas qu'on s'enthousiasme pour quoi que ce soit d'idéal, nous demanderont pourquoi nous nous passionnons pour une question qu'ils appellent *byzantine?* Sans nous émouvoir, nous leur dirons que les questions qui traitent de la bonté, de la providence, de l'excellence du Christ, de sa Mère, du culte d'amour que nous leur devons, n'ont rien de byzantin. On nous permettra, fort comme nous le sommes des déclarations de Sixte IV, de Benoît XIV, de penser et dire, dans notre siècle de liberté, avec le dominicain Ambroise Catharin (lib. I., de Imm. Concept.) : « C'est l'esprit d'illusion qui en impose à ceux qui jugent cette opinion inutile, ils ne réfléchissent pas que de la vérité de cette question mise en lumière, on en reçoit une connaissance beaucoup plus grande de la providence de Dieu et de l'excellence du Christ. Cet article bien saisi est une voie largement ouverte pour l'intelligence des Écritures pour exciter en nous l'amour de notre Père céleste très clément. »

Devant ces assertions, il ne nous reste qu'à donner la thèse de S. Thomas sur la question[1].

« Si l'homme n'avait pas péché, Dieu se serait-il incarné? »

Après avoir énuméré les raisons de l'opinion contraire à la sienne, il répond : « Mais, au contraire, Saint Augustin expliquant ce passage de l'Évangile[2] : *Le Fils de l'homme est venu chercher et sauver ce qui avait péri*, et ces paroles plus formelles de saint Paul : « *Si l'homme n'eût pas péché, le Fils de l'homme*[3] » ; et enfin : « *Le Christ est venu en ce monde sauver les pécheurs*[4], la glose dit : « Le Christ, notre Seigneur, n'a eu d'autre raison de venir, sinon de sauver les pécheurs. Supprimez les maladies, ôtez les blessures, plus de remèdes qu'il faille appliquer[5]...

Conclusion — « Quoique Dieu ait pu s'incarner, le péché n'existant pas, il est cependant plus convenable de dire que si l'homme n'eût pas péché, Dieu ne se serait pas incarné, puisque *partout la Sainte Écriture nous montre la raison de l'Incarnation dans le péché du premier homme.*

« Je réponds que les opinions varient sur ce point, les uns disent que lors même que l'homme n'eût pas péché, le Fils

---

1. Sum. III. quest I. a. 3. de Incarnatione.
2. S. Augustin. de Verbo. Dom. Serm. xxxvi et de Verb. Serm. viii. c. 2
3. Luc. xix, 10. — 4. I Tim, I, 15. — 5. La Glose est de S. Aug. — voir de Verb. Serm. ix, 1.

de l'homme se serait incarné[1]. Les autres affirment le contraire. Il semble qu'il faut souscrire de préférence à cette dernière affirmation; car nous ne pouvons connaître les choses qui viennent uniquement de la volonté de Dieu, sans être dues aux créatures, qu'autant qu'elles nous sont transmises par la Sainte Écriture, qui nous révèle la volonté divine. Par conséquent, puisque partout les Livres Saints nous montrent la raison de l'Incarnation dans le péché du premier homme, il est plus convenable de dire que Dieu a destiné l'œuvre de l'Incarnation à être un remède contre le péché, en sorte que, si le péché n'eut pas existé, l'Incarnation n'aurait pas eu lieu[2]. La puissance de Dieu n'est cependant pas circonscrite dans ces limites; car il eût pu absolument s'incarner, lors même que le péché n'aurait pas existé. »

Les réponses que fait S. Thomas aux difficultés, réfutent bien les raisons que donnent les optimistes pour soutenir leur opinion.

1. Comme nous l'avons vu, cette opinion est de Scot et les Scotistes l'ont constamment défendue contre l'école de S. Thomas, c'est-à-dire contre la généralité des théologiens. Il est vrai néanmoins que Suarez, Isambert et quelques autres, tout en admettant que le décret divin de l'Incarnation suppose la chute de l'homme, disent aussi qu'elle eût pu être l'objet d'un autre décret dans l'hypothèse contraire.

2. C'est encore ici une doctrine généralement enseignée par les Pères. — Parmi les latins, nous pouvons citer, outre le grand évêque d'Hippone, dont on a déjà vu le sentiment dans l'énoncé même de la thèse, S. Ambroise, *De Incarn.* c. 6; S. Grégoire, dans son commentaire du I. *Livre des Rois*, IV, 8; S. Léon, qui a si admirablement parlé du mystère de la Rédemption contre toutes les hérésies de son temps. *Serm. III, pour la fête de la Pentecôte.*

Parmi les Pères grecs, S. Irénée, *Adv. hæres.* V, 14. « Si la chair n'avait dû être sauvée, dit cet illustre évêque de Lyon, le Verbe de Dieu ne se fût jamais fait chair. » Origène, son contemporain, tient à peu près le même langage dans sa XXIVe *Homélie sur le Livre des Nombres.* — Plus tard, S. Athanase, dans son 3e *Discours contre les Ariens* et S. Grégoire de Naziance, *Orat.* XXXVI; expriment le même sentiment. — S. Cyrille d'Alexandrie, qui, dans toutes ses œuvres, comme dans toutes les luttes de sa vie, s'est montré l'invin-

6° Qu'en est-il de l'optimisme et de l'habitabilité des mondes? — Nous nous sommes arrêté fort longuement sur l'optimisme, il le fallait; car les optimistes nous auraient accusé de faire des applications de leur système, sans l'avoir sérieusement examiné.

Voici ce qui nous semble du rapport de l'optimisme et de la pluralité des mondes : Les optimistes, s'ils veulent être conséquents, doivent admettre la pluralité des mondes, mais la pluralité des mondes ne conduit nullement à l'optimisme.

1. Nous avons combattu l'optimisme, non parce que nous croyons l'idée fausse; car Dieu n'a pu faire qu'une œuvre parfaite, très parfaite et impossible de faire mieux. C'est ainsi qu'agit un orateur, un poète, un peintre, un architecte, quand il a l'amour de son métier, quand c'est un artiste. Tout homme qui fait quelque chose, s'il ne manque pas une corde à sa lyre, tient à se dire : ça, c'est tapé ça! Nous sommes à l'image et à la ressemblance de Dieu et, par conséquent, Dieu doit avoir le même sentiment que l'homme ou, si vous aimez mieux, l'homme a le même sentiment que Dieu. Et, en vérité, la nature de l'homme répond à ce que Dieu a manifesté de lui-même. Le récit des grandes œuvres de Dieu dans la création se termine par une sorte de contentement divin. Dieu dit : c'est bien, c'est très bien. » *Vidit Deus cuncta quæ fecerat et erant valde bona* [1].

---

cible défenseur et le profond interprète du dogme de l'Incarnation, dit formellement, *De Trinit. Dialogue* v. « Si nous n'avions pas péché le Fils de l'homme ne se serait pas fait semblable à nous. » — Recueillons enfin, pour ne pas trop prolonger cette énumération, le témoignage de S. Jean Chrysostome : « S'il *(le Verbe)*, a revêtu notre chair, c'est uniquement par miséricorde, c'est qu'il a voulu avoir pitié de nous; on ne saurait assigner une autre cause à la dispensation de ce mystère. *Homél.* v. *in Epist. ad Hæb.*. Quoi de plus explicite? Un thomiste parlerait-il autrement? Ainsi parlent encore les Conciles et les auteurs les plus accrédités dans l'Église. — Pour les anciens Pères, il ne pouvait en être autrement, puisque l'optimisme ne date que du commencement du XII° siècle.

1. GEN. I, 21.

Peut-on faire mieux que ce *valde bona*, beaucoup bon[1]? Je crois que non, vu que le mieux est l'ennemi du bien.

Chaque jour les nouvelles découvertes scientifiques viennent nous démontrer la perfection de l'œuvre créatrice, la beauté qui y resplendit, l'harmonie qui y règne; c'est, en vérité, la multiplicité dans l'unité, et la démonstration en est enfin faite. Plusieurs y ont travaillé et un seul en recueillera le fruit; comme dit l'Évangile[2], autre est celui qui sème, autre est celui qui récolte.

« Maxwell avait soupçonné l'identité de la lumière et de l'électricité, mais les expériences qui devaient mettre en évidence cette identité n'étaient point faites. C'est au Dr Hertz qu'en était réservée la démonstration. Grâce à son excitateur et à son résonnateur, tout un nouveau champ inexploré s'est ouvert devant les électriciens, et la première conquête a été l'unité de forces physiques, rêvée, soupçonnée et tant de fois caressée par le P. Secchi. Lumière, chaleur, électricité, ne sont que des ondulations plus ou moins rapides de la matière, et pour mieux les comprendre, nous pouvons nous servir des lois de l'acoustique, qui règlent les ondulations de l'air[3].

Les conséquences seront sans nombre, extraordinaires, stupéfiantes pour les uns, exaltantes pour les autres. Pour nous, il reste *une matière unique*, milieu de tous les phénomènes, nombreux, infinis, produits par une loi unique, comme leur substratum la matière, manifestant une intelligence unique, une volonté unique, une puissance unique, une force unique, c'est Dieu se servant de la matière qu'il a lui-même créée. Tout cela conduisant à une fin unique, la

---

1. Moïse et le Saint-Esprit parlaient anglais, puisque les dix tribus sont venues se réfugier en Angleterre, nous assure-t-on.
2. Alius est qui seminat, et alius est qui metit. Joan. iv, 37.
3. La Croix supplément. Dim. 27, lundi 28, 1897.
Nous osons le dire, cette unité nous avait apparu depuis longtemps; nous n'avions pas le moyen de la démontrer. Nous, la saluons avec une joie immense. Le magnétisme est une autre forme, les couleurs en sont un résultat; un mot résume tout : *la matière en activité*....

glorification de l'auteur de tant de merveilles. Dans cette unité entre un être, l'homme auquel ses semblables, par orgueil et vanité, veulent donner une importance qu'il n'a pas dans l'ensemble de la création et c'est pour cela que David s'étonnait que Dieu se souvint de lui[1].

Cependant l'homme, sur notre planète, est supérieur à tous les autres êtres par son intelligence, par sa liberté et par ses autres facultés, prises dans leur ensemble. La révélation nous dit que Dieu se communiqua à lui d'une manière *surnaturelle*, qui n'était pas due, par conséquent, à sa nature. L'homme abusa de sa liberté; trompé par sa passion, il s'éloigna de Dieu; mais la miséricorde triompha de la justice et Dieu se fit homme pour sauver les hommes. C'est le comble de l'amour et le comble de la perfection. Dieu lui-même se charge de restaurer les dégats causés dans son œuvre par la liberté humaine. La restauration est permanente devant la tendance permanente de l'homme à tomber dans le mal. Voilà comme nous entendons l'optimisme.

Nous l'avouons, une idée commune de la création et un peu de chaleur au cœur conduisent à l'optimisme, une vue exacte des choses et de Dieu arrête cet enthousiasme; aussi nous ne sommes pas de cette opinion.

Mais, en la supposant une vérité, elle conduit nécessairement à l'habitabilité des mondes et, au moins, à une incarnation dans chacun d'eux. Chacun des arguments développés par les tenants de l'optimisme, militent en faveur de la pluralité des mondes habités.

Les optimistes sont donc condamnés à être plurimondains. Mais il paraît que la logique n'est pas leur fort, et, de fait, ils avouent n'agir que par sentiment et c'est pourquoi ils soutiennent que la Terre, sur laquelle le Sauveur a mis le pied, est le centre de tout, et, par conséquent, ils ne veulent pas que les autres mondes le soient; il y aurait trop de difficultés et, pour y couper court, ils préfèrent que ces mondes soient des lampions que nous voyons à la

---

1. Ps. VIII, 5. — Hæb. II, 6. Quid est homo, quod memor es ejus?

voûte céleste. Le Verbe s'étant uni à l'homme, l'Homme-Dieu ne peut avoir d'égal et la terre est l'idéal de la perfection, *l'optimisme* est réalisé. Et, au lieu de nous dire pourquoi plusieurs incarnations ne seraient pas plus parfaites qu'une Incarnation, ils jettent de hauts cris et demandent encore plus fort que les vieux catholiques : *que devient l'Incarnation?* Comme si une Incarnation dans l'étoile polaire détruirait l'Incarnation accomplie sur notre globe. Acceptant donc que l'Incarnation du Verbe élève l'homme, la terre et l'univers à la plus haute perfection possible, les optimistes sont nécessairement anthropocentriques et géocentriques. Aux catholiques qui admettent l'Incarnation, comme remède au péché, et qui cependant nient la pluralité des mondes habités, à cause de l'Incarnation, on peut répondre, comme Abraham à son fils Isaac, que Dieu se pourvoira ou s'est pourvu d'une victime, si les habitants des autres mondes en ont besoin[1]; ce qu'on ne peut dire aux optimistes, puisque d'après eux, le Fils de Dieu se fût incarné, lors même que l'homme n'eût pas péché.

Mais voici un argument qui est fait pour contrarier un peu les optimistes et auquel ils ne sauraient répondre.

On peut affirmer que par l'Incarnation ou l'union hypostatique, Dieu se communique à sa créature de la manière la la plus excellente : « perspicuum est de uisso Deum *summo modo*, se creaturis communicare, quod in opere Incarnationis impletum[2] ». Oui, il est évident que par l'Incarnation Dieu se communique au suprême degré à ses créatures; mais de là il ne s'ensuit nullement que la création soit la plus parfaite possible, ni même que le Verbe Incarné ait atteint la dernière limite de la perfection que Dieu puisse réaliser. — Comment le Verbe Incarné n'est pas l'ultime limite de la

---

1. Gen. xxii, 8. Dixit autem Abraham : Deus providebit sibi victimam holocausti, fili mi.
2. Sum. III P. q. 1, art. 1. — Voir aussi S. Thomas. art. 2. Ad plenam participationem divinitatis, in Corp.

perfection? Peut-on supposer un être plus parfait? N'est-il pas Dieu? — Oui, rien de plus parfait que le Verbe incarné qu'un Verbe incarné plus parfait.

Ici même confusion que quand il s'agit de faire de Jésus-Christ le premier-né de toutes les créatures. N'oublions pas que le Verbe incarné, n'est pas uniquement le Fils de Dieu, il est aussi le fils de l'homme, qu'il y a deux natures en une seule personne : la nature divine et la nature humaine. Et comprenons bien ces expressions : cela veut dire qu'après l'union, les deux natures subsistent dans leurs formes respectives; elles constituent une personne unique, mais non une substance unique, ce serait du panthéisme. « Nous confessons, dit le Concile de Chalcédoine (Part. II, ar. 5) qu'il faut reconnaître que le Verbe unique de Dieu est maintenant en deux natures, sans confusion, immuablement, individuellement, inséparablement, sans que la différence des natures ait jamais été détruite par suite de l'Union[1]. »

On ne peut rien supposer de plus parfait que le Verbe de Dieu, qui ne fait qu'un avec le Père et le Saint-Esprit; mais Dieu peut créer une nature humaine plus parfaite que la nôtre, à laquelle celle du Christ était en tout *semblable*[2], excepté les conséquences du péché originel. Mais une nature humaine plus parfaite ou une autre créature plus parfaite, entraînerait nécessairement une plus grande perfection dans la personnalité du Verbe incarné ou de Jésus-Christ. Le second terme, la nature humaine ne perfectionnera pas le Verbe, c'est évident, puisqu'il est Dieu; mais il perfectionnera le composé divino-humain qui est le Verbe fait chair[3].

1. Voir toute la question dans S. Thom. III. P. q. II, ar. 1 et 3.
2. Leo papa dicit, in Epist. ad Julianum 35, al. 11, versus finem. « Quod non alterius naturæ erat caro Christi quam nostra; nec alia illi quam cæteris hominibus anima est principio inspirata.
3. Utrum persona vel hypostasis Christi post Incarnationem sit composita. S. Thom. Sum., III P. Quæst. 2. art. 4. (3. Dist. 6. q. 2. art. 3).
1. Videtur quod persona Christi non sit composita... Sed contra est quod Damascenus dicit (orth. Fid. lib, III, cap. 3, 4 et 5) :

Sans vouloir prétendre que toutes les âmes humaines aient le même degré de perfection, ou ne l'aient pas, ce qui aurait pourtant son importance ici ; il est certain qu'un corps de qualités supérieures perfectionne une nature humaine, et, toutes choses égales d'ailleurs de la part de deux âmes, celle qui sera servie par un organe supérieur, l'emportera sur l'autre.

Nous pouvons donc conclure déjà que l'optimisme ne peut être satisfait par l'Incarnation sur notre planète. Les optimistes devraient prouver que Dieu ne peut créer ni une âme, ni un corps supérieurs à ceux qui existaient dans Notre-Seigneur, qui avait pris un corps et une âme *semblables* aux nôtres.

De plus, plusieurs Incarnations sont plus parfaites qu'une seule : donc l'optimisme demanderait au moins une Incarnation dans chacun des autres mondes habités, ce qui est contraire à cette opinion.

D'après ce que nous venons de dire, l'optimisme est une hypothèse dont on ne peut tenir compte, ni scientifiquement, ni philosophiquement, ni théologiquement ; c'est une opinion pieuse, comme d'ailleurs, l'affirmèrent au commencement

---

« In Domino Jesu Christo duas naturas cognoscimus, unam autem hypostasim ex utraque compositam.

Conclusio. — Tametsi persona Christi ex se sit simplex ; ut subsistens, tamen in duabus naturis, composita est censenda.

Respondeo dicendum quod persona sive hypostasis Christi dupliciter potest considerari : uno modo secundum illud quod est in se ; et sic est omnino simplex sicut et natura Verbi ; alio modo secundum rationem personæ vel hypostasis, ad quam pertinet subsistere in aliqua natura ; et secundum hoc persona Christi subsistit in duabus naturis. Unde licet sit ibi unum subsistens, est tamen ibi alia et alia ratio subsistendi : et sic dicitur persona composita, inquantum unum duobus subsistit.

C'est une conséquence nécessaire des *deux natures* dans le Christ. On lit aussi dans l'acte II du VI° Concile Général : *Unam ejus subsistentiam* compositam dicimus. Ac rursum : Quæ enim extat persona composita ex inconfuso constans temperamento partitionem convenientium nescit.

ceux qui lui donnèrent naissance. Si les optimistes étaient plurimondains, ils seraient rationnels; mais c'est loin de leur pensée.

2. Mais la pluralité des mondes habités ne conduit nullement à l'optimisme. — C'est un argument que voudraient faire contre nous les catholiques intransigeants, non optimistes, qui sont d'ordinaire assez pessimistes. Nous leur nions absolument le droit de nous confondre avec les optimistes, parce que nous sommes partisan de la *pluralité des mondes*. Il n'y a aucune connexion entre ces deux faits, tels que nous les concevons, excepté dans leur esprit. Parce que l'optimisme demande, comme conséquence, la pluralité des mondes et comme création et comme Incarnation, la réciproque n'est nullement vraie, comme nous le prouverons tout à l'heure.

Nous n'admettons nullement l'optimisme et nous n'admettons la pluralité des mondes habités que parce que nous croyons ces mondes habitables et que nous ne trouvons pas une autre raison suffisante de leur existence. Nous ne pouvons nous persuader, avec certains catholiques, que Dieu, Sagesse souveraine, qui a tout créé, avec nombre, poids et mesure, ait fabriqué, selon leur expression, des centaines de milliards de « *fanaux* » pour éclairer la coupole de la voûte céleste, et dont les habitants de la Terre, seuls spectateurs de la scène, aperçoivent à peine cinq ou six mille. Ce serait peu rationnel et une dépense superflue d'huile!

Le *Verbe fait homme* nous a cependant dit : « On n'allume pas une lampe pour la mettre sous le boisseau; mais on la met sur le chandelier, afin qu'elle éclaire tous ceux qui sont dans la maison[1]. Les hommes n'agissent pas ainsi, ni, à plus forte raison, Dieu, ajoute Menochius : Homines, multoque minus Deus.

Voici maintenant la raison qui coupe court à l'accusation des catholiques intransigeants.

---

1. Math. v, 15. Marc. iv, 21. Luc. viii, 16 et xi, 33.

L'habitabilité des autres mondes n'entraîne nullement, comme conséquence, l'optimisme, puisque, même dans le cas de la chute des habitants de ces contrées, l'Incarnation n'était pas absolument nécessaire pour les sauver, pas plus que pour notre Terre. C'est ce que nous dit S. Thomas pour l'humanité terrestre.

« Il n'était pas nécessaire de la première manière — c'est-à-dire « lorsqu'une première chose ne peut pas exister sans elle — que Dieu s'incarnât pour restaurer la nature humaine; car la Toute-Puissance de Dieu lui permettait de restaurer cette nature par beaucoup d'autres moyens[1]. »

Tel est aussi le sentiment unanime des Pères et des Docteurs[2]. On peut, pour s'en convaincre, les consulter dans l'ordre suivant : S. Athanase, *Orat.* III; S. Grégoire de Naziance, *Orat.* IX; S. Cyrille d'Alexandrie, dans son *Traité de l'Incarnation*, dirigé contre les Apolinaristes; Théodoret, *Serm.*, IV; S. Léon le Grand, *Serm.* II, *De Nativitate*; S. Grégoire, *Moral.*, XX, 26; S. Jean Damascène, *De Orth. fid.* III, 18. Qu'il nous suffise de citer quelques mots de S. Augustin et de S. Bernard, qui peuvent bien être considérés comme résumant en eux toute l'autorité de la Tradition chrétienne. Voici comment s'exprime le premier: *De Agone Christiano*, cap. II :

« Il y a des insensés qui disent : la Sagesse de Dieu ne pouvait autrement sauver les hommes, qu'en prenant elle-même la nature humaine, en naissant de la femme, en souffrant de la part des hommes tout ce qu'elle a réellement souffert. A ceux-là nous répondrons : Elle le pouvait parfai-

---

1. Primo modo — sine quo aliquid esse non potest — Deum incarnari non fuit necessarium ad reparationem humanæ naturæ; Deus enim per suam Omnipotentem virtutem poterat humanam naturam multis aliis modis reparare. (S. Thom. Sum. III p., q. 2, ar. 2 in corpore.

2. *Sentiment unanime*, car, chose curieuse, les optimistes qui exigent l'Incarnation pour leur système, n'admettent pas sa nécessité pour la Rédemption.

tement; mais, si elle avait choisi un autre moyen, votre folie n'y aurait pas moins trouvé à redire. »

Le second de ces Pères dit, dans une lettre contre Abailard, *Epist.* cxc : « Qui peut nier que le Tout-Puissant n'ait eu sous la main beaucoup d'autres moyens pour accomplir l'œuvre de notre rédemption ? Mais cela ne prouve rien contre l'efficacité de celui qu'il a choisi. » Il est vrai que S. Anselme a paru dire le contraire, en un ou deux endroits. Les Docteurs qui l'ont suivi, entre autres S. Bonaventure et Alexandre de Halès l'ont néanmoins interprété dans le sens commun de la Tradition.

L'accusation d'optimisme n'a donc nulle prise sur les défenseurs de l'hypothèse des mondes habités.

CHAPITRE II. — IL NE RÉPUGNE PAS ABSOLUMENT QUE L'INCARNATION ET LA RÉDEMPTION, S'IL EN EST BESOIN ET S'IL CONVIENT A DIEU, NE PRODUISENT LEURS EFFETS DANS LES AUTRES MONDES

Se basant sur la Toute-Puissance divine, on objecte qu'il peut bien se faire que nos deux grands mystères terrestres produisent leurs effets dans les autres mondes. Nous ne le nions pas. Il n'y a pas de répugnance absolue, c'est-à-dire de contradiction entre ce fait et la nature de Dieu et celle des êtres qui peuvent exister dans ces mondes; et il n'y a que la contradiction qui arrête cette puissance infinie. Ce serait même téméraire de nier cette possibilité, puisqu'un des termes nous échappe, la nature des êtres de ces lointaines régions. Dans notre étude, nous avons toujours supposé que les populations astrales étaient semblables aux habitants de notre planète, mais personne n'est obligé d'accepter cette hypothèse; il est même assez probable que cette similitude n'existe pas.

D'un autre côté, nous avons le droit de demander sur quelles raisons l'on s'appuie pour soutenir que les deux mystères de l'Incarnation et de la Rédemption, avec leurs conséquences, ont dû se faire sentir sur les différents astres habités. L'Écriture n'en parle pas, les Pères n'y ont même pas songé, aucune révélation particulière ne s'est accomplie à ce sujet, pourquoi donc?...

Je le veux bien, c'est un grand sentiment de Jésus-Christ, de la prétendue gloire qui lui reviendrait, qui pousse à ces opinions. On va même jusqu'à dire qu'il n'est pas possible que le royaume du Christ ne s'étende pas partout! Des esprits supérieurs, tels que le P. Gratry et M. Delestre, comme lui ancien élève de l'École polytechnique, se sont élancés plus ou moins directement dans cette manière de voir; une foule d'écrivains spirituels, plus ou moins exaltés et oublieux de tout ce qui se passe dans le monde, les ont suivis ou plutôt tracent leurs sillons, sans se demander s'ils ne font pas d'écart. C'est un sentiment pieux, nous le voulons bien; mais ce ne sont pas les sentiments individuels qui doivent être la règle de la raison et de la foi, ni même de la conduite morale de l'homme. Au contraire, pour qu'une opinion puisse être mise en avant et soutenue, en matière si importante, il faut que la raison et la foi semblent l'exiger, autrement on affiche la prétention d'imposer à la raison et à la foi des autres ses opinions personnelles et souvent ses aberrations.

Le respect pour la vérité, pour l'esprit et la conscience d'autrui devrait empêcher qu'on ne se lance ainsi dans des hypothèses sans fondement sérieux.

Nous n'ignorons pas que certains Pères de l'Église ont employé des expressions qui, si on les prend à la lettre, peuvent s'interpréter en ce sens. Ainsi, S. Hilaire de Poitiers dit expressément : « Dieu avait créé l'univers comme un seul corps composé de plusieurs membres, formé par la chaîne des êtres sensibles. » D'autres Pères et d'autres théologiens ont des expressions semblables. Mais pour comprendre le sens véritable de leurs paroles, leurs pensées, *genuinus sensus*, il faut se reporter à leur époque et se demander ce qu'on pensait alors de l'Univers et ce que comprenait cette expression. L'univers, c'était simplement la Terre, vers qui tout était tourné, le soleil et la lune qui l'éclairaient et les étoiles, lumières jetées çà et là sur le disque de la sphère creuse du firmament.

Pour eux, le Soleil, la Lune, les planètes et tous les autres astres étaient quelque chose d'accessoire, comme la lumière qui éclaire une habitation. Ils ignoraient complètement et leur nature et leur grandeur et leur distance de nous.

Et certainement, ils ne se doutaient même pas que les planètes de notre système et les autres astres, pussent être habités. Vouloir donc prétendre, à cause des mots univers, la nature toute entière, le monde entier, qu'ils ont songé à faire remonter jusqu'aux astres les effets de l'Incarnation et de la Rédemption, c'est leur attribuer des pensées qu'ils ne pouvaient même pas avoir.

Les théologiens plus exacts, comme Lessius et ceux qui l'ont suivi, ont fait la distinction entre *monde* et *univers* et leur ont donné le sens qu'ils ont aujourd'hui.

Personne n'a donné une meilleure raison en faveur des effets de l'Incarnation et de la Rédemption dans les autres mondes que sir David Brewster, savant distingué d'ailleurs et écrivain consciencieux. Voici ses paroles :

« Lorsque notre Sauveur mourut, l'influence de sa mort s'étendit en arrière, dans le passé, à des millions d'hommes qui n'avaient jamais entendu son nom, et en avant, dans l'avenir, à des millions qui ne devaient jamais l'entendre. Quoiqu'elle ne rayonnât que de la cité sainte, la Rédemption s'étendit aux terres les plus éloignées et à toute race vivant dans l'ancien et le nouveau monde. La distance, dans le temps ou dans l'espace, n'atténua point sa vertu salutaire. Ce fut une force « insaisissable pour les pensées créées » que la distance ne modifia point : toute-puissante pour le larron sur la croix, en contact avec sa source divine, elle conserva la même puissance en descendant les âges, soit pour l'Indien ou le Peau-Rouge de l'occident, soit pour l'Arabe sauvage de l'orient. Par une puissance de miséricorde que nous ne comprenons pas, le Père céleste étendit jusqu'à eux son pouvoir salutaire. Or, émanant de la planète moyenne du système, peut-être parce qu'elle le réclamait *d'avantage, pourquoi cette puissance n'aurait-elle pu s'étendre à une des races planétaires du passé*, lorsque le jour de leur rédemption fut venu; *et à celles de l'avenir*, lorsque la mesure des temps sera comblée. »

M. l'abbé Pioger, après avoir cité ce passage de Brewster, ajoute :

« Cette théorie est certainement préférable à celle qui fait incarner le Fils de Dieu autant de fois qu'il y a de mondes pécheurs, et qui veut que Jésus-Christ meure pour chacun d'eux en particulier. Il nous semble que la dignité et la sagesse éternelle sont tant soit peu blessées dans cette hypothèse[1]. »

Oui, les effets de l'Incarnation et de la Rédemption s'étendirent en arrière, dans le passé, et en avant, dans l'avenir; c'est une vérité incontestable. Mais remarquons-le bien, l'effet rétroactif n'eut lieu, que parce que le Sauveur fut promis à la Terre dès la chute de nos premiers parents, et la foi dans le messie à venir était nécessaire; foi plus ou moins éclairée, implicite ou explicite, sans doute, mais foi réelle. Il est aussi parfaitement vrai que la majeure partie des élus n'a ni vu, ni entendu le Sauveur; mais tous ont entendu parler du Sauveur et tous doivent croire en lui, comme nous l'assure l'Apôtre des nations dans son épître aux Romains.

« Tous ceux qui invoqueront le nom du Seigneur, seront sauvés. Mais comment l'invoqueront-ils, s'ils ne croient point en lui? et comment croiront-ils en lui, s'ils n'en ont point entendu parler? et comment en entendront-ils parler, si personne ne leur prêche? et comment les prédicateurs leurs prêcheront-ils, s'ils ne sont envoyés[1]? »

1. Le dogme Chrétien et les mondes habités, p 453-454.
1. Omnis enim, quicumque invocaverit nomen domini, salvus erit.

Oui, absolument parlant, l'opinion qui prétend que les effets de l'Incarnation et de la Rédemption sont applicables aux habitants des autres mondes habités, peut être admise, mais il ne faut pas oublier que *la foi au Sauveur à venir ou au Sauveur venu a toujours* été de rigueur.

Peut-être l'abbé Pioger s'est-il oublié tant soit peu, quand il a écrit que « cette théorie est certainement préférable à celle qui fait incarner le Fils de Dieu autant de fois qu'il y a de mondes pécheurs. »

Nous reviendrons plus tard sur cette question et nous ne négligerons rien pour lui donner une solution satisfaisante.

CHAPITRE III — VOULOIR FAIRE REMONTER LES EAUX DE L'INCARNATION ET DE LA RÉDEMPTION JUSQU'AUX AUTRES MONDES NE NOUS PARAIT PAS CONVENABLE.

Ce n'est pas nécessaire, avons-nous dit; ce n'est pas impossible, avouons-nous, de prétendre que les effets de nos deux grands mystères se fassent sentir jusqu'aux autres mondes, dans l'hypothèse de leur habitation. Selon nous, on ne devrait jamais faire appel à la puissance absolue de Dieu, dans des questions de la nature de celle que nous traitons en ce moment, ni non plus bâtir une thèse sur des *peut-être;* les fondements d'une argumentation doivent être des *vérités* et non des *possibilités.*

Voici un de ces raisonnements : « Entre les mondes, séparés par des distances infranchissables, mais retenus les uns aux autres par les liens de l'attraction, n'y aurait-il pas une union d'un ordre plus élevé, union morale suprasensible, mais réelle? Le sacrifice de la croix, offert sur la Terre,

Quomodo ergo invocabunt, in quem non crediderunt? aut quomodo credent ei, quem non audierunt? quomodo autem audient, sine prædicante? quomodo vero prædicabunt nisi mittantur? Rom. x. 13-15.

leur est-il profitable? ou, si leurs habitants n'ont pas eu besoin de rachat, parce qu'ils ne sont pas devenus esclaves, *qui sait s'ils ne s'intéressent* pas à notre sort, et si notre persévérance dans les voies du salut, ne doit pas être pour quelque chose dans le complément de leur félicité, de même que la vue de ces frères célestes glorieux et transfigurés doit, *peut-être*, un jour, parfaire notre bonheur éternel! »

« De ce que nous ne savons pas les merveilles que l'Auteur de tout bien a opérées en leur faveur, on ne pourrait pas conclure qu'ils ignorent également ce qui a lieu ici. S'ils ont conservé leur innocence originelle, ils ont reçu *peut-être* une Révélation plus explicite que celle qui a été faite à notre humanité... Avant leur chute, nos premiers parents conversaient familièrement avec Dieu et ses Anges. Ces races fortunées jouissent *peut-être* encore du même privilège et elles ont pu apprendre ainsi le grand mystère de l'Incarnation, accompli sur notre planète. »

« Dès lors notre globe si insignifiant au point de vue physique, acquiert, de ce chef, à leurs yeux, une importance exceptionnelle... Ainsi toutes les populations astrales, ou du moins, la plupart, auraient le regard et la pensée fixés sur ce mondicule, où des êtres faibles ont osé se révolter contre le Dieu Ineffable, dont elles connaissent mieux que nous l'Infinie majesté; elles auraient été mises au courant de ces inventions admirables de sa Souveraine Sagesse, par lesquelles ce Dieu, justement irrité, mais toujours infiniment bon, a voulu montrer, en même temps, non seulement sa Toute-Puissance, mais sa justice ineffable et son inénarrable Miséricorde. »

« Cette hypothèse séduisit Klopstock et l'inspira dans son immortel poëme. Si cet inconcevable mystère de la Rédemption, accompli sur notre Terre, n'avait eu pour but, en manifestant les perfections divines, que de sauver la postérité d'Adam, il pourrait encore être pour les innombrables habitants des sphères sidérales le sujet de leurs contemplations profondes, et l'occasion d'un inexprimable ravissement.... »

En voilà des *si* et des *peut-être* et il y a encore plus d'une page de ce genre. Cela s'appelle non du romantisme, mais du *conditionalisme*.

Et dirons-nous : *Si* rien de tout cela n'est vrai, ce qui est le plus probable, *peut-être* les habitants des autres mondes ne savent pas plus ce qui se passe chez nous, que nous ne savons ce qui se passe chez eux.

Vraiment, il y a de quoi d'en être jaloux et mécontent de Dieu, qui ne nous a rien révélé touchant nos frères célestes.

Les citations que nous avons faites plus haut, sont un peu longues, mais nous avons dû passer par là, pour n'être pas accusé de combattre des ennemis imaginaires.

Nous sommes donc en face d'adversaires réels et dont plusieurs, peut-être sans s'en douter, sont les défenseurs des doctrines géocentriques et anthropocentriques! Nous leur faisons l'argument suivant basé sur l'analogie.

A moins d'embrasser le matérialisme, qui admet l'évolution absolue de la matière, il faut admettre que l'éternelle Sagesse a eu un plan dans toutes ses œuvres; procédant du même principe, toutes ces œuvres sont nécessairement liées entre elles; car, comme nous le dit le Livre de la Sagesse, Dieu a fait et fait toujours toutes choses avec mesure, nombre et poids : *Sed omnia in mensura et numero et pondere disposuisti*[1], par conséquent, avec harmonie. Cette harmonie n'est pas quelque chose d'extrinsèque aux êtres, mais se trouve déposée en eux par le fait même de leur création; être et être harmonisé, c'est une seule et même chose. S'il y a élévation d'un être à un ordre supérieur par la communication de la grâce, l'être surnaturel ne vient pas rompre l'harmonie de l'être naturel; rien n'est détruit, il y a seulement une harmonie de plus qui s'établit.

Les facultés de tous les êtres, toujours sous l'influence de l'action divine, force motrice, conductrice et régulatrice,

---

1. Sages. 11, 21.

tendent à réaliser avec une précision mathématique[1] la loi de leur être, qui est leur fin.

Aussi, quand on approfondit les œuvres de Dieu dans les ordres : physique, rationnel, moral et surnaturel, on s'aperçoit aisément que la manière de procéder de Dieu est partout et toujours la même : ses principes sont absolus, ses conclusions sont logiques et ses applications tendent à assurer la réalisation parfaite, adéquate de ses conceptions. Rien n'est laissé au hasard, à l'arbitraire chez Dieu, et de toute éternité, il a pris ses précautions contre la liberté humaine, sujette à l'erreur et à la défaillance.

La grâce qui nous élève à l'état surnaturel est une participation de la nature divine, nous dit S. Thomas, après S. Paul; l'intelligence est une certaine participation de l'intelligence divine; la loi morale, inscrite dans le cœur de tout homme, est une certaine participation de la volonté divine, règle immuable du bien; l'amour est une certaine participation de la charité divine; le protoplasme de l'animal et de la plante est une certaine participation de la vie divine; l'activité de la matière, de l'atome et de la molécule, est une certaine participation de l'activité divine : et ceci n'est nullement du panthéisme. C'est là le contact divin dont parle S. Grégoire.

Et l'axiome : « La plus grande partie attire à elle la plus petite : *Pars major trahit ad se minorem*, a son application dans cet ordre universel : nous le voyons dans les lois physiques : la matière s'attire en raison directe des masses; le plus fort l'emporte sur le plus faible; la volonté la plus énergique reste victorieuse des résistances; l'intelligence supérieure domine l'ignorance et l'éclaire, et la vertu ou la grâce a le dernier mot des choses humaines et des choses célestes.

[1]. Mathématique : Tout est mathématique dans les quantités, les grandeurs, les étendues, les poids; les lois physiques et chimiques sont mathématiques, les lois logiques, et morales sont absolues, et nous ne pouvons pas douter que les lois théologiques n'aient pas la même rigueur.

Il ne faut pas sortir de cette loi. Dieu n'est pas un opportuniste, mais la sagesse, la justice et la charité.

Si l'on pose en principe que la Terre est le centre de l'Univers et l'homme la tête du monde, alors logiquement on doit donner l'influence physique à la Terre, et à l'homme l'influence morale, intellectuelle et surnaturelle sur la création tout entière. Placer la Terre et l'homme au centre de la création, c'est faire graviter autour d'eux toutes les œuvres de Dieu et, en quelque sorte, Dieu lui-même. Mais *certainement* Dieu s'est incarné sur la Terre, *dans l'humanité* et par conséquent cette Incarnation doit avoir son retentissement dans tout l'Univers. Ce raisonnement est absolu d'après les lois de la création et aussi pour la loi de la réparation de l'humanité.

Adam succombe et toute sa race avec lui, le nouvel Adam restaure cet édifice en ruine, toute la race d'Adam est restaurée; mais l'homme est la tête de tout... Donc... — Le Père Gratry aurait bien voulu arriver à cette conclusion; mais trop instruit des vérités de la foi chrétienne, il ne pouvait franchir ce Rubicon : la science, l'arrêta également. Un de ses admirateurs et, comme lui élève de l'École Polytechnique, très savant d'ailleurs, mais moins instruit dans la foi, n'a pas eu le même frein, et pour assurer une base à son système, il n'hésite pas à répudier presque absolument les données de la Science, de nier des vérités presque évidentes et d'affirmer des aphorismes du moins douteux, comme celui-ci : « La certitude ou la vérité de toute science dépend de la seule connaissance du vrai Dieu. » M. Delestre fait donc une revue complète du système astronomique pour démontrer que notre planète occupe, dans le monde physique, une place de choix, et qu'elle est l'astre le plus important, après celui qui sert de tabernacle à la divinité; car Dieu, ajoute-t-il, doit nécessairement habiter un globe plus lumineux que les autres, et ce globe est le vrai centre total d'attraction qui imprime le mouvement à toutes les parties du monde matériel. »

Pour justifier ces théories étranges, inutiles à la défense de l'Église, il faudra changer de fond en comble l'Astronomie actuelle, et revenir aux anciens systèmes dont la fausseté a été clairement établie par des calculs rigoureux et des observations mille fois répétées. N'importe, M. Delestre ne recule pas devant cette difficulté qui, pour tout autre, serait insurmontable; il appelle à son aide l'Algèbre et la Mécanique, cite les auteurs les plus éminents, et, donnant à leurs assertions une étendue qu'elles ne comportent pas, il mêle, de la meilleure foi possible, le certain et le discutable. Il entasse ainsi de nombreux arguments, en apparence scientifiques, mais qui, par des lacunes visibles aux hommes du métier, aboutissent à des conclusions en tout contraires aux vérités les mieux acquises[1].

Mais à l'exception de quelques illuminés, de quelques idéologues et de quelques arriérés scientifiques, tout le monde, comme Scipion, comprend le néant de notre atome terrestre. Notre planète n'est le centre de rien du tout, excepté de sa lune[2]. Tous ceux qui veulent se débarrasser de Copernic, tombent dans le paradoxe et prouvent simplement qu'ils ignorent ce qui existe ou que, envers et contre tous, ils prétendent soutenir une opinion démodée.

C'est un fait indéniable, que c'est du Soleil que notre planète a reçu l'être et que c'est de lui qu'elle reçoit toujours la vie, le mouvement et la fécondité. Otez le Soleil et que devient la terre? physiquement la terre est un atome tournant autour du Soleil, son centre, qui l'entraîne dans sa course à travers les espaces.

1. Quand jadis nous habitions une colonie anglaise, il y avait là un excellent prêtre, qui, entraîné par toutes sortes d'idées de piété chrétienne, entreprit un travail dans le genre de celui de M. Delestre. Il avait commencé la publication de son étude dans un journal catholique; mais, comme cela faisait tourner en ridicule le catholicisme, l'Évêque de l'endroit dut faire cesser cette publication. C'est ce qu'il avait de mieux à faire.
2. On dit qu'elle a maintenant deux lunes.

La Terre n'étant que cela, ne lui faisons pas jouer, dans la création, un rôle de tout-puissant qui ne lui convient nullement. C'est en faire un pygmée ridicule, un de ces êtres grotesques dont se servent nos caricaturistes pour représenter nos petits hommes, qui se croient quelque chose : tête monstrueuse, coiffure à l'avenant, torse proéminent par devant, jambes courtes et grêles, reposant, comme point d'appui, sur des pieds démesurés.

Habitants de la Terre, soyez modestes comme de petits enfants ; ne faites pas crever le petit ballon qui vous emporte dans l'espace, et surtout ne prétendez pas escalader le ciel, comme les Titans ; ce serait ridicule et cela vous porterait malheur, comme à eux ; ne conduisez pas votre char trop près du Soleil, comme Phaéton, de triste souvenir ; comme les hommes primitifs, n'essayez pas de bâtir une tour de Babel, vous parleriez, comme eux, un langage incohérent, ce dont on s'aperçoit déjà.

Devant les données de la science, qui ne sont plus des visées métaphysiques de quelques grandes âmes, comme Descartes et Leibnitz..., mais des faits constatés, pesés, examinés, analysés par les savants de tous les pays, dont il faut supposer quelques-uns en bonne foi et tant soit peu intelligents. Devant ces faits, il ne sied pas à un catholique de se coller à son rocher, comme une coquille univalve, et de crier à toutes les populations de l'océan : mon rocher, c'est l'univers et moi, j'en suis le roi !!!

Il est donc plus qu'évident que les habitants de la Terre, n'exercent aucune influence sur les habitants des autres mondes, ni dans l'ordre physique, ni dans l'ordre moral, intellectuel et surnaturel, pas plus que ceux-ci n'en exercent sur les habitants de la Terre ; ce serait rompre l'harmonie que Dieu a établie dans l'univers entier.

Rien, d'ailleurs, dans nos Saints Livres, rien dans la Tradition, rien dans les déclarations de l'Église ne justifie des opinions contre lesquelles l'Église avertit constamment ses enfants de se tenir en garde ; parce qu'elles deviennent des pierres d'achoppement sur le chemin de l'humanité. Trop de foi! trop de zèle! ô fils de Zébédée[1].

Ne rétrécissez point la voie qui conduit au royaume céleste, peu importe où il se trouve. Pourquoi, à cause d'opinions vieillies, voulez-vous empêcher la vérité de luire sur le monde? Ce n'est pas l'exemple que nous donne notre immortel pontife, Léon XIII, qui accepte le progrès des sciences et recommande à ses enfants de marcher dans cette voie, en suivant toutes les découvertes nouvelles, qui viennent chaque jour éclairer le chemin qui conduit l'homme vers le Père magnifique de tout ce qui existe. Parce que quelques uns des savants veulent se conduire eux-mêmes, comme des enfants imprudents, s'ensuit-il que tout ce qu'ils disent soit faux? Non.

Nous avons dit que rien dans nos Livres sacrés ne justifiait l'opinion de ceux qui veulent que l'Incarnation ait eu un retentissement quelconque dans les autres mondes; cependant, comme quelques individualités ont voulu détourner en leur sens certains passages de nos Saints Livres, nous allons jeter un coup d'œil sur ces textes. C'est dans Saint Paul qu'elles vont particulièrement chercher leur point d'appui. Voici les trois textes dont ils tirent surtout leurs conclusions :

« Car, en vérité, Dieu était dans le Christ, se réconciliant le monde, ne leur imputant point leurs péchés[2].

« Parce qu'il a plu *au Père*... de réconcilier par Lui toutes choses avec soi, pacifiant par le sang de sa croix, soit ce qui est sur la Terre, soit ce qui est dans les Cieux[3].

Et surtout : « Il (Dieu) avait résolu en lui-même.... de

---

1. Luc. IX, 49, 50. Quelques uns de nos catholiques feraient bien de lire ce passage du Saint Évangile.

2. Quoniam quidem Deus erat in Christo, mundum reconcilians sibi, non reputans illis delicta ipsorum. I. Corinth. V, 18, 19.

3. Quia placuit... et per eum reconciliare omnia in ipsum, pacificans per sanguinem crucis ejus, sive quæ in terris, sive quæ in cœlis sunt. Colos I, 19-20.

restaurer dans le Christ tout ce qui est dans les cieux et tout ce qui est sur la Terre[1].

D'après Saint Thomas[2], Commentaires sur les Epîtres de Saint Paul, ces trois passages expriment la même idée, le salut de l'humanité, la rédemption de l'homme pécheur.

Mais qu'est-ce qu'entend l'Ange de l'École par « tout ce qui est au Ciel et sur la Terre? »

Au ciel, sont Dieu et les Anges; sur la terre, sont les Juifs et les Gentils : *sive quæ in cælis*, ut Angeli et Deus, *sive quæ in terris*, s. e., Judæi et Gentiles. Et remarquons bien que S. Thomas, admettant la matière incorruptible du Ciel, la voûte de cristal, ne pouvait penser autrement.

D'abord, dans le Christ, se fait la réconciliation de l'homme avec Dieu[3], et par suite des Anges, car, par le rachat de l'homme, se trouve réparée la ruine des Anges[4], ou la ruine causée par les Anges.

Dans le Christ se fait aussi la réconciliation entre le Juif et le Gentil, dont le premier voulait la loi et le second ne la voulait pas : le Christ les a mis d'accord, parce que Lui, juif, a délivré des observances de la loi[5]. Sur la Terre encore, il a réconcilié les hommes entre eux, en les faisant ses membres et en répandant la charité dans leurs cœurs.

C'est aussi l'explication que donne de ces textes Corneille La Pierre, qui cite un grand nombre de Pères de l'Église[6].

---

1. Quod proposuit in eo... instaurare omnia in Christo, quæ in cœlis et quæ in terra sunt, Ephes. i, 10-11.
2. Voir les Commentaires de S. Thomas sur les passages cités.
3. Inter Deum et hominem causa discordiæ fuit peccatum. Christus per crucem destruxit peccatum. S. Thom. ad Coloss. i. — Voir S. Thom. in ii ad Corinth. v, 18, 19, 20.
4. Omnia, inquam, quæ in cœlis id est, Angelos : non quod pro Angelis mortuus sit Christus, sed quia redimendo hominem, reintegratur ruina angelorum. S. Thom. ad Ephes. i.
5. Item discordia erat inter Judæos qui volebant, et Gentiles qui non volebant legem : sed utramque Christus concordat, quia ex Judæis est, et quia obsolvit observantias legis.
6. Corneille-la-Pierre nous dit q'il y a trois opinions. 1° La pre-

Menochius, pour *Monde*, dans les trois textes, met toujours les hommes[1].

Ceux donc qui se basent sur ces textes du grand Apôtre, pour émettre ou soutenir l'opinion précitée, en abusent étrangement ; car l'Apôtre n'a nullement voulu parler des habitants des autres mondes.

Ce n'est que dans ces derniers temps qu'on a cru pouvoir donner au mot *monde* une étendue qu'il ne pouvait même pas avoir chez les anciens.

Ni dans la *Tradition*, avons-nous ajouté. De fait, la Tradition n'a non plus rien qui favorise cette opinion. On a, il est vrai, violenté les paroles de quelques Pères de l'Église, pour les plier à ce sens et particulièrement celles de Saint Irénée, de Saint Hilaire, d'Origène, de Saint Jean Damascène, de Cajétan... Toutes les fois qu'ils emploient les expressions : « toute la nature, *Universa natura* ; à l'universalité de la nature, *naturæ universitas* ; toute créature, *omnis creatura* ; toutes choses, *universa*.... » ; on a donné à ces expressions une signification qu'elles n'ont pas.

D'abord, ces Pères et ces théologiens disent formellement ailleurs que la cause de l'Incarnation est le rachat de l'humanité.

D'un autre côté, pour eux, le monde, l'univers, l'univer-

---

mière : Que Dieu s'est proposé de réunir sous un même chef, le Christ, les hommes et les Anges qui auparavant étaient désunis. Et c'est là, dit-il, le sens véritable : hic sensus genuinus est.

La seconde : Que le Christ fut le chef et le résumé de toutes les œuvres de Dieu, visibles et invisibles ; car il possédait toutes leurs qualités, leurs grâces et leurs perfections. C'est le sens sublime, hic sensus sublimis est et bene respondet græco.

La troisième : Comme l'homme est un petit monde, microcosme ; le Verbe ayant pris cette *nature* humaine a pour ainsi dire pris en lui toutes choses. C'est le sens symbolique : hic sensus symbolicus est.

1. Le mot *instaurare* ne se trouve pas dans le texte, mais *recapitulare*, ανακεφαλαιωσεσθαι, ut legunt Hieronymus et Augustinus. Proposuit Deus omnes homines et angelos, cum inter se admodem essent dejuncti, imo inimici, unire et ad unum caput Christum revocare et sub illo conjungere. Menochius in loco citato.

salité de la nature...., comme il résulte du contexte, étaient simplement la Terre ou les hommes et les autres êtres qui l'habitent; ils ne pensaient nullement que les étoiles fussent habitées, par conséquent, leurs paroles ne pouvaient avoir le sens que l'on veut bien leur prêter après coup.

Certainement, ils ne pensaient pas, comme certains défenseurs modernes de la Foi, que le Soleil, la Lune et les étoiles, fussent des fanaux, attachés à la voûte céleste, pour éclairer nos jours et nos nuits; mais il est très probable qu'ils ignoraient que le chemin de Saint Jacques (voie lactée) pouvait avoir des habitants.

Concluons qu'il est moralement peu croyable qu'ils aient eu l'intention de rien dire à ce sujet.

Nous pensons qu'il serait téméraire de soutenir que le péché d'Adam a eu son retentissement chez les habitants d'une planète quelconque de la nébuleuse qu'on nomme la *voie lactée*. Personne ne voudrait se charger d'une pareille affirmation. Dès lors, pourquoi soutiendrait-on que l'action rédemptrice soit montée jusqu'à ces régions lointaines, qui peut-être n'en ont pas besoin?

Le R. P. Félix, comme nous l'avons vu plus haut, a fixé d'une manière parfaite ce qu'on doit admettre ou ne pas admettre sur cette question. « Le dogme catholique est ici, dit-il, d'une tolérance qui va vous étonner et doit vous satisfaire : il vous demande seulement de ne pas faire de ces générations sidérales une postérité d'Adam, ni une postérité du Christ. »

Plus loin il ajoute : « L'économie générale du Christianisme regarde la Terre, rien que la Terre; elle embrasse l'humanité, rien que l'humanité, l'humanité descendue d'Adam et rachetée par le Christ. »

Ce qui veut dire que les habitants des autres mondes, ne descendant pas d'Adam, n'ont pu être impliqués dans sa faute; pour la même raison, ils n'appartiennent pas à la postérité du Christ, qui par son sang a acquis la postérité d'Adam.

Nous le répétons : il est bon de vouloir glorifier le Verbe
de Dieu fait homme; mais il ne peut vouloir que nous le
fassions en manquant aux lois du bon sens.

Nous pouvons donc dire, en finissant, qu'il ne paraît pas
convenable de faire remonter les eaux de l'Incarnation et de
la Rédemption jusqu'aux autres mondes.

CHAPITRE IV. — DE CE QUI SE PASSE SUR NOTRE PLANÈTE,

*toutes choses égales d'ailleurs, il n'est guère probable
que l'Incarnation et la Rédemption, accomplies sur la
Terre, produisent quelques effets chez les habitants des
planètes et des étoiles.*

Nous supposons, par conséquent, les habitants des autres
mondes en tout semblables aux hommes de la Terre, du
moins quant à leurs facultés principales, possédant un corps
et une âme; car il ne s'agit pas de couleur, de grandeur, de
densité, qui ne sont pas de l'essence d'un être. S'il en était
autrement, l'Incarnation terrestre manquerait de quelque
chose, en plus ou en moins, qui l'empêcherait de s'adapter
à eux. Nous ne nous plaçons pas non plus au point de vue
de la Toute-Puissance divine.

Mais, même dans l'hypothèse d'une égalité parfaite, nous
ne craignons pas de dire que l'Incarnation serait sans effet
dans ces régions éloignées.

1° Je le demande à tout homme sérieux : pensez-vous que
le salut de l'humanité se fût opéré, si Dieu s'était contenté
de nous envoyer seulement un messager quelconque pour
nous annoncer que le Verbe, Fils premier-né de Dieu, s'était
incarné dans une planète quelconque de notre système, ou
d'un autre? S'il nous répond oui, nous ne nous arrêterons
pas à le contredire, mais nous lui rappellerons que le génie
de Platon, qui pourtant connaissait les hommes, après avoir

pesé l'humanité et s'être pesé lui-même, ne balançait pas à dire : « Pour nous sauver, il faut qu'un Dieu vienne *lui-même* nous enseigner. » Du sein de la gentilité partit cette remarquable parole, aveu complet de l'impuissance absolue de l'homme et de la nécessité non moins absolue de *la présence de Dieu dans l'humanité*.

2° Supposons que nous soyons en face d'hommes déchus comme nous, ayant besoin de restauration comme nous; « car le Fils de l'homme est venu sauver ce qui avait péri[1]. » Et Dieu a voulu restaurer tout dans le Christ[2]. » — Sans doute, Saint Thomas, à notre connaissance, n'aborde pas directement la question; mais si l'on veut réfléchir sur ce qu'il dit touchant les convenances du temps de l'Incarnation sur la Terre, on comprendra suffisamment que cette Incarnation n'aurait guère de chance de succès pour d'autres mondes. Il ne suffit pas, en effet, que Dieu s'incarne, il faut encore que l'humanité, libre après tout, veuille bien le recevoir; la restauration étant à la fois l'œuvre de Dieu et de l'homme, car comme le dit S. Augustin. « Dieu a pu nous racheter sans nous, mais il ne peut pas nous sauver sans nous. »

« Il ne devait venir, dit le Docteur angélique, ni dans les siècles trop voisins de la chute, parce que sa venue, sans annonce, ni préparation, eût trouvé l'humanité obstinée dans sa perdition, inattentive à la visite de son roi, insensible à ses avances et ingrate à tous ses bienfaits; ni non plus dans des siècles trop reculés et trop proches de la fin des temps, parce qu'il n'eût plus trouvé dans l'humanité qu'un cadavre en putréfaction et d'informes débris inaptes à l'œuvre de la réparation et du salut. C'est le nouveau point de vue que développe saint Thomas. Telle est la faiblesse de l'humanité, qu'elle ne conserve pas longtemps l'efficacité du remède qui la sauve et la plénitude de la santé et de la vie qui lui

---

1. Filius hominis venit salvare quod perierat. MATTH. XVIII, 1.
2. In dispensatione plenitudinis temporum instaurare omnia in Christo. EPHES. I 11. — Voir S. THOM. sur les Épîtres de S. PAUL.

sont rendues. Mais quoi! faut-il admettre que venu trop vite et traversant ainsi, de son premier à son second avènement trop de siècles, sa mémoire bénie s'efface des cœurs, sa parole s'affaiblisse, son amour s'altère, ses bienfaits se méconnaissent, sa divine personne perde droit aux hommages de ses peuples et à la gratitude de ceux qu'il a sauvés? Hélas! oui, et c'est le Sauveur lui-même qui nous fait entrevoir cette étonnante éventualité, ce prodige d'insensibilité et d'ingratitude : *Croyez-vous*, disait-il un jour douloureusement, que le Fils de l'homme revenant trouve encore de la foi sur la terre?[1] Ainsi est faite l'humanité déchue; tout en elle vieillit et s'use, « tout se déforme, tout dépérit, son cœur comme le reste, ses sentiments comme ses jours ». Cette condition particulière où se trouvait le monde que le Verbe venait sauver, dictait à la Sagesse divine le temps même où devait s'opérer la rédemption, et le prophète annonçait « cette plénitude des temps » marquée dans les décrets éternels, quand il chantait : votre œuvre, *ô Dieu, donnez-lui le jour au milieu des temps.* » « Le milieu des temps », voilà le moment favorable pour la venue du Verbe incarné. Il est dépeint sous l'emblème du soleil qui dès l'aube s'élance à l'horizon, y monte sans repos, jusqu'à son plein midi, puis descend lentement dans sa gloire et laisse à la terre, tout le reste du jour, un éclat affaibli, mais généreux et vivifiant encore. Telle sera la course divine que fournira le Soleil de justice à travers les âges. Durant les siècles d'attente, il montera graduellement au firmament de l'Église, éclairant et échauffant déjà le monde sous le nuage de la figure et au travers du voile de la prophétie. Il apparaît ensuite dans tout son éclat et darde sur les âmes les plus brûlants rayons. Puis, dans cette humanité déchue où tout se refroidit et s'incline vers la tombe, la divine *lumière* s'inclinera elle-même peu à peu dans les intelligences et

---

1. Verumtamen Filius veniens, putas, inveniet fidem in terra? Luc. XVIII, 8.

dans les cœurs; les temps annoncés par la triste parole du Sauveur : « pensez-vous que le Fils de l'homme revenant, trouve encore de la foi sur la terre, inaugureront une nouvelle et rapide décadence; le monde vivra son dernier âge, et le second avènement sera proche. » Telles sont les paroles du Docteur angélique[1].

Demander que le milieu des temps soit le même pour tous les autres mondes habités que pour notre planète, c'est vraiment trop exiger. C'est même demander l'impossible, d'après le système généralement adopté pour la formation des mondes. Là, comme partout dans la création, il y a des êtres jeunes et des vieillards. C'est ce que nous montre notre système solaire. A ce seul point de vue, vouloir appliquer la Rédemption aux autres mondes, c'est vouloir l'impossible.

Nous ne savons si l'on voudra bien comprendre la valeur irréfragable de ce raisonnement, qui n'est que la conclusion de la pensée de Saint Thomas sur le temps de la venue du Messie et de la connaissance scientifique de la formation des mondes.

Le Messie devait venir dans un temps convenable et relatif, dans un temps opportun. Or, tous les mondes ne sont *certainement* pas prêts à le recevoir en *même* temps. Donc il doit venir en des temps et des lieux différents, autrement la Terre devra avoir plusieurs incarnations. On peut penser que les optimistes préféreraient cette dernière solution.

3° Dès sa chute, on le sait, un Messie, un Sauveur avait été promis à l'homme et cette promesse s'était répandue avec les enfants d'Adam; cette tradition était chez tous les peuples. Lisez l'histoire et vous verrez que Grecs et Latins, Chinois et Indiens, aussi bien que les Juifs, attendaient un Messie, et le Christ n'était pas seulement l'attente d'Israël, mais de toutes les nations[2]. Jacob nous l'affirme dans sa prophétie; et les rois mages en sont une preuve[3]. Il serait

1. D. Thom. in Magist. Sentent. Distinct I, quæst. 1 : art. 4.
2 Non auferetur sceptrum de Juda donec veniat qui mittendus est, et ipse erit expectatio gentium. Gen xLix, 10, 11.
3. Ubi est qui natus est rex judæorum ? Vidimus stellam ejus. Matth. ii, 2.

superflu de nous arrêter sur cette question : la sybille de Cumes aussi bien que les prophètes; Homère et Virgile, aussi bien que David et Salomon annonçaient le Roi futur. Quelle préparation! et pourtant, lorsque ce Sauveur attendu apparaît, il se trouve enveloppé par les ténèbres, comme nous le dit saint Jean : « Celui-là était la vraie lumière qui illumine tout homme venant en ce monde. Il était dans le monde et le monde a été fait par lui et le monde ne l'a pas connu. Il est venu chez lui et les siens ne l'ont pas reçu[1] ».

De longue main, par tous les moyens possibles, Dieu avait préparé son avènement dans l'humanité et vous voyez la réception qu'on lui fait. Quelques âmes simples, les bergers, quelques étrangers, les Rois mages, viennent; mais le reste demeure insensible! que dis-je, insensible? Non, on lui est hostile; on veut le mettre à mort.

Aux habitants des mondes qu'a-t-on promis? Qu'a-t-on pu leur promettre? Un sauveur, un rédempteur? En ont-ils besoin? Un *élévateur*? Ils diront comme les juifs : nous n'en avons pas besoin et ils préféreront un Barrabas quelconque, ou ils diront comme nous : « c'était bon autrefois, mais à présent, pour que faire? Ce serait rétrograder. Nous voulons devoir à nous-mêmes notre avancement, notre progrès; nous sommes capables de nous évoluer! »

N'est-ce pas ce que répètent tous les jours les plus intelligents êtres véritablement déchus, *les intellectuels?* Inutile d'insister sur cette première pensée.

Pour quel motif et comment les habitants de ces lointaines contrées se préparaient-ils à cette incarnation, qui ne doit pas se passer chez eux, se réaliser sur leur planète, mais dans un pays qu'ils ne connaissent pas et qu'ils ne verront jamais, dans un astre qui n'a pas d'habitants. Pourquoi admettront-ils l'habitabilité de cette molécule qu'on appelle la Terre? puisque nous nions l'habitabilité des autres mondes. Nous le demandons qui donc nous ferait croire que sur Mars, sans

---

1. Erat lux vera, quæ illuminat... Joan. I, 9, 10, 11.

parler d'une planète quelconque de la *voie lactée*, il s'est fait ou il se fera une incarnation pour les habitants de la Terre, que le Fils de Dieu fait homme est mort sur la croix ou d'un autre supplice pour nous sauver? Le prophète qui nous annoncerait un tel fait, passerait pour un insensé. Ne demandons pas à Dieu des miracles si prodigieux, ni à l'homme une foi à transporter, non des montagnes, mais des mondes. Dieu qui connaît la boue dont il nous a formés, prend d'ordinaire des moyens plus en rapport avec notre faible nature.

Certaines âmes pieuses, enthousiastes, portées au merveilleux, au mysticisme, ou tourmentées du besoin de sortir de la route ordinaire, comme le P. Hardouin qui, disait-il, ne se levait pas à quatre heures du matin, pour penser comme tout le monde, — c'est là un caractère, — certaines âmes oublient qu'il ne suffisait pas à Dieu de s'incarner, ni de se faire crucifier, mais que l'humanité devait croire : *credis hoc?* veulent faire de la religion une espèce de Conte de fées ou des *Mille et une Nuits* et interprètent la Sainte Écriture, comme Mahomet a écrit le Coran. Non, la religion catholique n'admet pas ces fantaisies.

4° Le Verbe s'incarne, il apparaît dans l'humanité « plein de grâce et de vérité[1], de puissance et d'humilité; pendant son existence terrestre, il entasse miracle sur miracle; il aime les hommes et surtout les malades, les pauvres et les pécheurs; il les aime jusqu'à la mort et la mort de la croix, sommet de l'amour, *majorem hanc dilectionem nemo habet*... — Et où est l'humanité par rapport au Christ? Aujourd'hui, comme jadis, le Christ est un scandale aux Juifs et une folie aux Gentils, disons mieux : à des chrétiens qui portent son nom et qui ont été illuminés de toutes ses splendeurs.

Et pourtant son apparition parmi nous est un simple fait historique, passé sur notre terre, dans un endroit bien connu; on sait le jour et l'heure de sa naissance et ceux de sa

---

1. Et vidimus gloriam ejus, gloriam quasi unigeniti a Patre, plenum gratiæ et veritatis. JOAN. 2, 13 — MATH. 1. — 16. LUC. II, 7.

mort, l'histoire évangélique a eu soin de les signaler; sa vie est parfaitement connue; les bienfaits qu'il a répandus sur son peuple, ont laissé des traces; ses merveilleux discours, ses admirables paroles ont été enregistrés et d'après ses contemporains, « personne n'a jamais parlé comme cet homme[1]. » Tout a été public, même son ignominieux supplice.

Afin que sa présence fut plus sensible, plus palpable, la contradiction se dressa constamment devant lui, pour constater sa présence et contrôler ses actes; il est un principe de contradiction, comme le dit le saint vieillard Siméon à son auguste mère : « Voici que celui-ci est posé comme un signe auquel on contredira[2]. » De son côté, Saint Paul écrivait aux Hébreux : « Pensez donc à celui qui a supporté une telle contradiction de la part des pécheurs, soulevés contre lui[3]. »

Contradiction à sa naissance, malgré son dénuement universel, malgré les prophéties, et malgré l'attente générale; contradiction dans sa vie apostolique, malgré la multitude de ses bienfaits,[4]; contradiction jusque dans sa mort; contradiction après sa mort; contradiction contre ses disciples, contre son corps mystique, l'Église; contradiction contre ses membres qu'on fait passer par les plus horribles tourments... et aujourd'hui cette contradiction est plus forte que jamais; elle change de forme, mais son intensité ne diminue guère. Les Juifs d'aujourd'hui sont les descendants typiques de ceux d'alors et les Francs-maçons et les impies...

Qu'en serait-il donc, si les faits de l'Incarnation et de la Rédemption s'étaient accomplis dans un monde éloigné de nous de quelques milliards de lieues? On ne pourrait faire de pèlerinage à Jérusalem, à Bethléem, à Nazareth, ni à Ro-

---

1. Responderunt ministri : Nunquam sic locutus est homo, sicut hic homo. JOAN. VIII, 46.
2. Ecce positus est hic... in signum cui contradicetur. LUC. II, 34. ISAIE VIII, 14.
3. Recogitate enim eum qui talem sustinuit a peccatoribus adversus semetipsum contradictionem. Ad Hebræ. XII, 3.
4. Pertransiit benefaciendo. Act. X, 38.

me, ni à Lourdes... pour fortifier la foi et augmenter le sentiment chrétien... Et, si, par hasard, quelques graines de christianisme franchissaient ces distances, nous sommes persuadé qu'elles ne pourraient ni germer, ni croître, ni fleurir, ni fructifier dans ces lointaines régions.

Et voilà 1899 ans que le Christ combat dans son Église; quel est le résultat de cette lutte qui a engendré tant d'héroïques sacrifices? La victoire est-elle complète? Combien y a-t-il de Chrétiens? Le Christianisme, qui avait germé et même fleuri dans certains pays, Asie, Afrique, Europe, y a-t-il poussé des racines indestructibles? Non. N'est-ce pas ce peu de résultat que le Sauveur a voulu exprimer, lorsqu'il fit entendre, la parabole du semeur? Combien de catholiques? Combien de catholiques pratiquants? Dernièrement nous avons rencontré dans un travail consciencieux, la réponse à toutes ces questions et elles nous ont causé une douloureuse impression et, si ceux que nous combattons en ce moment, veulent se donner la peine de faire cette étude, ils acquerront la conviction que l'imagination et le sentiment n'ont pas grand'chose à faire dans l'ensemble du christianisme; ils se convaincront aussi que, si les habitants des autres mondes ont besoin d'être rachetés et sauvés, leur messie agirait sagement en se rendant sur les lieux, surtout si les hommes ne sont pas plus dociles à l'action de la grâce que ne sont les Terriens.

On le voit, il ne suffit pas que le Verbe s'incarne, ce n'est que la minime partie de la rédemption et de la sanctification. C'est pourquoi l'argument que nous fait un écrivain, dans les *Études,* nous paraît de peu de valeur. Voici ce raisonnement : « Un autre voudra que les hypothétiques humanités astrales aient eu besoin autant que la descendance d'Adam, de la salutaire intervention de notre Rédempteur et de l'effusion du sang divin. Toutefois une seule Incarnation de l'Agneau, consommée sur notre Terre, suffirait pour l'expiation des crimes commis sur les mondes. Peuples de Neptune, peuples de Jupiter et de Mars, s'ils existent, comme peuple de la Terre, ne procèdent-ils pas du même Créateur? Ne sont-ils pas les groupes épars d'une même grande famille, frères par le Père céleste. L'acte expiatoire qui doit les réintégrer dans leur dignité primitive s'ils sont déchus par le péché, n'a pas besoin d'être opéré sur le théâtre même de leur chute; en quelque lieu qu'il s'accomplisse, il ne laisse pas d'avoir toute la portée qu'il tient de la céleste victime et du tout-puissant Sacrificateur[1]. »

L'auteur oublie seulement les paroles de S. Augustin : « Que Dieu qui a pu nous racheter sans nous, ne peut pas nous sauver sans nous. » La victime est plus que suffisante, mais encore faut-il se l'appliquer.

Il y a eu des dévouements admirables dans le Christianisme, mais quels sont les résultats? Nous n'osons pas le spécifier.

CHAPITRE. V. — D'AUTRES INCARNATIONS LOIN DE RÉPUGNER A LA NATURE DIVINE, SONT PLUTOT ABSOLUMENT CONFORMES A L'ESSENCE DE DIEU, QUI EST AMOUR·

Le rejaillissement du sang divin jusqu'aux astres, nous semble revêtir tous les caractères de l'impossibilité morale, tandis que de nouvelles incarnations nous paraissent parfaitement possibles, si elles sont nécessaires pour sauver des êtres raisonnables ayant failli comme nous, ou même pour perfectionner la création, dans le sens des optimistes, bien que nous n'acceptions pas cette opinion.

Dieu ayant choisi l'Incarnation, forme des plus convenables, comme le prouvent les théologiens, pour restaurer l'humanité déchue de la Terre, pourquoi n'emploierait-il pas le même moyen, s'il y a des pécheurs dans les autres mondes? Rien ne s'oppose à ce sentiment. Il est dans l'ordre de la foi, comme on emploie un même remède pour guérir la même maladie. Le lieu ne fait rien.

1. *Études*, mai 1892.

Pour l'optimisme, l'argument n'a pas tout à fait la même valeur; cependant, puisque cette opinion n'est pas condamnée, on peut dire que, si, sur la Terre, l'Incarnation est le moyen le plus efficace pour perfectionner l'humanité terrestre, elle produirait un effet analogue sur les *humanités* des autres mondes.

Ainsi posée, notre affirmation nous paraît inattaquable. De plus, nous pensons qu'il est plus de la nature de Dieu d'agir ainsi que de prendre le système d'une Incarnation unique sur la Terre, avec des effets dans les autres mondes.

Mais où trouverons-nous des preuves pour étayer notre assertion?

1° Dans la nature de Dieu, 2° dans la nature de l'être raisonnable, et 3° dans l'autorité des pères, des théologiens et des grands écrivains.

I. *Dans la nature de Dieu*. Dieu est tout ce qui est bien et cela dans la dernière perfection; mais il est essentiellement amour : *Deus charitas est,*[1] et l'essence de l'amour est de se donner, sans restriction, sans limite, autant que la chose est possible, l'amour franchit les espaces et les temps.

La communication est le premier effet de l'amour et cette communication est en rapport avec l'amour et celui-ci est la mesure de l'autre; c'est ce que comprennent même les hommes.

Dieu étant infini, son amour est infini et il tend à se communiquer d'une manière infinie.

La création est le premier don de Dieu, sa première communication.

Poussé par l'amour qui est son essence, Dieu s'élance du trône de son éternité et de son immobile activité, pour jeter, au dehors une image imcomplète, c'est vrai, mais réelle de ses perfections : cette image, c'est la création dont Saint Thomas a dit : « qu'elle était sortie de Dieu, comme un chef-d'œuvre sort de la pensée de l'artiste : qu'elle était sortie de l'idée

---

1. I. JOAN. IV, 8.

divine par des effluves de formes et de raisons séminales[1] ».

Ce Dieu éternel et invisible, cet océan de substance se communiqua ainsi à la création, la pénétra de sa vie, la soutint et la soutient encore par le contact de son amour.

L'acte créateur est infini; mais il ne faut pas pour cela tout confondre, ce serait du panthéisme. Il y a des degrés dans cette union et dans cette opération. Saint Grégoire explique admirablement bien ces différences de degrés dans l'être et la perfection des créatures, différences qui constituent la variété et la diversité de leurs relations avec Dieu. « Dieu, dit-il, touche tous les êtres, mais d'une manière inégale : *omnia tangit, nec tamen æqualiter omnia tangit*[2]. « Il y a des contacts qui donnent seulement l'être sans la vie, ni le sentiment; d'autres qui donnent l'être, la vie et le sentiment, et d'autres enfin qui donnent l'être, la vie, le sentiment et l'intelligence, et c'est ainsi qu'il a créé les hommes et les anges. »

Cette doctrine, quoique basée sur S. Thomas et les Pères, demande une explication qui répondra à une objection qu'on pourrait bien lui faire.

Si l'on demande : pourquoi Dieu a-t-il créé? « Le Seigneur a fait toutes choses pour lui-même, pourra-t-on répondre avec l'auteur du Livre des Proverbes : *omnia propter semetipsum operatus est Dominus*[3]. Oui, pour lui-même, mais comprenons bien comment; c'est pour manifester sa *bonté* et son *amour*. Dieu a créé, parce qu'il aimait. L'amour est le premier et le dernier mot de la création. Dieu aime tellement sa bonté, dit Saint Thomas, qu'il veut y convier un grand nombre d'êtres, et de cet acte d'amour résulte l'utilité de ceux qui sont appelés à cette communication de l'être divin. Aussi

---

1. In Ezéchiel. liv. I, Homel. viii, v. 16. Tom iii, p. 800.
2. L'ordre surnaturel atteint Dieu *secundum substantiam*, et l'ordre naturel, *secundum similitudinem*. S. Thom. Dist. 47. a. 2. Tom ix. B. 423.
3. Prov. xvi. 4. Voir Isaïe. xlii. 8. Ego Dominus, gloriam meam alteri non dabo.

Saint Denis affirme que l'amour n'a pas permis[1] à Dieu de demeurer sans tirer d'autres êtres du néant. On dit aussi souvent que Dieu a tout fait pour sa gloire; cela n'a pas d'autre signification; car la gloire de Dieu, dit le même Docteur, c'est la manifestation de sa bonté, ce qu'il se propose également dans toutes ses œuvres, et, si Dieu cherche sa gloire, ce n'est pas pour lui-même, mais pour nous[2]. *Pour sa gloire :* la gloire extérieure qui résulte de la création? Non. Dieu n'en a pas besoin pour lui; car il est plein de gloire et de clarté à l'intérieur et jamais aucune créature ne pourra ni augmenter, ni diminuer ses trésors de lumière et de bonheur. Mais nous faire du bien, nous appeler à la communion de sa vie et de ses attributs, voilà ce que l'Écriture appelle la gloire de Dieu et c'en est la plus belle, la plus consolante et la plus admirable définition. N'est-ce pas, en effet, la gloire d'une mère de faire du bien à ses enfants[3]?

« Dieu donc, comme le dit ailleurs S. Thomas, est l'être parfaitement libéral, puisqu'il n'agit jamais pour son utilité propre, mais à cause de sa bonté souveraine. C'est la fontaine qui donne, parce qu'elle a besoin de donner, de verser autour d'elle la vie et la fraîcheur[4].

La créature raisonnable reçut une large part dans la distribution des bienfaits du Créateur. Aussi le Prophète royal plein d'admiration et de gratitude, s'écrie dans l'élan de son âme[5] : Seigneur, notre Seigneur, que votre nom est admi-

---

1. *L'amour n'a pas permis.* Qu'on n'aille pas voir là une nécessité quelconque; car Dieu a créé librement, comme l'a défini le Concile du Vatican. Jamais un être n'est plus libre que quand il agit par amour; le principe de son action vient de ce qu'il y a de plus intime en lui.
2. S. Thomas, II. Dist. I, a. 1, Tom x. p. 22; 1a 2æ. q. 114, a. 1. 2a. 2æ. q. 132. a. 1.
3. C. Landriot. Le Christ de la Tradit. Tom. II, p. 91 et 92.
.4 S. Thom. 1 pars. q. 44. a. 1. corp. et ad 1um. 1. um.
.5 Psalm. VIII, 1. et seq. — Domine, Dominus noster, quam admirabile est nomen tuum in universa terra!
Quid est homo quod memor es ejus aut filius hominis, quoniam

rable dans la terre entière! — Qu'est-ce que l'homme pour que vous vous souveniez de lui? ou le fils de l'homme pour que vous le visitiez? — Vous l'avez placé un peu au-dessous des anges, vous l'avez comblé de gloire et d'honneur et vous l'avez établi sur toutes les œuvres de vos mains. — Vous lui avez soumis tous les êtres, toutes les brebis, tous les bœufs et de plus toutes les bêtes des champs. — Les oiseaux du ciel et les poissons de la mer qui parcourent les plaines des eaux ».

La grande âme de David comprenait la grandeur de la supériorité accordée à l'homme dans sa création. Créé à l'image et à la ressemblance de son Créateur, l'homme avait été fait participant de sa puissance et était, en réalité, par son intelligence le roi de la création entière[1].

Le Très-Haut contempla son œuvre et vit que son amour, guidé par sa Sagesse, avait fait une œuvre magnifique; mais se considérant ensuite lui-même, il vit qu'il y avait entre lui et la créature la plus parfaite une distance infinie. En réalité, il restait, au-dessus de toutes les sphères de la création, la nature de Dieu supérieure à toute essence créée, et jouissant dans la solitude de son éternité d'un bonheur infini, auquel nulle créature n'avait droit, en vertu de son origine. Le Seigneur, qui est riche en miséricorde et un roi magnifique et qui éprouve la passion de faire le bien toujours et dans un degré progressif, trouva que ce n'était pas assez de constituer la créature raisonnable, bonne et heureuse dans sa propre essence. Il lui a donné le désir et la capacité de de l'infini, possédé non sous les voiles de la création, mais de l'infini possédé substantiellement. Et il se dit : élevons

visitas cum?

Minuisti eum paulo minus ab Angelis, gloria et honore coronasti eum : et constituisti eum super opera manuum tuarum.

Omnia subjecisti sub pedibus ejus, oves et boves universas; insuper et pecora campi.

Volucres cœli, et pisces maris, qui perambulant semitas maris.

1. Genèse, I, 26-31.

encore cette noble créature, mettons-la plus près de nous, que notre contact avec elle soit plus intime, faisons-la d'une manière encore plus parfaite à notre ressemblance, qu'elle ait avec nous la même gloire, le même bonheur, qu'il n'y ait de différence que celle qui sera établie par les limites étroites et la capacité finie de la créature. Le but ultérieur de cette vie nouvelle consiste à voir Dieu comme il se voit lui-même, à jouir de lui comme il en jouit lui-même, à vivre de la vie de Dieu, mais seulement d'une manière limitée, à devenir, comme dit l'Apôtre, participant de la nature divine, *divinæ consortes naturæ*[1]. Ce glorieux appel à une vocation supérieure est un sublime honneur pour nous, et la preuve de l'infinie bonté de Dieu qui veut toujours faire pour sa créature beaucoup plus qu'il n'est tenu d'après la loi des êtres. C'est pour cet état surnaturel, qui met l'homme en possession des richesses dont la propriété et la jouissance naturelles appartiennent essentiellement à l'essence divine[2]; c'est pour cet ordre et cette bienheureuse destinée, que nous avons été créés dans le principe.

Le bienfait de la création ne pouvait donc suffire à l'amour de Dieu, aussi en ajouta-t-il immédiatement un autre, ou plutôt, il semble qu'il ne créa l'homme que pour cela. Il le créa apte à recevoir une plus grande communication, et que lui donna-t-il? Lui-même. Écoutons saint Thomas.

« Il est donc évident que tout amour de Dieu, à l'égard de sa créature, produit dans sa créature un bien correspondant, mais un bien toutefois qui n'est pas éternel, comme cet amour même. Or, selon les différents biens produits par l'amour de Dieu, on peut admettre en Dieu différentes sortes d'amour à l'égard de la créature : un amour général, par lequel il aime tout ce qui est, selon l'expression de l'Écriture (SAPIENT. XI); amour en vertu duquel il donne aux choses créées leur

---

1. PETRI, 1.4.
2. L'Ordre surnaturel atteint Dieu *secundum substantiam* et l'ordre naturel *secundum similitudinem*. S. Thom. Dist. 47. a. 2. Tom. IX, p. 425.

être naturel; un amour spécial, par lequel il élève la créature raisonnable au-dessus de sa condition naturelle et la fait participer à un bien supérieur et divin; et c'est à ce genre d'affection que l'on applique simplement le nom d'amour, puisque c'est ainsi que Dieu veut, sans restriction, à sa créature le bien éternel, qui est lui-même[1]. »

Telle est la tendance de la nature divine, et c'est ainsi que Dieu a agi à l'égard de l'homme dans le principe; il l'a élevé à cet ordre supérieur à sa nature ou ordre surnaturel.

Que fit l'homme de ces dons magnifiques et communiqués avec une royale libéralité? Nous ne le savons que trop et David nous l'exprime avec une justesse d'expression incomparable : « l'homme, dit-il, élevé à ce degré d'honneur, n'eut pas l'intelligence de sa situation, il se compara aux animaux privés de raison et leur devint semblable[2]. » La désobéissance de l'homme fit tomber la couronne de sa tête, et fuir le bonheur loin de son cœur; en un mot, il perdit son perfectionnement et tous ses privilèges. Par le péché, la création va-t-elle échapper à Dieu dans son chef et son principal ornement? Non: Dieu, dont la charité est infinie et la miséricorde sans nombre, ne se laissera pas vaincre par le mal; mais il triomphera du mal par le bien[3]. Il sauvera cette hu-

---

1. S. THOMAS. 1a, 2æ. q. cx, a. 1. — Patet igitur, quod quamlibet Dei dilectionem sequitur aliquod bonum in creatura causatum, non tamen dilectioni æternæ coæternum. Et secundùm hujusmodi boni differentiam differens consideratur dilectio Dei ad creaturam. Una quidem communis secundum quam « diligit omnia quæ sunt, » ut dicitur Sap. xi, secundum quam esse naturale rebus creatis largitur. Alia autem dilectio est spiritualis, secundum quam trahit creaturam rationalem supra conditionem naturæ ad participationem divini boni; et secundum hanc dilectionem dicitur aliquem diligere simpliciter, quia secundum hanc dilectionem vult Deus simpliciter creaturæ bonum æternum quod est ipse.

2. Et homo, cum in honore esset, non intellexit : comparatus est jumentis insipientibus, et similis factus est illis. Psal. XLVIII, 12.

3. Noli vinci a malo, sed vince in bono malum. Rom. xii, 21. — Proverb. xxv, 21.

manité; le Père a un Fils unique, il l'unira par l'Incarnation à l'homme, afin de le racheter, de le restaurer et de prouver ainsi la grandeur de sa puissance et de son amour [1]. Et ce Fils, entrant pleinement dans les vues et la volonté de son Père[2], descend du sein de son Père éternel, revêt notre humanité, nous donne l'exemple de la sainteté la plus parfaite, meurt sur une croix et nous donne son Esprit d'amour, pour nous unir à lui et par lui au Père céleste. Il nous a aimés et il s'est livré lui-même pour nous[3] ; cette charité est extrême[4] et Saint Jean nous assure que « personne n'a un plus grand amour que celui qui donne sa vie pour ses amis[5] » Oui, Dieu a un plus grand amour, car il a donné sa vie pour ses ennemis[6].

Telle est l'œuvre de Dieu par rapport à l'humanité, et le Seigneur Dieu peut s'écrier par la bouche de son Prophète : « Qu'aurais-je dû faire de plus à ma vigne et je ne l'ai pas fait[7]?

Mais si, comme le dit Saint Thomas, les bienfaits sont en raison de l'amour et que l'amour de Dieu pour l'homme a atteint son maximum et est même excessif, que veulent donc de plus les *optimistes*? Dieu n'a pas mis de bornes à ses bienfaits par rapport à l'homme, excepté celle que sa nature et celle

---

1. Sic Deus dilexit mundum ut filium suum unigenitum daret. Joan. III, 16. — Ephes. II, 4...

2. Tunc dixi : ecce venio ut faciam Deus voluntatem tuam. Hebr. x, 19. — Joan. VI, 38.

3. Dilexit me et tradidit semetipsum pro me. Gal. II, 20. — Ephes. V, 2 — Dilexit nos, et tradidit semetipsum pro nobis. — 2. Thes. II, 15. Dilexit nos...

4. Propter nimiam charitatem suam qua dilexit nos Ephes. II, 4.

5. Majorem hac dilectionem nemo habet. Joan. XV, 13.

6. Commendat autem charitatem suam Deus in nobis, quoniam cum adhuc peccatores essemus, Christus pro nobis mortuus est. Rom. V, 8-9. — Voir depuis 6 jusqu'a 10 et le commentaire de S. Thomas sur S. Paul et I. Petri. III.

7. Quid est quod debui ultra facere *vineæ meæ* et non feci ei? Isaie, V, 4.

de l'homme ne lui permettent pas de franchir. Sous prétexte d'optimisme, on demande que Dieu soit absurde. Le Christianisme bien compris coupe donc court aux fantaisies optimistes. Il en est de même pour les doctrines rationalistes et panthéistiques. Et rationalistes et panthéistes oublient le fait *historique* de la création de l'homme : le rationalisme attribue à la nature ce qui, dans l'humanité, est seulement l'effet de l'union surnaturelle avec Dieu; le panthéisme, au contraire, oublie que le créateur a fait autant que possible ce qu'il demande; l'homme a été fait consort de la nature divine, *ut efficiamini divinæ consortes naturæ*[1], nous sommes en réalité les enfants de Dieu[2]. Comme créatures, nous vivons en Dieu, nous nous mouvons en lui et nous sommes en lui; comme chrétiens, c'est lui qui demeure en nous, et vit en nous, devenant, par son Esprit, le principe de notre être surnaturel, de nos mouvements et de nos actions[3].

Que nous dit cette étude? Que, si Dieu a créé des êtres raisonnables dans les autres mondes, il est rationnel d'admettre qu'il a agi envers eux comme envers nous; puisque c'est l'essence de sa nature de se communiquer et de réparer ce qui a péri. C'est le cri du bon sens. Il s'est communiqué d'abord et il restaure ensuite, comme il l'a fait sur la Terre. Ceux qui penseraient autrement, sont un peu comme S. Pierre qui croyait que le Verbe ne s'était incarné que pour le salut des Juifs; il fallut trois ou quatre miracles pour lui faire comprendre que le Christ était mort pour les Gentils, aussi bien que pour les enfants d'Israël. Mais arrivé chez Corneille, à Césarée, « Pierre ouvrit la bouche et dit :

---

1. Ut efficiamini divinæ consortes naturæ. II Pet. I, 4.
2. Ut filii Dei nominemur et simus. — I Joan. III, 1. Rom. VIII, 14-17. Ephés. V, 1.....
3. In ipso vivimus, movemur et sumus. Act. XVII, 28. — Ad eum veniemus et mansionem apud eum faciemus. Joan XIV, 23. — Rom. VIII, 13. — Rom. VIII, 14. — I Cor. XII, 13. — Gal. V, 25. — Id. VI, 8. — I Joan. IV, 13.

En vérité, je vois que Dieu ne fait point acception de personne[1]. »

« Mais qu'en toute nation celui qui le craint et pratique la justice lui est agréable. »

« Dieu a envoyé la parole aux enfants d'Israël, annonçant la paix par Jésus-Christ (qui est le Seigneur de tous.) »

Et nous, nous pouvons conclure que le Père des miséricordes, parce qu'il aime infiniment ses moindres créatures, a envoyé la Parole de paix aux habitants des autres mondes, s'ils en ont eu besoin, et l'enverra toujours. Tel est Dieu !

II. — *Dans la nature de l'homme.* Si la nature de Dieu le porte à se communiquer à sa créature et surtout à sa créature raisonnable, la tendance de l'homme est de s'unir à Dieu, qui lui a donné le désir et la capacité de l'infini, non de l'infini possédé sous les voiles de la création, mais de l'infini possédé substantiellement, comme nous l'avons dit plus haut. C'est ce que Saint Augustin a exprimé par ces paroles : « Vous nous avez faits pour vous, Seigneur, et notre cœur est sans repos jusqu'à ce qu'il se repose en vous[2]. » La raison est facile à donner : Dieu, qui est notre principe, est aussi notre fin, même au point de vue rationnel. Or, tout être recherche nécessairement sa fin : *omne ens appetit finem.*

La nature de l'homme fut donc constituée de telle sorte qu'il tendait par instinct vers cette union, en sorte que Dieu, en l'élevant à l'état surnaturel, ne faisait pour ainsi dire que répondre à un besoin de son être. Aussi notre première Mère, Ève, qui avait résisté à l'attrait que possédait le fruit défendu, par sa couleur et son parfum, succomba, quand le tentateur lui dit : « Vous serez comme des dieux[3]. » Aussi,

---

1. Aperiens autem Petrus os suum, dixit : In veritate comperi, quia non est personarum acceptor Deus : sed in omni gente qui timet eum, et operatur justitiam acceptus est illi. Verbum misit Deus filiis Israel annuntians pacem per Jesum Christum : hic est omnium Dominus. Act. Apost. x. 34 et seq.

2. Fecisti nos ad te, Deus, et irrequietum est cor nostrum, donec requiescat in te. S. Augustin.

3. Aperientur oculi vestri, et eritis sicut Dii. Gen. iii. 5.

la réponse d'Ève, quand Dieu la réprimanda de son action, est plus profonde qu'on ne le pense ordinairement : le serpent m'a trompée et j'ai mangé[1]. Adam succomba par faiblesse, Ève fut induite en erreur.

Que l'homme sache ou ne sache pas donner un nom à l'objet de son désir, c'est Dieu : Dieu, *vérité souveraine*, Dieu, *bien absolu*, Dieu, *beauté toujours ancienne et toujours nouvelle*. Notre intelligence cherche la vérité, notre volonté aspire au bien et notre cœur soupire après la beauté.

Mais nous éprouvons surtout le besoin d'aimer et d'être aimés, parce que nous sommes l'effet de l'amour créateur. Nous aimons donc et c'est là, dit S. Augusin, le poids de notre être, *amor meus, pondus meum*, et c'est notre amour qui nous porte partout où nous allons : *quocumque feror, amore feror*. Sans que nous nous en rendions bien compte, il y a dans notre cœur une soif d'amour, parce qu'il y a soif de Dieu. Oui, Dieu, alors que nous nous en doutons le moins, est au fond de tout désir du cœur : et quand nous avons bu à une citerne terrestre quelconque, pour étancher cette soif inexorable, nous souffrons comme des êtres cruellement déçus, et, malgré nous, il reste dans notre âme une force impulsive qui nous chasse vers l'amour infini.

Nous avons besoin que Dieu se communique à nous d'une manière souveraine : notre cœur a besoin d'arriver à la pleine participation de la divinité, *quod summo modo Deus se communicet..., ad plenam participationem divinitatis*[2].

L'idolâtrie n'était qu'une déviation de ce besoin qu'ont de Dieu l'intelligence et le cœur de l'homme. Oui, l'homme avait tellement besoin de Dieu, qu'il aima mieux se forger des divinités absurdes et criminelles que de s'en passer. On ne peut méconnaître au fond de toutes ces pratiques superstitieuses, un besoin de se rapprocher d'un être supérieur,

---

1. Et dixit Dominus ad mulierem : quare hoc fecisti ? quæ respondit : Serpens decepit me et comedi. GEN. III, 13.
2 S. THOM. 3a p, q. 1, a. 1 et 2.

un instinct de Dieu qui devinait sa présence. N'était-ce pas un souvenir défiguré des traditions primitives ou plutôt un écho altéré du cri de la vraie nature, de la nature appelant Dieu, comme l'enfant appelle sa mère, au milieu des ténèbres et croit la trouver partout?

S. Jean Chrysostome va jusqu'à dire : « L'amour veut voir ce qu'il aime. C'est pourquoi les Gentils avaient fait des idoles, afin de voir l'objet de leur culte. Dieu sachant donc que les hommes étaient tourmentés, fatigués du désir de le voir, a voulu satisfaire ce désir, en se montrant dans une chair mortelle : *sciens Deus visendi se desiderio cruciari lassarique mortales.* »

David ne fait qu'exprimer le sentiment de l'humanité, quand il s'écrie : « Comme le cerf altéré soupire après la source des eaux vives, ainsi mon âme aspire vers vous, ô mon Dieu. — Mon âme a soif de vous et de combien de façons tout mon être tend vers vous, Seigneur[1]. »

Qui oserait dire que ce n'est pas là l'aspiration de tout être raisonnable, qu'il se trouve sur la Terre ou dans les autres mondes? Mais l'essence de la raison n'est pas autre chose. Or, partout où il y a une aspiration selon la nature, partout où il y a un besoin réel conforme à l'ordre établi, il y a toujours un objet qui répond à cette aspiration, qui satisfait ce besoin. L'homme à soif : donc il y a un breuvage qui doit étancher cette soif; il a faim : donc il y a un aliment qui doit le rassasier : les yeux sont pour voir, la parole pour se faire comprendre. Et il n'y aurait que l'aspiration vers l'infini qui n'aurait pas d'objet!

Mais alors le créateur aurait créé l'être raisonnable pour l'illusion, pour un rêve cruel... Le dire serait un blasphème. Nous pouvons donc conclure que, si les autres mondes possèdent des êtres raisonnables, leur nature exige que Dieu se

---

[1]. Quemadmodum desiderat cervus ad fontes aquarum, ita desiderat anima mea ad te, Deus. Ps. XLI, 1. — Sitivit ad te anima mea; quam multipliciter tibi caro mea. Ps. LXII, 2. — Voir tout ce beau psaume.

conduise à leur égard, comme il s'est conduit à l'égard de l'homme, et qu'il a dû s'incarner, si la chose a été nécessaire, pour leur faire atteindre la fin qui correspond à leur aspiration.

III. *Dans l'autorité.* Peut-on produire des autorités en faveur de cette opinion? Oui évidemment, et de très nombreuses, autrement nous nous serions bien gardé de l'émettre. Nous nous contenterons d'en citer quelques-unes

« La faculté qu'a le Verbe de s'unir les êtres par l'Incarnation est infinie, dit Suarez, et il serait absurde de la limiter, car toutes les natures, quelle que soit leur supériorité ou leur infériorité relatives, sont à la même distance de Dieu : *ex æquo distat omnis creatura*[1].

D'ailleurs, l'Eucharistie qu'est-elle, sinon une incarnation multiple du Verbe? le pain et le vin d'un lieu ne sont pas le pain et le vin d'un autre et pourtant, après la consécration, vous avez en tous les lieux, le corps, le sang, l'âme et la divinité du Sauveur, c'est-à-dire la personnalité réelle du Verbe incarné. On nous dira, mais c'est toujours la même substance de pain et de vin. Oui, et, dans les autres mondes, nous supposons aussi des êtres semblables à nous et c'est pour cela que dans notre thèse, nous ne nous sommes pas occupé des êtres plus ou moins fantastiques dont parlent Fontenelle et M. C. Flammarion. C'est encore la pensée de Suarez que nous émettons. « L'Eucharistie, dit-il, pourrait par la force de ce mystère exister dans tout l'univers, si, dans toutes les parties de l'univers, existait la matière qui sert à la confection de ce mystère, si la forme était appliquée, avec une intention convenable, par un ministre ayant les qualités voulues pour cela[2]. »

---

1. Suarez, De Incarnatione. q. 2. art. 8. Tom. XVII. p. 368; q. 3. art. 7, p. 479; q. 4. art. 6. p. 510-513, art 1. p. 496; q. 11. art. 1 Tom. XVIII, p. 179. Edition Vivès. — Grégoire de Nysse, orat. col. c. XXVII.

2. Ex illius mysterii vi posset in universo orbe existere, si in omnibus partibus universi esset materia ex qua illud mysterium conficitur, et a debito ministro convenienti intentione forma applicaretur. Q. 11. dist. 32. Sect 4. p. 179. — Tom. XVIII.

Sans doute, dira-t-on, parce que la substance du pain est toujours la même; mais si la substance n'était pas la même, l'Incarnation serait-elle encore possible? Oui, répond le même théologien.

« Quoique tout l'univers ne soit pas un même suppôt — n'ait pas la même substance, — il ne répugnerait pas cependant qu'il fut pris dans un suppôt — personne — du Verbe[1]. »

Suarez admet encore la possibilité de l'Incarnation même pour des êtres qui auraient déjà une personnalité, même des pécheurs[2]. Et il ajoute : « Enseigner que l'humanité seule du Christ soit susceptible de l'union hypostatique, c'est tomber dans l'erreur de Wiclef et dire une chose tout à fait absurde[3]. »

Qu'on ne s'étonne pas de cette conclusion de Suarez « que le Verbe pourrait s'incarner dans un pécheur »; car le pécheur est toujours d'un ordre supérieur à un être privé de raison. Or, Dieu eût pu s'unir, absolument parlant, à une créature quelconque. S. Thomas tout en disant que la créature humaine est plus apte à l'Incarnation que la créature privée de raison et même que l'ange, a eu soin de faire observer qu'il ne prétendait pas poser des bornes à la puissance divine. C'est dans ce sens que les plus savants commentateurs interprètent sa pensée. Cajetan, Gonet, Coutenson, Billuart s'en expliquent de la manière la plus formelle. D'ailleurs, Saint Thomas le dit expressément lui-même dans ses commentaires sur le Maître des sentences, (II, q. 1. a. 1.) « Il faut, dit-il, répondre à la première question, que Dieu, en ne considérant que sa puissance absolue, *de potentia absoluta*, aurait pu

---

1. Licet totum universum non sit unum suppositum, non tamen repugnaret assumi in uno supposito Verbi, ut patet ex dictis. Suarez, de Incarnatione, q. 4. ar. 1. p. 496. Tom. XVII.

NB. On entend par suppôt un tout, dans lequel la nature est la partie formelle et le principe de la formation.

2. Suarez, Q. 4. art. 6, Disp. 14. Sect. 1, Tom. XVII, p. 503. — Quest 13. art. 2, disp. 33, Sect. 2. Tom. XVIII, p. 193.

3. Disp. 14, sect. 2, p. 510, Tom. XVII.

prendre pour s'incarner une créature privée de raison. Nous donnons plus loin l'argumentation complète de S. Thomas.

« De même que Dieu peut créer continuellement de nouvelles créatures, dit l'ange de l'École, il peut après l'Incarnation d'une nature créée, continuer le même prodige dans une autre, car son pouvoir sous ce rapport ne saurait être limité[1]. »

Comme la question que nous traitons est grave et pourrait passer pour une nouveauté, nous donnons l'argumentation que le grand Docteur développe dans sa Somme théologique.

« Conclusion — Puisque la puissance de la personne divine est infinie, outre la nature humaine qu'elle a prise, elle pourrait en prendre encore une autre numériquement distincte. »

« Je réponds qu'il faut dire que si l'agent ne peut atteindre qu'une chose, sans aller au-delà, sa puissance est limitée à un seul objet. Or la puissance d'une personne divine est infinie, et ne saurait avoir pour limite aucun être créé. Il ne faut donc pas affirmer qu'une personne divine a pris de telle manière une seule nature humaine, qu'il lui fût impossible d'en prendre une autre; car il semblerait résulter de là qu'une seule nature humaine circonscrit tellement la personalité

---

1. Unde sicut Deus potest semper novas creaturas condere, quia ejus potentia per creaturas non exhauritur; ita etiam Filius potest, qualibet natura assumpta, iterum aliam assumere : quia potestas assumendi per naturam assumptam non terminatur. S. THOM. In tertium lib. Sent. dist. I, q. II. art. 5. In corp. Editio Parmæ 1857.

Sed contra, quidquid potest Pater potest Filius. Sed Pater potest aliam humanam naturam assumere ab ea quam Filius assumpsit. Ergo una persona potest plures assumere personas. Id. ibid.

Præterea.... Cum ergo bonum sit diffusivum et communicativum, videtur quod illa unio (hypostatica) quæ est in unitate personæ, posset esse in persona Filii ad multas humanas naturas.

Præterea potentia Filii per Incarnationem in nullo minorata est. Sed Filius ante incarnationem poterat humanam naturam aliam ab ea quam assumpsit, assumere. Ergo et nunc potest : et sic idem quod prius. Id. ibid. Editio Parmæ 1857.

de la nature divine, qu'aucune autre ne pourrait être unie à cette personnalité; ce qui répugne, puisque le créé est incapable de circonscrire l'incréé. Évidemment donc, si nous considérons dans la personne divine, soit sa puissance, qui est le principe de l'union, soit sa personnalité, qui en est le terme, il faut dire que, outre la nature humaine qu'elle a prise, la personne divine pourrait prendre encore une nature humaine numériquement distincte[1]. »

Pour l'Incarnation dans un être privé de raison, S. Thomas est d'accord avec Suarez. Voici ses paroles : « En réponse à la première question, il faut dire que Dieu, si l'on ne considère que sa puissance absolue, a pu s'unir à une nature privée de raison. Et ce n'est pas un obstacle à cette union que la créature privée de raison n'a pas de personnalité; car la personnalité n'est nullement due à la nature humaine, considérée en elle-même, comme il sera démontré plus bas[2]; mais à cause de celui qui l'a prend. D'où il suit qu'il n'y a là qu'une personnalité incréée. Et en outre, bien que, dans la nature privée de raison, il n'existe pas de personne, on trouve cependant en elle l'hypostase dans le suppôt. Or, l'union ne se fait pas seulement dans la personne, mais aussi dans l'hypostase et le suppôt[3]. »

---

1. S. Thom. Som. iii a. q. iii, art. 7. Traduction Lachat. Cette traduction laisse parfois à désirer.
Voici comment S. Thomas pose la question :
1° Utrum quælibet persona divina potuerit humanam naturam assumere?
2° Utrum plures personæ divinæ possint assumere unam numero naturam humanam?
3° Utrum una persona divina possit assumere duas naturas humanas?
Sum. Theol. ?, q. 3, art. 5, 6, 7. — A toutes ces questions, il répond d'une manière affirmative.

2. Distinct. 6° q. 1, art. 1 et 2.

3. Ad primam ergo quæstionem dicendum quod Deus de potentia absoluta creaturam irrationalem assumere potuit. Nec impedit quod creatura irrationalis personalitatem non habet : quia personalitas non debetur etiam humanæ naturæ assumptæ ratione sui, ut infra patebit,

Lessius établit aussi que le Verbe a une faculté incarnative infinie et qu'il pourrait s'unir hypostatiquement tous les êtres, ce qui est le signe d'une perfection surabondante[1].

Nous retrouvons cette opinion dans quelques Pères de l'Église. Tertulien, en particulier, dans son Livre, *De la chair du Christ*, chap. 4, l'émet avec cette mâle énergie et cette crudité d'expression qui sont le caractère distinctif de ce rude génie.

C'est sans doute à cette hauteur de considération que s'était placé Origène, quand il disait : « Le Christ dont le genre humain est le corps tout entier et peut-être l'universalité des êtres[2]. »

Donnons enfin le dernier mot à Suarez qui, en quelques paroles, résume la puissance illimitée d'incarnation que possède le Verbe : « La puissance incarnative du Verbe, dit-il, s'étend à tout nombre fini, lors même qu'il soit augmenté à l'infini, *in quovis numero finito, etiam si in infinitum augeatur*[3]. »

Malgré tout l'intérêt que nous présente l'étude de cette question, nous ne poussons pas plus loin nos recherches.

Nous pouvons terminer la quatrième partie, en affirmant que les mystères de l'Incarnation et de Rédemption et nos

---

(distinct. 6, q. 1, art.) 1 et 2, sed ratione assumentis; unde non est ibi nisi personalitas increata. Et præterea quamvis in natura irrationali non inveniatur persona, invenitur tamen in ea hypostasis in supposito. Unio autem non tantum facta est in persona, sed etiam in hypostasi et supposito. III. Distin. II. q. 1, art. 1.

1. Quare et si Verbum divinum nullius extrinseci sit capax ut subjectum quod forma aliqua imbuitur, — hoc enim est potentialitatis defectus et inopiæ, unde repugnat puro actui; — est tamen capax omnium naturarum substantialium, ut hypostasis, quod est, signum exuberantissimæ perfectionis. Et quamvis omnis substantia sibi relicta per se existat : nulli alteri insita aut inhærens, sibi ipsa sufficiens hypostasis; tamen omnipotentia Dei potest illi dare modum quemdam existendi, quo formaliter existat in alio, præsertim in persona divina. Lessius, de perfection. divinis. Lib. XII. c. v, N° 23.

2. Christus cujus omne hominum genus, imo fortassis totius creaturæ universitas corpus est. Orig. in psal. XXXVI. Hom. II n° 1. Tom. II, p. 1330.

3. Q. 3. art. 7. p. 470. Tom. XVII.

mystères, en général, n'ont que faire ici. Ils ne sont nullement menacés par la science qui tend à admettre la pluralité des mondes habités.

Si certains catholiques avaient voulu imiter les défenseurs nés de la foi, ils auraient gardé, comme eux, le silence et se seraient ainsi épargné le ridicule de pousser ces jérémiades, qui donnaient de l'importance aux ennemis du catholicisme ; c'était leur laisser croire qu'il était en leur pouvoir de faire disparaître le Christ de l'humanité. Sans doute, ils ne demanderaient pas mieux, et, comme vous l'avouez vous-mêmes, ils ont marché sur vous avec plus d'assurance. Pusillanimité d'un côté et suffisance de l'autre. Ne craignez pas, hommes, de peu de foi ! Quant aux ennemis de la foi, ils doivent bien se persuader qu'ils se trompent grandement, s'ils croient par là frapper le Christianisme ; ils frappent l'air tout simplement ou plutôt ils se frappent eux-mêmes, prouvant leur suprême ignorance des dogmes catholiques et des mystères chrétiens. Avant de chanter victoire, ils devraient au moins se donner la peine de connaître leur ennemi, pour ne pas s'attaquer à un moulin à vent. Il faudrait un Cervantès pour écrire l'histoire d'un de nos chevaliers scientifiques.

Mais confessons-le aussi plus d'un de nos catholiques mériterait de passer entre les mains d'un Molière quelconque pour être photographié sur le théâtre.

Une pensée qui nous avait d'abord inspiré et qui nous a soutenu et guidé dans cette question ardue, c'est que le Verbe de Dieu fait homme n'avait pu établir une religion qui devait amoindrir son Père, même dans l'ordre naturel.

CONCLUSION GÉNÉRALE.

Résumons et concluons. Au point de vue de l'observation, ce que l'univers offre de plus simple, de plus élémentaire, pour parler de la sorte, ce sont les amas d'une matière diffuse, lumineuse par elle-même, irrégulièrement dispersée dans l'espace. Ces amas, on les a nommés *nébuleuses*. Celles-ci ouvrent la série des formations cosmiques, car elles représentent le premier état dans lequel ont subsisté les astres innombrables dont est peuplé le firmament. Dans cette matière phosphorescente, d'une ténuité extrême, s'établissent des centres d'attraction[1], autour desquels elle se précipite, se condense toujours plus, jusqu'à ce que, sous des conditions différentes de temps et de masse, il en résulte des noyaux d'une densité croissante, destinés à devenir, par la continuation du même travail interne, des globes semblables à ceux que nous nommons étoiles. Ces globes isolés ou liés en groupes binaires, ternaires, etc.., constituent autant de systèmes particuliers dans le système général de la création.

Telle est la genèse des mondes : perpétuellement ils naissent et se développent dans les plaines éthérées qu'ils émaillent, comme des fleurs célestes, de couleurs variées. Disons peut-être mieux : partout l'être apparaît brillant et lumineux dans le néant et manifeste la puissance infinie du Créateur.

L'analogie[2] conduit à présumer que chacun de ces astres, en cela semblable à notre Soleil, est environné de corps opaques, qui, retenus dans sa sphère d'attraction et doués d'un mouvement propre, accomplissent, ainsi que lui-même, autour de leur centre de gravité, des révolutions périodiques, en même temps qu'éclairés de sa lumière, échauffés de ses feux, ils montrent, à leur surface, la vie sous des formes indéfiniment diverses.

Car on ne saurait douter que la vie ne soit répandue au sein de la Création entière. Elle n'est certainement pas l'attribut exclusif de notre planète imperceptible. Le souffle

1. Il est certain qu'il s'établit un centre d'attraction, personne ne peut le nier, et le noyau des comètes nous fait assister à ce phénomène de formation des mondes. Nous ne disons ni comment, ni pourquoi; nous ne parlons ni des atomes crochus d'Épicure, ni de la chiquenaude, ni des tourbillons de Descartes. Nous avons notre théorie là-dessus; mais ce n'est pas ici sa place.

2. Aujourd'hui ce n'est plus une simple analogie, c'est presque une vérité scientifique.

divin remplit l'Univers et partout il s'y manifeste en des multitudes d'êtres qui s'élèvent, de l'organisme le plus rudimentaire, au sentiment et à la pensée, progressive elle-même, sans fin, sans terme, ainsi que la puissance, dont la fonction est d'en diriger l'emploi.

Telle était la thèse qui se dressa un jour devant nous, au milieu d'un bruit confus d'opinions contradictoires. Nous nous sommes efforcé de la faire sortir triomphante de cette lutte, en l'élevant à la hauteur d'une vérité indéniable. Pour cela, nous nous sommes adressé à quatre autorités : le témoignage humain, la science, la raison et la foi et nous les avons interrogées. Toutes les quatre nous ont donné une réponse affirmative.

L'élite de l'humanité nous a déclaré que telle avait toujours été sa croyance, et elle a prétendu même que cette vérité, elle la tenait de notre premier Père.

La science nous a affirmé que toutes ses découvertes viennent chaque jour confirmer notre thèse, en apportant de nouvelles lumières qui la font ressortir davantage, et sa voix s'unit à celle de tous les peuples.

La raison nous dit que, d'après ses connaissances acquises de Dieu, du monde et d'elle-même, les lois qui la gouvernent, la conduisent inévitablement à cette affirmation : *les autres mondes sont habités.*

Enfin la foi, splendide lumière que le Créateur a ajoutée à la raison, pour connaître l'au-delà et les moyens d'y arriver, nous assure par la bouche du grand Apôtre des nations, Paul, que loin de s'opposer aux recherches de la Science sur cette question, elle se réjouit de ses succès et appelle son concours pour franchir les espaces immenses qui séparent le fini de l'infini, le créé de l'incréé, les enfants de leur Père. Écoutons les paroles de Paul et gravons-les dans notre mémoire :

« Car ce qui est connu de Dieu est manifesté en eux; Dieu le leur a manifesté.

« En effet, ses perfections invisibles, rendues compréhensibles, depuis la création du monde par les choses qui ont été faites, sont devenues visibles aussi bien que sa puissance éternelle et sa divinité; de sorte qu'ils sont inexcusables[1]. »

Linné, après une étude des plantes, était dans un tel ravissement devant l'œuvre créatrice qu'il s'écriait : « *Vidi et obstupui*, j'ai vu et je reste stupéfait ». C'est vrai, le moindre être proclame la gloire de son Créateur. Nous pouvons dire aussi que dans notre travail nous avons vu Dieu; car il s'est montré à nous de si près et d'une manière si grandiose que le rayonnement divin de son œuvre ne nous a pas permis de ne point le voir, et nous avons mieux que jamais compris la vérité des paroles de l'apôtre : *Ita ut sint inexcusabiles*, de sorte qu'ils sont inexcusables, ceux qui après une telle lumière persistent à nier le Créateur.

Quand nous considérons notre Terre avec les vieilles idées cosmogoniques, c'est à peine si Dieu se détache à l'horizon de notre planète; mais en le voyant créer, régir, gouverner ces milliards de mondes, nous entrevoyons son immensité; en le considérant les soutenir et les mouvoir dans l'espace, nous comprenons la puissance infinie de sa main toute-puissante; sa sagesse et sa science nous apparaissent dans l'ordre et l'harmonie qui y règnent et puis, enfin, son amour se révèle, puisque partout il se communique, il se donne pour semer et maintenir la vie. C'est en considérant ainsi les cieux[2] que nous pouvons dire, avec le prophète royal, qu'ils racontent la gloire de Dieu et que le firmament montre les œuvres de ses mains, et nous ajoutons que le Seigneur est grand et que sa vertu ou sa puissance est sans limite[3].

Enfin couronnons ce travail par ces paroles de John

---

1. Quia quod notum est Dei manifestum est illis, Deus enim illis manifestavit.

Invisibilia enim ipsius, a creatura mundi, per ea quæ facta sunt, intellecta, conspiciuntur; sempiterna quoque ejus virtus et divinitas.
S. Pauli Ad Rom. I, 19-20.

2. Cœli enarrant gloriam Dei et opera manuum ejus annuntiat firmamentum.

3. Magnus Dominus et magna virtus ejus. Ps. 246.

Herschel, qui, à l'exemple de son illustre Père, a consacré sa vie aux hautes contemplations : « Le moment semble venu, moment admirable, dont nos enfants recueilleront le fruit et que nos Pères ne prévoyaient pas, où la Science et la Religion, sœurs éternelles, se donneront la main ; où ces nobles sœurs, au lieu d'engager une lutte déshonorante et funeste, concluront une alliance sublime. Plus le champ s'élargit, plus les résultats favorisent la croyance religieuse, plus les démonstrations de l'existence éternelle d'une intelligence créatrice et toute-puissante deviennent nombreuses et irrésistibles. Géologues, mathématiciens, astronomes, tous ont apporté leur pierre à ce grand temple de la science, temple élevé à Dieu lui-même. Chaque nouvelle conquête de la science est une preuve en faveur de l'existence de Dieu et de ses glorieux attributs.

« Oui, l'Univers est un temple d'où s'élève vers son auteur un chœur de perpétuelle harmonie ; mêlons notre voix à l'hymne solennel, immense, que chantent à Dieu les créatures sans nombre sorties de ses mains. Les plus abaissées dans l'échelle des êtres, comme celles qu'il a douées plus abondamment, le glorifient dans leur langue et font monter incessamment vers Lui les accents de la reconnaissance et de l'amour.

« Oh ! mon Dieu, que vous êtes grand et que nous serions petits, si une émanation de votre intelligence n'arrivait jusqu'à notre âme ! Mais combien grands aussi doivent être notre amour et notre reconnaissance pour cette paternelle bonté qui nous permet de le voir, de la contempler à travers tant de merveilles ! Si notre orgueil s'évertue à épier vos secrets, à sonder vos mystères, excusez notre curiosité, nos aspirations téméraires, puisqu'elles nous révèlent votre puissance et nous portent, le cœur ému, à nous confier à votre miséricorde infinie. »

FIN

APPENDICE.

NOTE I

Cette note doit se placer après la Première Période. — Avant le déluge. (p. 8-22).

On nous a fait remarquer que l'historique de notre période antédiluvienne ne prouvait pas suffisamment que les hommes avant le déluge admissent la pluralité des mondes habités.

Si l'on demande une preuve directe, des paroles formelles, des citations d'un auteur antédiluvien, nous confessons notre impuissance à fournir de tels témoignages et une pareille démonstration. Nous l'avons, d'ailleurs, franchement avoué à la page 14.

Nous pouvons cependant dire que nous n'avons pas dépassé les limites d'un vrai jugement historique, puisque nous n'avons fait que reproduire les appréciations de Burnet, de Brucker, de Bailly et de plusieurs autres que nous aurions pu citer. (Voir page 10.)

Quelle est, en réalité, la valeur de notre argument?

La voici : Impossible de nier que les hommes de la période postdiluvienne, que vous les preniez dans l'Inde, en Chine, en Perse, en Chaldée, en Thrace ou en Grèce, n'admissent la pluralité des mondes habités.

Les autorités et les preuves sont précises sur ce point, comme on peut le vérifier, en lisant notre travail.

Or, ces hommes ne pouvaient tenir cette vérité que de deux sources : de la révélation primitive ou de leurs connaissances scientifiques et astronomiques, qui leur avaient permis de l'entrevoir et de la conjecturer, comme il est arrivé à nos savants actuels.

Mais cette dernière hypothèse est absolument impossible. Ils manquaient complètement des connaissances scientifiques, et, par le fait même, des connaissances astronomiques qui pouvaient réveiller en eux une pareille idée, une pareille vue.

Il reste donc à conclure que les hommes de la seconde période ou des temps anciens devaient tenir cette connaissance de la science antédiluvienne.

Mais comment? Évidemment par Noë et ses enfants.

Nous avons donné, d'après les auteurs les plus anciens et les plus sérieux, les moyens que Noë et ses enfants employèrent pour conserver à leur postérité les vérités que leur avaient laissées leurs pères.

Ne serait-il pas étrange que Dieu qui s'était occupé de la conservation des diverses espèces d'animaux, n'eût rien prévu pour conserver à l'humanité les vérités qui font, pour ainsi dire, partie essentielle de son être moral et intellectuel? car l'homme est un être enseigné.

La pluralité des mondes était donc un dogme noachide et appartenait, par conséquent, à la période antédiluvienne.

Nous pouvons donc conclure avec Bailly, qui, après avoir cité Plutarque, ajoutait : Le principe de la pluralité des mondes est très ancien; nous pensons qu'il appartient à l'astronomie antédiluvienne.

NOTE II *(page 83)*

Extrait d'une lettre de Huygens à son frère. *Servant d'introduction au* Cosmosthéoros.

Cela me fait me ressouvenir des entretiens que nous avons eus, vous et moi, sur ce sujet.... Dans ce temps-là, nous croyions fermement ne devoir pas espérer d'acquérir jamais aucune connaissance des ouvrages de la Nature dans ces contrées célestes... Il y en eut qui osèrent assurer qu'il y avait sur les astres d'autres mondes que le nôtre, en si grand nombre qu'on ne les pourrait compter; si ceux qui sont venus après, comme le cardinal Cusa, Bruno et Képler ont avancé que les planètes sont habitées, il ne paraît pas cependant que les uns ni les autres aient rien recherché au-delà... Quant à moi, qui ne me crois pas plus éclairé que ces grands hommes, mais seulement plus heureux, pour être venu après eux, m'étant appliqué depuis quelque temps à méditer sur cette matière avec plus de soin que je n'avais encore fait, il m'a semblé que la Providence ne nous avait pas bouché toutes les avenues qui peuvent conduire à la recherche de ce qui se passe dans les lieux si éloignés de celui-ci.

J'espère que vous lirez volontiers cet ouvrage, ayant autant d'ardeur que vous en avez pour l'astronomie... Si quelqu'un était monté au ciel, et qu'il eût considéré attentivement l'économie de l'univers et la beauté des astres, l'admiration qu'il aurait pour tant de merveilles lui deviendrait désagréable, s'il ne trouvait personne à qui les raconter. Mais plût à Dieu que je pusse ne pas raconter à tout le monde ces productions d'esprit, et qu'à la réserve de vous il me fût permis de choisir des lecteurs à ma fantaisie, qui ne fussent pas tout à fait ignorants en astronomie et dans la bonne philosophie, et dans lesquels j'eusse assez de confiance pour croire qu'ils donneraient aisément leur approbation à ces essais et qu'un tel ouvrage n'eût pas besoin de protection pour en faire excuser la nouveauté!

NOTE III *(page 94)*
Young
La nuit.

Que Dieu est grand! qu'il est puissant, l'Être qui lance la

lumière au travers des masses opaques de tous ces globes, qui a tissé l'ensemble brillant de la nature, et suspendu l'univers comme un riche diamant à la base de son trône! Laissez tomber un poids de la hauteur d'une étoile fixe, combien de siècles s'écouleront avant qu'il arrive à la Terre? Où commence donc, où finit ce vaste édifice? Où s'élèvent les derniers murs qui, dominant sur l'abîme du néant, enferment dans leur enceinte le séjour des êtres? A quel point de l'espace le Créateur s'est-il arrêté, a-t-il terminé les lignes de son plan et déposé sa balance?

L'univers que je vois est-il son seul ouvrage, ou bien a-t-il loin de mes yeux fécondé d'un souffle le sein de l'espace? A-t-il encore tiré du chaos une infinité d'autres Mondes?.... Le désir de toucher au terme des êtres s'éveille dans mon âme; je veux m'élever de sphère en sphère et parcourir l'échelle radieuse que la nuit me présente. Je ne balance plus, je me livre à la pensée. Enlevé sur son aile de feu, je m'élance de la Terre comme de ma barrière....

Où suis-je? où est la Terre? Soleil, où es-tu?.... Que de milliers de Cieux et de Mondes je vois rouler sous mes pieds, comme des grains brillants! Arrivé si loin et dans des régions si nouvelles pour moi, puis-je n'être pas curieux d'apprendre quels sont les habitants de ces climats de la Terre? Aucun mortel n'y a jamais abordé vivant . . . .
. . . .

Si je me trompe en multipliant les univers, mon erreur est sublime. Elle est appuyée sur une vérité, elle a pour base, l'idée de la grandeur de Dieu. Et qui me démontrera que c'est une erreur? Qui osera assigner des bornes à la Toute-Puissance? L'homme peut-il imaginer au-delà de ce que Dieu peut faire? Un monde ne lui coûte pas plus à créer qu'un atome. Qu'il dise : Qu'ils soient! et des milliers de mondes vont naître. Froid censeur, ne condamne point mon enthousiasme. Laisse-moi ces idées qui m'agrandissent et m'enflamment. Mon imagination ne peut plonger sans un sentiment d'horreur dans l'empire muet et désert du néant.

L'expérience vient elle-même appuyer ma conjecture. De l'infiniment petit à l'infiniment grand, les deux termes de la création se répondent et se font équilibre l'un à l'autre : la pensée ne doit pas craindre de trop descendre vers l'extrême petitesse, ni de trop s'élever vers l'extrême grandeur. L'erreur sera toujours dans le défaut et jamais dans l'excès. Quel effet peut paraître trop grand quand on songe à la cause? Étonnant Architecte! mon âme peut s'abaisser ou s'élever à son gré dans l'immensité de ton idée, sans jamais pouvoir quitter le centre. *Je suis* est ton nom. Toute existence t'appartient. La création n'est encore qu'un néant; ce n'est qu'un voile flottant devant toi comme l'atmosphère légère devant l'astre.

Savants de la Terre, observateurs de la nature, génies supérieurs qui volez sur les traces de Newton, avez-vous découvert Celui qui voit le faîte de la création abaissée dans la profondeur d'un abîme? Avez-vous trouvé l'orbe du grand Être, du Soleil universel qui attire à lui tous les êtres; avez-vous reconnu les satellites qui l'environnent, les étoiles du matin qui assistent à son lever et forment sa cour? Ce n'est pas la science, c'est la religion qui me conduira jusqu'à lui; l'humble amour pénètre où la raison superbe ne peut atteindre... Chacun de ces astres est un temple où Dieu reçoit l'hommage qui lui est dû. J'ai vu fumer leurs autels; j'ai vu leur encens s'élever vers son trône; j'ai entendu les sphères retentir des concerts de sa louange. Il n'est rien de profane dans l'Univers. La nature entière est un lieu consacré :

Each of these stars is a religious house;
I saw their altars smoke, their incense rise,
And heard hosannahs ring through every sphere!

NOTE IV *(page 94)*
Fontanes.
Les Mondes.

. . . .
Comme le nôtre aussi, sans doute ils ont vu naître
Une race pensante avide de connaître :
Ils ont eu des Pascals, des Leibnitz, des Buffons.
Tandis que je me perds en ces rêves profonds,
Peut-être un habitant de Vénus, de Mercure,
De ce globe voisin qui blanchit l'ombre obscure,
Se livre à des transports aussi doux que les miens.
Ah! si nous rapprochions nos hardis entretiens!
Cherche-t-il quelquefois ce globe de la Terre
Qui, dans l'espace immense, en un coin se resserre?
A-t-il pu soupçonner qu'en ce séjour de pleurs
Rampe un être immortel qu'ont flétri des douleurs?
Habitants inconnus de ces sphères lointaines,
Sentez-vous nos besoins, nos plaisirs et nos peines?
Connaissez-vous nos arts? Dieu vous a-t-il donné
Des sens moins imparfaits, un destin moins borné?
Royaumes étoilés, célestes colonies,
Peut-être enfermez-vous ces esprits, ces génies,
Qui, par tous les degrés de l'échelle du ciel,
Montaient, suivant Platon, jusqu'au trône éternel.
Si pourtant, loin de nous, de ce vaste empyrée,
Un autre genre humain peuple une contrée,
Hommes, n'imitez pas vos frères malheureux.
En apprenant leur sort vous gémiriez sur eux.
Vos larmes mouilleraient nos fastes lamentables.
Tous les siècles en deuil, l'un à l'autre semblables,
Courent sans s'arrêter, foulant de toutes parts
Les trônes, les autels, les empires épars;
Et, sans cesse frappés de plaintes importunes,

Passent en me contant nos longues infortunes.
Vous, hommes, nos égaux, puissiez-vous être, hélas;
Plus sages, plus unis, plus heureux qu'ici-bas.

NOTE V *(page 98)*, après Chateaubriand.

Reynaud

« Quand même l'astronomie, par ses révélations de chaque jour ne nous contraindrait pas à nous élever à des idées plus sublimes sur la constitution de l'univers, ne serait-ce pas assez du progrès de la géographie pour nous y décider! En même temps que l'astronomie ne cesse de nous agrandir le ciel, la géographie ne cesse de nous rétrécir notre monde. Le Moyen-Age a pu se contenter de cette Terre; inexplorée, perdue dans le vague, sans'autres bornes apparentes qu'un océan inconnu, plein de sables et de mystères, elle représentait alors aux imaginations comme une sorte d'immensité. Mais pour nous, aujourd'hui, qu'est-ce que la Terre? Un globe que nous roulons, pour ainsi dire, entre nos mains, sur lequel notre compas se promène à volonté, dont nous avons presque épuisé tout le détail, qui, disproportionné dès à présent à l'ambition de nos voyageurs, ne sera bientôt plus que jouet pour les touristes; hors duquel, en un mot, notre esprit, jaloux de découvertes, brûle à chaque instant de s'élancer pour aller courir les profondeurs du ciel. Considérons cette chétive machine, et considérons en même temps, si nous le pouvons, la majesté de Dieu. Jugeons-nous qu'un objet qui nous paraît à peine digne de nous, soit fait pour concentrer et rassasier les regards de l'Être infini? Croirons-nous qu'un tel ouvrage soit assez magnifique pour avoir occupé à lui seul, de toute éternité, la pensée du Créateur, et déterminé, par son attrait cette suprême puissance à sortir de son'repos? Imaginerons-nous qu'une pépinière si bornée lui met sous les yeux autant d'âmes que son inépuisable bonté en appelle, ou qu'une administration dont nous nous estimerions pour ainsi dire capables, soit suffisante pour combler ses loisirs et tenir en éveil sa prodigieuse activité? Si la Terre est si peu de chose pour nous, qu'est-ce donc pour Lui? Dieu restreint au gouvernement de la Terre, c'est Dieu dépouillé des sublimes vêtements dans lesquels il lui a plu d'envelopper de tout temps, par la création de l'univers, son ineffable splendeur; c'est Dieu mis en contemplation devant un grain de poussière tombé un beau jour de ses mains au milieu des vides infinis. »

J. Reynaud, *Terre et Ciel*, p. 236.

NOTE VI. *(page 98)*, après Reynaud

Ponsard

Galilée.

Non, les temps ne sont plus où, reine solitaire,
Sur son trône immobile on asseyait la Terre;
Non, le rapide char, portant l'astre du jour,
De l'aurore au couchant ne décrit plus son tour;
Le firmament n'est plus la route cristalline
Qui, comme un plafond bleu, de lustres s'illumine;
Ce n'est plus pour nous seuls que Dieu fit l'univers;
Mais, loin de nous tenir abaissés, soyons fiers!
Car, si nous abdiquons une royauté fausse,
Jusqu'au règne du vrai la science nous hausse.
Plus le corps s'amoindrit, plus l'esprit devient grand;
Notre noblesse croît où décroît notre rang.
Il est plus beau pour l'homme, infime créature,
De saisir les secrets voilés par la nature,
Et d'oser embrasser dans sa conception
L'universelle loi de la création,

Que d'être, comme aux jours d'un vaniteux mensonge,
Roi d'une illusion et possesseur d'un songe,
Centre ignorant d'un tout qu'il croyait fait pour lui,
Et que, par la pensée, il conquiert aujourd'hui.

Soleil, globe de feu, gigantesque fournaise,
Chaos incandescent, où bout une genèse,
Océan furieux où flottent éperdus
Les liquides granits et les métaux fondus,
Heurtant, brisant, mêlant leurs vagues enflammées
Sous de noirs ouragans tout chargés de fumées,
Houle ardente, où parfois nage un flot vermeil,
Tache aujourd'hui, demain écorce du soleil,
Autour de toi se meut, ô féconde incendie,
La Terre, notre mère, à peine refroidie ;
Et, refroidis comme elle et comme elle habités
Mars sanglant, et Vénus, l'astre aux blanches clartés,
Dans tes proches splendeurs Mercure qui se baigne,
Et Saturne en exil aux confins de ton règne,
Et par Dieu, puis par moi, couronné dans l'éther
D'un quadruple bandeau de lunes, Jupiter.

Mais, astre souverain, centre de tous ces mondes,
Par de là ton empire aux limites profondes
Des milliers de soleils, si nombreux, si touffus,
Qu'on ne peut les compter dans leurs groupes confus,
Prolongent, comme toi, leurs immenses cratères,
Font mouvoir, comme toi, des mondes planétaires,
Qui tournent autour d'eux, qui composent leur cour,
Et tiennent de leur roi la chaleur et le jour.
Oh ! oui, vous êtes mieux que des lampes nocturnes,
Innombrables lueurs, étoiles qui poudrez
De votre sable d'or les chemins azurés ;
Chez vous palpite aussi la vie universelle,
Grands foyers, où notre œil ne voit qu'une étincelle.
Montons, montons encore. D'autres cieux fécondés

Sont, par de là nos cieux, d'étoiles inondés
Et partout l'action, le mouvement et l'âme!
Partout, roulant autour de leurs centres de flamme,
Des globes habités dont les hôtes pensants
Vivent comme je vis, sentent comme je sens :
Les uns plus abaissés, et les autres peut-être
Plus élevés que nous sur les degrés de l'être !

NOTE VII (Sur la Lune *page* 139.)

Nous avons déjà fait une note sur la Lune, d'après les travaux de MM. Lœvy et Puiseux. *Le Cosmos* du 22 juillet 1899, résume le rapport adressé à l'Académie, à l'occasion de la présentation du quatrième fascicule de l'Atlas photographique de la Lune, publié par l'Observatoire. Nous n'en citerons que la conclusion, qui anéantit, d'une manière absolue, les assertions d'une certaine école plus ou moins opposée à la pluralité des mondes.

Après avoir énuméré les différentes considérations scientifiques sur lesquelles ils basent leurs conclusions, MM. Lœvy et Puiseux ajoutent :

« Ce criterium chronologique plus net que celui qui repose sur l'état de conservation des bourrelets, nous renseigne aussi sur l'ancienneté relative de la solidification dans les diverses parties des mers. Il tombe malheureusement en défaut dans les régions assez nombreuses où les traînées ne se sont point étendues.

En général, les grands systèmes de traînées recouvrent indistinctement tous les accidents du sol placés sur leur trajet. Cette circonstance nous a déjà permis de conclure que les formidables éruptions volcaniques dont la Lune a été le théâtre appartiennent à une période récente dans l'histoire de notre satellite. Elles ont dû être précédées de la solidification à peu près complète des mers et du fond des cirques. Le même fait nous semble devoir être pris en grande considération dans le problème si souvent discuté de l'atmosphère de la Lune. Non seulement, en effet, ces éruptions ont mis en liberté des quantités importantes de gaz ou de vapeurs, mais la diffusion des cendres à de grandes distances suppose une enveloppe gazeuse d'une certaine densité.

La faiblesse relative de la pesanteur aide, il est vrai, à comprendre leur ascension initiale à une altitude considérable. Il faut cependant que la résistance de l'atmosphère ait été suffisante pour retarder la chute de ces poussières pendant un trajet pouvant atteindre ou dépasser 1000 kilom.

Le temps qui s'est écoulé depuis les grandes éruptions a-t-il suffi pour amener la disparition totale de cette enveloppe gazeuse? On est conduit à en douter si l'on examine le mécanisme des deux causes principales qui ont pu agir dans ce sens. L'écorce, déjà solidifiée dans son ensemble, ne devait plus absorber les gaz qu'avec lenteur et difficulté. La déperdition dans l'espace des molécules animées de vitesse assez grandes pour entrer dans la sphère d'attraction d'un autre corps devenait nécessairement de plus en plus lente à mesure que la température devenait plus basse. Nous trouvons donc dans l'examen du sol lunaire un sérieux motif pour croire qu'il subsiste encore, à l'heure actuelle, un résidu d'atmosphère dont l'appréciation, entourée à coup sûr de grandes difficultés, peut n'être pas irréalisable.

Cette induction s'ajoute à celle que fournit, comme nous l'avons vu, la discussion des éclipses et des occultations. Le soin que les astronomes apportent depuis quelques années à l'étude de ces phénomènes et le grand nombre d'occultations de petites étoiles que l'on observe maintenant à chaque éclipse totale donnent lieu d'espérer que cette discussion pourra bientôt être reprise sur les bases nouvelles et dégagera des conclusions plus précises ».

D'après ces données, vraiment scientifiques nous maintenons nos affirmations au sujet de notre satellite.

1° Contrairement à ce que notre Docteur fait dire à M' Faye, la Lune a'eu des éruptions volcaniques puissantes.

2° Plusieurs de ces éruptions sont relativement récentes.

3° Dans le lointain des âges, il y a eu une atmosphère et de l'eau à la surface de notre satellite.

4° Et, avec MM. Lœvy et Puiseux, nous ajoutons : « Nous trouvons dans l'examen du sol lunaire un sérieux motif pour croire qu'il subsiste encore, à *l'heure actuelle*, un résidu d'atmosphère dont l'appréciation, entourée à coup sûr de grandes difficultés, peut n'être pas irréalisable ».

Mais en voilà assez pour répondre à certains théologiens et même à certains astronomes qui semblent n'avoir jamais pris un télescope pour regarder notre Satellite.

Notre Satellite n'est donc pas aussi décrépit qu'on se plaît à le dire.

NOTE VIII (2me Sur la Lune.)

Quoique nous ne fassions pas un cours de cosmographie, nous croyons avoir laissé trop dans l'ombre une question qui demande quelques considérations : c'est la rotation de notre satellite.

La lune tourne-t-elle sur elle-même, en exécutant son mouvement de translation autour de la Terre?

Une revue scientifique anglaise *The astronomical register* a publié sur ce sujet, dans ses numéros de 1864, une série d'articles, où les arguments, pour ou contre la rotation lunaire ont été largement développés en vers et en prose.

La lune possède, à sa surface, assez de points de repère, montagnes, cratères....., pour constater son mouvement de rotation, si, en réalité, il existe. Or, voit-on sur son disque les cratères, les taches se mouvoir d'un bord à l'autre, comme il arrive pour les taches du Soleil et celles des autres planètes? Non pas; nous savons, au contraire, que la Lune présente toujours la même face à la Terre, abstraction faite des légères oscillations périodiques qui découvrent, tantôt au nord et au sud, tantôt à l'ouest et à l'est certaines régions de l'hémisphère invisible. (Libration en longitude et libration en latitude.)

Il semblerait donc, au premier abord, que la lune ne tourne pas sur elle-même, et qu'à la différence des autres astres, elle est privée de tout mouvement de rotation. C'est, en effet, ce qu'on a prétendu; c'est ce que prétendent encore quelques savants qui ne se rendent pas bien compte des conditions géométriques de la question.

Sans doute, la permanence des mêmes taches de la Lune du côté de la Terre semble un indice évident de son immobilité, de tout mouvement de rotation. Mais il ne faut pas oublier que la Terre se meut autour du Soleil, entraînant la Lune avec elle, tandisque celle-ci effectue de continuelles révolutions autour de notre planète.

Dans ces conditions, la rotation de la Lune est une conséquence même du fait qui lui semble contraire, de la permanence de ses taches visibles, et cette permanence ne prouve qu'une chose, à savoir que *la durée* de la révolution, et *celle* de la rotation sont rigoureusement égales.

Il n'est pas difficile, même sans figure, de se rendre compte de ce fait astronomique. Décrivez un cercle ou une ellipse et placez-vous au centre; sur la ligne de la courbe, faites avancer une personne. C'est au moment de la nouvelle Lune où l'astre est au *nœud ascendant;* de plus, la personne a la main gauche de votre côté. Pour qu'elle conserve cette position par rapport à vous pendant tout son trajet, il faut qu'elle ait fait, sur elle-même, un tour complet, ou mieux, si vous voulez regarder directement la main gauche du voyageur, durant tout le trajet, vous serez obligé de faire un tour sur vous-même.

La Lune n'échappe donc pas à la loi de rotation qui semble commune à tous les corps célestes. En même temps qu'elle effectue autour de la Terre sa révolution mensuelle, elle tourne aussi sur elle-même autour d'un axe invariable; et, circonstance singulière, la durée de sa rotation est précisément égale à celle de son mouvement de révolution. Comme la Terre, la Lune possède donc des pôles, un équateur, des cercles méridiens et parallèles.

NOTE IX *(page 161)*

La Rotation de Vénus

Nous lisons dans *La Croix, mardi 17 Avril 1900* :

La planète Vénus. — Pendant que nous sommes tous à l'exposition, les astronomes, impassibles, continuent à suivre les astres dans les espaces.

L'un d'eux vient ainsi de déterminer que la planète Vénus tourne sur elle-même à peu près dans les mêmes conditions que la Terre. La vie y serait possible.

Voilà un nouveau sujet de discussion entre les savants. »

« L'Observatoire de Paris vient de recevoir une nouvelle d'un haut intérêt. Un astronome de Pulkova (près de Saint-Pétersbourg) ayant étudié Vénus avec des lentilles d'une très grande netteté est parvenu à suivre pendant plusieurs heures un point de cette planète éblouissante. Le résultat de ces observations est identique à celui des anciens astronomes, qui pensaient que ce monde si voisin du nôtre exécutait sa rotation quotidienne autour de son axe en près de vingt-quatre de nos heures. Cette détermination est absolument contraire à l'opinion qui tendait à se répandre.

« En effet, suivant des observations moins sûres, faites en Italie, beaucoup d'astronomes estimaient que Vénus exécutait sa révolution autour de son axe, à peu près dans le même temps qu'elle circule autour du soleil, c'est-à-dire en 225 de nos jours. Comme le fait la lune pour la terre, elle aurait constamment présenté la même face vers le soleil, ce qui y aurait rendu toute vie analogue à celle que nous connaissons complètement impossible. Combien n'est-il pas plus satisfaisant de supposer qu'un monde si semblable au nôtre, par son volume, sa densité, sa distance au soleil, la rapidité de sa course dans l'espace céleste a encore avec notre terre un lien commun et qu'il peut être habité par des êtres qui, comme nous, savent aimer ou haïr, penser et souffrir. »

NOTE X *(page 306, après la première ligne).*

Aussi la pluralité des mondes habités devient aujourd'hui une affirmation, à laquelle personne ne peut se soustraire. Qu'on la favorise ou qu'on la combatte, elle marche toujours en avant et envahit tout. C'est ce que confessait naguère un savant curé d'Amérique qui souffre visiblement du progrès que fait dans le monde où l'on pense, la théorie de l'habitabilité des planètes et des astres.

Les difficultés soulevées à cette occasion contre la foi, soit de la part des incrédules, soit de la part des catholiques, sont de deux espèces. Les unes regardent les attributs de Dieu, les autres les mystères de la religion et, particulièrement, les deux grands mystères de l'Incarnation et de la Rédemption, avec leurs conséquences, par exemple, le saint sacrifice de la Messe et la Sainte Eucharistie.

Nous traiterons séparément les deux questions :

1° Objections soulevées au sujet des attributs de Dieu;

2° Difficultés provenant des mystères de la religion, et particulièrement de l'Incarnation et de la Rédemption.

1ʳᵉ QUESTION. — L'habitabilité des mondes et les attributs de Dieu.

La pluralité des mondes habités sert d'argument aux incrédules contre les attributs de Dieu et particulièrement contre sa Sagesse, sa Providence et sa Bonté. D'un autre côté, c'est une grande difficulté pour certains croyants qui craignent pour le dogme chrétien, si cette hypothèse est admise. Nous disons *dogme chrétien*, car plusieurs protestants ne se séparent pas des catholiques sur ce point.

Dans le principe, nous n'avions pas cru devoir nous occuper de ces objections, parce que nous les jugions de peu d'importance. Craignant cependant qu'on nous accuse de les avoir passées sous silence, pour n'avoir pas à les résoudre, nous nous sommes déterminé à ajouter cette note à notre ouvrage que nous désirons faire aussi complet que possible.

D'ailleurs s'il y avait une seconde édition, cette note a sa place toute trouvée dans la quatrième partie.

Avant de répondre aux difficultés soulevées de ce chef, nous nous sommes demandé quelle en était la source, d'où elles avaient pu surgir dans l'esprit humain. Il est important, en effet, de connaître la cause d'un mal avant d'en parler.

Après de sérieuses réflexions, nous restons persuadé que les négations des uns et les craintes des autres, les difficultés de tous viennent d'une idée fausse ou inexacte de la nature de Dieu et surtout de l'ignorance du Dieu créateur et, par conséquent, des relations de Dieu avec ces créatures.

Si l'on possédait des notions exactes sur ces deux points, on se garderait bien de formuler des phrases comme celles-ci et d'autres semblables : « Une si chétive portion de l'univers telle que la nôtre, n'a jamais pu être l'objet de ces attentions signalées que le christianisme lui a assignée. Puisque Dieu a tant de mondes à gouverner, il lui est impossible de s'occuper spécialement de chacun de ses enfants de la Terre. »

En somme, cette manière d'apprécier Dieu est un reste de paganisme. Et incrédules et croyants mesurent Dieu à leur aune et lui attribuent une foule d'imperfections qui sont en contradiction avec l'idée véritable du vrai Dieu et avec la notion exacte du Dieu créateur.

Nous allons mettre en évidence cette double notion d'après les textes sacrés, les Pères de l'Église et les théologiens.

En accordant à l'homme qu'il est un atome dans la création, nous lui accordons beaucoup. En réalité, à peine est-t-il un atome dans l'espace, un atome dans le temps, un atome en puissance, un atome en intelligence, un atome en sagesse, un atome en prévoyance, un atome en bonté et, sous ce rapport, il descend au-dessous du néant, puisqu'il devient mauvais, injuste et méchant; heureusement Dieu connaît tous les atomes qu'il a créés!

Pourtant, c'est avec ce néant que l'homme prétend mesurer Dieu! Il n'est pas dès lors étonnant que, connaissant tant soit peu l'étendue de la création; il ne dise : « Dieu ne peut suffire à tant de besogne! ou, occupé de tant de mondes, il ne peut que nous négliger! » Voilà Dieu mesuré à notre aune.

Qu'est-ce donc Dieu?

Dieu est incommensurable sous tous les rapports; et, si nous lui appliquons la mesure de la raison et de la foi, nous devons dire : Dieu est une essence infinie. Il est infini en espace, infini en temps — éternel —, infini en puissance, infini en intelligence, infini en prévoyance, infini en sagesse, infini en bonté, en amour et en charité.

Voilà Dieu!

Nous pouvons ajouter que Dieu déborde la multitude des mondes qu'il a créés, plus que l'océan déborde les poissons qui vivent dans son sein.

Voilà quelque chose du Dieu véritable!

Cherchons quelques autorités et, pour cela, ouvrons le Livre de la Sagesse et arrêtons-nous y un instant, au chap. VII, v. 24 et suivants, et au chap. VIII, v. 1.

Qu'y trouvons-nous? « Que la sagesse est plus mobile que tout ce qui est mobile, et qu'elle atteint partout à cause de sa pureté[1]. »

Mais qui est cette Sagesse dont vous parlent les Livres Saints? C'est Dieu lui-même, nous dit Saint Thomas : « La Sagesse première et incréée est Dieu lui-même[2]. »

Elle est plus mobile que tout ce qui se meut, parce que, étant infinie, elle est partout, et, pour cela, elle ne change pas de place. Elle n'est ni ici, ni là; et son immutabilité ne reçoit aucune atteinte.

Elle atteint tout, c'est-à-dire, nous dit Corneille La Pierre (Cornelius à lapide), après Vatable, que « La Sagesse réalise

---

1. Sap. VII, 24. Omnibus enim mobilibus mobilior est Sapientia : attingit autem ubique propter suam munditiam.
2. Sapientia prima et increata est ipse Deus. S. Thom. I P. q. 9. art. 1. ad 2.

tout, réchauffe tout, vivifie tout, gouverne tout; car tels sont les actes de la Providence, qui est une partie de la sagesse[1]. »

Rien ne l'arrête, parce que c'est une essence très pure, qui pénètre tout, envahit tout.

Pourquoi encore cette sagesse atteint-elle toute chose? parce *qu'Elle est la vapeur de la vertu divine.* Vapeur toute-puissante, qui peut tout sans nul effort. Si la vapeur de l'eau a une puissance qui étonne, et la déflagration de certaines substances, une énergie qui épouvante, qu'en est-il donc de la vapeur de la vertu divine? Seulement cette force incompréhensible agit avec suavité, comme nous le dirons plus tard.

C'est une émanation de la toute-puissance divine; elle est de même nature que Dieu, de la même essence.

Puisque telle est cette Sagesse incréée, il n'est pas étonnant qu'elle « atteigne tout avec force, d'une fin jusqu'à une fin, et dispose toute chose avec suavité[2]. »

Vous me demandez, dit Corneille La Pierre, quelles sont ces deux fins extrêmes?

Je réponds d'abord que ce sont les deux extrémités du monde. La sagesse, en effet, envahit toutes choses depuis le plus haut des cieux jusqu'au plus bas de la Terre, à savoir, de la périphérie jusqu'au centre.

Et, comme le dit S. Bernard, du plus haut du ciel jusqu'aux parties inférieures de la Terre, Elle atteint avec force, non en allant et en venant, ou en se répandant dans un lieu, ni même en accordant à la créature, obligée à un devoir, un secours officieux; mais par une force substantielle et présente partout qui, sans exception, meut, ordonne et administre toutes choses avec une suprême puissance. Et il n'y a nulle nécessité de sa part de faire toutes ces choses : ni elle

---

1. (Sapientia) penetrat et pervadit omnia. Ita Vatab. Quia sapienter omnia efficit, disponit, conservat, ordinat, alit, fovet, vivificat, gubernat : hi enim sunt actus providentiæ, quæ est pars sapientiæ Dei. Corn. a Lapide, Comment. in lib. Sap, cap. vii, 24.

4. Attingit ergo a fine usque ad finem fortiter et disponit omnia suaviter. Sap iii.

n'éprouve aucune difficulté en le faisant, mais elle dispose toutes choses avec suavité[1]. »

Saint Augustin se sert de ce passage du Livre de la Sagesse, pour prouver que la Sagesse divine ou Dieu est partout. Et il ajoute : mais Dieu est ainsi répandu partout, non comme une qualité du monde, mais comme la substance créatrice du monde qu'il régit sans travail et conserve sans peine[2].

Méditant profondément ces grandes vérités, Saint Bernard, rempli d'admiration, s'écrie : O sagesse puissante qui atteins partout avec force! O puissance sage qui disposes tout avec suavité! Chose une en elle-même, multiple dans ses effets et diverse dans ses opérations. Et cette seule chose est longitude à cause de son éternité, latitude à cause de sa charité, sublimité à cause de sa majesté et profondeur à cause de sa sagesse[3]. »

Dieu étant infini, déborde tout; tout est renfermé en lui. Il n'est donc pas étonnant qu'il atteigne tout, qu'il embrasse tout dans son unité infinie, dans sa simplicité absolue et le temps et l'espace. Il n'a besoin ni d'avancer la jambe, ni d'étendre le bras, pour être en tout lieu. Il est partout sans

1. Quæres quæ sint hæc duo extrema, dit Cornellie La Pierre. Respondetur : Primo esse duo extrema mundi. Q. D. Sapientia provadit omnia a summo cælorum usque ad imum terræ, puta a peripheria mundi usque ad centrum. Et, ut ait S. Bern., à summo cælo usque ad inferiores partes terræ. Attingit autem fortiter, non quidem mobili discursione, vel locali diffusione, vel subjectæ creaturæ tantum officiali administratione; sed substantiali quadam et ubique præsenti fortitudine, quæ utique universa potentissime movet, ordinat et administrat. Et hæc omnia nulla sui cogitur facere necessitate; nec enim aliqua in his laborat difficultate, sed disponit omnia suaviter, placida voluntate. S. Bernard, Tractat. de Gratia et Lib. arb. post medium!

2. Unde S. Aug. Epis. 57. ad Dardanum. q. 1. ex hoc loco probat sapientiam divinam, sive Deum, esse ubique. Additque : sed sic est Deus per cuncta diffusus ut non sit qualitas mundi, sed substantia creatrix mundi, sine labore regens et sine onere continens mundum. S. Augustin.

3. Hoc profunde meditans et admirans S. Bern. Lib. 5 de Consid. — exclamat : O sapientia potens attingens ubique fortiter! O potentia sapiens disponens omnia suaviter! Res una, effectus multiplex, opera-

se mouvoir : *in ipso vivimus, movemur et sumus*. Il est le principe de tout être, de toute activité et de toute vie.

Secondement, ajoute Corneille La Pierre, ces deux extrêmes sont la créature la plus vile et la plus noble[1]. Dieu ne fait acception ni des personnes, ni des choses. Tous les êtres sont, au même titre, ses créatures, ses enfants. Depuis le sommet de la hiérarchie jusqu'au bas, chaque créature fait partie de son plan divin. Il lui a assigné une place qu'elle doit occuper, une fin qu'elle doit réaliser. Si l'homme ne peut, comme Dieu, pénétrer ces grandes vérités, il doit au moins comprendre qu'il est nécessaire que Dieu agisse ainsi, soit par lui-même, soit par les causes secondes.

Si le Dieu créateur atteint tout avec *force*, il dispose tout avec *suavité* : *disponit omnia suaviter*. C'est-à-dire, ajoute Corneille La Pierre, il gouverne, il administre, il protège, il défend. Il dispose tout l'univers comme un père de famille dispose sa maison. Le monde est une petite maison du grand Dieu, qui la gouverne avec l'économie d'un père de famille. Et cela avec *suavité* ou, comme le disent Pagnini et Vatable, pour l'utilité, la commodité, avec bénignité et douceur. Car, d'après Saint Augustin[2], il administre de telle façon tout ce qu'il a créé, qu'il leur permet et bien plus les aide et les fait agir et exercer des mouvements, selon la forme qu'il leur a donnée, en sorte qu'on ne trouve dans l'univers nulle chose qui ne remplisse utilement son office et ne soit avantageuse à tout l'ensemble, tandis que chaque chose, quelque minime qu'elle soit, s'efforce d'atteindre les fins fixées par la nature.

La même suavité apparaît dans les choses naturelles que dans les choses surnaturelles ; car Dieu ne fait violence à aucun être et ne fait jamais rien contre la nature de quoique

---

tiones diversæ. Et illa una res est longitudo propter æternitatem, latitudo propter charitatem, sublimitas propter majestatem, profunditas propter sapientiam. S. Bernard.

1. Duo hæc extrema sunt nobilissima et vilissima creatura. Corn. a Lap. in Sap. VIII.

2. Corn. a Lap. in Sap. VIII.

ce soit ; mais seulement comme le demande la nature de chaque chose. Car, comme le dit S. Denis, la divine Providence est conservatrice de chaque nature[1].

La cause première, c'est-à-dire Dieu est efficace, mais elle sait s'adapter aux causes secondes. « C'est pourquoi, S. Denis, blâmant ceux qui disaient qu'il aurait fallu que Dieu nous aurait forcé à la vertu, dit qu'il ne convient pas à la providence divine de faire violence à la nature; mais quelle est conservatrice de chaque nature[2]. »

De son côté, S. Thomas nous dit que Dieu s'occupe des créatures naturelles, de telle manière que, non seulement il les meut à accomplir les actes naturels, mais de plus qu'il leur accorde certaines formes (dispositions) et certaines vertus (tendances) qui sont les principes des actes, afin que selon elles-mêmes, elles soient inclinées à ces actes. Et ainsi les mouvements dont Dieu les meut, deviennent pour elles tout à fait naturels et faciles; selon ces paroles de la Sagesse, chap. 8, « Elle a disposé toutes choses avec suavité ; *Et disposuit omnia suaviter*[3]. »

Voilà jusqu'où vont les soins, les prévenances et les délicatesses de la divine Providence! Comme une mère tendrement dévouée, elle conduit par la main et dirige constamment les pas de ses créatures, fortifie sans cesse les organes de mouvement, compâtit à leurs faiblesses, — car sans Elle elles ne peuvent rien faire —, pour qu'elles atteignent la fin de leur création. Et cette sollicitude, Elle la prodigue aux petits comme aux grands, aux plus vils comme aux plus nobles. Auprès de Dieu, il n'est point d'acception de personnes ou de choses.

1. Corn. a Lap. in Sap. viii.
2. S. Dionys. de Divinis nom. c. 4. part. 4.
3. Audi S. Thomam. 1. 2. q. 110. a. 2. Deus creaturis naturalibus sic providet ut non solum moveat eas ad actus naturales, sed etiam largiatur eis formas et virtutes quasdam, quæ sunt principia actuum ut secundum seipsas inclinentur ad hujusmodi motus. Et sic motus, quibus a Deo moventur, fiunt creaturis connaturales et faciles; secundum illud Sap. 8. : Et disposuit omnia suaviter.

Tel est Dieu en soi, tel est surtout le Dieu Créateur, d'après les Pères de l'Église, les Saints et les grands théologiens. C'est avec tous ces attributs et ces admirables qualités que les chrétiens lui disent « Notre Père qui êtes aux cieux, *Pater noster qui es in cœlis* ».

Si les matérialistes, les panthéistes et les rationalistes le connaissaient bien, ils n'oseraient pas affirmer qu'Il a trop d'occupations dans tout l'univers, pour s'occuper spécialement de notre molécule terrestre et de ses habitants, et les croyants ne craindraient pas que la pluralité des mondes leur fît perdre quelques tendresses de la part de leur Créateur et de leur Père.

Pensées humaines, paroles humaines, niveau humain! Nous dirions volontiers : « le cœur en haut ; *sursum corda!* » et vous verrez autrement Dieu dans ses œuvres.

Nous fabriquons-nous une doctrine pour appuyer notre théorie? Nullement, puisque nous n'avons employé que la Sainte-Écriture, interprétée par les Pères et les grands théologiens. Serrons cependant la question de plus près pour dissiper quelques appréciations fausses sur Dieu.

Dieu se détermine à créer ; va-t-il peiner comme un ouvrier ou même comme un artiste, un poëte... qui tous engendrent dans la douleur? Voici la réponse à cette question. « Il a dit, et les mondes ont été faits : il a donné des ordres et ils ont été créés[1] ».

Dieu par son Verbe, sa parole, qui est la Sagesse incréée, consubstantielle au Père, a créé toutes choses, la terre, les astres et tout ce qu'ils renferment.

Il a voulu ; un simple acte de sa volonté, ce qui est moins qu'une parole et les mondes ont existé. Une parole demande chez nous un effort, vouloir chez Dieu, c'est plus simple, plus facile que tout ce que nous pouvons nous imaginer. C'est pourquoi cette Sagesse, Fille aînée du Très-Haut, n'a éprouvé aucune difficulté, quand son Père s'est déterminé à

---

1. Ps. XXXII, 9.

se manifester au dehors; éprouve-t-elle quelque fatigue, quelque embarras en dirigeant le résultat de la volonté créatrice?

Nullement et c'est elle-même qui nous l'assure : « Je me délectais chaque jour, jouant en sa présence (du Père) en tout temps; m'amusant dans l'orbe des terres; et mes délices, c'est d'être avec les enfants des hommes. »

Le sens de ces paroles, dit Corneille La Pierre, est que « Moi, la Sagesse j'étais avec Dieu, projetant, créant, conservant, propageant, gouvernant tant dans la création de choses si belles, qu'après leur création, en contemplant leur perfection, leur éclat et l'ordre qui y règne....

La divine Sagesse se délectait et se délecte encore chaque jour devant son Père. C'est un jeu pour elle de créer, de conserver et de gouverner les mondes. Les hommes les plus puissants, en intelligence et en volonté, plient souvent sous le fardeau, mais nullement la Sagesse qui jouit de la puissance de son Père[1].

Ces paroles : *in orbe terrarum*, dans l'orbe des terres, méritent une attention spéciale. Le texte sacré ne dit pas *in orbe terræ*, mais *in orbe terrarum*. N'est-ce pas supposer qu'il y a d'autres terres que la nôtre? Ces paroles signifient la courbe formée par les terres qui existent autour de la nôtre.

Si Dieu fait ses délices d'être avec les enfants des hommes, est-ce raisonnable de soutenir qu'il ne crée pas de ces hommes avec lesquels il se plaît à habiter sur d'autres mondes que chez nous?

Mais il semble que c'est le contraire qui doit avoir lieu, puisque la chose lui est si facile. Nous, hommes, nous ne pouvons pas toujours réaliser ce qui nous plaît; mais il n'est pas de même du Tout-Puissant. En vérité, pour lui vouloir, c'est pouvoir.

Pour nous les paroles de la Sagesse sont sans importance,

---

1. Corn. a Lap. In Sap. c. VIII.

si on ne leur donne pas l'extension que nous venons de leur donner.

Si toutes les facultés de Dieu sont si puissantes, peut-on admettre que son cœur soit atrophié, comme le veulent quelques-uns?

Non, mille fois non. Si Dieu a été capable de créer tout, et, si maintenant il régit tout avec force et suavité, il n'est pas moins capable d'aimer tous les êtres, dont il est le Père. Peut-on nier que son paternel regard n'embrasse pas l'incommensurable cercle des êtres créés? Il n'y a pas une seule famille d'oubliée et tout individu, dans quelque coin de ses domaines qu'il existe, est observé avec autant d'attention que s'il était l'objet unique et exclusif de sa tendresse et de ses soins. C'est une suite de notre imperfection que nous ne puissions prêter notre action à plus d'un objet à la fois. Certainement, toutes nos idées des perfections de Dieu seraient bien plus élevées, si nous étions persuadés que, tandis que sa vaste intelligence est capable de saisir toute l'étendue de la nature jusqu'à ses bornes les plus reculées, il a l'œil attentivement attaché sur les moindres objets, pèse tous les mouvements, tous les efforts et enregistre dans son souvenir jusqu'aux moindres circonstances de notre vie.

Comment cela, nous demandez-vous? *Parce qu'il est obligé d'y concourir.* Dès lors, comment voulez-vous qu'il ne les connaisse pas? N'oubliez pas ce que disent saint Denis et saint Thomas : Dieu s'accommode à la nature des êtres. Ils vous a créé vivant, il doit vous aider à vivre; il vous a donné la locomotion, il doit vous aider à vous mouvoir; il il vous a créé pensant, il doit vous aider à penser; il vous a créé libre et par conséquent capable de pécher, il doit *vous aider à l'outrager* et il le fait chaque jour, à chaque instant. En nous créant libres, il a accepté de participer à nos outrages contre lui-même. S'occuper de nous ne lui pèse point; ce qui lui déplaît, c'est de concourir à nos œuvres mauvaises. Aussi se plaint-il par la bouche du prophète : « Vous m'avez fait servir dans vos péchés; **vous m'avez donné de l'ouvrage dans vos iniquités**[1]. »

Admirez avec quel respect Dieu traite ses créatures[2].

Le véritable concept de Dieu et surtout du Dieu créateur nous fait comprendre que « son autorité souveraine embrasse les intérêts de l'univers quelque vaste qu'il soit, et, tandis que les objets les plus grands n'épuisent pas ses forces, les plus petits, ne peuvent lui échapper, ni les plus variés lui causer de l'embarras. Par conséquent, du moment que les pensées de la Divinité s'étendent au loin sur l'immensité de de la création, il n'y a pas une particule de matière, pas un seul individu parmi les êtres raisonnables ou animés, pas un seul monde dans cette étendue qui en fourmille, que son œil ne discerne aussi constamment, que sa main ne garde aussi sûrement, et que son esprit ne surveille avec autant de soins et de vigilance que s'il était l'objet unique et exclusif de son attention. »

Pour conclure cette question, nous citons le passage suivant de M. l'abbé Pioger.

« La chose est inconcevable pour nous, dont les pensées sont si aisément distraites par le nombre des objets, et c'est là le principe secret et sans exception de l'incrédulité que j'ai maintenant en vue. Pour mettre Dieu au niveau de notre capacité, nous le revêtirions de la puissance de l'homme, nous attribuerions à sa merveilleuse intelligence toute l'imperfection de nos propres facultés. Quand l'astronomie nous apprend qu'il y a des millions de mondes à surveiller, et ainsi ajoute, dans un sens, à la gloire de son caractère, nous en ôtons dans un autre, en disant que chacun de ces mondes doit être surveillé imparfaitement. L'usage que nous faisons d'une découverte qui devrait rendre plus sublimes toutes les idées que nous avons conçues de Dieu, et nous humilier dans le sentiment de son infinité et de notre néant, est de nous constituer ses

---

1. Verumtamen servire me fecisti in peccatis tuis, præbuisti mihi laborem in iniquitatibus tuis. Isaïe XLIII, 24.
2. Cum magna reverentia disponis nos. Sap. XII, 18.

juges, et prononcer un jugement qui le dégrade et le rabaisse à la mesure de notre étroite imagination! La science moderne nous introduit parmi une multitude d'autres soleils et d'autres systèmes, et l'interprétation perverse que nous donnons au fait que Dieu *peut* répandre les bienfaits de sa puissance et de sa bonté sur une telle variété de mondes est qu'il ne *peut pas* ou ne veut pas témoigner autant de bonté à l'un de ces mondes, que nous l'a annoncé une révélation authentique. Tandis que nous augmentons les provinces de son empire, nous ternissons toute la gloire qui en devait résulter pour sa toute-puissance, en disant que tant d'objets réclament ses soins, que celui de chacun en particulier en doit être moins complet, moins vigilant, moins réel. Parmi les découvertes de la science moderne, nous multiplions les districts de la création; mais en même temps nous voudrions ôter à Dieu la faculté de porter ses regards en tous lieux, pour contempler le bien et le mal; et aussi, tandis que que nous exaltons une de ses perfections, nous le faisons au dépens d'une autre; pour le mettre à la portée de notre faible capacité, nous voudrions effacer en partie la gloire de ce caractère que nous devons adorer comme au-dessus de toutes pensées et comme plus grand que toute compréhension.

Est-ce à nous de tracer une limite autour des perfections de Dieu, de déclarer que la multitude des autres mondes a privé celui que nous occupons de la moindre portion de sa bienveillance?

Que le matérialiste se conduise ainsi, nous le comprenons; mais que ce soit là l'idée d'un chrétien et surtout d'un catholique, cela nous dépasse! Peut-être leur conception de Dieu ne s'élève pas plus haut qu'un vénérable vieillard, muni d'une forte barbe blanche, assis *éternellement* sur un trône splendide, nous le voulons bien, et entouré d'une foule de personnages! Triste Divinité et digne du paganisme antique!

Au lieu de s'efforcer de dépouiller la divinité de ses attributs qui mettent en évidence sa personnalité infinie, ne serait-il pas plus digne de l'homme dont la fin, comme être raisonnable est de glorifier le Créateur, de proclamer hautement la pluralité des mondes, hypothèse qui est la manifestation suprême et sensible de ses perfections. Chacun des attributs que la pluralité des mondes suppose nécessairement, forme un merveilleux surcroît à la splendeur de son incompréhensible caractère.

C'est, en effet, une puissante preuve de la force de son bras qu'il soutienne tant de millions de mondes; mais certainement le sublime attribut de sa puissance en serait encore plus éclatant, si, tandis qu'elle s'étend sans obstacle parmi les soleils et les systèmes de l'astronomie, elle pouvait, en même temps, imprimer le mouvement et donner de la direction aux moindres rouages de cette machine compliquée, qui est sans cesse en jeu autour de nous.

C'est une noble démonstration de la sagesse de Dieu que l'action continue et infatigable qu'il donne à ces lois qui maintiennent la stabilité de ce vaste univers; mais cela contribuerait à rehausser cette sagesse d'une manière inconcevable, si, tandis qu'elle est proportionnée à la magnifique tâche de maintenir l'ordre et l'harmonie des mondes, elle prodiguait ses inépuisables ressources sur les beautés, les variétés et les arrangements de tous les objets de la création qu'il tira du néant, quelque modestes et quelque petits qu'ils soient.

C'est une bien douce preuve des délices qu'il prend à communiquer le bonheur, que la totalité de l'immensité soit ainsi parsemée des habitations de la vie et de l'intelligence. Mais cette preuve aurait bien plus de force, elle ferait sur les cœurs une impression bien plus vive et bien plus profonde, si nous savions qu'en même temps que son regard favorable embrasse l'incommensurable cercle des êtres créés, il n'y a pas une seule famille d'oubliée, et que tout individu, dans quelque coin de ses domaines que ce soit, est observé avec autant d'attention que s'il était l'objet unique et exclusif de ses soins.

Voilà sur quelles hauteurs se place tout penseur sérieux, qui se fait le champion de la pluralité des mondes habités.

Et, si l'on veut soutenir qu'au point de vue de la raison, il ne glorifie pas le Dieu Créateur et même le Dieu Rédempteur et Sauveur, autant qu'il est au pouvoir de l'homme de le faire, il peut demander ce que font ceux de l'opinion contraire, qui ne nous offrent qu'un Dieu lilliputien exclusivement occupé de son île microscopique dans laquelle pourtant il peut à peine maintenir l'harmonie ?

De ces mondes illimités rejaillit l'immensité de Dieu ; leur nombre incalculable nous dit son infinité ; la puissance qui les tira du néant, nous montre la vertu génératrice qui, de toute éternité, engendre le Fils consubstantiel et égal au Père ; la force qui meut ces sphères immenses et si nombreuses rend sensible la toute-puissance du Très-Haut ; l'intelligence qui les harmonise, c'est la Souveraine Sagesse ; cette prévoyance qui pourvoit aux besoins de tous ces mondes et à ceux de leurs habitants, c'est la divine Providence, qui, comme une mère aimante et soigneuse ne perd pas un instant de vue aucun de ses enfants ; enfin ce que nous entrevoyons débordant tout, embrassant tout, soutenant tout, c'est l'amour incompréhensible du Père de tous, c'est Dieu !!!

Est-ce là *détenir la vérité de Dieu dans l'injustice ?* Non évidemment. Au contraire, n'est-ce pas bien comprendre et bien interpréter les œuvres divines *qui rendent visible ce qui est invisible en Dieu,* comme le dit S. Paul, *sa puissance même éternelle et sa divinité ?*

Tel a été notre but suprême en faisant cet ouvrage !

---

1. Revelatur enim ira Dei e cœlo super omnem impietatem et injustitiam hominum eorum, qui veritatem Dei in injustitia detinent :
Invisibilia enim ipsius, a creatura mundi, per ea quæ facta sunt, intellecta conspiciuntur : sempiterna quoque ejus virtus et divinitas. Rom. I, 18-20.

TABLE DES MATIÈRES

PROLOGUE. — Résumé des travaux scientifiques accomplis dans ces derniers temps. — Cependant la synthèse générale est loin d'être faite. — Progrès de l'astronomie. — Le télescope, la photographie. — Mondes innombrables. — Pourquoi ne se seraient-ils pas habités ? — Les matérialistes font de cette question une arme contre la foi. — Certains catholiques se mettent d'accord avec eux. — Division de l'ouvrage en quatre parties : Au point de vue 1° de l'histoire, 2° de la science, 3° de la raison, 4° de la foi 1-5

PREMIÈRE PARTIE

L'habitabilité des mondes considérée au point de vue historique.

Cette question n'est point nouvelle. — Huit périodes :
1° Période antidiluvienne. — 2° Période des peuples primitifs. — 3° Périodes des Grecs et des Latins. — 4° Période de l'École d'Alexandrie. — 5° Période du Moyen-Âge. — 6° Période de la Renaissance. — 7° Période des temps modernes. — 8° Période contemporaine. . 7-8

Première période. Avant le déluge.

Chez les peuples les plus anciens, on trouve les traces d'une astronomie très avancée. — La période de 600 ans ou *grande année*, connue sous le nom de *néros*. — La période de 19 ans, dite *nombre d'or*. — La période de 25 000 ans. — La mesure de la circonférence de la Terre etc. — Leur science mathématique et astronomique n'avait pu leur donner de telles connaissances. — Il faut donc remonter au-delà du déluge. — Ce qu'en pensaient Burnet, Brucker et Bailly. — Preuve de la transmission de ces connaissances. — Différentes traditions sur cette question 8-22

Deuxième période. Les peuples primitifs

I. L'Inde. *Les Livres sacrés* des Indous mettent hors de doute leur croyance à l'habitabilité des mondes. — Anquetil du Perron a, dans sa version des Upanishads, une dissertation, dont la troisième partie a pour titre : « L'existence d'un monde naturel et intellectuel supérieur au nôtre. — Exposition de la doctrine des Indous . . . 22-28

II. La Chine. Conception des Chinois sur la constitution de l'Univers. — La pluralité des mondes découle nécessairement de la théorie chinoise. — Paroles d'un auteur à ce sujet 28-31

III. Les mêmes doctrines sont répandues en Mantchourie, au Thibet, au Japon, au Tonkin, en Birmanie, etc. . . 31

IV. Les Parsis ou Parses. Ce que nous entendons par ce mot *Parsis*. — Exposition de la Cosmogonie de Zoroastre. — La pluralité des mondes est un dogme de cette doctrine. — La Chaldée, la Mésopotamie, la Palestine, la Phénicie, le Liban, le pays des Drusses, les Arabes primitifs avaient les mêmes doctrines 31-35

V. Les Égyptiens admettaient la pluralité des mondes. — Opinion de Bailly sur ce point 36

VI. Les scandinaves admettaient neuf mondes 36

VII. Les Celtes, les Germains ne parlent pas autrement. . 37

Troisième période. — Les Grecs et les Latins.

ART. Ier. La Grèce. — 1. *Poëtes et philosophes primitifs :* Orphée, Linus, Musée. — Ils enseignent la pluralité des mondes habités. — II. *École d'Ionie.* — Thalès de Milet. — III. *École atomiste*, représentée par Leucipe : Les atomes forment une infinité de mondes. — IV. *École italique.* Phérécyde, maître de Pythagore : chaque étoile est un monde. — V. *École d'Élée* — D'après Xénophane, il y a beaucoup de mondes, et, par conséquent, beaucoup de soleils, de lunes... — VI. *École épicurienne.* — Epicure et Zénon. — Il existe une infinité de mondes. — Passage de Cicéron. — VII. *Socrate, Platon, Aristote.* — Exposé de la doctrine de Platon. — de celle des Académies. — Aristote. — Son ouvrage, *Du monde.* — Passage de Cicéron à ce sujet.

ART. II. Les Latins. — Quatre écoles : stoïcienne, pythagoricienne, épicurienne, platonicienne. — I. Epicure, II. Virgile, III. Cicéron, IV. Sénèque 37-62

Quatrième période. — De l'École d'Alexandrie jusqu'au Moyen-âge.

Dans ce milieu, l'opinion des mondes habités ne manque pas de défenseurs. — I. *Appolonius de Thyane.* — II. *École d'Égypte.* — Trois écoles : *École éclectique, École orientale, École cabalistique.* — Etude de ces trois écoles. — III. *École chrétienne.* — Opinions des Pères et des auteurs chrétiens 62-72

Cinquième période. — Le Moyen-âge.

I. Les Arabes. — Principaux auteurs arabes qui s'occupèrent de la question. — Tous admettent la pluralité des mondes. — II. Écrivains chrétiens. — 1. S. Isidore de Séville se demande quelle place occupent, dans le plan divin, les êtres que les astres peuvent porter à leur sur-

face? — 2. Virgile, prêtre, est dénoncé à Rome pour
avoir dit « qu'il y avait un autre monde, d'autres hommes, d'autres soleils, d'autres lunes. — Il fut plus tard
nommé évêque de Saltzbourg. — 3. Les mystiques. —
Henri Suso 72-77

Sixième période. — De la Renaissance.

On se délivre du joug d'Aristote. — La lutte fut vive. —
Platon triomphe. — Presque tous les savants de cette
époque sont pour la pluralité des mondes... — *Nicolas
de Cusa. — Marsile Ficin. — Jean Reuchlin. — Pic de
la Mirandole. — Henri Corneille Agripa. — Venetus. —
Paracelse. — Jordano Bruno. — Patricius. — Bernard —
Montaigne. — Christophe Clavius...* 77-81

Septième période. — Temps modernes.

D'abord trois écoles : *Platonicienne, Ionienne, Epicurienne*. — Toutes admettent *l'habitabilité des Mondes*. —
Nommons quelques célébrités de cette époque : Hévélius, Otto de Guericke..., Pascal, Bergerac, Gassendi,
Bacon, Képler..., Huyghens, Newton, Huet, Bayle,
Galilée, Copernic, de Fontenelle, Derham Guillaume,
Le Cardinal de Polignac, Campanella, Young, Hervey,
Marmontel, Buffon....., Kant, Herschel, Cousin-Despréaux, Laplace...; les poètes : Fontanes, Milton, Klopstock, Chateaubriand... 82-98

Huitième période. — Période contemporaine.

Impossible de nommer tous les défenseurs contemporains *de la pluralité des mondes*. — Conclusion de la
première partie. — 1° L'hypothèse de la pluralité des
mondes a commencé avec l'humanité. — 2° Cette opinion
est universellement reçue par l'élite de l'humanité de
tous les temps et de tous les lieux. — 3° Cette unanimité
de manière de voir doit jouir de tous les privilèges
attachés au consentement de tous les peuples. — 4° Il
n'est pas permis de taxer personne de nouveauté, ni, à
plus forte raison, d'erreur, pour soutenir cette opinion. 98-103

DEUXIÈME PARTIE
L'habitabilité des mondes au point de vue de la Science.

Il est certain qu'une voix mystérieuse a toujours dit à l'humanité : il existe d'autres mondes. — L'humanité l'a crue. — La science proclame la même vérité. — Division de la deuxième partie, en trois chapitres.

CHAPITRE I. — Une autorité scientifique. — M. Janssen opposé à M. Faye. — Conférence de M. Janssen à la société industrielle de Mulhouse. — La même question portée devant tous les membres réunis de l'Institut de France . . . . 105-112.

CHAPITRE II. — Considérations astronomiques et scientifiques. — La création d'après la Bible. — S. Thomas avait bien compris l'œuvre de la création. — Les anciens ne la comprirent pas autrement. — Descartes, Laplace, Faraday, Krookes jettent une grande lumière sur la question. — *Matière radiante*. — Observations spectrales et analyse. — Unité de constitution et unité de formation pour le système solaire. — Tout se ramène à l'unité. — La Terre possède des êtres vivants et, par analogie, possibilité d'êtres vivants ailleurs. — Définition d'un être vivant. — Conditions indispensables à un astre pour produire et maintenir la vie. — Elasticité extraordinaire de la vie en face du chaud, du froid, de l'atmosphère. — Etude sur les sens : l'odorat, l'ouïe, la vue.... Aperçus de quelques savants sur la question. — . . 113-123.

CHAPITRE III. — Etude de différents astres.

§ I. La lune. — D'après un certain Docteur, la place de l'enfer est dans la Lune. — Nous laissons ce savant exposer lui-même sa doctrine. — Réponse à ses assertions. — Appréciation sur M. Faye. — Etude de la lune : 1° A-t-elle une atmosphère ? — 2° elle a des montagnes. — 3° Conclusion qui résulte des montagnes de la Lune. —

4° Les prétendues infirmités des sélénites. — 5° Etude sur sa température. — 6° Si la Lune n'est pas habitée aujourd'hui, l'a-t-elle été autrefois. — Note importante de MM. Lœwy et Puiseux . . . . 123-139.

§ II. — Les planètes et leurs satellites.

I. Mercure. — Ses distances du Soleil. — Son volume. Ses montagnes. — Sa rotation. — Sa révolution et sa vitesse de translation. — Son orbite. — Ses saisons et son atmosphère. — Sa température. — Etude de cette question par rapport à l'habitabilité. — M. Schiaparelli nie la rotation de Mercure. — Profit qu'essayent d'en tirer les adversaires de la pluralité des mondes. — Les erreurs que l'on commet à cette occasion. — Réfutation de ces erreurs. — Contradictions d'un auteur. — Etendue des deux bandes habitables. . . . . 140-149.

II. Vénus. — Sa position par rapport au Soleil. — Ses divers noms. — Sa rotation et son mouvement de translation. — La lumière et la chaleur qu'elle reçoit. — Elle a des montagnes, une atmosphère. — *La nouvelle Vénus*. — 1° Négation de sa rotation par M. Schiaparelli et par le Dr Persival-Lowel. — 2° Conclusion qu'on s'est trop hâté d'en tirer. — 3° Réponse de M. Audibert. — 4° La non-rotation serait préférable pour Vénus — Démonstration absolument nouvelle. — 5° Conclusion pour Vénus et pour Mercure. — 6° Explication d'une particularité de Vénus. . . . . 149-162.

III. Mars. — Mars planète supérieure. — Définition de ce mot. — Distance de Mars de la Terre. — Sa rotation. Son mouvement de translation. — Sa densité. — Son atmosphère. — Sa météorologie. — Son habitabilité. — Taches de Mars. — Erreurs d'un auteur à ce sujet. — Conclusion de l'Écrivain *Des terres célestes*. — Nouvelles difficultés. — 1° Absence des mers sur Mars. — 2° Dédoublement des canaux et des lacs. — 3° Nouvelle théorie de M. du Ligondès. — Exposition de cette théorie. — Sa réfutation . . . . 162-175.

IV. Les petites planètes. — Loi de Bode. — Nombre des

petites planètes. — Leurs découvertes. — Leurs orbites. — Leur habitabilité. . . . . 175-177.

V. Jupiter. — Son éclat. — Sa rotation. — Son orbite. — Sa densité. — Son atmosphère. — Son volume. — La vie existe-t-elle sur Jupiter? — Examen des trois objections qu'on fait contre son habitabilité : 1° Sa densité, 2° L'aplatissement des pôles, 3° La lumière et la chaleur. — Etude de ces questions, en se basant sur les lois qui régissent la lumière et la chaleur. — Conclusion de l'abbé Pioger sur l'habitabilité de Jupiter. — Ses satellites . . . . 177-189.

VI. Saturne. — Ses lunes, son anneau. — Diamètre équatorial de Saturne. — Il décrit son orbite en 29 ans 181 jours 4 heures. — Ses distances du Soleil. — Inclinaison de son axe sur le plan de l'orbite. — Il possède une atmosphère. — Sa densité. — 1° Sa lumière et discussion de ce point. — 2° Sa chaleur et sa température. — Etude sur la température des astres — Ce qu'en pensent Catalan et l'abbé Pioger. — Réfutation de certaines assertions. — 3° Densité de Saturne. — Etude sur les densités en réponse à de fausses affirmations . . . 189-207.

VII. Uranus. — Application à Uranus de ce qui a été dit de Saturne. — Sa distance du soleil. — Son orbite. — Ses saisons. — Son diamètre. — Sa densité. — Sa pesanteur. — Sa lumière. — Sa chaleur. — Son atmosphère. — L'inclinaison de son axe sur le plan de son orbite. — Uranus est habitable. — . . . . . . , 207-211.

VIII. Neptune. — Cette planète est peu connue. — Sa distance du Soleil. — Son diamètre. — Sa lumière et sa chaleur. — Ni sa densité, ni sa chaleur, ni son atmosphère ne s'opposent à son habitation. . . . . . 211-214.

Note rétrospective sur Vulcain . . . . 214-215.

§ III. Le Soleil. — La question du Soleil, qui paraît simple, est très compliquée.

1. — *Exposition des opinions émises sur l'habitabilité du Soleil.* — 1° Oui. Ainsi pensaient Arago, Herschel, le D^r

Elliot, Laplace, etc. — Objections soulevées contre cette opinion. — Réfutation par MM. Petit, Vicaire. — 2° Non. La température du Soleil est excessive d'après le P. Secchi, M. Launay et M. Faye. — M. Leverrier est allé jusqu'à déclarer la question jugée. — Différentes études sur la température du Soleil. — Opinion de Pouillet, d'Elie de Beaumont, de Sir Thomson, de Becquerel, de Fizeau. — Erreurs et exagérations d'un écrivain récent sur cette question. — Leurs réfutations. — 3° Une difficulté plus grave pour nous, c'est la densité de l'astre du jour. — Examen de la question. — La densité du noyau est, au moins, 2 ou 2, 50, la densité de l'eau étant 1 215-226

2. — *Étude sur l'état actuel du Soleil.* — Quatre parties dans le Soleil : le noyau, la photosphère, la chromosphère et la couronne. — 1° La couronne a trois régions bien définies. — 2° La chromosphère. — Son étude. — 3° La photosphère. — Ce que le télescope y fait voir. — 4. Le noyau, sa composition. — Le Soleil est-il habitable? — Réponse affirmative. — Les raisons. — Réponse négative pour laquelle on se base sur le P. Secchi, M. Stoney et M. Faye. — Opinions des physiciens et des chimistes les plus qualifiés sur la chaleur solaire. — La science spectrale est en faveur de l'habitabilité. — Valeur des études spectroscopiques par rapport au Soleil. — Explication des facules, des lucules et de tous les phénomènes que présente le Soleil. — La photographie appliquée à l'astre du jour. — Ce qu'elle nous apprend sur la composition solaire 226-242

§ IV. — Les Comètes. — Leurs définitions. — Leurs orbites. — Leurs parties constituantes. — Leurs spectres. Leur habitabilité. 242-244

§ V. — Les étoiles. — Leur distance de la Terre. — I. Nombre des étoiles. — II. 1er Voyage aux étoiles sous la direction de Cicéron. — III. Second voyage en compagnie de la science. — Les étoiles sont-elles habitables? Oui, et cela découle 1° de la formation de l'univers. —

2. De ce que les étoiles sont des Soleils comme le nôtre, ayant des planètes, qui ont des satellites. — Division des étoiles, d'après l'analyse spectrale, en quatre types. — Etude de ces types. — Satellites des étoiles ou leurs planètes. — Preuves de leur existence. — modifications des étoiles. — Conclusion. — Partout l'activité dans les régions supérieures. — Conclusions sur les étoiles . 211-259

§ V. Les nébuleuses. — Leur définition. — Leur division en *résolubles* et en *irrésolubles*. — Leur nombre. — Considération sur les nébuleuses. — Leur habitabilité. — Résumé et conclusion générale de la partie scientifique. — Paroles de Mr Scheiner, du prophète Jérémie, de David, de Mgr Bougaud 259-264

Réponse à une question qui nous a été adressée . . 264-268

TROISIÈME PARTIE

L'habitabilité des mondes au point de vue de la Raison.

Résumé et conclusion des deux parties précédentes. — Deux opinions extrêmes.

CHAPITRE I. — *Au point de vue de la raison tout demande que les astres soient habités.* — Six chefs résument la question : 1° L'hypothèse de la création ; — 2° L'étendue de l'univers ; — 3° La saine raison ; — 4° L'idée que nous devons avoir de Dieu, — 5° La création d'après le concept divin, — 6° La preuve d'autorité.

I. L'hypothèse de la Création. — La Bible et la science sont d'accord sur ce point. — Conséquences qui en résultent. — Conclusion générale : L'unité d'origine, de substance, de lois entraîne l'unité de propriétés. — La Terre engendre, les autres mondes doivent engendrer. 269-276

II. — Étendue de la Création. — Fausse conception de la nature et de l'étendue de l'Univers. — Aperçu général des mondes. — Etoiles visibles à l'œil nu, — au télescope, — au moyen de la photographie. — Nombre incalculable des étoiles. — Chaque étoile est un Soleil avec son cortège de planètes et de lunes. 276-280

III. — La saine raison nous crie que les autres mondes sont habités. — Un insensé seul laisserait une foule de propriétés qu'il possède dans un état de stérilité absolue, quand il lui suffirait de dire un mot pour y répandre la beauté et la fécondité. — Argument de de Mirville. — Ce n'est pas à nous à prouver l'habitabilité des mondes, mais aux négateurs 280-283

IV. — L'idée que nous devons avoir de Dieu, nous dit que les mondes sont habités. — Tous les attributs divins : la toute-puissance, la sagesse, l'amour, surtout l'amour demandent que les mondes soient habités. — La vie pullule partout. — La création est une œuvre sublime où Dieu exprime ses idées et le parfum de ses vertus. — Voilà ce que vous avez pensé. — Sans habitants dans les autres mondes, la création est une contradiction . 283-286

V. La création, d'après le concept divin, demande l'habitabilité des mondes. — Il y a nécessairement un plan dans la création. — L'idée de la création renferme trois choses : 1° une fin, 2° les moyens à employer pour obtenir cette fin, 3° l'harmonie entre la fin et les moyens. — 1° La fin. — L'écriture. — Beau passage du P. Faber. — S. Thomas, Hugues de Saint Victor, S. Denis. — La création est spécialement la connaissance et la manifestation de l'amour de Dieu. — 2° Les moyens employés par Dieu pour obtenir cette fin. — S. Thomas. — S. Grégoire. — Trois choses nécessaires pour exprimer une beauté harmonieuse : la multiplicité, la distinction, la variété 286-289

VI. — Preuve d'autorité ou l'opinion des savants. — L'habitabilité des mondes a été une croyance universelle. — Nous l'avons fait voir dans la première partie. — Passage de Cicéron. — Le P. Secchi. — Montaigne. — Kant.— Sir John Herschel. — Laplace, etc. . . . . : 289-299

CHAPITRE II — L'habitabilité des mondes n'est point une exigence absolue ni de la science, ni de la raison.
Réponses aux matérialistes, aux panthéistes, aux positivistes, aux rationalistes. — Réponse à M. Scheiner. — La question au point de vue de l'évolutionisme et du transformisme. — Conclusion de la IIIᵉ Partie . 299-304

QUATRIÈME PARTIE

Les mystères de la foi catholique et l'hypothèse des mondes habités.

Résumé de ce qui a été dit dans les trois parties précédentes. — Division de la quatrième partie. — 1. L'Incarnation et la Rédemption n'ont rien à faire ici. — 2. Il ne répugne pas absolument que l'Incarnation et la Rédemption produisent leurs effets dans les autres mondes. — 3. Pourtant cela ne semble ni convenable, ni opportun. 4. De ce qui se passe sur la Terre, et toutes choses égales d'ailleurs, l'Incarnation et la Rédemption n'y produiraient guère d'effet. — 5. D'autres Incarnations sont plus dans la nature de Dieu et dans celle de l'homme. 305-307

CHAPITRE I. — L'Incarnation et la Rédemption n'ont rien à faire ici.

ART. I. — *Déclaration formelle de l'Eglise*. — Le P. Félix à Notre-Dame. — Mgr Frayssinous à Saint-Sulpice. — Le comte de Maistre. — Mgr Freppel. — L'Abbé Bougaud, plus tard Mgr. Bougaud. — L'Abbé Moigno, d'après une réponse directe de la Congrégation de l'Index. — Les *Études* religieuses 308-318

ART. II. — *Examen des motifs que mettent en avant les deux opinions opposées.*

§ I. *Les adversaires du catholicisme ou les non-catholiques*. — L'erreur géocentrique. — L'erreur anthropocentrique. — Réponse générale à ces objections. — Réponse directe : 1. ni nos Saints Livres, ni les Conciles, ni les Souverains Pontifes, ni généralement les

Saints n'ont enseigné que la Terre fut le centre du monde. — Lettre de Copernic au Pape Paul III. — La révélation est étrangère à l'erreur géocentrique. — Passage de la Sainte Écriture. — Réponse à M. Camille Flammarion et à tous les adversaires *des vieux dogmes*. — 2. L'erreur anthropocentrique. — Second grief de certains savants. — La Bible n'a pas la moindre insinuation en faveur de la prétendue autorité de l'homme sur les autres mondes. — Il est le Roi de la Terre, sa royauté ne va pas plus loin. — L'Église et ses *Credo*, ses Conciles, ses Pères, c'est-à-dire la foi catholique, n'affirment rien, même ne supposent rien, en parlant de l'Incarnation et de la Rédemption. — Plusieurs savants confondent l'exception avec la règle. 318-330

§ II. *Les catholiques.* — L'habitabilité des mondes et les mystères de la foi peuvent bien cohabiter dans un même esprit humain. — Les adversaires, au sujet de la pluralité des mondes, sont toujours ou trop haut ou trop bas. — Impossible de les réconcilier. — Chez les catholiques, comme chez les non-catholiques, il y a une infinité de nuances. — Deux formes fondamentales.

1. *Réponse aux catholiques qui, au nom des divines Écritures, condamnent la thèse de la pluralité des mondes habités.* — *a)* Examen des objections tirées des Saintes Écritures. — Leur inanité. — L'habitabilité est une opinion libre. — Abus qu'on fait des textes sacrés. Paroles de Job. — Opinion de S. Thomas sur la cause de la chute des Anges. — Menaces contre les plurimondains. — Différentes erreurs dans lesquelles tombent certains catholiques. — *b)* La Sainte-Écriture est en faveur de la pluralité des mondes. — Démonstration de M. Brewster par rapport aux deux Testaments. — L'exclamation enthousiaste du Psalmiste 330-352

2. — *Réponse à ceux qui, au nom de l'Incarnation, rejettent la pluralité des mondes.* — Certains écrivains, tout en protestant contre l'optimisme de Malebranche, le dépassent dans cette doctrine. — Leur argumentation. — Sa réfutation. — Passage de S. Thomas d'après Louis de

Grenade. — Un sophisme. — Sa mise en évidence. — Raisonnement tiré du blé. — Les autorités citées, mais qu'on ne comprend pas. — Fausse doctrine sur la gloire que l'homme doit à Dieu. — Paroles de Bossuet et de Bourdaloue. — Ces deux grands orateurs ne parlent évidemment que de la restauration de l'homme déchu. — Cela résulte des textes. — Magnifique passage de l'écrivain des *Études* sur la beauté de l'univers. — Il ne manque qu'un admirateur. 352-366

§ III. — **Les Optimistes.** — Rapport et différence entre les catholiques dont nous avons parlé et les optimistes. — 1. Qu'est-ce que l'optimisme ? — 2. Histoire de l'optimisme. — Différence entre les premiers optimistes et leurs descendants. — Un optimiste confesse qu'on lui reproche que ses assertions manquent de bases scripturaires. — Qu'on lui dit que ce n'est pas l'opinion de l'Église. — Il s'efforce de répondre à ces objections. — Il prétend que cette opinion est plus glorieuse pour Notre-Seigneur et la Sainte Vierge. — Quelle est la véritable gloire de Jésus et de Marie? — Leur charité pour les hommes pécheurs. — Cette opinion au lieu de produire la synthèse dogmatique, tend à la détruire. — 3. Les premiers optimistes étaient modestes. — 4. Cette opinion n'a pas été condamnée, mais elle n'a jamais joui des faveurs de l'Église. — La pensée de l'Église sur ce point, de la Sainte Écriture. — Thomassin a bien exposé la question. — 5. Un auteur voudrait faire un optimiste de S. Thomas. — La thèse du S. Docteur sur l'optimisme. 6. Qu'en est-il de l'optimisme et de l'habitabilité des mondes? — *a)* Harmonie de l'Univers, sa beauté. — Preuves. — Les optimistes doivent être plurimondains. — Dernier argument contre les optimistes. — *(b* La pluralité des mondes ne conduit nullement à l'optimisme. — Preuves tirées de S. Thomas et de plusieurs Pères de l'Église . . , ... 368-396

CHAPITRE II. — **Il ne répugne pas absolument que l'Incarnation et la Rédemption produisent leurs effets dans les autres mondes.**

On a cependant le droit de demander sur quelles raisons on s'appuie pour soutenir cette opinion. — C'est un grand sentiment de Notre-Seigneur Jésus-Christ. — Le Père Gratry et M. Delestre. — Fausse interprétation des paroles de certains Pères de l'Église. — Ce qu'il faut entendre par les mots *univers, toute la nature, le monde entier...* — Personne n'a mieux exposé cette doctrine que sir David Brewster. — Paroles de l'abbé Pioger. Réponses à ces paroles 389-393

CHAPITRE III. — **Vouloir faire monter les effets de l'Incarnation et de la Rédemption jusqu'aux autres mondes, ne nous paraît pas chose convenable.**

Pour les questions libres on ne devrait jamais recourir à la puissance absolue de Dieu, ni bâtir une thèse sur des *peut-être*. — Un raisonnement de ce genre. — Réponse. — Nous sommes en face d'adversaires réels. — L'éternelle Sagesse a eu un plan dans ses œuvres. — L'étude de la création montre partout ce plan. — Conséquences. — Chute d'Adam et sa réparation. — Le P. Gratry et M. Delestre. — C'est du Soleil que notre planète a reçu l'être et reçoit chaque jour le mouvement et la fécondité. — Il ne faut pas donner à la Terre un rôle qu'elle ne peut jouer. — Les habitants de la Terre ne peuvent exercer aucune influence sur ceux des autres mondes. — Rien, d'ailleurs, dans les Saints Livres, dans la Tradition, dans les déclarations de l'Église ne justifie certaines prétentions à ce sujet. Le P. Félix a bien déterminé la règle qu'il faut suivre dans ses questions 393-402

CHAPITRE IV. — **De ce qui se passe sur notre planète, toutes choses égales d'ailleurs, il n'est guère probable que l'Incarnation et la Rédemption, accomplies sur la Terre, produisent quelques effets chez les habitants des planètes et des étoiles.**

1. Croirions-nous celui qui viendrait nous annoncer qu'un Sauveur nous est né sur une planète quelconque ? Non. — Pensée de Platon. — 2. Raisons de S. Thomas. — Le Messie devait venir dans un temps convenable, au

milieu des temps. — Mais ce milieu des temps ne peut être le même pour les divers mondes. — 3. Dès sa chute, un Sauveur fut promis à l'homme. — Il est annoncé à la Terre. — Qu'a-t-on promis aux habitants des autres mondes. — Que leur a-t-on annoncé. — Rien. — 4. Le Verbe s'incarne, meurt sur une croix..... où en est l'humanité par rapport au Christ. — Qu'en serait-il si l'Incarnation avait eu lieu dans un monde éloigné de nous. — Il ne suffit pas que le Verbe s'incarne et meure, il faut le recevoir. — Peu de valeur de l'argument d'un écrivain sur ce sujet . . . . . . , ... 405-412

CHAPITRE V. — D'autres incarnations, loin de répugner à la nature divine, sont plutôt absolument conformes à l'essence de Dieu qui est amour.

Le rejaillissement du sang divin jusqu'aux astres nous parait moralement impossible. — De nouvelles incarnations paraissent plus rationnelles. — Les preuves pour étayer cette assertion se tirent :

  1. *De la nature de Dieu*, qui est amour et qui aime à se communiquer. — Il se donne déjà dans la création. — Pourquoi Dieu a-t-il créé? — Réponse de S. Thomas et de S. Denis. — Que signifie la gloire de Dieu? — Différents passages de la Sainte-Écriture.

  2. *De la nature de l'homme*. — L'homme tend nécessairement vers Dieu, qui est sa fin. — La cause de la chute de nos premiers parents. — L'idolâtrie.

  3. *De l'autorité*. — Suarez, S. Thomas, Cajetan, Billuart... — Faculté incarnative du Verbe. — Conclusion de de la quatrième partie 412-429

  Conclusion générale de l'ouvrage. — Paroles remarquables de Linné. — De John Herschel. 429-433

APPENDICE

NOTE I. — La période antédiluvienne réduite en syllogisme 435-436
NOTE II. — Extrait d'une lettre de Huyghens à son frère. — *Introduction au cosmothéoros* 436-437
NOTE III. — *Young.* La nuit . . . . , . . , . 437-439

Note iv. — *Fontanes. Les Mondes* 110-111
Note v. — *Reynaud* 111-112
Note vi. — *Ponsard. Galilée* 112-114
Note vii. — *Sur la Lune* 114-116
Note viii. — 2ᵐᵉ *sur la Lune* 116-117
Note ix. — *Rotation de Vénus* 118
Note x. — 1ʳᵉ Question. — *L'habitabilité des Mondes et les attributs de Dieu.*

Étude très approfondie de cette question. — La cause des difficultés est une notion inexacte de Dieu et surtout du Dieu créateur. — Qu'est-ce que Dieu? — Le Dieu créateur? — Réponse d'après le Livre de la Sagesse, chap. VII et VIII, interprétés par Corneille La Pierre, Saint Thomas, Vatable, S. Bernard, S. Augustin, S. Denis. — Conclusion, par un remarquable passage de l'abbé Pioger. — Notre but a été de mettre Dieu en évidence, au lieu de « *détenir la vérité de Dieu* dans l'injustice. » 119-162

ERRATA

Page 30, ligne 21, au lieu de toute doctrine, lisez, toute la doctrine.
Page 37, ligne 13, au lieu de Gemmius —, lisez, Geruinus
Page 106, ligne 21, au lieu de nous croyons, lisez, nous croyons devoir.
— 121, ligne 19, au lieu de, Chalendre lisez, Chalenger.
— 124, ligne 30, au lieu de 233, lisez, 283.
— 144, ligne 3, au lieu de Linclet, lisez, Linel.
— 150, ligne 18, au lieu de incliné lisez, inclinée.
— 156, ligne 36, au lieu de axe de Vénus, lisez, axe lunaire.
— 157, ligne 31, après 83° 2′, ajoutez, et que l'inclinaison de l'orbite lunaire sur l'écliptique est 5°17′ 34″.
— 163, ligne 6, au lieu de incliné, lisez, inclinée.
— 211, ligne 22, au lieu de 15 000 000, lisez, 150 000 000.
— 268, ligne 21, au lieu de ilis, lisez, illis.
— 271, ligne 3, au lieu de ni une exigence de la science, lisez, une exigence ni de la Science
— 271 ligne 6, au lieu de ni la démontre, lisez, ni ne la démontre.
— 327, ligne 35, au lieu de Mundius, lisez, Mundus.

Mesnières. — Imprimerie Saint-Joseph.

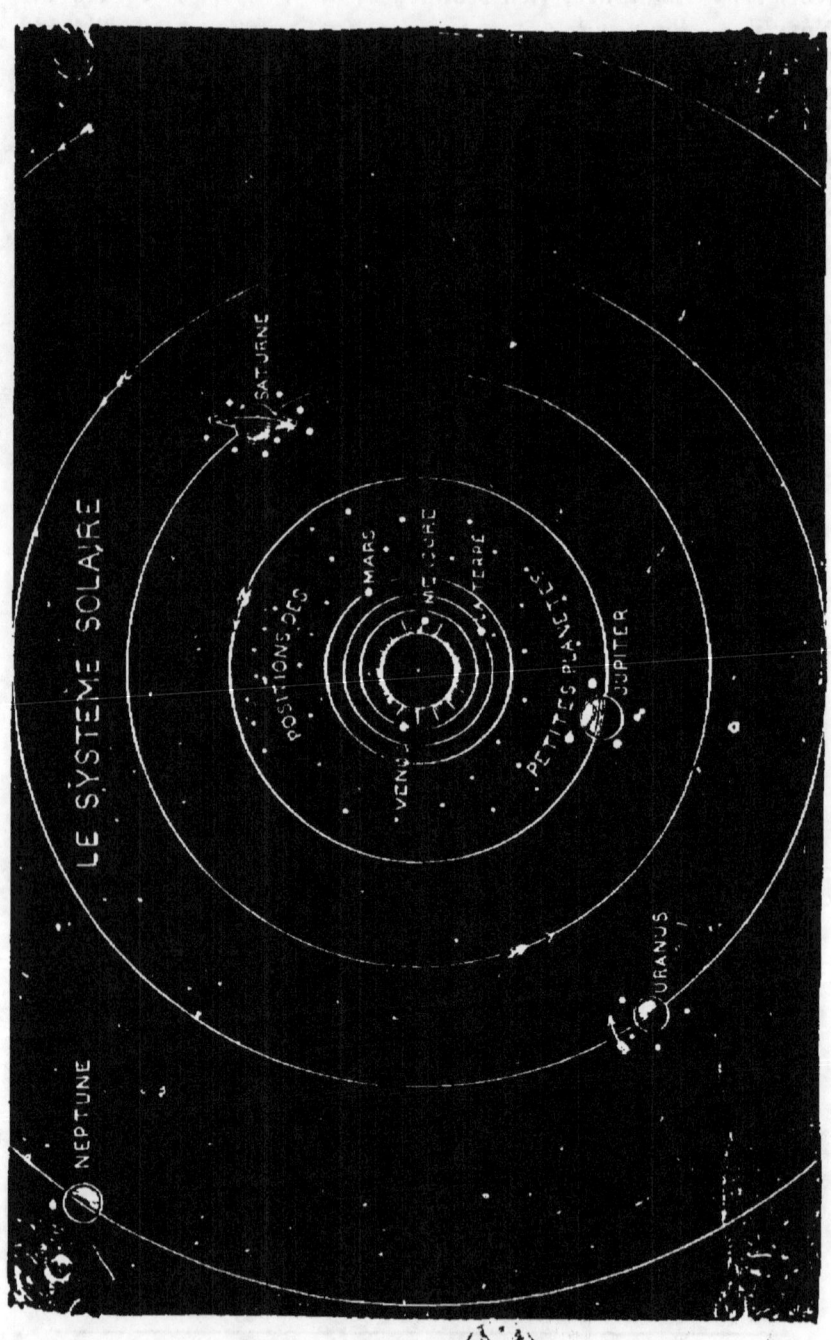

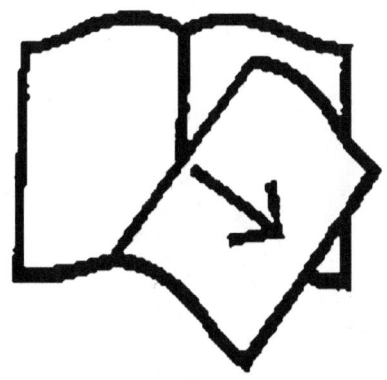

www.ingramcontent.com/pod-product-compliance
Lightning Source LLC
Chambersburg PA
CBHW060234230426
43664CB00011B/1651